Dirk Grathoff

# Kleist: Geschichte, Politik, Sprache

## Kulturwissenschaftliche Studien zur deutschen Literatur

Herausgegeben von
*Dirk Grathoff, Günter Oesterle und Gert Sautermeister*

In der Reihe „Kulturwissenschaftliche Studien zur deutschen Literatur" werden Forschungsarbeiten veröffentlicht, die eine Erweiterung der tradierten germanistischen Arbeitsgebiete anstreben. Neben dem traditionellen Kanon ästhetischer Literatur sollen vernachlässigte Textgenres, etwa journalistische Prosa, Briefe und Berichte sowie Darstellungs- und Diskursformen technisierter Medien wie Radio, Film und Fernsehen berücksichtigt werden.

In methodisch-theoretischer Hinsicht werden im Rahmen literaturwissenschaftlicher Analysen unterschiedlicher Ansätze – z.B. der kulturwissenschaftlichen Anthropologie und der Psychoanalyse, des Strukturalismus und der Gesellschaftswissenschaften – integrativ verbunden und auf ihre Ergiebigkeit für die traditionellen hermeneutischen, literarästhetischen und -historischen Verfahren erprobt.

Dirk Grathoff

# Kleist: Geschichte, Politik, Sprache

*Aufsätze zu Leben und Werk*
*Heinrich von Kleists*

*2., verbesserte Auflage*

Westdeutscher Verlag

Die Deutsche Bibliothek – CIP-Einheitsaufnahme
Ein Titeldatensatz für diese Publikation ist bei
Der Deutschen Bibliothek erhältlich

1. Auflage Dezember 1999
2., verbesserte Auflage Oktober 2000

Umschlaggestaltung: Horst Dieter Bürkle, Darmstadt
ISBN 978-3-531-33247-5          ISBN 978-3-322-87360-6 (eBook)
DOI 10.1007/978-3-322-87360-6

# Inhalt

*Für Laura*

# Vorwort

In diesem Band sind Arbeiten über Heinrich von Kleist zusammengefaßt, die auf die im Titel genannten Themenbereiche konzentriert sind: Geschichte, Politik, Sprache. Einige Darstellungen sind noch nicht, einige nur an abgelegener Stelle zuerst publiziert worden (Drucknachweise im Anhang des Bandes), so daß sie nunmehr besser zugänglich gemacht werden. Fortentwicklungen der Forschung sind berücksichtigt und insbesondere in den Fußnoten ausgewiesen worden. Weitere Arbeiten zu Kleist, die den Rahmen von Aufsätzen überschreiten, konnten aus Umfangsgründen nicht aufgenommen werden:

> – Die Zensurkonflikte der *Berliner Abendblätter*. Zur Beziehung von Journalismus und Öffentlichkeit bei Heinrich von Kleist. In: Klaus Peter, Dirk Grathoff (u.a.): Ideologiekritische Studien zur Literatur. Frankfurt/M.: Athenäum 1972, S. 35-168.

> – Erläuterungen und Dokumente: Heinrich von Kleist. *Das Käthchen von Heilbronn*. Stuttgart: Reclam 1977. (⁴1998).

> – Materialistische Kleist-Interpretation. Ihre Vorgeschichte und ihre Entwicklung bis 1945. (Mit einem bibliographischen Anhang zur materialistischen Kleist-Rezeption seit 1945). In: Text und Kontext. Quellen und Aufsätze zur Rezeptionsgeschichte der Werke Heinrich von Kleists. Hrsg. von Klaus Kanzog. Berlin: E. Schmidt 1979, S. 117-192.

> – mit Hedwig Appelt: Erläuterungen und Dokumente: Heinrich von Kleist. *Das Erdbeben in Chili*. Stuttgart: Reclam 1986. (³1997). (Daraus hier nur der Beitrag: »Die Erdbeben in Chili und Lissabon«).

> – Kleists Geheimnisse. Unbekannte Seiten einer Biographie. Opladen: Westdeutscher Verlag 1993.

Bis auf die erste Studie über die *Berliner Abendblätter* sind diese Arbeiten ohnehin weiter gut zugänglich.

Zwei Aufsätze sind biographisch-literarischen Gesichtspunkten gewidmet: der erste über Kleists Würzburger Reise und seine literarischen Anfänge sowie der letzte über seinen Tod als inszeniertes Sterben. Von Kleists Werken wird der *Zerbrochne Krug* in zwei Beiträgen behandelt. Es folgen drei Studien zu den Erzählungen in der Folge, wie Kleist sie im ersten Band der *Erzählungen* von 1810 angeordnet hat: zum *Michael Kohlhaas*, der *Marquise von O...* und dem *Erdbeben in Chili*. *Amphitryon* und andere Dramen werden in dem Beitrag über »Antike und Moderne im Werk Heinrich von Kleists« angesprochen. Jeweils zwei Darstellungen sind der *Penthesilea* und dem *Käthchen von Heilbronn* gewidmet, am Schluß dieses Teils wird die frühe Rezeptionsgeschichte des *Prinzen von Homburg* untersucht.

Im Abschnitt »Beziehungen« werden biographisch-literarische Gesichtspunkte in drei Beiträgen über Kleists Verhältnis zu Napoleon, zu Goethe und zu Hegel befragt. Das »Ende« bildet »Kleists Tod« als inszeniertes Sterben. Insgesamt werden damit 16 Arbeiten über Kleist vorgelegt, die meist in den 80er und 90er Jahren entstanden sind. Sie sind für diesen Wiederabdruck durchgesehen und angepaßt worden. Ein zusammenfassender »Ausblick« schließt die Sammlung ab.

Die Drucknachweise stehen am Anfang des Materialanhangs. Die Zitierweise ist am Beginn des dort folgenden Literaturverzeichnisses erläutert. Kleists Werke und Briefe werden grundsätzlich im laufenden Text mit Band- und Seitenangaben nach der Ausgabe von Helmut Sembdner zitiert. Sembdners Sammlungen von Kleists *Lebensspuren* (LS) und des *Nachruhms* (NR) werden nach Nummern der Dokumente ebenfalls im laufenden Text zitiert. Sekundärliteratur wird in den Fußnoten angeführt, mit Seitenangaben in der sog. amerikanischen, kurzen Zitierform unter Verfasser- und Jahresangaben, die vollständigen Angaben sind im Literaturverzeichnis aufgelöst. Weiterführende, nicht direkt oder nur sporadisch zitierte Sekundärliteratur ist alphabetisch in das Literaturverzeichnis einbezogen. Ein Register der Werke Kleists und ein Personenregister beschließen den Band.

Für die Einrichtung des Buches danke ich Ted Rippey, Tanja Küddelsmann, Sarah Hans und Mara Munderloh, Klaus Beilstein für die Gestaltung des Titelbildes.

Oldenburg und Tenna, im September 1999                    Dirk Grathoff

# DIE ANFÄNGE

# Heinrich von Kleists Würzburger Reise
## Eine erweiterte Rekonstruktion

### I. Vorbemerkungen zur Forschungslage

Die Reise, die Heinrich von Kleist und sein Freund Ludwig von Brockes im Herbst 1800 nach Würzburg unternahmen, ist vor allem deshalb von so großem Interesse für die literaturgeschichtliche Forschung, weil sie offensichtlich eine wichtige Station auf dem Weg von der biographisch vorgegebenen Militärlaufbahn hin zum literarischen Schriftsteller darstellte. Die preußische Armee, in die Kleist gemäß der Familientradition 1792 im Alter von 14 Jahren gesteckt wurde, verließ er 1799; Ende 1802 erschien sein erstes literarisches Werk, *Die Familie Schroffenstein*.[1] Dazwischen begann er ein Studium in Frankfurt an der Oder, brach es wieder ab, ging auf Reisen, zuerst nach Würzburg, quälte sich danach kurzfristig in einem ungeliebten »Amt« eines Berliner Ministeriums herum, dann reiste er nach Paris, von dort in die Schweiz – und dabei war er zum Dichter geworden. Wie kam das? Eine Antwort auf die Frage, welche Rolle die Würzburger Reise in diesem Dichterwerdungsprozeß gespielt hat, ist dem interessierten Literarhistoriker durch Kleist selbst außerordentlich erschwert worden, denn er hat einen fast undurchdringbaren Schleier des Geheimnisses über Anlaß, Ziel und Zweck der Reise gedeckt. Bis heute ist es nicht gelungen, einen völlig zweifelsfreien Nachweis vorzulegen, warum Brockes und Kleist im Herbst 1800 nach Würzburg gefahren sind. Auch mir persönlich ist das noch nicht gelungen. Alle Hypothesen, die bislang zur Erklärung des Zwecks dieser Reise entwickelt worden sind, mußten in Form von Indiziennachweisen vorgetragen werden, weil noch kein einziges Dokument aufgetaucht ist, das direkt und eindeutig den Reiseanlaß belegen könnte. Mit Gewißheit kann man nur sagen, daß die praktizierte Geheimhaltung wirkungsvoll gewesen ist – auch das ist ein Faktum, das erklärt werden muß.

Aber nicht nur die Geheimhaltung von Seiten Kleists und offensichtlich auch der anderen Beteiligten ist für die prekäre Erklärungslage die Ursache, weitere Gründe sind zu berücksichtigen. Die Briefe, die Kleist von der Reise an seine Verlobte Wilhelmine von Zenge schrieb, und durch deren geheimhalterischen Gestus hindurch die hypothetischen Rekonstruktionen mangels anderer Dokumente vorgenommen werden müssen, sind erst in den Jahren 1881 bis 84 veröffentlicht worden,[2] die wenigen dazugehörigen Briefe an seine Schwester Ulrike 1860.[3] Die verzögerte Veröffentlichung der wichtigsten Briefe, als die Konjunktur der positivi-

---

1   Zur Neudatierung des ersten Erscheinens vgl. Weiss 1984, S. 61.
2   Vgl. Kanzog 1979, Bd. 2, S. 319-322 (Nr. 22 u. 25: Karl Biedermanns Briefeditionen).
3   Ebda, Bd. 2, S. 312 f. (Nr. 13: August Kobersteins Briefedition).

stischen biographischen Forschung bereits ihren Zenit durchschritten hatte, ist gleichfalls kein Zufall, denn der literarische Rang Heinrich von Kleists ist erst spät in unserem Jahrhundert erkannt worden.

Dies hat allgemein zu einer desolaten Lage der biographischen Forschung geführt: nach wie vor gibt es mehrere Lebensphasen Kleists, über die wir kaum etwas wissen. So konnte Hermann F. Weiss in den zurückliegenden Jahren mit seinem Buch *Funde und Studien zu Heinrich von Kleist* (1984) und einer Reihe von Aufsatzveröffentlichungen demonstrieren,[4] welche Fülle von Material über Kleist immer noch in den Archiven schlummerte. Allerdings bleiben die außerordentlichen Verluste durch die beiden Weltkriege und die deutsche Geschichtsentwicklung im 20. Jahrhundert unübersehbar. Angesichts der Versäumnisse der biographischen Forschung im 19. Jahrhundert sind aber immer noch Zeugnisse ermittelbar, wie Weiss gezeigt hat, wobei seine vorwiegend korrespondierenden Nachforschungen aus dem amerikanischen Ann Arbor durch persönliche Insistenz vor Ort noch verbessert werden können. Weitgehend korrespondierend hat z.B. auch Helmut Sembdner gearbeitet, und vor ihm am Anfang unseres Jahrhunderts bereits Sigismund Rahmer, dem wichtiges Material über Ludwig von Brockes vorlag, das noch nicht wieder aufgetaucht ist.[5] Hermann F. Weiss ist dem noch erreichbaren Material über Brockes nachgegangen und Horst Häker hat unlängst eine hilfreiche biographische Studie über Sigismund Rahmer vorgelegt,[6] dessen Nachlaß, der vielleicht nach London gelangt sein kann, noch nicht aufgespürt werden konnte – auch das ein Ergebnis des deutschen Geschichtsverlaufs dieses Jahrhunderts, in dem unsere jüdischen Mitbürger oder deren Kinder ins Exil getrieben wurden.

Die älteren Hypothesen über den vermeintlichen Zweck der Reise, Kleist habe eine medizinische Operation zur Beseitigung einer Phimose vornehmen lassen bzw. er habe Industriespionage zur Auskundschaftung des »Pickelgrüns« betrieben, sind inzwischen hinlänglich zurückgewiesen worden.[7] Demgegenüber habe ich 1993 mit meiner Untersuchung *Kleists Geheimnisse. Unbekannte Seiten einer Biographie* eine alternative Hypothese entwickelt: ich vermute, daß die Würzburger Reise unternommen wurde, um in Kontakt mit Freimaurern zu treten.[8] Wobei ich darüber

---

[4]   Zusammenfassend verweise ich nur auf Druckorte von Aufsatzveröffentlichungen: Archiv für das Studium der neueren Sprachen und Literaturen 227 (1990), Beiträge zur Kleist-Forschung Frankfurt/Oder 1990, 92, 94, 95, 96 und 1997, Jahrbuch des Wiener Goethe-Vereins 96 (1992), Jahrbuch Preußischer Kulturbesitz 30 (1993), Kleist-Jahrbuch 1998, Wirkendes Wort 1994, Archiv für Geschichte des Buchwesens 41 (1994), Euphorion 89 (1995).
[5]   Vgl. Rahmer 1909, S. 59 f., 69 ff., 419 ff. u. 445 f.
[6]   Hermann F. Weiss: Heinrich von Kleists Freund Ludwig von Brockes. In: Beiträge zur Kleist-Forschung, Frankfurt (Oder) 1996, S. 102 ff.; Horst Häker: Sigismund Rahmer. In: Beiträge zur Kleist-Forschung, Frankfurt (Oder) 1995, S. 17 ff.
[7]   Vgl. zusammenfassend Grathoff 1993, S. 17-21.
[8]   Vgl. Grathoff 1993.

hinaus annehme, daß es Kleist vor allem darum gegangen ist, von den Freimaurerlogen finanzielle Unterstützung zu erhalten – eine Hoffnung, die offenkundig
nicht erfüllt wurde. Für den Gang meiner Argumentation ist das 1798 in Preußen
erlassene Freimaureredikt sehr wichtig, weil damit das Aufnahmealter für den
Eintritt in preußische Logen auf 25 Jahre heraufgesetzt wurde. Kleist wurde im
Oktober 1800 erst 23 Jahre alt, so daß er sich ins Ausland wenden mußte, wenn er
sich um eine Logenaufnahme bemühen wollte.[9] Ferner habe ich versucht, aus den
Würzburger Hotelgastverzeichnissen des Jahres 1800, die unter dem Stichwort
»Angekommene Fremde« im örtlichen Intelligenzblatt veröffentlicht wurden, diejenigen Freimaurer zu identifizieren, die Kleist – so meine weitere Hypothese – für
freimaurerische Unterhandlungen in Würzburg getroffen haben könnte. Dabei bin
ich auf Christoph Wilhelm Hufeland gestoßen, den Jenaer Arzt und späteren Direktor der Berliner Charité, und auf Gustav Graf von Schlabrendorf, den Einsiedler
von Paris, der die französische Hauptstadt im Oktober 1800 offensichtlich verlassen
hat, um im Würzburger »Gasthofe zum Kleebaum« abzusteigen.[10]

Hier will ich mich vor allem darum bemühen, den möglichen Motiven für diese
Reisen noch näher zu kommen. Mit welchen Absichten können Kleist und sein
Freund Ludwig von Brockes nach Würzburg gefahren sein? Und was kann Christoph Wilhelm Hufeland, was Gustav Graf von Schlabrendorf zu derartigen Reisen
veranlaßt haben? Gegenüber der 1993 erschienenen Untersuchung ist eine »erweiterte Rekonstruktion« der Würzburger Reise vor allem durch verbesserte und
erleichterte Bedingungen zur Erforschung der Freimaurerei um 1800 möglich geworden. Meine ersten Recherchen habe ich während eines Berliner Forschungs-
semesters im Sommer 1990, Anschlußermittlungen dann bis etwa 1992 durchge-
führt. Während dieser ersten Arbeitsphase waren Untersuchungen zur Geschichte
der deutschen Freimaurerei nur unter eingeschränkten und erschwerten Bedingungen möglich. Ich war auf die unvollständig bestückten Archive der Logen selbst an-
gewiesen, dabei war mir insbesondere die Berliner Loge zu den drei Weltkugeln
neben den anderen dort ansässigen großen Mutterlogen behilflich.

Der Grund für die verbesserten Forschungsmöglichkeiten sei kurz erläutert. Die
Archivunterlagen sämtlicher deutscher Freimaurerlogen sind 1933 von den Natio-
nalsozialisten beschlagnahmt und zusammengeführt worden. Die Logen selbst
haben die seinerzeitigen Verluste nur unvollständig ersetzen können. Nach der
Kriegsauslagerung gelangte das beschlagnahmte Material in die Sowjetunion und

---

[9] Vgl. ebda, S. 41.
[10] Vgl. ebda, S. 52 ff. u. S. 63 ff. Hermann F. Weiss hat zwischenzeitlich ermittelt, daß Schlabrendorf von
Würzburg nach Kassel weitergereist war. Zugleich gibt Weiss zu bedenken, daß auch einer der beiden Brüder
Gustav von Schlabrendorfs in Würzburg und anschließend Kassel gewesen sein könne (vgl. Weiss, a.a.O.,
Anm. 6, S. 114 f.).

von dort in den 50er Jahren zurück in die DDR nach Merseburg ins Deutsche Zentralarchiv. In der DDR waren die Logen wie in allen totalitären Systemen verboten, die Existenz der Freimaurerunterlagen wurde abgestritten. Dennoch hat die Merseburger Archivarin Renate Endler ein Bestandsverzeichnis angelegt,[11] dessen erster Band 1994 erschienen ist, der zweite 1996.[12] Unmittelbar nach der Wende waren die ausgelagerten Materialien schwer zugänglich, nur Teilbestände wie z.B. die Illuminatenunterlagen wurden freigegeben, die W. Daniel Wilson für sein Buch »Geheimräte gegen Geheimbünde« (1991) auswerten konnte.[13] Inzwischen sind die gesamten Freimaurerunterlagen nach Berlin ins Geheime Staatsarchiv Preußischer Kulturbesitz überführt und dort mit Genehmigung der zuständigen Logen einsehbar geworden. Diese erheblich erleichterten Möglichkeiten z.B. zur Feststellung der Logenzugehörigkeit von Personen aus Kleists Umfeld nutze ich seither, sie kommen auch in dieser Darstellung zum Tragen.

Man kann also sagen, daß umfassende Nachforschungen zur Geschichte der deutschen Freimaurerei erst seit wenigen Jahren wieder möglich geworden sind, was sich inzwischen auch in einer Reihe von Publikationen niedergeschlagen hat, ohne die meine »erweiterte Rekonstruktion« nicht hätte vorbereitet werden können. Stellvertretend verweise ich nur auf die von Helmut Reinalter herausgegebene Schriftenreihe *Demokratische Bewegungen in Mitteleuropa 1770-1850,* in der seit 1990 über zwanzig Bände erschienen sind.[14] Freilich sind es nicht nur Materialien zur Geschichte der Freimaurerei, die ich für diese Recherchen herangezogen habe, ebenso bemühe ich mich, andere bekannte biographische Dokumente über Kleist nochmals unter einer veränderten Perspektive neu zu befragen. So werde ich später darlegen, warum Ludwig von Brockes Kleist auf dieser Reise begleitet hat, wobei ich mich nur auf Unterlagen stütze, die genauso schon Sigismund Rahmer und der nachfolgenden biographischen Forschung vorlagen oder mindestens zugänglich waren.

Vorauszuschicken bleibt nur der Hinweis, daß der inzwischen eingebürgerte Terminus »Würzburger Reise« irreführend wirkt, wenn damit die Stadt Würzburg als definitives Reiseziel assoziiert würde. Dem war ganz und gar nicht so. Als Kleist aus Frankfurt an der Oder im August 1800 aufbrach, hatte er ein konkretes Vorhaben im Kopf, noch nicht aber den Weg zur Realisierung und schon gar nicht die

---

[11] Als Vorabveröffentlichung erschien: Renate Endler: Zum Schicksal der Papiere von Johann Joachim Christoph Bode. In: Quatuor-Coronati-Jahrbuch 27, 1990, S. 9-35.
[12] Renate Endler/Elisabeth Schwarze-Neuß: Die Freimaurerbestände im Geheimen Staatsarchiv Preußischer Kulturbesitz. 2 Bde. Bern, Frankfurt/M. 1994 bzw. 1996.
[13] Wilson 1991.
[14] Schriftenreihe der Internationalen Forschungsstelle »Demokratische Bewegungen in Mitteleuropa 1770-1850«. Hrsg. von Helmut Reinalter. Bern, Frankfurt/M. 1990 ff. (u.a. sind darin als Bde 13 u. 18 die in Anm. 12 genannten Bestandsverzeichnisse erschienen).

Reiseroute dafür. Würzburg stellte sich erst während der Reise ein, leicht hätte das Ziel auch Straßburg werden können. Kleist selbst hätte vielleicht eher von der »Reise nach Wien« gesprochen, denn das war der ursprünglich ins Auge gefaßte Zielort, und rückblickend gebrauchte er in einem Brief Anfang 1801 auch den Terminus »nach Wien« (II, 622).[15]

## II. Die erweiterte Hypothese:
### Plan zur Widerlegung der sogenannten Verschwörungsthese

Auf Grund der Kontakte, die Kleist und Brockes während der Würzburger Reise knüpften, bin ich zu der Überzeugung gelangt, daß beide ein konkretes Vorhaben mit der Reise verfolgten: sie wollten Informationen einholen, die dazu geeignet waren, eine Schrift zur Widerlegung der sog. Verschwörungsthese anzufertigen. Diese Vermutung habe ich in der Untersuchung von 1993 erstmals vorgetragen,[16] inzwischen haben sich die Indizienhinweise verdichtet. Die These von der Verschwörung, Johannes Rogalla von Bieberstein hat ihr bekanntlich eine gründliche Analyse gewidmet,[17] besagte, daß deutsche Freimaurer, genauer: Illuminaten, seinerzeit nach Paris gereist seien, um dort die Französische Revolution auszulösen. Diese These ist zwar in solcher Form nicht haltbar, doch wurde sie am Ende des 18. Jahrhunderts allgemein als zutreffend angesehen, was in den 90er Jahren dazu führte, daß die deutschen Freimaurerlogen, namentlich die in den süddeutschen und österreichischen Staaten zunehmend unter Druck gerieten und schließlich ihre Tätigkeit einstellten.[18] In Göttingen wurden beispielsweise die beiden Logen »Augusta zu den drei Flammen« und »Zum goldenen Zirkel« aufgrund einer Verordnung der Regierung in Hannover vom 29. Oktober 1793 verboten.[19] In Preußen mußten die Logen durch das Freimaurerdikt von 1798, das dem österreichischen Freimaurerpatent Josephs II. von 1785 nachgebildet war,[20] ähnliches befürchten. Eine Schrift zur Widerlegung der Verschwörungsthese muß für die deutschen Logen also eine hohe Attraktivität gehabt haben, mehr noch: diese Widerlegung dürfte überlebenswichtige Bedeutung bekommen haben – und sie wurde, worauf noch eingegangen wird, auch mehrfach angestrengt.

---

[15]   Im Brief an Wilhelmine von Zenge vom 31. Januar 1801.
[16]   Grathoff 1993, S. 56 f.
[17]   Johannes Rogalla von Bieberstein: Die These von der Verschwörung 1776-1945. Bern, Frankfurt/M. 1976.
[18]   Vgl. Helmut Reinalter: Die Freimaurerei zwischen Josephinismus und frühfranziszeischer Reaktion. In: Reinalter (Hrsg.): Freimaurer und Geheimbünde im 18. Jahrhundert in Mitteleuropa. Frankfurt/M. 1983, S. 35-84 (bes. S. 60 ff.).
[19]   Für den Hinweis danke ich Herrn Arndt Wolf, Meister vom Stuhl der Loge »Augusta zum goldenen Zirkel« in Göttingen.
[20]   Vgl. Reinalter (Anm. 18), S. 48.

Die zeitgenössischen Erfinder der Verschwörungsthese, von denen in unserem Zusammenhang vor allem der Wiener Leopold Alois Hoffmann[21] und der im Londoner Exil lebende französische Abbé Augustin Barruel[22] hervorgehoben seien, führten ihre Behauptungen stets auf eine Reise zurück, die der Weimarer Freimaurer und Illuminatenchef Johann Christoph Bode zusammen mit dem Freiherrn Christian Wilhelm von dem Bussche 1787 nach Paris unternommen hat. Bode ist in der deutschen Literaturgeschichte vor allem als Hamburger Verleger und Freund Lessings bekannt, in seinem Verlag erschien die herausragende Programmschrift des Sturm und Drang *Von deutscher Art und Kunst* mit den Beiträgen von Herder, Goethe, Frisi und Möser. Ebenso sind seine Übersetzungen aus dem Englischen einflußreich gewesen. Auf Einladung von Mirabeau soll Bode 1787 nach Paris gefahren sein, so sagten die zeitgenössischen Gerüchte, um vor einem Club, aus dem dann der der Jakobiner werden sollte, über das deutsche Illuminaten-System zu berichten. Mirabeau war 1791 überraschend verstorben, Bode im Jahr 1793. Wenn Kleist also auf der Suche nach Zeitzeugen war, was ich vermute, mußte er sich an andere Personen halten. An dieser Überlegung setzt meine erweiterte Rekonstruktion der Würzburger Reise an.

Seit zwei Jahren sind genauere Informationen über Bodes Reise nach Paris im Jahr 1787 erstmals allgemein zugänglich geworden, denn das handschriftlich erhaltene Reisetagebuch Bodes, das im Nachlaß von Karl August Böttiger in der sächsischen Landesbibliothek Dresden überliefert worden ist, wurde 1994 von Hermann Schüttler transkribiert und veröffentlicht.[23] In seiner Einleitung hat Schüttler die Frage nach der möglichen Stichhaltigkeit der Verschwörungsthese äußerst vorsichtig abwägend behandelt. Einerseits ist natürlich seit langem bekannt, daß vor allem in der berühmten Pariser Loge »Les Amis Réunis« zahlreiche gesellschaftlich und politisch hochrangige Personen vereinigt waren, die auch zu den Revolutionären von 1789 zählten oder Kontakt zu ihnen hatten. Und in der Tat hat Bode 1787 das deutsche Illuminatensystem nach Paris verpflanzt, das, so Schüttler, sei »die eigentliche Brisanz von Bodes Aufzeichnungen«, er hat dort Mitglieder angeworben, von denen einige »an den revolutionären Ereignissen der ersten Stunde« beteiligt waren.[24] Daraus ließe sich jedoch noch keineswegs eine Verschwörungsabsicht herleiten, die Frage müsse deshalb »offen bleiben«.[25]

---

[21]   Vgl. Johannes Rogalla von Bieberstein, a.a.O. (Anm. 17), S. 255 (bibliographischer Nachweis); ergänzend Wilson 1991, S. 41 ff.

[22]   Vgl. Johannes Rogalla von Bieberstein, a.a.O. (Anm. 17), S. 234 (bibliographische Nachweise).

[23]   Johann Joachim Christoph Bode: Journal von einer Reise von Weimar nach Frankreich. Im Jahr 1787. Hrsg. von Hermann Schüttler. München 1994.

[24]   Ebda, S. 117 ff., Zitat S. 119.

[25]   Ebda, S. 119.

Nach dem offiziellen Verbot des Illuminaten-Ordens in Bayern im Jahr 1785 hatte Bode dessen Leitung nach dem Streit zwischen dem Gründer Johann Adam Weishaupt und dem Freiherrn von Knigge übernommen. Er knüpfte die Kontakte zu den Pariser Philalethen, den Freunden der Wahrheit, zu deren zweitem Konvent er im Jahr 1787 reisen wollte, doch traf er erst nach dem Schluß des Philalethentreffens dort ein.[26] Die Philalethen waren wie die Illuminaten eine freimaurerähnliche Organisation, allerdings keine Loge, die ihre gesellschaftlich-politischen Ziele in der Verbreitung und Verteidigung der Aufklärung sahen. In Paris bewirkte Bode, wie gesagt, den Beitritt französischer Freimaurer zum Illuminaten-Orden, doch ist zumindest für Schüttler nicht eindeutig belegt, ob auch Mirabeau selbst Illuminat geworden ist.[27]

### III. Indiziennachweise zur Stützung der hypothetischen Rekonstruktion

Als Kleist am Beginn der Reise nach Ludwig von Brockes Ausschau hielt, er vermutete ihn zunächst in Berlin, suchte ihn dann in Coblentz bei Pasewalk auf, muß er von dessen Verbindungen zur Freimaurerei bereits gewußt haben. Und er mußte Grund zu der Annahme haben, in ihm einen Partner finden zu können, der sich an einer Schrift zur Widerlegung der Verschwörungsthese beteiligen könnte bzw. mindestens an den Recherchen dafür. Diese hypothetischen Voraussetzungen sind zu treffen. Wie ich anschließend zeigen werde, ist in der Tat eine Möglichkeit gegeben, daß der Kontakt zu Christoph Wilhelm Hufeland über Brockes vermittelt worden sein kann. Ich gehe davon aus, daß Kleist seit seiner ersten Bekanntschaft mit Brockes auf Rügen im Jahr 1796 oder durch nachfolgende Kontakte von dessen Sorgen um die bedrohliche Lage der Freimaurerei infolge der Verbreitung der Verschwörungsthese wußte. 1795/96 waren die einschlägigen Schriften von Leopold Alois Hoffmann erschienen.[28] Die von Barruel folgten 1797/98.[29] Und 1798 wurde das preußische Freimaureredikt erlassen, das Unsicherheit unter den dort ansässigen Logen auslösen mußte. Brockes, so schrieb Kleist am 21. August 1800 aus Coblentz an seine Schwester Ulrike, »hat mit mir denselben Zweck«, und dieses sei, ausdrücklich hervorgehoben, »ein <u>sehr ernster</u> Zweck« (II, 526). Meiner Ansicht nach kann dieser gemeinsame Zweck die Widerlegung der Verschwörungsthese gewesen sein.

---

[26]   Ebda, S. 111.
[27]   Vgl. Hermann Schüttler: Die Mitglieder des Illuminatenordens 1776-1787/93. München 1991, S. 106 u. S. 221 (als nicht gänzlich gesichert ausgewiesen). Allerdings wird Mirabeau mit den Ordensnamen »Adramelech« und »Leonidas« in mehreren Illuminatenverzeichnissen aufgeführt.
[28]   Wie in Anm. 21 genannt; die Erstveröffentlichung von Hoffmanns »Fragmenten zur Biographie Bodes« erfolgte in der Wiener Zeitschrift 1793 (vgl. Wilson, a.a.O., Anm. 13, S. 41).
[29]   Wie in Anm. 22.

Über Brockes' Verbindungen zur Freimaurerei sind bislang nur unsichere Vermu-
tungen zutage gefördert worden; Peter Struck hatte 1986 den Namen »v Brockes«
in einem Mitgliederverzeichnis des Göttinger studentischen »Constantisten-
Ordens« gefunden.[30] Allerdings scheint dies Verzeichnis aus dem Jahr 1802 zu
stammen, während Brockes seine Studien in Göttingen schon 1788/89 beendete,
sich danach aber zwischen 1796 und 1800 nochmals dort aufgehalten hat.[31] Nach
seiner Studienzeit in Göttingen trat Brockes in dänische Dienste und lebte 1790/91
in Rendsburg. Über die dortige Loge »Zum Korallenbaum«, die 1771 von Kolding
dorthin verlegt wurde, sind in den Beständen des Geheimen Staatsarchivs keine
Unterlagen vorhanden. In den beiden Göttinger Logen »Augusta zu den drei
Flammen« und »Zum goldenen Zirkel« ist er jedenfalls nicht nachweisbar, die in
Frage kommenden dänischen Logen habe ich noch nicht überprüfen können.[32]

*

»Der König von Preußen ist dem Tode nahe und vielleicht schon todt, indem ich
dieses schreibe; wenigstens kann er unmöglich noch zwey Monathe leben.«,[33] mit
diesem berühmten Satz – unter dem Datum des 2. Juni 1786 notiert – beginnt Mirabeaus anonym erschienene *Geheime Geschichte eines großen deutschen Hofes* –
ich zitiere nach der deutschen Übersetzung von 1789. Friedrich verstarb erst am 17.
August 1786. Es ist wohl naheliegend, daß Brockes und Kleist zunächst gedrucktes
Material für ihr Vorhaben konsultierten, später ist ja auch bezeugt, daß sie sich »in
Würzburg Bücher aus der Lesegesellschaft« hatten bringen lassen (II, 623). Über
Mirabeaus Aufenthalt in Berlin während der Jahre 1786 und 87 geben die brieflichen Mitteilungen der *Geheimen Geschichte*, die von Talleyrand in Auftrag gegeben waren, Auskunft: über seine Besuche beim sterbenden Friedrich II., über seine
intensiven Kontakte zu dessen Bruder, dem Prinzen Heinrich, über die Spekulationen in Hinblick auf die Thronfolge zu Friedrich Wilhelm II. und den anschließenden politischen Kurswechsel – und, was in unserem Zusammenhang interessant ist,
über seine intensiven Beziehungen zu Karl August von Struensee, den Chef der
»Seehandlung«, den der als Physiokrat erfahrene Mirabeau vor allem in Bankge-
schäften beriet.[34] Von Berlin aus reiste Mirabeau auch nach Weimar, worauf er in
seinen brieflichen Berichten für Talleyrand aber nicht einging, nach dem Tode

---

[30] Vgl. Peter Struck: Ein biographisches Detail zu Ludwig von Brockes. In: Kleist-Jahrbuch 1986, S. 176-
178.
[31] Vgl. Rahmer 1909, S. 71 f. Hermann F. Weiss hält es ebenfalls für unwahrscheinlich, daß der Eintrag
auf Kleists Freund Ludwig von Brockes bezogen sein könnte (vgl. Weiss, a.a.O., Anm. 6, S. 111).
[32] Für Hinweise und Nachprüfungen danke ich Arndt Wolf (Göttingen) und Hans-Jürgen Schings (Berlin).
[33] [Mirabeau]: Geheime Geschichte eines großen deutschen Hofes [...] Aus dem Französischen übersetzt
[von F.W. Schütz]. 2 Theile. o.O. 1789, 1. Th., S. 3.
[34] Vgl. z.B. ebda, 2. Th., S. 36: »Ich habe Struensee auf seine Aufforderung zwey Aufsätze über die Möglichkeit, Geld in den französischen Fonds unterzubringen, und über einen Handelsvertrag, mitgetheilt:«; oder
z.B. 2. Th., S. 171: »Struensee, mit dem ich täglich vertrauter werde [...]«.

Friedrich II. sandte er im September 1786 nur sechs Briefe aus Dresden. Ob Mirabeau anläßlich des Besuchs in Weimar in der Tat Johann Christoph Bode zur Reise nach Paris eingeladen hat, ist bezweifelt worden,[35] immerhin ist aber durch die veröffentlichte Autobiographie von Christoph Wilhelm Hufeland bezeugt, daß dieser Mirabeau im Hause von Bode in Weimar kennengelernt hat. »Damit vereinigte sich nun«, schrieb Hufeland, »das Eingehen in die Freiheitsideen und der Kampf gegen Despotismus, der damals in Frankreich vorbereitet wurde; auch Mirabeau lernte ich bei ihm [Bode] kennen. Er zog mich natürlich in das Interesse aller dieser Gegenstände. Er wollte nur die Maurerei benutzen zur Bekämpfung des Jesuitismus und des Despotismus, und gründete dazu als höheren Grad den Illuminaten-Orden, woran er mit Weißhaupt und Knigge tätig arbeitete. Auch ich ward darin aufgenommen [...]«.[36] Durch das jetzt veröffentlichte Reisetagebuch von Bode ist bezeugt, daß er von Paris aus in ständigem brieflichen Kontakt mit Hufeland stand.[37] Auf Grund dieser engen Verbindungen zwischen Bode und Hufeland ist die Annahme wohl berechtigt, daß jemand, der sieben Jahre nach dem Tod Bodes Informationen über dessen Reise nach Paris im Jahr 1787 einholen wollte, Anlaß hätte, sich mit Hufeland in Verbindung zu setzen.

Nachdem Kleist Brockes in Coblentz abgeholt hatte, suchte er in Berlin Karl August von Struensee auf, um mit ihm zweierlei zu besprechen: einerseits verabredete er mit ihm, um sich »auf jeden Fall den Rückzug zu sichern« (II, 529), wie er an Wilhelmine von Zenge schrieb, die spätere Anstellung als Volontär in Struensees Ministerium zum 1. November 1800. Andererseits sprach er zugleich mit dem Freimaurer Struensee, den er, wie ich vermute, wegen der guten Beziehungen zu Mirabeau befragte, an wen er sich hinsichtlich der Verschwörungsthese wenden solle. Vermutlich hat Struensee darüber aber nichts näheres gewußt und ihm nur den unbestimmten Rat geben können, nach Wien zu reisen, denn dort lebte im Jahr 1800 einer der Urheber jener Legende: Leopold Alois Hoffmann. Fest steht jedenfalls, daß das ursprüngliche Reiseziel Wien in dem Gespräch von Struensee empfohlen worden war (II, 531).

Daraufhin fuhren Kleist und Brockes nach Leipzig, wo sie sich unter den Tarnnamen Klingstedt und Bernhoff an der Universität immatrikulierten, um die erforderlichen Studentenausweise für die weiteren Reisepässe zu erhalten. In Leipzig müssen sie dann jemanden getroffen haben, der ihnen den Rat gab, sich zunächst nach Dresden zu wenden. Diese Leipziger Kontaktperson muß noch ermittelt werden. »Unser Reiseplan hat sich geändert.«, schrieb Kleist am 1. September aus

---

[35]  Schüttler in seiner Einführung zu Bodes Reisetagebuch, a.a.O. (Anm. 23), S. 121.
[36]  Hufeland. Leibarzt und Volkserzieher. Selbstbiographie von Christoph Wilhelm Hufeland. Hrsg. von Walter von Brunn. Stuttgart 1937, S. 66.
[37]  Nachweise bei Schüttler, a.a.O. (Anm. 23), S. 447.

Leipzig an Wilhelmine, »Wir gehen nicht über Regensburg, sondern über Dresden und Prag nach Wien. Dieser Weg ist näher und in Dresden finden wir auch einen englischen Gesandten, der uns Pässe geben kann.« (II, 537). Dieser englische Gesandte war Hugh Elliot, ein enger Jugendfreund von Mirabeau. Sie waren gemeinsam mit dem zweiten Elliot-Bruder, George, dem späteren Earl of Minto, seit 1763 auf dem damals ebenso modischen wie berühmten Internat des Abbé Choquart in Frankreich erzogen und ausgebildet worden.[38] Zwei Jahre vor seinem Aufenthalt in Berlin war Mirabeau zusammen mit seiner Geliebten Madame de Nehra im August 1784 aus Frankreich nach England geflohen und hatte die Elliots dort, so muß man wohl sagen, heimgesucht.[39] Bis Ende März 1785 blieb er bei den Elliots, die ursprünglich wohl nur eine vage Einladung ausgesprochen hatten. Hugh Elliot war zu dieser Zeit englischer Gesandter in Kopenhagen, von dort wurde er 1791 zu einer höchst geheimen Mission nach Paris abberufen, um sich, so die britische *National Biography*, mit Mirabeau zu treffen, der inzwischen zum führenden Revolutionär in Frankreich geworden war.

In Dresden, möglicherweise beim Zusammentreffen mit Hugh Elliot, erfolgte die nächste wichtige Änderung der Reiseroute von Kleist und Brockes. »Liebes Minchen.«, schrieb Kleist am 3. September, »Soeben kommen wir von dem engl. Ambassadeur, Lord Elliot zurück, wo wir Dinge gehört haben, die uns bewegen, nicht nach Wien zu gehen, sondern entweder nach Würzburg oder nach Straßburg.« (II, 542). Was waren das für Dinge, die sie bei Hugh Elliot gehört hatten? Meine Vermutung geht dahin, daß sie von ihm den Rat bekommen haben, sich für ihre Recherchen an Gustav Graf von Schlabrendorf in Paris zu wenden, dem sie daraufhin brieflich vorschlugen, ihn entweder in Würzburg oder in Straßburg zu treffen.

Leider ist der Nachlaß von Gustav von Schlabrendorf seit 1945 verschollen, der bis dahin im Schlesischen Staatsarchiv in Breslau verwahrt worden war. 1909 waren die Hinterlassenschaften noch für eine Dissertation ausgewertet worden, von der nur das Einleitungskapitel gedruckt wurde, die in ihren entscheidenden Hauptteilen aber nicht mehr auffindbar ist.[40] Das berühmte *Napoleon*-Buch von Schlabrendorf aus dem Jahr 1804 hat Hans Magnus Enzensberger 1991 durch einen Neudruck – zusammen mit älteren biographischen Materialien – wieder bekannt gemacht.[41] Unabhängig davon erschien 1993 ein Leipziger Nachdruck dieser wohl schärfsten

---

[38]   Vgl. Guy Chaussinand-Nogaret: Mirabeau. Stuttgart 1988, S. 48 f.
[39]   Vgl. ebda, S. 97 ff.
[40]   Karl Faehler: Studien zum Lebensbild eines deutschen Weltbürgers, des Grafen Gustav von Schlabrendorf 1750-1824. (Abschnitt I, Kap. 1). München 1909. Im Archiv der Universität Jena ist die dort vorgelegte Dissertation nicht zu finden.
[41]   Gustav von Schlabrendorf: Anti-Napoleon. Hrsg. von Hans Magnus Enzensberger. Frankfurt/M. 1991.

Napoleon-Kritik,[42] die zu Lebzeiten des französischen Herrschers veröffentlicht wurde, und die erheblichen Einfluß auf Kleists antinapoleonische Schriften hatte. In einer Parallelpublikation Schlabrendorfs habe ich Quellenhinweise für Kleists *Hermannsschlacht* und den *Prinzen von Homburg* gefunden.[43] Hans Magnus Enzensberger hat mir im Schriftwechsel über seine Neuedition vorgeschlagen, eine neue Schlabrendorf-Biographie zu schreiben, womit ohne Frage ein sehr wichtiges Desiderat der Forschung benannt ist, aber man wird dies nicht leisten können, solange der Nachlaß verschollen bleibt.

Immerhin ist mir mit Hilfe des Geheimen Staatsarchivs Preußischer Kulturbesitz jetzt erstmals der Nachweis von Schlabrendorfs deutscher Logenzugehörigkeit gelungen. Die Archivarin Kornelia Lange, der ich für ihre Hilfe außerordentlich danke, hat auf meine Anfrage ermittelt, daß im Mitgliederverzeichnis der Leipziger Loge »Minerva zu den drei Palmen« des Jahres 1778 der Eintrag »- Gust. Freyh. v. Schlabrendorf, Domherr zu Magd., Lutherisch. Religion und Aufenthalt: auf Reisen« sich findet.[44] Schlabrendorf, dem sein Vater die Dompfründe von Magdeburg hinterließ, hatte 1772 sein Examen in Leipzig abgelegt, und ist wahrscheinlich danach in die Loge »Minerva zu den drei Palmen« aufgenommen worden. 1778 befand er sich in der Tat »auf Reisen«, erst durch Deutschland und das europäische Ausland, danach lebte er mehrere Jahre in England, wo er u.a. 1786/87 mit dem Freiherrn vom Stein zusammentraf,[45] der im Gegensatz zu Heinrich von Kleist damals offenbar als echter preußischer Industriespion nach England geschickt worden war, denn es gab heftige Beschwerden über seine Versuche, eine neuentwickelte Dampfmaschine abzuzeichnen.[46]

Mehrere Anfragen an englische Freimaurerlogen, ob Unterlagen über die Logenzugehörigkeit von Hugh Elliot vorhanden, ob Logenaktivitäten von Gustav von Schlabrendorf in England ermittelbar sind, blieben bisher stets ergebnislos. Auch die veröffentlichte Biographie Hugh Elliots ist in dieser Hinsicht unergiebig.[47] So kann vorerst nur die unbelegbare Vermutung geäußert werden, ob es in England oder danach 1791 in Paris Kontakte zwischen Gustav von Schlabrendorf und Hugh Elliot gegeben haben kann, die dann im Jahr 1800 in Dresden zu der Empfehlung

---

[42]  Werner Greiling (Hrsg.): Napoleon Bonaparte und das französische Volk unter seinem Konsulate. Leipzig 1993.

[43]  Grathoff 1993, S. 120.

[44]  Bestand 5.2. L 24, Nr. 115; Mitgliederverzeichnis von 1778, brieflich übermittelt von Kornelia Lange am 19. März 1996.

[45]  Vgl. Walther Hubatsch: Der Freiherr v. Stein und England. Köln 1977, S. 29.

[46]  Vgl. ebda, S. 21.

[47]  Memoir of the Right Honorable Hugh Elliot, by the Countess of Minto. 1868. (Das Buch wurde mir freundlicherweise von Hermann F. Weiss zur Verfügung gestellt).

an Kleist und Brockes führten, mit Schlabrendorf in Paris Verbindung aufzunehmen.

Der bisher sich ergebende Zusammenhang der Indizien sei nochmals rekapituliert, um deren Stärken wie Schwächen im Auge behalten zu können. Die vorgeschlagene Reise nach Straßburg kann auf eine Zusammenkunft mit einem Heranreisenden aus Paris hindeuten. Dort wohnte Schlabrendorf seit 1789 und war kaum zum Verlassen der französischen Hauptstadt zu bewegen. Es müssen also schon sehr gewichtige Gründe gewesen sein, die ihn zu seiner Reise nach Würzburg veranlaßt haben. Sein Aufenthalt dort im »Gasthofe zum Kleebaum« zwischen dem 16. und 23. Oktober 1800 ist aus dem 40. Extrablatt zum Würzburger Intelligenzblatt vom 24. Oktober 1800 belegt.[48] Dazu fügt sich Kleists langes Warten in Würzburg, der zum 1. November seinen Volontärdienst in Struensees Berliner Ministerium antreten mußte. Deshalb, so schrieb er am 27. Oktober 1800 – in Berlin angekommen – an Ulrike, sei er »durch das halbe Deutschland« »in fünf Tagen gereist, Tag und Nacht, um noch vor dem 1. November hier zu sein.« (II, 582). Er nannte dort auch die Städte, durch die er mit der Eilpost gereist war: »Von Würzburg über Meinungen, Schmalkalden, Gotha, Erfurt, Naumburg, Merseburg, Halle, Dessau, Potsdam nach Berlin [...]« (ebda). In den meisten dieser Städte habe ich zur Sicherheit Nachforschungen angestellt, ob im Jahr 1800 ähnlich wie in Würzburg Listen von »Angekommenen Fremden« in den örtlichen Intelligenzblättern veröffentlicht wurden, auch diese Suche ist durchweg negativ verlaufen.

Als ein ergänzendes Indiz kann geltend gemacht werden, daß Ludwig von Brockes im Anschluß an die Würzburger Reise die Absicht hatte, nach Paris zu fahren.[49] Kleist reiste 1801 dorthin; auf eine mögliche Begegnung mit Schlabrendorf während seines zweiten Parisaufenthalts 1803/04 haben Hilda Brown und Richard Samuel erstmals aufmerksam gemacht,[50] und den Einfluß von Schlabrendorfs antinapoleonischen Schriften auf Kleist habe ich in der Untersuchung von 1993 belegt.[51]

Nach ihrem Aufenthalt in Dresden legten Brockes und Kleist am 4. September 1800 nur eine relativ kurze Wegstrecke bis nach Öderan im Erzgebirge zurück. »Brokes wünscht hier zu übernachten,« schrieb Kleist »abends neun Uhr« an seine Verlobte, »aus Gründen, die ich Dir in der Folge mitteilen werde.« (II, 547). Diese Formulierung hatte schon Sigismund Rahmer hellhörig werden lassen.[52] Rahmer meinte, die Gründe, die Kleist nicht brieflich direkt, sondern erst später mündlich

---

[48]   Vgl. das Faksimile in Grathoff 1993, S. 64.
[49]   Vgl. Kleist an Ulrike: II, 582.
[50]   Samuel/Brown 1981, S. 115.
[51]   Grathoff 1993, S. 99 ff.
[52]   Rahmer 1909, S. 76.

mitteilen wollte, »seien nicht schwer zu erraten«: Brockes habe sich in Öderan mit seiner Geliebten Cäcilie von Werthern getroffen.[53]

Dies führt uns mitten in den »Roman«, den Varnhagen von Ense in dem Verhältnis zwischen Brockes und Cäcilie von Werthern sah. In Varnhagens Nachlaß fand Rahmer folgende Zettelnotiz: »Cäcilie von Werthern, eine wunderschöne, große, leidenschaftliche Frau, voll Adel und Eigenheit. Das Verhältnis beider war ein reicher Roman, wert einer gediegenen Darstellung.«[54] Ein Roman ist die Liebesgeschichte zwischen Cäcilie von Werthern, geborene von Ziegesar, und Ludwig von Brockes wahrlich gewesen. In seinem rückblickenden Würdigungsbrief über Brockes an Wilhelmine vom 31. Januar 1801 schrieb Kleist: »Er studierte in Göttingen, lernte in Frankfurt am Main die Liebe kennen, die ihn nicht glücklich machte [...].« (II, 619). 1788 hatte sich Brockes in die damals fünfzehnjährige Cäcilie von Ziegesar, geboren am 19. September 1773, verliebt. Sie wurde am 14. Januar 1789 – also gleichfalls noch im Alter von 15 – mit dem frisch geschiedenen, dabei einundfünfzigjährigen Christian Ferdinand Georg von Werthern verheiratet. Dessen erste Frau Amalie, in Goethes Briefen und Tagebüchern immer »die Werthern« genannt, hatte die Scheidung bewirkt, um August von Einsiedel heiraten zu können.

Bei der Ehe zwischen Cäcilie und Christian von Werthern, die in Neuhausen bei Weimar lebten, haben wir es also mit einer Effi Briest-Geschichte zu tun, und die unglückliche Liebe zwischen ihr und Ludwig von Brockes legt vielleicht einen Anhaltspunkt dafür frei, warum später in Kleists Dichtungen die liebenden Frauenfiguren oft so außergewöhnlich jung sind: an Eve im *Zerbrochnen Krug* ist zu denken, an Käthchen, Toni in der *Verlobung in St. Domingo*, oder auch an Elvire aus dem *Findling*, die mit dem alten Piachi in zweiter Ehe verheiratet wurde, ihren jugendlichen Geliebten Colino aber nur auf einer Leinwand noch verehren konnte.

Der Liebesroman zwischen Brockes und Cäcilie von Werthern hat im Jahr 1800 eine weitere dramatische Steigerung erfahren, die nächste, dann vollends tragische, folgte 1815. Am 7. August 1800 starb Christian von Werthern, also genau 14 Tage vor dem Treffen zwischen Kleist und Brockes in Coblentz. Am 21. August schrieb Kleist von dort an Wilhelmine von Zenge: »Brokes, der schon diesen Herbst zu einer Reise bestimmt hatte, wird mich begleiten.« (II, 529). Es ist also mehr als naheliegend, daß Brockes diese Reise dazu bestimmt hatte, um sich mit Cäcilie von Werthern zu treffen, die soeben, wenn ich es so formulieren darf, von ihrer Ehe befreit worden war. Und auch die Annahme von Rahmer, daß sich beide in Öderan getroffen haben, ist nicht abwegig. Unklar ist allerdings, ob Brockes bei seiner

---

[53] Ebda.
[54] Ebda, S. 75.

ersten Zusammenkunft mit Kleist am 21. August schon von dem Testament wußte, das Christian von Werthern hinterlassen hatte.

Rahmer hat diesen Teil des Romans offensichtlich durch Gespräche mit Nachfahren von Brockes ausfindig gemacht, weil aber Kleist nicht unmittelbar davon berührt war, hat Helmut Sembdner diese wichtigen Informationen nicht in seine Sammlung von Kleists *Lebensspuren* aufgenommen. »Die Familientradition besagt«, schrieb Rahmer, »daß er mit einer Frau Cäcilie von Werthern verlobt war, daß beide nach testamentarischer Bestimmung [durch Christian von Werthern] mit der Vermählung bis zur Großjährigkeit eines Sohnes warten mußten, daß schließlich der Termin besonders durch die Bemühung des Sohnes selbst behördlich abgekürzt wurde, daß aber auf dem Wege zur Hochzeit Brockes zu Bamberg in den Armen seiner herbeigeeilten Braut am 23. September 1815 gestorben ist.«[55] Der Sohn von Cäcilie und Christian von Werthern, Ottokar Franz Karl Freiherr von Werthern, war 1794 geboren worden, er wäre nach damaligem Recht also erst 1819 volljährig geworden, und muß dann mit dem Erreichen des 21. Lebensjahres die Wartezeit von Cäcilie und Ludwig von Brockes verkürzt haben. Die Bemühung war schließlich auch vergebens, so daß ihre schon 1788 unglücklich begonnene Liebesgeschichte 1815 ein tragisches Ende fand.

In Cäcilie von Werthern ist nun eine Person gegeben, die aller Wahrscheinlichkeit nach Kontakt zu Christoph Wilhelm Hufeland gehabt hat. Ihr Mann und sie gehörten zu den gesellschaftlich miteinander verkehrenden Kreisen des Herzogtums Weimar. Christian von Werthern war übrigens auch Mitglied der Weimarer Loge »Amalia«, in den Mitgliederverzeichnissen von 1774 bis 1777 ist er aufgeführt.[56] In Goethes Tagebüchern ist mehrfach der Besuch von Cäcilie von Werthern vermerkt, allerdings sind die manchmal schlecht recherchierten Register der Sophien-Ausgabe des öfteren irreführend, weil es zu Verwechslungen mit der ersten Frau von Werthern, der späteren Amalie von Einsiedel kommt. Am 26. Januar 1798 schrieb Goethe an Schiller, daß an diesem Abend »sechs schöne Freundinnen« bei ihm allegorische Darstellungen geben würden, also offensichtlich lebende Bilder, wobei Frau von Werthern den »Überfluß« darstellen werde.[57] Wenn eine solche »wunderschöne, große, leidenschaftliche Frau«, wie Varnhagen sie geschildert hatte, als Botin einen Brief von Brockes und Kleist an Hufeland übermitteln würde, hätte er sich der Bitte, die beiden in Würzburg zu treffen, wohl kaum entziehen können. Aus Dresden abgereist, wußten Brockes und Kleist in Öderan bereits, daß

---

[55]  Ebda, S. 74.
[56]  Dankenswerte Mitteilung von Frau Kornelia Lange vom Geheimen Staatsarchiv Preußischer Kulturbesitz aus der Akte 5.2. W 10 Nr. 30 – Mitgliederverzeichnisse der Loge »Amalia« in Weimar aus den Jahren 1774, 75, 76 und 77.
[57]  Goethe WA, IV, Bd. 13, S. 35 f.

Würzburg die nächste Station auf ihrer Reise sein werde. Hufeland mußte im Herbst 1800 ohnehin nach Bamberg reisen, um Verhandlungen über seine Nachfolge in Jena zu führen, so daß der Abstecher nach Würzburg, den er Goethe aber bezeichnenderweise verschwiegen hat,[58] nicht allzu aufwendig gewesen ist.

So können die Zusammentreffen in Würzburg mit Hufeland, vermittelt durch Cäcilie von Werthern, und mit Schlabrendorf, vermittelt durch Hugh Elliot, zustande gekommen sein. Beweisen kann ich dies freilich nicht, mehr als ein möglicher Indizienzusammenhang läßt sich vorerst noch nicht zusammentragen.

## IV. Ergänzende Überlegungen

Der Gedanke, daß Kleist auf finanzielle Unterstützung durch Freimaurerlogen für eine Studie zur Widerlegung der Verschwörungsthese hoffen konnte, ist keineswegs abwegig zu nennen. Mehrfach haben französische Logen Preise für die Bearbeitung dieses Themas ausgesetzt, worüber Georg Kloss in seiner *Geschichte der Freimaurerei in Frankreich* berichtete: »Erst nachdem die Logen nach dem Abschluß der Revolution sich aus den Trümmern wieder erhoben hatten, wurden Barruel's [u.a.] Angriffe Stoff, selbst zu Preisaufgaben, der mehrfach in den Logen behandelt, am erfolgreichsten durch Mounier 1801 [...] bearbeitet wurde.«[59] Vielleicht hat Schlabrendorf davon gewußt, daß die Pariser Logen schon Preisaufgaben vergeben hatten, und Kleist die Hoffnung nehmen müssen, sich daran noch beteiligen zu können. Aber wie hätte die Widerlegung angelegt werden sollen, wenn von Hufeland zu hören war, daß Bode 1787 in Paris in der Tat französische Freimaurer für den Illuminaten-Orden angeworben hat? Diese Behauptung war ja stets noch die Grundlage für die Verschwörungsthese gewesen. Die bei Georg Kloss erwähnte Preisschrift von Jean Joseph Mounier war 1801 in Tübingen im französischen Original und zugleich in deutscher Übersetzung erschienen: *Über den vorgeblichen Einfluß der Philosophen, Freimaurer und Illuminaten auf die Französische Revolution.*[60] Mounier war 1789 für kurze Zeit Präsident der Pariser Nationalversammlung, 1794 emigrierte er nach Weimar, wo er 1797 das Erziehungsinstitut im Schloß Belvedere gründete und 1801 kehrte er nach Frankreich zurück.[61] Seine 1791 erschienene Schrift über Staatsverfassungen hatte der zweite Jenaer Illuminat mit Namen Hufeland, der Jurist Gottlieb Hufeland, noch im selben Jahr übersetzt.[62] Zu Verwechslungen zwischen Christoph Wilhelm und Gottlieb Hufeland ist es des

---

[58] Vgl. näher Grathoff 1993, S. 53. Zu Hufelands Reise nach Bamberg im September 1800 vgl. Stefan Goldmann: Christoph Wilhelm Hufeland im Goethekreis. Stuttgart 1993, S. 205 (Quellenliteratur dort in Anm. 19).

[59] Georg Kloss: Geschichte der Freimaurerei in Frankreich. 2. Bde. Nachdruck Graz 1971 (zuerst: 1852/53), Bd. 1, S. 322.

[60] Vgl. Rogalla von Bieberstein, a.a.O. (Anm. 17), S. 64 und 267 (bibliographische Nachweise).

[61] Vgl. Wilson 1991, S. 226 u. 387; sowie Ilse-Marie Barth: Literarisches Weimar. Stuttgart 1971, S. 72.

[62] Vgl. dazu Wilson 1991, S. 226 u. 370 (bibliographischer Nachweis).

öfteren gekommen, zumal beide gleichzeitig in denselben gesellschaftlichen Kreisen des Herzogtums Weimar verkehrten, insbesondere ist bei den Registern von Goethes Sophien-Ausgabe, wie schon erwähnt, Vorsicht geboten. Da Mounier bis 1801 in Weimar lebte, ist natürlich die Möglichkeit gegeben, daß ebenso Christoph Wilhelm Hufeland von dessen Beteiligung an der Preisschrift der Pariser Logen wußte, und Kleists Hoffnungen entsprechend desillusionieren mußte.

Noch ungeklärt ist nach wie vor, welche Summe Geldes für den »Zweck der Reise«, wie Kleist es nannte, und wofür aufgewendet wurde. »Die Reise und besonders der Zweck der Reise«, schrieb er nach seiner Rückkehr nach Berlin am 27. Oktober 1800 an Ulrike, »war zu kostbar für 300 Rth.. Brokes hat mir mit fast 200 Rth. ausgeholfen.« (II, 583). Es ist natürlich denkbar, daß sie für die Reisekosten von Hufeland und Schlabrendorf aufgekommen sind. Unwahrscheinlich und ebensowenig beweisbar ist bislang die Möglichkeit, daß im Zusammenhang mit Logenritualen Geldsummen aufgebracht werden mußten.

In der Untersuchung von 1993 hatte ich ergänzend die Überlegung geäußert, ob Kleist zugleich eine hochrangige freimaurerische Protektion zuteil geworden sein kann, nach der fast »im Umfeld des preußischen Königshauses zu fragen« wäre.[63] Für derartige Unterstützung käme wohl allenfalls der Prinz Heinrich in Frage, der Bruder Friedrich des Großen, der 1800 in Rheinsberg lebte, und über dessen enge Beziehungen zu Mirabeau die brieflichen Berichte in der *Geheimen Geschichte eines großen deutschen Hofes* hinlänglich Auskunft gaben. Er war ein Anhänger und Bewunderer der französischen Aufklärung, seine Verbindung zu französischen Logen ist ebenso nachgewiesen,[64] und er befürwortete die Französische Revolution, was zumindest für einen Prinz von Preußen ungewöhnlich erscheint, so hat er 1795 maßgeblich am Abschluß des Baseler Friedens zur Beendigung der Koalitionskriege gegen das revolutionäre Frankreich mitgewirkt. Von seiner Opposition gegen Friedrich II. und seiner Verbundenheit mit der Freimaurerei legen die von ihm errichteten Erinnerungsbauten im Park von Rheinsberg deutlich Zeugnis ab. Als Angehöriger des Potsdamer Garderegiments hatte Kleist zwar ständig Kontakt zu Angehörigen des preußischen Königshauses, doch sind keinerlei Belege überliefert, ob er auch mit dem Prinzen Heinrich in Berührung gekommen sein kann.

## V. Schluß

Wie fügt sich das Bild, das in dieser hypothetischen Rekonstruktion hier von Kleists Würzburger Reise entwickelt worden ist, nun in die bekannten Konturen seiner Biographie? Es zeigt sich, daß der Gigantismus, der in Kleists literarischen

---

[63]   Grathoff 1993, S. 55.
[64]   Eugen Lennhoff/Oskar Posner: Internationales Freimaurerlexikon. Wien, München 1932 (Nachdruck 1980), Sp. 683.

Anfängen zu beobachten ist, ebenso offensichtlich bereits seine vorliterarische, die popularphilosophische Phase geprägt hat. Kleists späteres Ringen mit dem *Robert Guiskard* war ja darauf angelegt, als Debut sogleich das ganz große, das Drama der Dramen vorzulegen. Und bestärkt wurde er in solchen Größenphantasien von keinem Geringeren als Christoph Martin Wieland, dem Nestor der deutschen Aufklärungsliteratur, der Kleist im Juli 1803 ermunterte: »Nichts ist dem Genius der heiligen Muse, die Sie begeistert, unmöglich. Sie m ü s s e n Ihren Guiscard vollenden, und wenn der ganze Kaukasus und Atlas auf Sie drückte.« (II, 734). Und an Georg Wedekind schrieb Wieland am 10. April 1804 über seinen Eindruck von Kleists Rezitation aus seinem *Guiscard*: »Wenn die Geister des Äschylus, Sophokles und Shakespear sich vereinigten eine Tragödie zu schaffen, so würde das sein was Kleists Tod Guiscards des Normanns, sofern das Ganze demjenigen entspräche, was er mich damals hören ließ. Von diesem Augenblick an war es bei mir entschieden, Kleist sei dazu geboren, die große Lücke in unserer dermaligen Literatur auszufüllen, die (nach meiner Meinung wenigstens) selbst von Goethe und Schiller noch nicht ausgefüllt worden ist; und Sie stellen sich leicht vor, wie eifrig ich nunmehr an ihm war, um ihn zur Vollendung des Werks zu bewegen.« (LS 89).[65] Als Kleist dann das Manuskript des *Guiskard* verbrannt hatte und sein Scheitern an einem so hoch gesteckten Anspruch eingestehen mußte, schrieb er am 5. Oktober 1803 an Ulrike: »Ich trete vor einem zurück, der noch nicht da ist, und beuge mich, ein Jahrtausend im voraus, vor seinem Geiste. Denn in der Reihe der menschlichen Erfindungen ist diejenige, die ich gedacht habe, unfehlbar ein Glied, und es wächst irgendwo ein Stein schon für den, der sie einst ausspricht.« (II, 736).

Zu solchen Größenphantasien fügt sich ein nicht eben gering gestecktes Vorhaben wie die Widerlegung einer der zeitgenössischen Begründungstheorien der Französischen Revolution. Und die möglichen Zusammentreffen mit Christoph Wilhelm Hufeland und Gustav Graf von Schlabrendorf lassen erkennen, daß Kleist mutmaßlich schon in seiner popularphilosophischen Phase auf ähnlich hochrangige Unterstützung zählen konnte, wie sie ihm bei seinen literarischen Anfängen dann durch Christoph Martin Wieland zuteil geworden war.

---

[65] Vgl. dazu näher den Beitrag »Antike und Moderne« bei Kleist.

**WERKE**

Jean-Baptiste Greuze:

La cruche cassée (um 1772)

# Der Fall des Krugs

## Zum geschichtlichen Gehalt von Kleists Lustspiel

### I. Das Kriminalschema

In Kleists Lustspiel geht es um die Aufklärung eines nächtlichen Vorfalls in der Kammer eines jungen Mädchens. Um einen nichtigen »Schwank«, wie uns der Richter gleich zu Beginn versichert, »der zur Nacht geboren,/Des Tags vorwitzgen Lichtstrahl scheut.« (I, 182). Beteiligt sind ein Krug, der zerbrochen wurde, das junge Mädchen namens Eve und eine ganze Täterschar: Ruprecht, ihr Verlobter, Dorfrichter Adam, ein Flickschuster namens Leberecht und Beelzebub persönlich. Angesichts der verwirrenden Vielzahl möglicher Täter könnte es scheinen, Kleists Kriminallustspiel teile ein zentrales Anliegen des Kriminalgenres: die Ermittlung des Täters. Allein, verwirrend wirken die verschiedenen Tatverdächtigen nur auf die Beteiligten im Spiel, nicht auf den Zuschauer des Spiels: er weiß von Beginn an, spätestens seit Adams Traumerzählung (I, 187), daß der Dorfrichter den Krug zerschlagen hat. Um die Ermittlung des Täters, die unseren schwergewichtigen Mord- und Totschlagkrimis so wichtig ist, scheint es bei diesem leichtgewichtigen Fall einer Krugzertrümmerung also nicht zu gehen. Einige Interpreten haben daraus den voreiligen Schluß gezogen, dem Lustspiel gehe es nicht um das »Was«, sondern nur um das »Wie« der Ermittlung, womit sie unterstellen, das »Was« des Lustspiels erschöpfe sich halt in der Aufdeckung des Schuldigen. So schnell wollen wir die Frage nach dem »Was«, dem Sachgehalt des Stücks, nicht verabschieden; wenn schon der Täter frühzeitig preisgegeben wird, mag Adams Tat und Täterschaft vielleicht das »Was« des Lustspiels bergen.

Ein am Kriminalschema orientiertes Bewußtsein war bereits bei der Weimarer Uraufführung des *Zerbrochnen Krugs* am Werke, wenn der Kritiker der *Allgemeinen Deutschen Theater-Zeitung* monierte, der dramatische Dichter dürfe »die entdeckte Wahrheit nicht so unendlich weit vom endlichen Bekenntnis entfernen« (LS 247), gleichfalls unterstellend, die »entdeckte Wahrheit« sei die Aufdeckung des Täters im 11. Auftritt, worauf dann noch die, wie ein anderer Kritiker bemängelte, »ellenlangen Reden« des vorletzten 12. Auftritts folgten (LS 248a). Dem Detektivbewußtsein der Kritiker kam nicht in den Sinn, daß die Wahrheit des Werks eben nicht allein in der Ermittlung des Täters, den sie ohnehin »sogleich erraten« konnten (LS 247), sondern vielmehr auch in jenen »ellenlangen Reden« am Schluß enthalten sein möchte. Kleist jedenfalls hat klein beigegeben, nach dem Mißerfolg der Weimarer Aufführung hat er sich den Wünschen der Detektive gebeugt und das Stück in der Zweitfassung nach der Aufdeckung von Adams Täterschaft im 11. Auftritt schnell zuende geführt. Gleiche Autorität hat er jedoch der früheren Fassung verliehen, indem er den erheblich längeren *Variant* des vorletzten 12. Auftritts in der Buchausgabe von 1811 mit zum Druck brachte. So können wir uns bei der Frage nach dem Sachgehalt des Werks vorläufig mit Fug und Recht an die längere, ältere Fassung halten. Später wird Goethes Empfehlung zu folgen sein, beide Fassungen »zu kollationieren und zu beurteilen«, ob in der Zweitfassung »zu viel oder zu wenig getan worden« (LS 253).

Was also ist bei jenem nächtlichen Vorfall, der da aufgeklärt werden soll, geschehen? In der Kammer eines jungen Mädchens ist tatsächlich ein Krug zerschlagen worden, und das junge Mädchen scheint vermeintlich seine Unschuld verloren zu haben. Letzteres ist naheliegend, denn wem fiele bei einer derartigen Konstellation von jungem Mädchen und zerbrochnem Krug nicht das Sprichwort vom Krug ein, der solange zu Wasser geht, bis er bricht? Indes, die Angelegenheit wird tückisch. Der Bedeutungsgehalt, den uns das Sprichwort suggeriert, bricht schließlich, wenn wir den Worten des Mädchens Glauben schenken dürfen, nichtig in sich zusammen: der Richter hat es nur »zwei abgemessene Minuten starr« angesehen (I, 848). Mehr ist nicht geschehen. Mithin scheint der Geschichtsschreiber recht zu haben, wenn er die ganze Angelegenheit als »Lärm um nichts; Lappalien« (I, 195) bezeichnet. Oder ist doch etwas passiert? Wenn aber nicht in dem Sinne, den uns das Sprichwort nahelegen will, was hat dann der zerbrochne Krug mit der Sache zu tun? Wie hängt das alles zusammen: verlorene Unschuld, zerbrochner Krug und Adams Lust? Wir wissen, welche Verwirrung die einzelnen Fäden den Beteiligten bereiten, wenn sie zum »ganzen Garnstück« (I, 219) geknüpft werden sollen, das Eve uns in der Zweitfassung dann nicht mehr als ganzes erzählen darf. Mit Vorsicht gewappnet, daß uns nicht, wie Adam, »bunt alles überecke« gehe (I, 187) und uns nicht, wie Ruprecht, Sand in die Augen gestreut werde und »Kerl und Nacht und Welt und Fensterbrett [...] in einen Sack« zusammenfällt (I, 211): mit Vorsicht also vor den Tücken der Mehrdeutigkeit und Bedeutungslosigkeit gewappnet, lassen wir uns auf Kleists Verwirrspiel der Sprache ein und beginnen bei Adam und Eve.

## II. Die biblischen Namen

Ersten Aufschluß über das nächtliche Geschehen bieten die Namen der Beteiligten: Adam und Eve. Sie verweisen zunächst auf die Stammeltern des Menschengeschlechts oder, abstrahierend gefaßt, auf eine Ursprungssituation, und sodann auf den »Fall«, durch den sie, wie es zu Beginn des Stücks heißt, »berühmt geworden« (I, 177): den biblischen Sündenfall. Das Sündenfallmotiv ist mit einem mehrdimensionalen Bedeutungsgehalt befrachtet, und mehrdimensional ist auch die Verwendung des Motivs in Kleists Schauspiel, die jedoch stets in säkularisierter Form erfolgt. Auszuschließen ist, trotz der verständlichen Deutungsversuche theologisch inspirierter Interpreten,[1] eine Motivverwendung im religiösen, zumal moraltheologischen Kontext. Hierfür spricht allein schon die Destruktion theologischer Deutungskontexte, die bekanntlich im Stück selbst vorgeführt wird (11. Auftritt). Mit der moraltheologischen Vorstellung von der Erbsünde als menschheitsgeschichtlicher Last des Vergehens von Adam und Eva hat Kleists Verwendung des Sündenfallmotivs jedenfalls nichts gemein. Kleist greift zunächst den umgangssprachlichen Wortgebrauch, einen vom Bibeltext abgehobenen Bedeutungsgehalt, auf: den Gedanken an eine sexuelle Verführung (oder, wenn man so will, an eine sexualmoralische Verfehlung). Die Anspielungen auf den »Adamsfall« am Anfang des Stücks (I, 177 u. 179), der hier erstmals aus einem Bett *hinaus* getan wurde (I, 179), evoziert dies ebenso wie die späteren Anspielungen auf den »alten Adam« (I, 198 u. 845). Mit Rücksicht auf die Figur des Richters Adam soll der nächtliche Vorfall also als zweiter Sündenfall im Sinne einer versuchten sexuellen Verführung zu verstehen sein, und zwar unter Umkehrung der Beteiligten: nicht Eva verführt Adam, sondern Adam versucht, Eve zu verführen. Auf eine derartige Auslegung deutet auch eine Textänderung im ersten Auftritt. Adam versucht dort, die Wunden an seinem Kopf mit einem angeblichen Sturz gegen eine Zierfigur an seinem Ofen zu erklären: »Mit dem verfluchten Ziegenbock,/Am Ofen focht ich, wenn Ihr wollt.« (I, 178), wobei diese Zierfigur vordem, nach der älteren handschriftlichen Fassung, ein »Cherubim« gewesen sein soll.[2] Doppeldeutig verweist die ältere Fassung auf den (eigentlich die) Cherubim, der den Weg zurück ins Paradies versperrt (1. Mose 3.24): »Doch das Paradies ist verriegelt und der Cherub hinter uns« heißt es im Gespräch *Über das Marionettentheater* (II, 342). Adam hätte demnach in jener Nacht den direkten Weg zurück gesucht und sich am Cherubim den Kopf lädiert, statt die vom *Marionettentheater* empfohlene »Reise um die Welt« anzutreten und zu sehen, ob das Paradies »vielleicht von hinten irgendwo wieder offen« sei (II, 342). Wenn Kleist diese Anspielung auf den Sündenfall später tilgte und statt dessen die faunisch-lüsterne Doppeldeutigkeitssphäre wählte, die das Bild vom Ziegenbock evoziert, so dürfte ihn unter anderem die Rücksicht auf die Stimmigkeit des Details zur Änderung bewogen haben: denn wohl mag ein Ziegenbock als Zierfigur an einem holländischen Ofen zu finden sein, kaum aber ein »Cherubim« (der ja kein neckischer Puttenengel sein soll, sondern einer »mit dem bloßen, hauenden Schwert«, 1. Mose 3.24).

Der umgangssprachlich abgehobene Bedeutungsgehalt des Sündenfallmotivs als einer sexuellen Verführung, der Adams Rolle bei dem nächtlichen Vorfall kennzeichnet, trifft jedoch auf Eves Beteiligung nicht mehr zu. Zwar ist Eve eine Ver-

---

[1]  Vgl. namentlich die Arbeiten von Hansgerd Delbrück: Zur dramentypologischen Funktion von Sündenfall und Rechtfertigung in Kleists *Zerbrochnem Krug*. In: DVjS 45, 1971, S. 706-756; sowie die erweiterte Buchfassung: Kleists Weg zur Komödie. Tübingen 1974.

[2]  Vgl. Kleist DKV, Bd. 1, S. 817 (Anm. zu 289,50 – ohne Erläuterung).

führte, aber keine sexuell Verführte. Mit Rücksicht auf Eves Rolle kommt ein anderer Bedeutungsgehalt des Sündenfallmotivs ins Spiel, der auf den konkreten Bibeltext zurückgeht, und zwar auf einen gewissermaßen säkularisiert ausgekälteten Bibeltext. Hier geht es um das Essen vom Baum der Erkenntnis; mit den Worten der Schlange: »welches Tages ihr davon esset, so werden eure Augen aufgetan, und werdet sein wie Gott und wissen, was gut und böse ist.« (1. Mose 3.5). Für Eve ist der nächtliche Vorfall ein zweiter Sündenfall im Sinne eines Falls in den Stand der Erkenntnis. Sie hat in der Tat, allerdings nicht in sexueller Hinsicht, ihre Unschuld verloren, indem sie, durch Adams Lügen getäuscht, in einen anderen Stand der Erkenntnis geraten ist. Bevor wir diese Interpretation im einzelnen am Text begründen können, müssen wir einen Blick auf den dritten Beteiligten werfen, den zerbrochnen Krug, und uns fragen, was dieser mit dem zweiten Sündenfall zu tun habe.

### III. Der Krug und die Geschichte

Von dem Krug, der in jener Nacht zerschlagen wurde, berichtet uns Frau Marthe ausgiebig im 7. Auftritt; von dem geschichtlichen Ereignis, das auf ihm dargestellt war (I, 200 f.), und von der Geschichte, die er selbst erlebt hatte (I, 201 f.). Ihr Redeschwall wird vom Richter Adam mit dem Argument unterbrochen, das »zerscherbte Paktum« gehöre nicht »zur Sache« (I, 201), doch Marthe bleibt beharrlich: »Erlaubt! Wie schön der Krug, gehört zur Sache« (ebda). Die Frage der Schönheit des Kruges lassen wir zunächst außer acht, uns interessiert der Einwand von Frau Marthe, das zerscherbte Paktum gehöre sehr wohl zur Sache, d.h. zur *ganzen* Sache des Stücks. In einer vergleichbaren Passage der *Familie Schroffenstein*, wo ein Kirchenvogt von der Vorgeschichte der Familienstreitigkeiten dieses Werks berichtet, wird durch eine ähnliche Unterbrechung (»Zur Sache, Alter! das gehört zur Sache nicht.« I, 57) auf die Bedeutsamkeit des Erbvertrages für das Ganze des Schauspiels aufmerksam gemacht (ebda):

> Ei, Herr, der Erbvertrag gehört zur Sache.
> Denn das ist just als sagtest du, der Apfel
> Gehöre nicht zum Sündenfall.

In der *Familie Schroffenstein* gehört der Erbvertrag in der Tat zur Sache des Stücks wie der Apfel zum Sündenfall, denn wie der Apfel die Erkenntnis bringt, so bringt der Erbvertrag die verheerenden Fehl-Erkenntnisse und Mißdeutungen für die Schroffensteiner. Das »zerscherbte Paktum« des *Zerbrochnen Krugs* gehört zwar, wie wir noch sehen werden, nicht auf die gleiche Weise wie der Apfel des Sündenfalls zur Sache des Werks, doch kann der Vergleich mit der *Familie Schroffenstein* den Blick in die richtige Richtung lenken. Der Erbvertrag der Schroffensteiner ist als moderne Variante des Sündenfall-Apfels zu verstehen, anders formuliert: die Funktion, die dem Apfel im christlichen Mythos zukam, hat unter den Bedingungen der modernen geschichtlichen Welt ein juristischer Vertrag übernommen. Mithin scheint die Differenz zwischen der Erkenntnisproblematik, wie sie sich dem christlichen Mythos einerseits und wie sie sich unter den spezifischen Bedingungen moderner Geschichte andererseits stellt, für das Denken Kleists von nicht unerheblichem Gewicht zu sein. In diesem Sinne ist auch die Mahnung des Tänzers aus dem Gespräch *Über das Marionettentheater* zu verstehen, die zumal für die Interpretation des *Zerbrochnen Krugs* ernstgenommen sein will: man solle, mahnt der Tänzer, »das dritte Kapitel vom ersten Buch Moses [...] mit Aufmerksamkeit« lesen, denn »wer diese erste Periode aller menschlichen Bildung nicht kennt, mit dem könne man nicht füglich über die folgenden, um wie viel weniger über die letzte, sprechen.« (II, 343). Dort wird der biblische Fall in den Stand der Erkenntnis als erste *geschichtliche* »Periode« menschlicher Bildung aufgefaßt, der andere folgen, um schließlich, dem utopischen Ende der Geschichte nachfragend, von der menschheitsgeschichtlich »letzten« Periode zu handeln. Wohl geht es im *Zerbrochnen Krug* nicht um die menschheitsgeschichtlich letzte, doch könnte es um die geschichtlich letzte Periode der menschlichen Bildung gehen.

Die Frage nach dem Bedingungszusammenhang von Erkenntnis und Geschichte drängt sich auf angesichts des geschichtlichen Ereignisses, das auf dem Krug dargestellt ist, und angesichts des erkenntnisbringenden Ereignisses im Stück, bei dem der Krug zerbrochen wurde. Diese Frage ist von der Forschung so bisher nicht gestellt, dementsprechend auch noch nicht gelöst worden, vielmehr wurden vornehmlich die erkenntnistheoretischen und die geschichtstheoretischen Dimensionen des Themas je für sich abgehandelt, so daß die isolierte Betrachtung Fehleinschätzungen mit sich brachte.[3]

---

[3]   Die erkenntnistheoretischen Aspekte hat Ilse Graham abgehandelt: *Der Zerbrochene Krug* – Titelheld von Kleists Komödie. In: Heinrich von Kleist. Aufsätze und Essays, Hg. W. Müller-Seidel. Darmstadt 1967, S. 272-295. (Zuerst englisch in: Modern Language Quarterly 16, 1955, S. 99-113). Weiterführend ist die Interpretation von Peter Michelsen: Die Lügen Adams und Evas Fall. Heinrich von Kleists *Der zerbrochne Krug*. In: Geist und Zeichen. Festschrift für Arthur Henkel. Hrsg. H. Anton, B. Gajek, P. Pfaff. Heidelberg 1977, S. 268-304. Allerdings mißt Michelsen der *Krug*-Erzählung keine sonderliche Bedeutung bei (vgl. S. 301). Auf die geschichtsphilosophischen Dimensionen hat wiederum Arntzen 1968 nachdrücklich aufmerksam gemacht. Ihm folgt Labhardt 1976. Beide haben, im Unterschied zu eingeschränkt sozialgeschichtlich orientierten Arbeiten, dargelegt, daß das Geschichtliche im *Krug* in epochalen Dimensionen zu fassen sei. Im übrigen erfordert die bereits ans Unüberschaubare grenzende Fülle der Literatur über den *Krug* (bibliographisch sind inzwischen weit über 100 Titel zu verzeichnen) im folgenden eine Begrenzung auf die Nennung nur solcher Arbeiten, die sich thematisch näher mit der Fragestellung der vorliegenden Untersuchung berühren. Die Ergebnisse der älteren Forschung hat Fritz Martini zusammenfassend referiert: Kleists *Der zerbrochene Krug*. Bauformen des Lustspiels. In: Jahrbuch der deutschen Schillergesellschaft 9, 1965, S. 373-419; bes. S. 373-385. Spätere Forschungsergebnisse hat Jürgen Zenke zusammengefaßt: Kleist, *Der zerbrochne Krug*. In: Die deutsche Komödie vom Mittelalter bis zur Gegenwart, hrsg. von W. Hinck, Düsseldorf 1977, S. 89-109. Eine einschlägige Bibliographie hat Helmut G. Hermann vorgelegt (in: Hinderer 1981, S. 238 ff.; bes. S. 262-65), in der u.a. die quellengeschichtliche Arbeit von Gisela Zick (Der zerbrochene Krug als Bildmotiv des 18. Jahrhunderts. In: Wallraf-Richartz-Jahrbuch 31, 1969, S. 149-204) und die vorzügliche Studie von E. Theodor Voß (Kleists *Zerbrochner Krug* im Lichte alter und neuer Quellen. In: Wissen aus

Auffällig ist zunächst, daß auf Kleists Krug kein Ereignis dargestellt ist, das unmittelbar in Beziehung zum Ereignis des Krug-Zerbrechens gesetzt werden könnte. Es sind nicht, wie bei Salomon Gessner, erotisch-bukolische Szenen der antiken Mythologie dargestellt, auch nicht, wie in der allerdings späteren Erzählung von Heinrich Zschokke, der biblische Sündenfall selbst. Kleist greift weder auf die antike noch auf die christliche Mythologie zurück, sondern auf die niederländische Geschichte, dabei vielleicht angeregt durch die Beschreibung eines Prunkpokals in Schillers *Piccolomini* (dort: IV/5). Bei Schiller erinnert dieser Pokal inmitten zechender und intrigenspinnender Generale an den geschichtlichen Ausgangspunkt des *Wallenstein*-Dramas, an die verbrieften böhmischen Freiheitsrechte und den Prager Fenstersturz, die auf ihm dargestellt sind. Bei Kleist geht es nicht um solche politischen Konkreta, sondern um einen erheblich abstrakteren Vorgang; auf seinem Krug ist die Übergabe der vereinten Niederländischen Provinzen durch Kaiser Karl V. an seinen Sohn, den spanischen König Philipp II., dargestellt. Dieses »Paktum« (I, 201), der Brüsseler Vertrag des Jahres 1555, hat – für Kleists Schauspiel – den Status einer Staatsgründung; auf dem Krug ist die Gründung des niederländischen Staates dargestellt. Damit wird die erste Sinnschicht der Beziehungsebene zu Adam und Eva, den Stammeltern des Menschengeschlechts, sichtbar: die Ursprungssituation des christlichen Mythos ist hier transponiert zu einer geschichtlichen Ursprungssituation, der Gründung eines Staates. Festzuhalten ist ferner, daß nicht irgendein geschichtliches Ereignis dargestellt ist, sondern die vertragliche Begründung der geschichtlichen *Institution* des Staates (hier: der Niederlande). Um diesen abstrakten Kern der Darstellung, um eben das von Adam abstrahierend benannte »Paktum«, ist es Kleist zu tun,[4] weniger um das äußere Zeremoniell der Staatsgründung, die auf dem Krug dargestellt ist. Die feierliche Übergabe mit Kaiser, König, Hocharistokratie, Klerus und neugierigen Zuschauern, das ganze Gepränge repräsentativer Öffentlichkeit, bestimmt nicht das Eigentliche des Aussagegehalts, zu dem es gemacht wird, wenn die Krugdarstellung »den Uni-

---

Erfahrung. Fs. für Herman Meyer, hrsg. von A. v. Bormann, Tübingen 1976, S. 338-370) nicht verzeichnet sind. Voß' Analyse des Gemäldes von Debucourt hätte auch Albert M. Reh vor entsprechenden Fehleinschätzungen bewahren können (vgl. Der komische Konflikt in dem Lustspiel *Der zerbrochne Krug*. In: Hinderer 1981, S. 93-113). Weitere Literaturhinweise bei Hinderer 1997, S. 31 f.

[4]   Ergänzend sei hier daran erinnert, daß eine Staatsgründung auch in einem anderen Werk von Kleist erhebliches Gewicht erlangt: in der *Penthesilea*, wo mit der Gründung des Amazonenstaates und dem Gesetz dieses Staates neuartige gesellschaftlich-geschichtliche Bedingungen geschaffen werden sollen, an denen *Penthesilea* schließlich tragisch scheitert (vgl. insbesondere den Bericht über die Gründung des Amazonenstaates im 15. Auftritt). Freilich ist die thematische Verquickung von erzählter Geschichte (der Staatsgründung) mit der Spielhandlung (dem Agieren Penthesileas und Achills) dort offenkundiger angelegt als im *Zerbrochnen Krug*, wo die Vermittlung wesentlich über dingliche Symbole, den Krug und die Amtsperücke Adams, hergestellt ist.

versalismus des mittelalterlichen Reiches«[5] oder die »feudale Weltordnung im
Zustand ihrer umfassenden Einheit«[6] symbolisch fassen soll.

Die feudale Zeremonie kennzeichnet nichts mehr als den geschichtlichen Status,
den diese Staatsgründung im Bezug zur geschichtlichen Zeit der Spielhandlung
einnimmt: die Staatsgründung gehört der *Vorgeschichte* zu. Denn sie erfolgte als
Staatsübergabe eines fremden Herrschers an einen anderen Fremdherrscher, den
spanischen Philipp, zu einer Zeit, da die Niederländer, wie der Neugierige am Fenster, gesellschaftliches Objekt repräsentativer Öffentlichkeit waren.[7] Von den Zu-
ständen der Vorgeschichte, von der Unterdrückung durch die Spanier, und vom
Anbruch des Neuen haben Goethes *Egmont* und Schillers *Don Carlos* dem deutschen Publikum bereits berichtet. Und so weint auch Frau Marthe im *Zerbrochnen
Krug* jener feudalen Vergangenheit keine Träne mehr nach, wenn sie in durchaus
kritischer Distanz zur Darstellung auf dem Krug vom »Schlingel« Maximilian (I,
200) oder vom berüchtigten »Erzbischof von Arras«, Granvella, spricht, den der
Teufel nun »ganz und gar« geholt habe (ebda). Dies also gehört der Vorgeschichte
an; der Eintritt in die Geschichte erfolgt – aus der Perspektive der Spielhandlung
gesehen – erst mit dem Freiheitskampf der Niederländer gegen die Spanier. Geschichte beginnt hier mit der Geschichte des Kruges, die uns Frau Marthe erzählt,
nachdem sie über die (Vor-)Geschichte auf dem Krug berichtet hat, beginnt mit der
Erbeutung des Kruges durch einen holländischen Wassergeusen (ebda). Der ge-
schilderte Vorgang ist bedeutsam: erst mit der Befreiung von den Spaniern werden
die Niederländer zum gesellschaftlichen Subjekt ihres Staates, wird der Staat ihr
eigen, symbolisch verkörpert in der dargestellten Staatsgründung auf dem Krug,
der, von einem Spanier erbeutet, hinfort im eigenen Hause aufgestellt wird. Kleists
Denken kreist hier nicht universalhistorisch um ein gesellschaftliches Subjekt der
Geschichte, sondern, regional und epochal begrenzt, um Geschichte, die erst mit
der Erhebung eines gesellschaftlichen Subjekts des Staates beginnt. Indes, Rück-
ständigkeit sollte man diesem Denken nicht vorschnell anlasten,[8] denn die Identität
von Gesellschaft und Staat ist im Status der Freiheit gedacht, und zudem im utopischen Status einer längst verlorenen Freiheit.

---

[5]  Vgl. Arntzen 1968, S. 188.
[6]  Vgl. Labhardt 1976, S. 186.
[7]  Zur Begrifflichkeit vgl. Jürgen Habermas: Strukturwandel der Öffentlichkeit. Neuwied und Berlin 1962.
[8]  Siegfried Streller hat mit Blick auf den *Homburg* die These vertreten, Kleist setze – unter dem Einfluß
der Staatstheorie von Adam Müller – Staat und Gesellschaft gleich, was auf eine »Apologie des bestehenden
feudalabsolutistischen Regimes« hinauslaufe, weil keine nähere Differenzierung »nach dem Klasseninhalt«
vorgenommen werde (vgl. Streller: *Das dramatische Werk Heinrich von Kleists*. Berlin 1966, S. 221 ff.).
Nach der vorgetragenen Interpretation des *Krugs* müßten Strellers Thesen zum *Homburg* einer kritischen
Überprüfung unterzogen werden, zumal, was den vermuteten Einfluß von Adam Müller betrifft, sich doch
zeigt, daß Kleist bereits früher – und ohne apologetische Absichten – über die Identität von Staat und Gesellschaft nachgedacht hat.

Schiller und Goethe haben jene Umbruchphase des niederländischen Freiheits-
kampfes, mit der in Kleists *Krug* die Geschichte beginnt, in ihren Dramen gegenwärtig gemacht. In Kleists Stück gehört diese Phase als Anbeginn bereits der Vergangenheit der fortgeschrittenen Geschichte zu, welche in der Spielhandlung
gegenwärtig wird. Nicht zufällig hat Kleist dem »würdgen Wassergeusen« (I, 201),
der den Krug erbeutete, den germanischen Namen »Childerich« (ebda) gegeben,
der ebenso auf zurückliegende Tradition verweist wie die folgende Erzählung von
Ahnherrn Fürchtegott, der noch im Alter so überaus fruchtbar war (ebda). Diese
Erzählung ist in greifbarer Analogie zum Geschlechtsregister des ersten Buches
Mose gestaltet, wo in schöner Monotonie eine lange Ahnenreihe zeugender Greise
aufgezählt ist (1. Mose 5). Mag sein, daß die dick aufgetragene Parallelität einem
so bibelbewanderten Interpreten wie Delbrück entgangen ist,[9] weil sie eben nicht
zur angestrebten Deutung des Werks durch die Theologie der Bibel taugt, sondern
wiederum vom säkularisierenden Verfahren Kleists zeugt: von der Transponierung
des christlichen Mythos unter die Bedingungen der modernen geschichtlichen
Welt.

Zusammenfassend können wir folgendes Ergebnis festhalten: der Anbeginn der
modernen Geschichte ist dadurch gekennzeichnet, daß die Niederländer – im Status
der Freiheit – zum gesellschaftlichen Subjekt ihres Staates geworden sind, der Krug
und seine Inbesitznahme stehen dafür ein. Und er hat weiterhin dafür eingestanden,
daß der Zustand des geschichtlichen Anbeginns bis zu dem nächtlichen Ereignis
fortdauerte. Wie Frau Marthe im anschließenden Bericht über die weitere Geschichte des Kruges schildert, hat er in den unwahrscheinlichsten Situationen die
Anfechtungen durch äußere Mächte überstanden, sei es durch eine fremde Nation
(»als die Franzosen plünderten«; I, 202), sei es durch eine Naturkatastrophe, »der
Feuersbrunst von sechsundsechzig« (ebda). Bei diesen Ereignissen hätte er, der
Logik natürlicher Gesetze zufolge, eigentlich zerbrechen müssen, womit keineswegs eine übernatürliche »religiöse Bedeutsamkeit« angezeigt werden soll, sondern
lediglich der Überlegenheit eines Prinzips geschichtlicher Wahrheit selbst vor dem
Prinzip der Naturgesetzlichkeit Ausdruck verliehen wird.[10] Nun aber ist der Krug

---

[9]    Ein entsprechender Hinweis ist in den Arbeiten von Delbrück (vgl. Anm. 1) nicht zu finden.
[10]   Von »religiöser Bedeutsamkeit« sprach Ilse Graham (wie Anm. 3, S. 33). Ein vergleichbares Motiv (und
ein vergleichbarer Gedankengang) findet sich in der *Familie Schroffenstein*, wo Ottokar, um Agnes zu
retten, aus einem hohen Gefängnisturm springt, ohne sich zu verletzen (I, 137), so daß dort also das Prinzip
Liebe dem der Naturgesetzlichkeit überlegen ist. Wenn auf diese Weise durch die Motivverwandtschaft das
Subjektive der Liebe (*Schroffenstein*) und das Objektive der geschichtlichen Wahrheit (*Krug*) einander nahe
gerückt werden, so fällt ein bezeichnendes Licht auf den inneren Gehalt jener geschichtlichen Wahrheit des
*Zerbrochnen Krugs*: dieser hat nicht bloß objektiven Charakter, sondern subjektiven zugleich, indem jedes
einzelne Subjekt in seinem individuellen Subjektsein teilhaben soll an dem allgemeinen, objektiven Status
des gesellschaftlichen Subjektseins. Von der Gefährdung wie der Gefährlichkeit einer solchen Teilhabe des
individuellen am gesellschaftlichen Subjektsein zeugen viele Figuren Kleists, nicht nur der Dorfrichter Adam,
auch Penthesilea und Achill, und namentlich der Prinz von Homburg.

zerbrochen, so daß der nächtliche Vorfall eine andere Qualität als die bisherigen Anfechtungen durch äußere Mächte haben dürfte. Hier handelt es sich denn auch um eine Anfechtung von innen: der Krug wurde von einem niederländischen Staatsdiener, dem Dorfrichter Adam, zerbrochen.

Das Zerbrechen des Kruges verweist auf eine wiederum veränderte geschichtliche Situation. Keineswegs soll ein Zerbrechen des Staates sinnbildlich gemacht werden (der Krug ist nicht der Staat, er gibt die Darstellung der Staatsgründung wieder), geschweige denn ein Zerbrechen der feudalen Weltordnung, der Kleist, einer romantischen Geschichtsauffassung zuneigend, nachgetrauert haben solle.[11] Die Distanz zu romantischen Geschichtstheorien kann kaum größer sein als in diesem Lustspiel von Kleist. Mit dem Krug zerbricht vielmehr das, wofür er einstand: der Status gesellschaftlichen Subjektseins der Niederländer; nunmehr sind sie wieder gesellschaftliches Objekt geworden, und zwar Objekt des Staates, dessen Amtsdiener den Krug zerbrach. Dieser Aussagegehalt kommt zum Vorschein, wenn man der Frage nachgeht, warum Kleist als Darstellung auf dem Krug die Staatsgründung im Rahmen der feudalen Vorgeschichte wählte und nicht, näher am Vorbild von Schillers *Piccolomini* bleibend, einen patriotischen Topf mit der Darstellung niederländischer Freiheitsrechte oder der Gründung der holländischen Republik im Hause Rull aufstellte. Dann wäre, wie bei Schiller, das Sinnbild älterer Freiheit im Wirrwarr moderner Zeiten untergegangen, so aber erhalten die modernen Zeiten eine spezifische Qualität: sie zeigen die Wiederkehr des Alten unter veränderten geschichtlichen Bedingungen an. Waren die Niederländer zu Zeiten der Vorgeschichte gesellschaftliches Objekt von Fremdherrschaft und feudalem Gesellschaftszustand, so sind sie nach Befreiung und zum-Subjekt-Werden nunmehr unter modernen Bedingungen wieder zum gesellschaftlichen Objekt geworden, zum Objekt ihres »eigenen« Staates. Der Vorgang der Wiederkehr des Alten läßt gleichwohl nicht auf eine zyklische Geschichtsauffassung schließen, denn die geschichtlichen Änderungen sind benannt: an die Stelle von Fremdherrschaft und Feudalzustand ist in der Moderne die Institution des Staates getreten.

Auf diese Weise steckt der Krug nicht allein die Rahmenbedingungen moderner Geschichte ab, unter denen sich – im Unterschied zum christlichen Mythos – der zweite Sündenfall jener Nacht ereignete. Vielmehr greift das, wofür der Krug einstand bzw. nun nicht mehr einsteht, selbst in das nächtliche Ereignis, bei dem er zu Bruch ging, ein, bestimmt den Gehalt dieses Ereignisses.

---

[11]  Vgl. Arntzen 1968, S. 188 und bes. S. 285: »Hier vertritt Kleist ähnliche Geschichtsauffassungen wie Novalis, Arnim und Eichendorff«. Labhardt 1976 (S. 191) folgt Arntzen, wenn er davon spricht, Kleist habe »eine Restauration feudaler Wahrheit« erhofft.

## IV. Der Epochenumbruch

Adams Handeln wird expressis verbis als Wiederkehr des Alten im neuen Gewand
kenntlich gemacht, wenn Marthe davon spricht, in der Kammer hätte sich ein
»Tumult« erhoben, »als ob der Feind einbräche« (I, 203), und Eve, wie Frau Brigitte berichtet, Adam gedroht habe, sie werde ihre Mutter rufen, »als ob die Spanier
im Lande wären« (I, 233 f.). In seiner Eigenschaft als Staatsdiener hat Adam das
Amt oder die öffentliche Funktion im Interesse sexueller Wünsche nutzen wollen,
um sich Eve gefügig zu machen. Prägnant gefaßt ist dieser Vorgang im Signifikum
seiner richterlichen Amtsgewalt, der Perücke, die über den Krug gehängt wurde (I,
848) und beim Herunterreißen zum Zerbrechen des Kruges führte (I, 849). Im Zusammenhang unserer Überlegungen, die sich auf den thematischen Aspekt des
gesellschaftlichen – nicht des individuellen – Subjekt- oder Objektseins konzentrie-
ren, ist zunächst nur der reine Vorgang des Krugzerbrechens durch die Amtsperson
Adam von Belang. Das ist natürlich nur der halbe, der öffentliche Adam, doch
können wir darauf verzichten, seine andere Hälfte, die private, hier näher auszu-
leuchten und das immanente Motivationsgefüge der Spielfigur Adam – namentlich
unter dem Gesichtspunkt der Verquickung von Privatem und Öffentlichem – frei-
zulegen. Angedeutet sei lediglich, daß das gesellschaftlich-geschichtliche Problem
des Umschlags vom Subjekt- zum Objektsein auf individueller Ebene im gesamten
Stück zentral an der Hauptfigur des Dorfrichters ausgetragen wird, der ja schon in
seinem Traum (I, 163) in zwei Personen zerfällt, nur als Amtsperson Subjekt sein
darf und sich selbst als Privatperson zum Objekt wird.[12] Insofern kann es der Interpretation auch nicht darum gehen, die Bedeutung des Krugs gegen die Hauptfigur
Adam auszuspielen und, wie etwa Arntzen, zu behaupten, es sei ein »Mißverständnis, anzunehmen, es handele sich um die Komödie vom Dorfrichter Adam«;[13] im
Gegenteil: im Sinngehalt des Krugzerbrechens sind die gesellschaftlich-
geschichtlichen Bedingungen gesetzt, unter denen das Individuum Adam agieren
muß.

Doch kehren wir zu dem nächtlichen Vorfall zurück und betrachten ihn, wie er aus
Eves Perspektive erscheint. Ausgangspunkt des Geschehens bildet eine unvermit-
telte Kollision von öffentlichen und privaten Interessen: Eves und Ruprechts Hei-
ratsabsicht wird »mit schneidendem Machtspruch« von der Einberufung Ruprechts
zum Militärdienst durchkreuzt. Sinnlich anschaulich gemacht ist die Kollision im

---

[12]  In dieser Hinsicht kann ich nicht mit der Interpretation von Michelsen (1977, S. 298) übereinstimmen,
der Adam zum Hegelschen Komödienhelden werden läßt, welcher »in der Ruhe und Sicherheit seines Subjektseins« sei. Bei Michelsen verfestigt sich die gespaltene Figur des Dorfrichters zum sprachmächtigen
Subjekt (ebda, S. 281), wobei übersehen wird, daß sich Adam trotz seiner Redegewandtheit fortwährend in
den objektiven Tücken der Mehrdeutigkeit verfängt.
[13]  Vgl. Arntzen 1968, S. 185.

Bild von der staatlichen Einberufungskommission, die unvermittelt ins fröhliche Bürgerhaus platzt (I, 841):

> Wir eben sitzen, Mutter, Vater, Ruprecht
> Und ich, an dem Kamin, und halten Rat,
> Ob Pfingsten sich, ob Pfingsten übers Jahr,
> Die Hochzeit feiern soll: als plötzlich jetzt
> Die Kommission, die die Rekruten aushebt,
> Ins Zimmer tritt, und Ruprecht aufnotiert,
> Und unserm frohen Streit mit schneidendem
> Machtspruch, just da er sich zu Pfingsten neigte,
> Für, Gott weiß, welches Pfingstfest nun? – entscheidet.

Die Unvereinbarkeit von privaten Wünschen (zu heiraten) und allgemeiner Notwendigkeit (das Land zu verteidigen) bzw. der Zwang, das private Interesse dem allgemeinen beugen zu müssen, mag zwar einen Keim von Tragik in sich bergen, wie Eve denn auch konstatiert: »Je nun freilich, [...] wenn der Mensch was liebt,/ Muß er schon auch auf Erden etwas leiden« (I, 842). Jedoch wird für Eve die mehr traurige denn tragische Notwendigkeit erträglich, weil für ihr Bewußtsein Ruprecht nicht schlicht zum Objekt staatlicher Gewalt gemacht wird, er hat vielmehr Teil an jenem Zustand gesellschaftlichen Subjektseins, das der Krug im Hause Rull verbürgte (I, 841):

> Wohl uns, daß wir was Heilges, jeglicher,
> Wir freien Niederländer, in der Brust,
> Des Streites wert bewahren: so gebe jeder denn
> Die Brust auch her, es zu verteidigen.

Wiederum bleibt das Heilige und Freie unbestimmt, bleibt abstrakt, gewinnt allenfalls eine negative Bestimmung durch äußere Bedrohung von Fremdherrschaft (I, 840 f.):

> Denn der Hispanier
> Versöhnt sich mit dem Niederländer nicht,
> Und die Tyrannenrute will er wieder
> Sich, die zerbrochene, zusammenbinden.

Gleichwohl ist trotz der abstrakten Setzung indiziert, daß Eve sich, wie seinerzeit ihre Namensvetterin im Zustand paradiesischer Unschuld, nunmehr im naiven und unschuldigen Bewußtseinszustand des geschichtlichen Anbeginns befindet: ihr gilt das gesellschaftliche Subjektsein im Staate Holland als gesichert. So lehnt sie Adams Angebot, Ruprecht durch ein gefälschtes Attest vom Militärdienst zu befreien, zunächst denn auch in unschuldigem Gottvertrauen ab (I, 842):

> Daß Gott der Herr
> Gerad den Ruprecht mir zur Lust erschaffen,
> Mag ich nicht vor der Kommission verleugnen.
> Des Herzens innerliche Schäden sieht er,
> Und ihn irrt kein Attest vom Physikus.

Eve ist entgangen, daß sich die Spanier mit der Tyrannenrute in der gewandelten
Gestalt des Dorfrichters längst im eigenen Land befinden. Ihr (unschuldiges) Bewußtsein ist noch nicht auf der geschichtlichen Höhe der Zeit angelangt; dorthin
wird sie von Adam geführt, indem er sie mit der Problematik gesellschaftlicher Institutionen bekannt macht (I, 843):

> Ja, du gerechter Gott, spricht er, was weiß ich,
> Wohin der jetzo geht. Folgt er einmal der Trommel,
> Die Trommel folgt dem Fähndrich, der dem Hauptmann,
> Der Hauptmann folgt dem Obersten, der folgt
> Dem General, und der folgt den vereinten Staaten wieder,
> Und die vereinten Staaten, hols der Henker,
> Die ziehen in Gedanken weit herum.
> Die lassen trommeln, daß die Felle platzen.

Adam beschreibt hier, im Gang durch die militärischen Befehlsinstanzen bis hin
zur obersten Instanz des Staates, den Verselbständigungsprozeß einer Institution,
die dem Einzelnen fremd wird, undurchschaubar und unbestimmbar ist. Damit ist
für ihn, Adam, das Bett bereitet, und für sie, Eve, der zweite Sünden-Fall in einen
neuen Stand der Erkenntnis eingeleitet. Denn ist eine Institution erst einmal fremd
geworden, vor allem in ihrer Beliebigkeit nicht mit Sicherheit mehr bestimmbar, so
ist es möglich, daß sie nicht zum Wohle, sondern auch zum Schaden des Einzelnen
gereicht: der Einzelne ist ihr Objekt geworden. Auf dieser Grundlage gelingt
Adams Täuschung, die Rekruten seien nicht zur Landesverteidigung bestimmt,
sondern würden in Wirklichkeit nach Ostindien geschickt, um, mit Eves Worten,
»Raub zum Heil der Haager Krämer« zu holen (I, 843): »Gestohlen ist dem Land
die schöne Jugend,/Um Pfeffer und Muskaten einzuhandeln.« (I, 844). Adams
Täuschung hätte bei anderen gelingen können, weil geschichtliche Erfahrung für
die Möglichkeit der Richtigkeit spricht; so erinnert sich Ruprecht: »Wahr ists, es
wär das erstemal wohl nicht – [...] Vor sieben Jahren soll was Ähnliches/Im Land
geschehen sein –« (I, 852), und auch Marthe weiß, wenn sie auf die
»Konskription« zu sprechen kommt: »Die jungen Landessöhne reißen aus.« (I,
220). Bei Eve gelingt die Täuschung als schockartige Überraschung, weil sie zwar
vorher schon wußte, daß es neuerdings Haager Krämer gibt, aber nicht vermutete,
daß die Regierung zum Heil der Haager Krämer handeln könne. Nun ist sie in
einen neuen Erkenntnisstand gefallen, hat sie begriffen, daß für sie und Ruprecht
der Status gesellschaftlichen Objektseins im Staate Holland gilt: »Komm, folg. Es
sind die letzten Abschiedsstunden,/Die die Regierung uns zum Weinen läßt« (I,
852).

## V. Die Überzeugungsmünze

Die bisherige Interpretation hätte aus der Zweitfassung heraus nicht entwickelt
werden können, weil nur im *Variant* von Eves zweitem Sünden-Fall in den Stand

der Erkenntnis berichtet wird und nur darüber wiederum die Funktion des Kruges für das Ganze erklärt werden kann. In der Zweitfassung steht der Krug reichlich verloren herum und mag vielleicht deshalb zu Mißverständnissen Anlaß gegeben haben. Im zwölften Auftritt der späteren Fassung berichtet Eve nicht, wie zuvor schon alle anderen Figuren (Marthe, Ruprecht und Brigitte), in chronologischer Folge von dem nächtlichen Vorfall und seiner Vorgeschichte, sondern thematisch auswählend: sie erzählt zuerst vom Wichtigsten, von der Täuschung, daß Ruprecht nach Ostindien gehen solle (I, 242 f.), diese wird als falsch entlarvt (I, 243), und dann trägt sie mit dürren Worten den Verlauf des Geschehens nach (I, 243). Mit dieser thematisch auswählenden Erzählweise wird Eve – im Vergleich zu den übrigen Figuren des Werks – ein Bewußtseinszustand zugemutet, den sie, nach dem Gefüge, nach der ästhetischen Logik des gesamten Werks, überhaupt nicht haben könnte. Auf diese Weise wird Eve *unvermittelt* zur überlegenen Figur, während sie vordem, in schöner und geschichtlich treffender Kennzeichnung ihres Unschuldszustandes, nicht lesen konnte und sich Adams betrügerischen Brief hatte vorlesen lassen müssen (I, 844). Nun liegt der Brief einfach vor (Regieanweisung I, 243) und kann als Fälschung nachgewiesen werden. Damit ist in der Zweitfassung das Finale eingeläutet: im Staate Holland ist alles wieder in Ordnung, ein Versöhnungskuß besiegelt die Angelegenheit (I, 243):

> Das sag ich auch! Küßt und versöhnt und liebt euch;
> Und Pfingsten, wenn ihr wollt, mag Hochzeit sein!

Die ganze Aufregung war umsonst, galt sie doch lediglich einem Betrug des Dorfrichters. Für diese Fassung hat der Gerichtsschreiber in der Tat Recht, wenn er sagt: »Lärm um nichts«. Nach der Rückbesinnung auf den Richter Adam (I, 243 f.) ist zwar in der Zweitfassung der offene Schluß des letzten Auftritts beibehalten, indem Frau Marthe an den zerbrochnen Krug erinnert, dem noch »sein Recht« geschehen müsse (I, 244), und der dann an die nächsthöhere Gerichtsinstanz verwiesen wird. Doch vermag das Motivationsgefüge dieses offenen Schlusses nicht einsichtig zu werden: was soll denn der zerbrochne Krug auf seiner Reise durch die Gerichtsinstanzen noch einmahnen, wenn ohnehin alles wieder in Ordnung ist?

Auf dieselbe Weise kann der Schluß der älteren Fassung nur unter der Voraussetzung interpretiert werden, daß Kleist ein Fehler im Detail unterlaufen sei. Auch im *Variant* wird Adams Täuschung als Fälschung entlarvt, und auf den ersten Blick scheint es so, als ob Eves Vertrauen in die Regierung wiederhergestellt würde. Die Art und Weise, wie der Gerichtsrat Walter Eve dort überzeugt, hat jedoch ihre Tücken; er überzeugt sie mit Geld (I, 853):

> Vollwichtig, neugeprägte Gulden sinds,
> Sieh her, das Antlitz hier des Spanierkönigs,
> Meinst du, daß dich der König wird betrügen?

Es muß schon verwundern, in der Literatur über den *Krug* umfängliche Interpretationen dieser Passage zu finden,[14] ohne daß bisher ernsthaft die einfache Frage gestellt wurde, wie denn das Antlitz des Spanierkönigs auf einen Gulden der niederländischen Republik komme. Nur wenn man, wie etwa Sembdner,[15] annimmt, daß Kleist hier ein Fehler, ein Anachronismus, unterlaufen und eigentlich das Antlitz des niederländischen Staatsoberhauptes gemeint sei, darf man folgern, daß Eve – wie in der Zweitfassung so auch hier – wieder Vertrauen zu ihrem Staat gefunden haben solle. Wenn man sich aber an die Autorität des Textes hält, muß es sich um eine gezielte Setzung, um eine vom Autor bewußt intendierte Falschprägung mit dem Antlitz des Spanierkönigs handeln, so daß der Vers 2371 nicht mit Betonung auf dem Wort »König« sondern mit Betonung des Artikels »der« gelesen werden muß.

Abgesehen davon, daß das Motiv der Falschmünzerei auch andernorts, bereits in der *Familie Schroffenstein* (I, 55), vorkommt, mag Kleist ein bekanntes literarisches Vorbild vor Augen gehabt haben: die Auseinandersetzung zwischen dem Marquis Posa und Philipp II. in Schillers *Don Carlos* (III/10). Posa greift dort zur Metapher von den Münzen, in die nur die beschränkte Wahrheit, die der König dulde, geprägt sei, nicht aber, wie es später in berühmter Wendung heißt, die umfassende Wahrheit der »Gedankenfreiheit« (Vers 3214):

> In ihren Münzen läßt sie [die Krone] Wahrheit schlagen,
> *Die* Wahrheit, die sie dulden kann. Verworfen
> Sind alle Stempel, die nicht diesem gleichen.
> Doch was der Krone frommen kann – ist das
> Auch mir genug? Darf meine Bruderliebe
> Sich zur Verkürzung meines Bruders borgen?
> Weiß ich ihn glücklich – eh' er denken darf?
> Mich wählen Sie nicht, Sire, Glückseligkeit,
> Die *Sie* uns prägen, auszustreun. Ich muß

---

[14] Jochen Schmidt mißt dem Überzeugungsvorgang so erhebliche Bedeutung bei, daß von seinem Verständnis »wesentlich die Bestimmung des Deutungshorizontes nicht nur für den *Variant*, sondern für den *Zerbrochnen Krug* im ganzen« abhänge (vgl. Schmidt 1974, S. 149-156). Die »crux interpretum« (ebda) sucht Schmidt dadurch zu lösen, daß er das Konterfei des Königs für unerheblich erklärt, es komme »nur auf die Prägung der Gulden als Zeichen ihrer Echtheit an« (S. 155). So notiert Schmidt zwar das Bildnis »des – verhaßten! – Spanierkönigs« (ebda), zieht daraus jedoch keine Rückschlüsse, ähnlich wie vor ihm Siegfried Bartels lediglich irrationale Voraussetzungen für den Überzeugungsvorgang feststellte (vgl. S. Bartels: Vermittlung der Gegensätze in der Dichtung Heinrich von Kleists. Phil. Diss. Frankfurt/M. 1972, S. 60 f.). Hansgerd Delbrück läßt das Problem des Königsantlitzes unbefragt und handelt lediglich abstrakt vom Vertrauen in die Obrigkeit (vgl. Delbrück: Zur dramentypologischen Funktion (wie Anm. 1), S. 740-748). Später ist Wolfgang Wittkowski nochmals ausführlich auf die zitierte Passage eingegangen; seine Interpretation steht der hier vorgetragenen nahe, erörtert die Frage einer Falschprägung dabei jedoch nicht (vgl. W. Wittkowski: *Der zerbrochne Krug*: Gaukelspiel der Autorität, oder Kleists Kunst, Autoritätskritik durch Komödie zu verschleiern. In: Sprachkunst XII, 1981, S. 110-130, bes. S. 118 ff.).

[15] Vgl. H. Sembdner: Erläuterungen und Dokumente. H. v. Kleist. Der zerbrochne Krug, Stuttgart 1973, S. 58 (Fußn.). H.H.J. de Leeuwe sah in dem vermeintlichen Fehler »eine arge Entgleisung Kleists«: »außerdem berührt es peinlich, daß gerade das Antlitz des gehaßten Tyrannen zum Symbol des Vertrauens gemacht wird.« (de Leeuwe: Heinrich von Kleist und die Niederlande. In: Duitse Kroniek 13, 1961, S. 123-145).

Mich weigern, diese Stempel auszugeben. –
Ich kann nicht Fürstendiener seyn.[16]

Bei Schiller steht also die Münze des Spanierkönigs nur für eine geduldete, eingeschränkte und einschränkende Wahrheit, nicht für Wahrheit schlechthin, ähnlich
wie schon der junge Kleist einmal in einem Brief aus Paris (15.8.1801) gefragt
hatte, ob es dem Staate um Wahrheit zu tun sein könne: »Ist es ihm [dem Staat] um
Wahrheit zu tun? Dem Staate? Ein Staat kennt keinen andern Vorteil, als den er
nach Prozenten berechnen kann.« (II, 681). Schwerlich wird sich beweisen lassen,
ob in Kleists Gulden mit dem Antlitz des Spanierkönigs eine Anspielung auf Posas
Münz-Metapher stecken soll, zumindest scheint bei Kleist aber ein ähnlicher, womöglich durch Schiller angeregter Gedankengang an das Bild der Münzen geknüpft zu sein.

Das Münzen- oder Falschmünzenmotiv im *Krug* scheint in mehrfacher Hinsicht
durch literarische Anspielungen überdeterminiert zu sein. Ruth Klüger hat 1987
auf ein verwandtes Motiv in Lessings *Nathan* aufmerksam gemacht.[17] Wolf Kittler
hat ebenfalls 1987 die möglichen Beziehungen zum sog. »Geusenpfennig« erörtert,
über den Schiller in seiner *Geschichte des Abfalls der vereinigten Niederlande*
berichtete.[18]

Im weiteren Kontext geht es bei Lessing, Schiller und Kleist um die Frage, ob
Münzen als konkrete Zeichen für ein abstraktes Bezeichnetes einstehen, ob die
konkreten Erscheinungen noch mit der abstrakten Wahrheit übereinstimmen. Diese
Frage stellt sich Kleist zeitlebens zunächst als Alltagsproblem, sodann aber ebenso
als Kunstproblem: ob die Zeichen der Kunst noch wahr sein können, ob sie wahr-
haft ein Bezeichnetes treffen. Dieses Alltags- wie Kunstproblem wird im gesamten
*Zerbrochnen Krug* verhandelt und bestimmt ebenso den Überzeugungsvorgang des
*Variants*. Einleitend bittet Eve den Gerichtsrat Walter, er möge die »menschlichen«
Züge seines Antlitzes durch eine »Tat der Menschlichkeit« wahr machen (I, 840).
Hier soll also die physiognomische Erscheinung für Wahrheit (Menschlichkeit)
einstehen, was sonst im Verlauf des Prozesses nur mühselig gelingen wollte: hatte
man dort doch ständig die lädierte physiognomische Erscheinung des Dorfrichters
vor sich, von der die Beteiligten nur spät auf die dahinter verborgene Wahrheit zu
schließen vermochten. Im Gegenzug verlangt Walter von Eve (ebda), sie möge
ihrerseits ihre unschuldige Erscheinung in wahrhafter Unschuld bewähren, was ihr,

---

[16]  Schiller NA, Bd. 7 I, S. 510. Übrigens finden sich schon in der *Familie Schroffenstein* zahlreiche Anspielungen auf *Don Carlos*, die Gerhard Kluge verzeichnet hat (G. Kluge: Der Wandel der dramatischen
Konzeption von der *Familie Ghonorez* zur *Familie Schroffenstein*. In: Hinderer 1981, S. 52-72, bes. Anm. 5
u. 22).
[17]  Vgl. Klüger 1994, S. 170 ff. (zuerst im Kleist-Jahrbuch 1987, S. 103 f.).
[18]  Vgl. Kittler 1987, S. 97 ff. Ingeborg Harms hat Kittler für ihre Darstellung nicht berücksichtigt (Harms:
Zwei Spiele Kleists um Trauer und Lust. München 1990, S. 164).

wie er sagt, durch die Erzählung vom Hergang des nächtlichen Geschehens auch gelingt (I, 853). Eve überzeugt Walter also durch Sprache, durch Erzählen, das eine Weise der Kunst ist; deshalb ist die Form des chronologischen Erzählens im *Variant* so bedeutsam, was in der verkürzten, thematisch auswählenden Erzählweise der Zweitfassung nicht mehr zum Ausdruck kommt. Das ästhetische Erzählen steht bei Eve für Wahrheit ein, so wie früher ein anderes Kunstwerk für Wahrheit einstand: der zerbrochne Krug. Seine Schönheit gehört sehr wohl zur Sache des Werks. Walter aber ist nicht wie Eve in der Lage, durch Sprache von seinem Wesen Zeugnis abzulegen, er will den Beweis »auf andre Art« führen, indem er Eve den Beutel mit zwanzig Gulden überreicht, womit Ruprecht vom Militärdienst losgekauft werden könnte (I, 853). An die Stelle des ästhetischen Erzählens ist bei dem Gerichtsrat Geld getreten, jene Vermittlungsform, die in der Moderne die Beziehungen der Menschen gewißlich stärker bestimmen mag als die Sprache.[19] Allein schon die Art der Motivfügung, indem dort Geld an die Stelle von Sprache tritt, wirft ein irisierendes Licht auf das Angebot des Gerichtsrats. Die folgende Auflage, Eve möge, wenn der Gerichtsrat Recht behalten solle und die Miliz nicht nach Ostindien geschickt werde, »wie billig, Beutel, samt Interessen,/Vom Hundert vier, terminlich« zurückzahlen (I, 853), erinnert an die oben zitierte Entgegensetzung von Wahrheit und Prozenten, um die es dem Staate zu tun sei. Schließlich wiederholt Eve, über die Bedeutung des Angebots nachdenkend, noch einmal Walters Worte (ebda). Leider hat uns Kleist nicht verraten, woran Eve dort denkt. Hat sie nur über die Ehrlichkeit von Walters freundlichem Anerbieten nachgedacht, oder ist ihr auch in den Sinn gekommen, daß ihr schon einmal von einem Richter angeboten wurde, Ruprecht vom Militärdienst zu befreien? Dort sollte ein gefälschtes Attest herhalten, hier ist es Geld – und ganz spezielles Geld obendrein. Dort wurde gesagt, es sei »ein Handel, wie um eine Semmel« (I, 842), wobei wir an den Semmelhandel des Bäckergewerbes erinnert werden, der, wie in einer anderen Schrift von Kleist zu lesen, getrost »nach Adam Smith« betrieben werden könne (II, 410). Hier ist es kein Semmelhandel – der dem Niveau des schludrigen Dorfrichters anstehen mag –, der höherqualifizierte Gerichtsrat aus Utrecht weiß sich

---

[19] Heinz Politzer hat diese »ökonomische Lösung« des *Zerbrochnen Krugs* mit dem Schluß der *Marquise von O...* verglichen, wo ebenfalls ein sehr »irdisches *happy end*« durch einen »ökonomischen Akt des Grafen« herbeigeführt wird (vgl. Politzer 1977). Zu denken wäre auch an ein eher beiläufiges Motiv im *Käthchen von Heilbronn*; vergleichbar scheint jener »Beutel Gold« den der Graf vom Strahl für die Rettung Käthchens aus der brennenden Burg Thurneck aussetzt (I, 494). Offenkundig spielt Kleist dabei auf G.A. Bürgers Gedicht *Das Lied vom braven Manne* an; dort bietet ein Graf einen Beutel Geld für die Rettung einer Zöllnersfamilie aus einer Sturmflut. Braver als der wohlmeinende Adlige ist nach Bürgers Gedicht freilich der mutige »Bauersmann«, der die Familie schließlich rettet. Schon bei Bürger findet sich die Setzung: Poesie gegen Ökonomie, Gesang gegen Gold: »Hoch klingt das Lied vom braven Mann,/Wie Orgelton und Glockenklang./Wer hohes Muts sich rühmen kann,/Den lohnt nicht Gold, den lohnt Gesang./Gottlob! daß ich singen und preisen kann:/Zu singen und preisen den braven Mann.« (Bürger: Gedichte. Hrsg. von J. Hermand. Stuttgart 1974, S. 29-33).

der rationalistischen Terminologie der Aufklärung im umfassenden Sinn zu bedienen, seine Redeweise ist mit den Verhältnissen der Haager Krämer wohl vertraut. Das auf den ersten Blick so hilfreiche Angebot des Gerichtsrats hat einen bitteren Beigeschmack, wiederholt es doch, wenngleich in selbstloser Absicht, was Adam zuvor im eigennützigen Interesse getan hatte. Mit Rücksicht auf das Verhältnis der Niederländer zur Institution des Militärs, vor der die jungen Landessöhne ausreißen oder sich gefälschte Atteste besorgen, gewinnt die gesetzliche Möglichkeit des Freikaufs, von der Eve durch den Gerichtsrat in Kenntnis gesetzt wird, besondere Bedeutung. Denn offenbar wurde diese Möglichkeit vom Staat eingeräumt, weil einige Niederländer Wichtigeres zu tun haben, als für ihr »Heiliges« und für ihre Freiheit einzustehen. Anders formuliert: die legale Möglichkeit des Freikaufs gibt zu erkennen, daß der Militärdienst in Holland nicht mehr uneingeschränkt vom Gehalt des gesellschaftlichen Subjektseins erfüllt ist, und wenn dieser nicht mehr uneingeschränkt gilt, ist er Opfer der Beliebigkeit geworden, durch welche die neuen Gesetze und Institutionen in Holland ausgezeichnet sind. Auch diese Kehrseite der Münze kommt mit Walters Freikaufangebot zum Vorschein, dessen Legalität Eve überrascht haben dürfte, verfügte Ruprecht durch seine Erbschaft von »hundert Gulden« (I, 842) doch ohnehin über die erforderlichen Mittel, sich freizukaufen.

Walters Überzeugungsgulden faßt sinnbildlich im Antlitz des Spanierkönigs den bislang skizzierten Gehalt einer veränderten geschichtlichen Wahrheit, der Eve ins Bewußtsein rückt. Eve wird keineswegs überzeugt, daß die guten, alten Zeiten gesellschaftlichen Subjektseins wiederhergestellt seien, im Gegenteil, sie erkennt, daß diese Zeiten unwiederbringlich vorbei sind, daß nunmehr endgültig *modern times* im Staate Holland Einzug gehalten haben, indem das alte gesellschaftliche Objektsein unter veränderten Bedingungen zurückgekehrt ist. Die Gulden mit dem Antlitz des Spanierkönigs, die in Holland wieder Gültigkeit erlangt haben sollen, stehen dafür ein. Die Funktion, die vordem Fremdherrschaft und feudaler Gesellschaftszustand ausübten, ist nunmehr in gewandelter Gestalt übergegangen auf gesellschaftliche Institutionen. Unter den Bedingungen moderner Geschichte sorgen Institutionen dafür, daß die Niederländer (vielleicht mit Ausnahme der Bewohner Den Haags) zum gesellschaftlichen Objekt des Staates werden.

Zu dieser Erkenntnis wurde Eve im ersten Schritt vom Staatsdiener Adam und im endgültigen Schritt vom Staatsdiener Walter geführt. Seine Handlungsweise unterscheidet sich in ihrem Kern nicht von der vorherigen Handlungsweise Adams, er wiederholt mit selbstloser Absicht, was Adam zuvor aus Eigennutz tat. Nicht des einen oder des anderen Handeln, sondern erst beider Handeln zusammen legt Zeugnis ab von den veränderten geschichtlichen Bedingungen. So gleichen sich, unter umgekehrtem Vorzeichen, nicht allein beider Freikaufangebote: Walter gibt Eve schließlich auch in väterlich-gutmütiger Absicht den »Kuß« (I, 854), den sich Adam vorher auf unfreundliche Weise hatte holen wollen. Dies alles ist von Walter ebenso freundlich wie hilfreich gemeint, doch wird durch sein Handeln das entscheidende Problem – das der *Beliebigkeit*, die mit den Institutionen Einzug in die Geschichte gehalten hat – nicht aufgehoben, sondern überhaupt erst artikuliert. Man kann Pech haben und an einen unfreundlichen Richter geraten, man kann aber auch Glück haben und an einen freundlichen Richter geraten:[20] Wo dies gilt, ist der Status des Subjektseins unwiederbringlich verloren, ist Objektsein an der Tagesordnung. Eve kann sich nur resignativ den Gegebenheiten fügen, dem fügen, was andernorts im Werk von Kleist gelegentlich als »gebrechliche Einrichtung der Welt« bezeichnet wird. Diese wegen ihrer Unbestimmtheit so gern zitierte Formulierung hat hier, im *Zerbrochnen Krug*, eine geschichtliche Konkretisierung gefunden. Fügen kann sich Eve umso leichter, als sie noch einmal ein Glück gehabt hat, weil der Zufall den Gerichtsrat an diesem Tag nach Huisum führte, unter Adams alleinigem Vorsitz wäre der Prozeß wohl anders ausgegangen.

Nach der vorgetragenen Interpretation unterscheidet sich der Sinngehalt des *Variants* nicht unerheblich von dem der Zweitfassung: dort soll Eves Vertrauen in den Staat tatsächlich wiederhergestellt und schließlich die Versöhnung mit Ruprecht gefeiert werden, hier, im *Variant*, soll ihr die veränderte geschichtliche Wahrheit ins Bewußtsein rücken, so daß sie sich nur resignativ der gebrechlichen Einrichtung der Welt, sprich: der Beliebigkeit der Moderne, fügen kann. Diese Interpretation gewinne ich aus dem Text des *Variants*, den die Buchausgabe von 1811 bietet und dem z.B. die Ausgaben von Erich Schmidt wie auch von Siegfried Streller folgen.[21] Helmut Sembdner hat demgegenüber für seine Ausgabe auf den Text der Handschrift zurückgegriffen,[22] der im Vergleich zum gedruckten *Variant* um 40

---

[20]  Walters Funktion als zweiter Richter wird im Werk übrigens ausdrücklich hervorgehoben. Nach Ruprechts Verurteilung durch Adam, die von Walter zugelassen wird, fragt Eve, zu Walter gewandt: »Den Hals ins Eisen stecken? Seid Ihr auch Richter?« (I, 241). Wenn Eve im *Variant* bei ihrem Erkenntnisumschlag dann zu Walter sagt: »O lieber, guter, edler Herr, verzeiht mir./– O der verwünschte Richter!« (I, 853), so ist damit auf der unmittelbaren Verständnisebene natürlich der verwünschte Dorfrichter Adam gemeint; auf einer zweiten Ebene jedoch, versteckt in der Doppelbödigkeit der Sprachgebung des Lustspiels, schwingt mit, daß der »verwünschte Richter« vielleicht auch auf Walter gemünzt sein könnte. Dennoch wäre es ein Mißverständnis, an dem subjektiven Wohlwollen des zweiten Richters Walter herumdeuten zu wollen, was namentlich von marxistischen Interpreten aus politischem Blickwinkel versucht wurde. Am deutlichsten ist diese Auffassung bei Manfred Wekwerth (anläßlich der Inszenierung des Berliner Ensembles 1953) formuliert; Wekwerth sah in *Walter wie Adam* Vertreter »einer durch und durch korrupten Obrigkeit«, sie seien »nur individuell verschieden korrupt« und fügten sich zur »klassenbedingten Einheitsfront der beiden Richter gegen die Bauern« (Wekwerth: Die Variante zu Kleists *Der zerbrochene Krug*. In: Theater der Zeit 8, 1953, H. 8, S. 8-12). Eine dergestalt politisch vereindeutigende Interpretation geht an dem entscheidenden Problem der Beliebigkeit moderner Institutionen, welches in den Figuren der gegensätzlichen Richter aufgeworfen wird, vorbei.

[21]  Kleist, E. Schmidt, *Variant* Bd. 1, Lesarten Bd. 4. Kleist, S. Streller, *Variant* Bd. 1, Lesarten im Anhang.

[22]  Vgl. I, 854 f. und Anm. 959. Anläßlich seiner Entdeckung, daß der Text der älteren *Variant*-Fassung der Weimarer Uraufführung durch Goethe zugrunde lag, äußerte Sembdner das Vorhaben, die »ursprüngliche

Verse länger ist. In der gedruckten Fassung von 1811 bricht der *Variant* nach Eves Erkenntnisumschlag und Walters Kuß ab (vgl. I, 854 – ab Vers 2380 in anderer Fassung!):

WALTER.     Hör jetzt geb ich dir einen Kuß. Darf ich?
RUPRECHT.   Und einen tüchtigen. So. Das ist brav.
WALTER.     Du also gehst nach Utrecht?
RUPRECHT.                 Nach Utrecht geh ich,
Und steh ein Jahr lang auf den Wällen Schildwach,
Und wenn ich das getan, u.s.w........ ist Eve mein![23]

In der überlieferten Handschrift, die Kleist bei der Drucklegung bekanntlich nicht vorlag, folgen danach noch die allseitige Versöhnung (Vers 2382-2400, Hs.) und die Rückbesinnung auf den Dorfrichter Adam (Vers 2401-22, Hs.). Diese Passagen, insbesondere also den versöhnlichen Ausblick auf die Idylle des sonntäglichen Spaziergangs auf den Wällen mit einem »kühlen Topf von frischgekernter Butter« (Vers 2382-85, Hs.) und Eves überschwengliche Glücksbekundungen (Var. Vers 2390 und 2395, Hs.), hat Kleist im Druck fortgelassen, wozu er *nicht* aus Raumgründen (Begrenzung der Bogenzahl) genötigt war.[24] Der Grund für die Textunterdrückung mag durch folgende Überlegung erhellt werden. Als Alternative zu der knappen Aufdeckung des Richterbetrugs und der anschließenden Versöhnung zwischen Eve und Ruprecht in der Zweitfassung wollte Kleist dem Leser (oder dem potentiellen Zuschauer, sofern der *Variant* nach dem Weimarer Reinfall nochmals inszeniert werden sollte) mit der Druckfassung des *Variants* den gänzlich andersgearteten doppelten Richterbetrug vor Augen führen, und zwar nur diesen Wiederholungsvorgang, so daß am Schluß mit dem Kuß unter umgekehrtem Vorzeichen genau das wiederholt wird, was am Anfang, genauer: vor Beginn des Spiels, bei dem nächtlichen Vorfall vom ersten Richter versucht worden war. Diese Version des Spiels läßt keine – einfach positiv intendierte – Versöhnung zu, jedenfalls nicht von seiten Eves. Die sehr subtile, wie auch andernorts bei Kleist[25] nicht dick aufgetragene Gestaltung der schein-idyllischen Scheinversöhnung, die der Schluß der Handschrift anschließend darbietet, sollte dem Leser dann offenbar erspart werden,

---

Gestalt« der *Variant*-Fassung wiederherzustellen und als maßgeblichen Text, die kürzere Zweitfassung hingegen nur als Variante zu drucken (Sembdner 1984, S. 62).
[23] Der Anschluß-Verweis kann nicht auf den 12. oder auch den letzten Auftritt der gedruckten Zweitfassung bezogen werden; dort ist keine Passage zu finden, die das »u.s.w.« ausfüllen könnte. Ebensowenig bietet die handschriftliche Fassung eine Anschlußmöglichkeit für Ruprechts »[...] ist Eve mein!«, so daß diese Worte entweder der anderen, verschollenen Handschrift entstammen, die Kleist für den Druck benutzte, oder sie sind beim Druck neu eingefügt worden, um den Text zum Abschluß zu bringen.
[24] Vgl. die Faksimile-Ausgabe des Erstdrucks, München 1982.
[25] Vgl. dazu meine Interpretation einer Idyllensituation im *Käthchen von Heilbronn* (unten, S. 147 f.), welche sich wegen der äußerst subtil gestalteten ironischen Distanz nur schwer als Schein-Idylle zu erkennen gibt. Was den *Zerbrochnen Krug* anlangt, hat E. Theodor Voß den Schluß des Stücks als »negative Idylle« zu deuten versucht, und – weitergehend – das ganze Werk als eine »umgedrehte Idylle« bezeichnet (wie Anm. 3, S. 365 ff.).

teils vielleicht wegen der Subtilität der Gestaltung, vor allem aber wohl, weil der
Autor sich ersparen wollte, zu guter letzt sich mit dem Widerspruch zwischen der
echten Versöhnung der Zweitfassung und der Schein-Versöhnung des *Variants*
herumschlagen zu müssen.

Aus dem bisher entwickelten Motivationsgefüge der *Variant*-Fassung heraus wird
nunmehr auch der Sinn des offenen Schlusses einsichtig: der *Zerbrochne Krug*
wird auf die Reise durch die Gerichtsinstanzen geschickt, um bei der Institution das
einzumahnen, wofür er einst stand, den Status des Subjektseins, und als zerbroche-
ner an das zu erinnern, was die Institution mit dem Zerbrechen bewirkt hatte: den
Status des Objektseins. Doch wie es bei offenen Schlüssen der Fall zu sein pflegt:
welcher Erfolg dem langen Marsch durch die Institutionen beschieden sein wird,
bleibt ungewiß: »das Weitere« muß man, mit *Michael Kohlhaas* zu sprechen, »in
der Geschichte nachlesen« (II, 103).

## VI. Das Beliebigkeitsprinzip

Grundsätzlich stellt sich beim *Zerbrochnen Krug* wie bei anderen Werken, namentlich etwa dem *Homburg*, die Frage nach der Spezifik des Kleistschen dialektischen Denkens. Ist dies eine Dialektik, die auf eine synthetische Aufhebung zu-
strebt – sei's im idealistischen Dreischritt Hegels, sei's im materialistischen von
Marx? Sollte etwa, was den *Krug* anlangt, das Minus des Dorfrichters durch das
Plus des Gerichtsrats »aufgehoben« oder eher wettgemacht werden (was ja noch
nicht einmal ein dialektisches Prinzip wäre)? Die Antwort, der die vorliegende
Untersuchung zuneigt, lautet: Kleist kennt, hierin vielleicht angeregt durch Adam
Müllers *Lehre vom Gegensatz*, eher ein antagonistisches Nebeneinander, das nicht
in ein Drittes aufgehoben wird; statt Aufhebung findet sich bei Kleist das Prinzip
der Beliebigkeit des gleichgültig Nebeneinanderstehenden (welches Adam Müller
freilich hätte vehement leugnen müssen). Geschichtlich gewendet: an die Stelle der
verbürgenden Ordnung des Mythos ist in der Moderne die Ungewißheit des Beliebigen getreten. Jedenfalls sind die rationalistischen Rechtsprinzipien, die der Gerichtsrat Walter im Stück vertritt, solange das Ansehen der Institution nicht berührt
ist, keineswegs einfach als die positiven und überlegenen Prinzipien anzusprechen,
nach denen sich der Autor Kleist gesehnt habe. Unerträglich ist der Schludrian des
Dorfrichters zwar auch, aber er mag immer noch erträglicher sein als das, was die
Justiz der Zukunft den Niederländern bescherte. Neuere Interpretationen, besonders
die von Peter Michelsen und nachdrücklich die von Wolfgang Wittkowski, haben
sich inzwischen kritisch mit der älteren Auffassung auseinandergesetzt, dem Gerichtsrat Walter komme die Funktion einer überlegenen, ja, wegen seines Namens,

geradezu gottähnlichen Figur zu[26] – so als ob sich der Name nur auf das Wort »Walten« und nicht ebenso auf das Wort »Gewalt« bezöge. Diese ältere Interpretation geht fehl, weil sie übersieht, daß nach dem Gefüge des Werks nicht Walter, sondern nur Eve in den Stand versetzt wird, wesenhafte Wahrheit zu erkennen und in schlichter prädikativer Setzung festzustellen: »Er ists.«[27] Wenn Walter eine solche Wahrheitsfeststellung treffen will: »So ist es.«, wird er von Eve korrigiert: »Ja, so heißts, ich weiß.« (I, 841). Das Problem ist zwar richtig gesehen: in einer geschichtlichen Zeit, in der wesenhafte Wahrheit nicht mehr (oder kaum noch) ermittelt werden kann, bedarf es eines Schiedsrichters. Doch Walter kann allenfalls die Rolle jenes helgoländischen Schiedsrichters aus einem Ostfriesenwitz einnehmen, den Kleist in den *Berliner Abendblättern* zum Besten gab (II, 285):

*Helgoländisches Gottesgericht*
Die Helgoländer haben eine sonderbare Art, ihre Streitigkeiten in zweifelhaften Fällen, zu entscheiden; und wie die Parteien, bei anderen Völkerschaften, zu den Waffen greifen, und das Blut entscheiden lassen, so werfen sie ihre Lotsenzeichen (Medaillen von Messing, mit einer Nummer, die einem jeden von ihnen zugehört) in einen Hut, und lassen durch einen Schiedsrichter, eine derselben herausziehn. Der Eigentümer der Nummer bekommt alsdann recht.

Dieses Verfahren scheint einer Moderne, die wesenhaft durch Beliebigkeit ausgezeichnet ist, in der Tat angemessen zu sein. So kennt Kleists *Zerbrochner Krug* denn auch, wenn wir von der sich fügenden Eve absehen, keine Figur des Schiedsrichters im Spiel, das Werk kennt nur einen Schiedsrichter: den Zuschauer des Spiels, dessen geschichtlicher Erfahrung und Urteilskraft das Gefüge des gesamten Spiels überantwortet wird.

Die numismatischen Nachforschungen von de Leeuwe haben ergeben, daß nach dem Aufstand der Niederländer nur noch Eigenprägungen, keine spanischen Münzen mehr im Umlauf waren.[28] Allein, es scheint Kleist dabei auch nicht um die Niederlande des 16. oder 17. Jahrhunderts gegangen zu sein, eher vielleicht um eine recht drastische Anspielung auf die Gegenwart seiner Zeit. Die Münze mit dem Spanierkönig könnte anspielen auf französische Geldprägungen mit dem Antlitz des Franzosenkaisers Napoleon, auf Geld, das in den von Frankreich okkupierten europäischen Staaten, darunter der »Batavischen Republik«, vormals Niederlande, Gültigkeit hatte. Napoleon galt Kleist stets als Inbegriff jenes Vorgangs der Wiederkehr des Alten im neuen Gewand: wenn die Französische Revolution im

---

[26] Vgl. Michelsen 1977, S. 274 f. u. 281; sowie Wittkowski (wie Anm. 14), S. 114-118. Die ältere Deutung von der überlegenen Figur hat besonders Walter Müller-Seidel vertreten (1961, S. 182 ff., bes. S. 189).
[27] Dies wird in einer kleinen Schlußpassage der Handschrift zum Ausdruck gebracht (Vers 2401-14, Hs.). Dort wird noch einmal das Thema der Identitätserkenntnis aufgegriffen, indem alle ans Fenster treten und sich bemühen, den am »Fichtengrund« (Vers 2412, Hs.) heruntertrabenden Richter zu erkennen. Während sich alle anderen Beteiligten weiterhin an äußeren Erscheinungsformen aufhalten, »an seinem hinkenden Galopp« (Ruprecht, Vers 2411, Hs.), oder an der »Perücke« (Marthe, Vers 2414, Hs.), antwortet Eve auf die Bitte zu schauen, ob es der Richter sei, schlicht: »Er ists.« (Vers 2410, Hs.).
[28] Vgl. de Leeuwe (wie Anm. 15), S. 140.

Zuge des Epochenumbruchs zur modernen bürgerlich-kapitalistischen Geschichte den Anspruch gesellschaftlichen Subjektseins einzulösen versprach, so hat die folgende geschichtliche Entwicklung bis zu Kleists Gegenwart das revolutionäre Versprechen bereits wieder zunichte gemacht. In der bürgerlich-kapitalistischen Moderne gilt, unter veränderten geschichtlichen Bedingungen, wiederum der Status gesellschaftlichen Objektseins, der auf andere Weise schon zu Zeiten der feudalen Vorgeschichte gegolten hatte. Im Franzosenkaiser Napoleon personifizierte sich für Kleist diese Nichteinlösung des revolutionären Versprechens. Bereits während seines Aufenthaltes in der Schweiz, als der Wettstreit um die *Krug*-Dichtungen vereinbart wurde, schrieb Kleist an Ulrike (19.2.1802): »Es hatte allen Anschein, daß die Schweiz sowie Zisalpinien, französisch werden wird, und mich ekelt vor dem bloßen Gedanken. – So leicht indessen wird es dem Allerwelts-Konsul mit der Schweiz nicht gelingen.« (II, 718), und an Zschokke (2.3.1802): »Mich erschreckt die bloße Möglichkeit, statt eines Schweizer Bürgers durch einen Taschenspieler-kunstgriff [des Allerwelt-Konsuls Napoleon] ein Franzose zu werden.« (II, 719). Aus Königsberg, zur Zeit der Abfassung des *Krugs*, schrieb Kleist Ende November 1805 an Rühle: »Die Zeit scheint eine neue Ordnung der Dinge herbeiführen zu wollen, und wir werden davon nichts, als bloß den Umsturz der alten erleben. [...] Warum sich nur nicht einer findet, der diesem bösen Geist der Welt [dem »glücks-gekrönten Abenteurer« Napoleon] die Kugel durch den Kopf jagt.« (II, 761). Schließlich erübrigt es sich, auf die spätere anti-napoleonische Haltung Kleists hinzuweisen, die also von der anfänglichen Konzeption des *Krugs* bis zur Zeit der letzten Überarbeitung und Drucklegung (1811) fortdauerte.[29]

Der geschichtliche Gehalt des *Zerbrochnen Krugs* ist großflächig zentriert um *epochale* Probleme. Hatten bereits Schiller und Goethe an der Befreiungsgeschichte der Niederlande den Anbruch des neuen Zeitalters thematisiert, so konnte Kleist auf diese Befreiungsgeschichte als Analogon zur Französischen Revolution zurück-greifen, um dann allerdings, im gewählten historischen Rahmen, dem geschichtlich fortgeschrittenen Stand der Gegenwart nachzufragen. Der Gehalt fragt nicht klein-flächig nach spezifischen, speziellen gesellschaftlichen oder politischen Erschei-nungsformen. Ein interpretativer »Kleinflächenangriff« wie er gelegentlich von materialistischer Deutung vorgetragen wurde,[30] der etwa einer vermeintlich inten-dierten »Justizreform« bzw. einer Kritik an der Feudaljustiz (in Preußen) nachgeht, greift zu kurz, weil sich das Werk der interpretativ erfragten historischen Konkreti-

---

[29] Vgl. zu dieser Kontinuität der Einstellung auch unten den Beitrag über Kleist und Napoleon. Zum näheren Verständnis sind vor allem Kleists Kontakte zu Gustav Graf von Schlabrendorf zu beachten, einem der konsequentesten Napoleon-Kritiker aus einer girondistischen Position heraus. Die ersten Hinweise darauf habe ich in der Untersuchung Grathoff 1993 gegeben. Vgl. dazu weiter unten den »Ausblick«.

[30] Vgl. näher: Ditmar Skrotzki: Kleists *Der zerbrochne Krug* im Spannungsfeld zwischen »Dramatischem Weltbild« und »Satirischem Gaukelspiel der Autorität«. In: Heilbronner Kleist-Blätter 2, 1997, S. 27-55 (mit kritischer Wendung gegen die hier vorgetragenen Thesen, S. 35 ff.).

sierung (etwa in einem *Allgemeinen Preußischen Landrecht* oder in sonstigen juristischen Spezifika) entzieht, und vor allem, weil es im Großflächigen des Werks längst nicht mehr um die vergangene Feudalzeit geht, geschweige denn um kleinkarierte Kritik an feudalen Erscheinungsformen. Dem *Zerbrochnen Krug* ist gewiß, daß die Feudalzeit der erledigten *Vor*geschichte zugehört, daß dorthin aus geschichtlicher Notwendigkeit kein Weg zurückführen könne, den einige romantische Kollegen anstreben wollten. Dies ist dem Werk ebenso gewiß, wie der Tänzer im *Marionettentheater* weiß, daß der Weg zum Paradies nicht im Sprung zurück, sondern nur auf der notwendigen Reise durch die zukünftige Geschichte hindurch beschritten werden könne. Allerdings: in der Gewißheit des geschichtlich erforderten Weges bleibt die Gestalt der Zukunft im Ungewissen.

# Unsichtbares Theater

## Zu einer Bremer Inszenierung des *Zerbrochnen Krugs*

Heinrich von Kleist hat den *Zerbrochnen Krug* 1811 in zwei Fassungen veröffentlicht: in einer eingekürzten Form, die zur Grundlage der meisten späteren Textausgaben geworden ist, und in einer erheblich, um über 400 Verse längeren sogenannten *Variant*-Fassung, in der das Werk 1808 in Weimar zur Uraufführung gekommen war. Diese Uraufführung, Goethe hatte das Stück inszeniert, war ein katastrophaler Reinfall gewesen. Das Publikum hatte das Stück ausgebuht, wie zeitgenössische Kritiken berichten (vgl. LS 239 ff.), was bis dahin am Weimarer Theater noch nicht vorgekommen war. Die Fehler, die Goethe bei der Einrichtung des Werks begangen hatte, sind inzwischen so landläufig bekannt, daß sie in allen Inszenierungen unserer Zeit gemieden werden: er hatte das Lustspiel in drei Akte unterteilt, so daß die Aufführung zweieinhalb Stunden dauerte. Vorher war die Oper *Der Gefangene* gegeben worden, damit wurde dem Publikum ein Theaterabend von vier Stunden zugemutet, von halb sechs bis halb zehn abends, was dann den Theaterskandal auslöste.[1]

Dem Weimarer Publikum waren besonders die »ellenlangen Reden« von Eve im vorletzten 12. Auftritt auf die Nerven gegangen, berichtet eine Theaterkritik (LS 248a), eine andere findet zerstörerisch böse, lobende Worte: »Demois. Elsermann, die eigentlich plagende Erzählerin, Jungfer Eve, hatte sich recht gut kostümiert.« (LS 247). Daraufhin hat Kleist, als Zugeständnis an die zeitgenössischen Publikumswünsche, den ursprünglichen 12. Auftritt kurzerhand fast ersatzlos gestrichen: von den vormals 474 Versen der Erstfassung blieben in der gekürzten Druckfassung gerade knapp 60 noch übrig. Doch dabei beließ Kleist es nicht einfach. Er hatte bereits kurz nach dem Debakel auf der Weimarer Bühne fragmentarische Auszüge aus dem *Zerbrochnen Krug* in seiner Zeitschrift *Phöbus* veröffentlicht, damit die Leser »prüfen« konnten, wie er schrieb, aus welchem Grund sein »Lustspiel eben jetzt auf der Bühne von Weimar verunglückt« sei (I, 835). Dieses Verfahren wiederholte er 1811 bei der Drucklegung des gesamten Stücks, indem er der gekürzten Fassung kommentarlos den erheblich längeren 12. Auftritt in der ursprünglichen Fassung, so wie er in Weimar gespielt worden war, unter dem Titel *Variant* zur Seite stellte. Ein solches Vorgehen, ein Werk in zwei (oder mehreren) Fassungen zu veröffentlichen, und dem Urteil der Nachwelt die Entscheidung anheimzustellen, welche die bessere sei, begegnet uns in unserem Jahrhundert erst wieder bei Bertolt Brecht, und so kam es nicht von ungefähr, daß Brechts »Berliner

---

[1]  Vgl. dazu Ilse-Marie Barth: Zur Aufführung von Kleists Lustspiel *Der zerbrochne Krug* am Weimarer Hoftheater 1808. In: Goethe-Jahrbuch 100 (1983), S. 219-225.

Ensemble« 1953 die erste Aufführung des *Zerbrochnen Krugs* in der *Variant*-Fassung wagte.[2]

Goethe selbst hat Kleists Kürzungen zur Kenntnis genommen; im Dezember 1811 schickte er Johanna Schopenhauer das Buch mit der Empfehlung,»die beiden Exemplare zu kollationieren und zu beurteilen ob in dem gegenwärtigen zu viel oder zu wenig getan worden« (LS 253). Die Auffassung, daß Kleist bei seiner drastischen Einkürzung zu viel des Guten getan habe, setzt sich sowohl in der Theaterpraxis als auch in der literaturgeschichtlichen Forschung in den letzten Jahren mehr und mehr durch. *Der zerbrochne Krug* gehört seit eh und je zu den meistgespielten Repertoirestücken des deutschsprachigen Theaters, weil die deutsche Dramenliteratur mit guten Komödien nicht eben reich gesegnet ist. Mit der Wiederentdeckung der anderen Dramen Kleists auf den deutschen Bühnen in den zurückliegenden Jahrzehnten, die bis hin zur *Familie Schroffenstein*, der *Penthesilea* und der *Hermannsschlacht* geht, ist der Blick geschärft worden für die Eigentümlichkeiten der Kleistschen Dramatik, deren Qualitäten im *Zerbrochnen Krug* eben im längeren *Variant* des 12. Auftritts in gesteigerter Form zum Zuge kommen.

Goethe hatte diese Eigentümlichkeit der Kleistschen Dramatik nach seiner ersten Lektüre des *Zerbrochnen Krugs* klar erfaßt und in einer kritischen Wendung gegen Kleists »unsichtbares Theater« zum Ausdruck gebracht (LS 185):

> Der zerbrochene Krug hat außerordentliche Verdienste, und die ganze Darstellung dringt sich mit gewaltsamer Gegenwart auf. Nur schade, daß das Stück wieder dem unsichtbaren Theater angehört. Das Talent des Verfassers, so lebendig er auch darzustellen vermag, neigt sich doch mehr gegen das Dialektische hin; wie es er denn selbst in dieser stationären Prozeßform auf das wunderbarste manifestiert hat. Könnte er mit eben dem Naturell und Geschick eine wirklich dramatische Aufgabe lösen und eine Handlung vor unsern Augen und Sinnen sich entfalten lassen, wie er hier eine vergangene sich nach und nach enthüllen läßt, so würde es für das deutsche Theater ein großes Geschenk sein.

Ein großes Geschenk hat Kleist dem deutschen Theater in der Tat gerade dadurch hinterlassen, daß er die von Goethe kritisierte Handlungsarmut riskiert hat, weil sie einen unerhörten Sprachreichtum ermöglicht. Die eigentlich dramatischen Handlungen, wie ein nächtliches Einschleichen und ein stürmischer Einbruch in die Kammer eines jungen Mädchens, werden im *Zerbrochnen Krug* nicht auf der Bühne vollzogen und vorgeführt, so wie Goethe es gern gesehen hätte, sondern sie werden in Berichten, Zeugenaussagen und Erzählungen sprachlich vorgestellt. Erst in der sprachlichen Präsentation können die geschilderten Handlungen zugleich ihre symbolische Funktion in erotischer Hinsicht erhalten. Das wohl ›dramatischste‹ Stück von Kleist, die *Penthesilea*, bildet den Gipfelpunkt eines so kritisierten »unsichtbaren Theaters«: durch Erzählungen und Berichte werden Vorgänge von außerordentlicher dramatischer Dynamik sprachlich zum Leben erweckt, die

---

[2]  Vgl. die Arbeiten von Manfred Wekwerth, zitiert bei Grathoff 1979, S. 192.

Handlung selbst spielt dabei unsichtbar hinter der Bühne, während sie auf der Bühne in sprachlicher Gestalt nur erscheint. Die Dramatik ist also sehr wohl präsent,
allerdings nicht in den Handlungen der Schauspieler, die »vor unsern Augen und
Sinnen sich entfalten«, sondern in ihren sprachlichen Berichten, die in unser Ohr
dringen. Stücke wie der *Zerbrochne Krug* sind mehr fürs Ohr, weniger fürs Auge
geschrieben, darin besteht eine der Inszenierungsschwierigkeiten, die im Extrem-
fall der *Penthesilea* so häufig zum Scheitern führten. Das Hören eines dramatischen Geschehens löst beim Zuschauer eine Form von Phantasieproduktion aus, die
deutlich von der unterschieden ist, welche sich beim Anschaun von Bildern oder
agierenden Körpern auf der Bühne entwickelt. Die im Anhören von Worten aus-
gelösten Assoziationen entfalten selbst eine Bildwelt, während im Anschaun von
Bildern die Sinne gefesselt werden, um assoziativ weiterzuleiten. In Kleists
Theater laufen diese beiden Formen der Phantasieproduktion gewissermaßen nicht
synchron, wie Goethe es sich wünschte, und wie wir Nachgeborenen es tagein,
tagaus im Fernsehen oder Kino miterleben, wodurch wir längst weiter noch von
Kleist entfernt sind. Bei Kleist ist beides asynchron, gegenläufig angeordnet, um
dadurch die Sprache in ihrer höchsten Geltungs- und Wirkungsform zu inthronisie-
ren. In mancher Hinsicht ist Kleist einem umgekehrten Stummfilmkino vergleichbar, dem noch nicht die Sprache, nur die Bilder zur Verfügung standen, denen
Erklärungstexte und Begleitmusik zugeordnet wurden. Kleists Theater, zumindest
in Stücken wie der *Penthesilea* oder dem *Zerbrochnen Krug* ist ein Erzähltheater,
es nutzt die Möglichkeiten des Epischen, des Erzählens und der Berichte, und entfaltet damit genuine Qualitäten des Sprechtheaters erst eigentlich. Kleist läßt seinen Zuschauern von den Schauspielern Geschichten erzählen, dramatische, span-
nende Geschichten, doch die an Goethes reine, unepische Dramatik gewöhnten
Weimaraner wollten Dramen vorgespielt bekommen. Sie waren gewohnt, Geschichten zu lesen, nicht zu hören, so daß die arme Eve ihnen zur »eigentlich plagende[n] Erzählerin« werden mußte.

»Was hilfts, daß ich jetzt schuldlos mich erzähle?« (I, 840): Eves Frage gibt am
Anfang des 12. Auftritts das Stichwort, worum es in der *Variant*-Fassung gehen
wird, um eine »umständliche« Erzählung des Tathergangs, ein »Wort keck hinge-
worfen« (ebda) reicht dem Gerichtsrat Walter nicht, damit sie ihre Unschuld beweisen könne.[3] Eigentlich steht ja nicht Eve vor Gericht, sondern der Krugzer-
trümmerer, sie ist als Opfer nur Zeugin, doch da ein Krug zerbrochen wurde,
womit, wie wir aus dem Sprichwort wissen, weibliche Unschuld verlorengegangen
ist, steht sie insofern doch wieder vor Gericht, und muß durch eine schöne Erzählung die Bewahrung ihrer Unschuldigkeit unter Beweis stellen. Sie ist eine umso
bessere Erzählerin, weil sie der Schrift nicht kundig, weil sie eine Analphabetin ist.

---

[3]   Vgl. auch Stephens 1985.

Dieses für die Konzeption der Eve-Figur sehr wichtige Detail ist in der späteren Zweitfassung den Kürzungen zum Opfer gefallen. Der Dorfrichter Adam hatte sie mit einem gefälschten Brief getäuscht, den er mit einem gefälschten Attest übertrumpfen wollte, also mit einem zweiten Schriftstück, und dadurch hatte er sich den nächtlichen Einlaß in ihre Kammer ermogelt. In der Kurzfassung wird der Brief von Eve vorgezeigt, und der Gerichtsrat Walter dekretiert kurzum: »Der Brief ist falsch!« (I, 243). In der Erstfassung mußte sich die des Lesens unkundige Eve den Brief vom Dorfrichter vorlesen lassen, so daß dort Zweifel bleiben können, ob die Order in der Tat von Adam gefälscht worden war oder nicht.

Eves Schreib- und Leseunfähigkeit setzt sie übrigens in Verwandtschaft zu einer anderen berühmten Dramenfigur Kleists, zum Prinzen von Homburg, der ebenfalls ein Schriftunkundiger oder mindestens -unwilliger ist. »Diktieren in die Feder macht mich irr. –« (I, 650), sagt Homburg, nachdem er den schriftlichen Schlachtbefehl nicht ordentlich aufnotiert hatte, deshalb zu früh in die Schlacht eingreift, wodurch er sie zwar gewinnt, aber auch zum Tode verurteilt wird, weil er eben die befehlende Schrift nicht so beherrscht und befolgt hatte, wie er es sollte.

Eve und der Prinz von Homburg sind damit Angehörige einer vergangenen zurückgebliebenen Kulturstufe, durch die nun der eisige Wind der modernen Gesetzesschriften geblasen wird. Von ihren Staatsmännern, dem Kurfürsten von Brandenburg und dem Gerichtsrat Walter, muß beiden klargemacht werden, was die modernen Gesetzesschriften besagen, daß sie, erstens, strikt zu befolgen sind, und daß sie, zweitens, willkürlich sind. Ein Todesurteil kann man nämlich ausfertigen lassen, man kann es aber auch ebensogut, wenns beliebt, wieder zerreißen. Und im Staate Holland kann man Pech haben, und von einem lüsternen Dorfrichter hintergangen und obendrein verurteilt werden. Man kann aber auch Glück haben, wenn zufällig ein vorgesetzter Gerichtsrat des Weges kommt, der notgedrungen den wirklichen Schuldigen entlarven helfen muß. Diese Dimension der Willkürlichkeit der modernen Rechtsverhältnisse, die doch, sagen wir, seit dem *Code Napoleon* vermeintlich das Gegenteil bewirken, und Gewißheit, Wahrheit, Sicherheit gewähren sollen, kommt allerdings in der gekürzten Zweitfassung des *Zerbrochnen Krugs* nicht mehr hinlänglich zum Ausdruck. Dort scheinen nur die »alten« Rechtsverhältnisse unter dem schlampigen Dorfrichter Adam in Unordnung, die vom strengen, aber gerechten Rat Walter wieder eingerenkt werden.

In der ausgeführten Erstfassung des 12. Auftritts wird demgegenüber an den gestalteten Details deutlich, daß Adam nicht alte Formen der Mündlichkeit mißbraucht, sondern moderne Formen der Schriftlichkeit. Damit ist angezeigt, daß die Rechtsverhältnisse, die der Gerichtsrat Walter repräsentiert, um keinen Deut besser sind, die Willkür herrscht dort wie hier, nur anders und systematischer. Auslöser für das Betrugs- und Verführungsverfahren des Dorfrichters Adam war ein staatli-

cher Aufschreibakt, eine »Konskription«, zu deutsch: eine Verschreibung, mit der
Eves Verlobter Ruprecht für den Wehrdienst »aufnotiert« wurde (I, 841). Dieser
Schreibakt sei nicht wahrhaftig (wen wunderts bei einer Verschreibung), hatte
Adam mit seinem gefälschten Brief suggeriert, die Rekruten würden nicht gegen
die verhaßten Fremdherrscher, die Spanier, zur Landesverteidigung geschickt,
sondern dorthin, wo der Pfeffer wächst, um »Raub/Zum Heil der Haager Krämer«
heim nach Holland zu holen (I, 843). Wenn zu Kleists Zeit in einem Dramentext
das Thema Fremdherrschaft angesprochen wurde, wußte jeder, worum es ging: um
Napoleon als Unterdrücker fast des gesamten Europa. Wenn aber die Landesverteidigung gegen Napoleon nicht mehr an der Tagesordnung ist, sondern der Koloni-
alwarenhandel bei den Holländern so gut wie bei den Franzosen floriert, dann
scheint es keinen rechten Systemunterschied mehr zu geben, dann scheinen französische Verhältnisse bereits im Staate Holland Einzug gehalten zu haben. Genau
diesen Gehalt läßt Kleist in seiner abgründig subversiven Gestaltungsweise am
Schluß des *Variants* zum Ausdruck kommen, wovon in der gekürzten Zweitfassung
wenig, oder kaum etwas zu spüren ist.[4]

---

[4]   Vgl. dazu ausführlich den vorausgegangenen Beitrag »Der Fall des Krugs«, S. 40 ff.

# Michael Kohlhaas

## I. Eröffnungsfragen: Revolutionärer Geist und Identität?

Das historische Vorbild für Kleists Michael Kohlhaas hieß bekanntlich Hans Kohlhase,[1] doch gelang nicht ihm, sondern Kleists literarischer Fiktion 1845 der Sprung in den Brockhaus, in dessen *Allgemeine Deutsche Real-Encyklopädie für die gebildeten Stände*. Lexikonwürdig sind von Rechts wegen eigentlich nur historische Personen, aber bei mythischen Figuren scheinen Ausnahmen möglich. Michael Kohlhaas wurde also in die 9.»Originalauflage« des Brockhaus aufgenommen, die von 1843 bis 48 erschien, und dementsprechend vom Geist der Vor-Achtundvierziger-Zeit geprägt war. Im 8. Band von 1845 findet sich folgender Artikel: »*Kohlhaas* (Michael), ein Roßkamm aus der Altmark, geb. 1521, der, da er gegen ungerechte Behandlung kein Recht zu finden vermochte, sich dasselbe selbst verschaffte, freilich aber auch nun weiter ging, als recht war. Als er einst mit seinen Pferden auf die leipziger Messe ziehen wollte, wurde er von den Leuten des Junkers Tronka wegen Mangels an Ausweis festgehalten, nach der Tronkaburg gebracht und hier durch den Junker und dessen Genossen ohne alles Gehör genöthigt, zwei seiner schönsten Pferde nebst einem Knecht zurückzulassen. Dies hätte nun weiter nichts zu bedeuten gehabt; allein der Junker ließ die Pferde zu den schwersten Arbeiten gebrauchen und halb verhungern, den Knecht aber zum Thor hinauswerfen. Kaum hatte K. solches erfahren [...]«.[2] Im folgenden wird in dem Lexikonartikel die Geschichte dieses K. in gekürzter Form so weitererzählt, wie sie Kleist für seine Novelle erdacht hatte. Helmut Sembdner hat den Anfang des Artikels in seiner Sammlung *Heinrich von Kleists Nachruhm* nach der 10. Auflage des Brockhaus von 1853 wie ein bloßes Kuriosum gedruckt (NR 673a), wodurch aber der ursprüngliche Zusammenhang mit dem Vor-Achtundvierziger-Geist nicht mehr sichtbar wird. Und bekanntlich ist die erste Frage, die Kleists *Michael Kohlhaas* immer wieder aufgeworfen hat: wie es um die mindestens rebellische, wenn nicht gar revolutionäre Haltung dieser Erzählung bestellt sei? Den 48ern ist sie jedenfalls lexikonwürdig gewesen, wobei dahingestellt bleiben muß, ob Kleists subversives Erzählen im *Kohlhaas* hier einen subversiven Akt der Brockhaus-Redaktion provoziert haben könnte.

---

[1]    Vgl. die Quellen bei Bogdal 1981, S. 76 ff. Und bei: Kleists Kohlhaas. Ein deutscher Traum vom Recht auf Mordbrennerei. Hg. Friedmar Apel. Berlin 1987, S. 104 ff. Letzte Quellenuntersuchung von Malte Disselhorst im Kleist-Jahrbuch 1988/89, S. 334 ff. Vgl. danach den Kommentar von Klaus Müller-Salget zu Band 3 der Kleist-Ausgabe des Klassiker-Verlags (Kleist DKV, Bd. 3, S. 707 ff.).
[2]    Allgemeine deutsche Real-Encyklopädie für die gebildeten Stände. 9. Originalauflage. 8. Band. Leipzig: Brockhaus 1845, S. 291 f. Die Verfasser, unter ihnen z.B. Willibald Alexis und J.B. Pfeilschifter, sind zwar im letzten Band des Lexikons namentlich genannt, können aber nicht bestimmten Artikeln zugeordnet werden (vgl. ebda, Bd. 15, 1848, S. XVI ff.). In der voraufgegangenen 8. Auflage ist noch kein *Kohlhaas*-Artikel zu finden (vgl. Allgemeine deutsche Real-Encyklopädie für die gebildeten Stände. 8. Aufl., 6. Band, K bis Lz, Leipzig: Brockhaus 1835).

In den rechtshistorischen Beiträgen zum Berliner Kleist-Kolloquium von 1986, besonders denen von Monika Frommel und Joachim Rückert,[3] ist deutlich herausgearbeitet worden, daß der *Kohlhaas* auf der Folie der zeitgenössischen philosophischen Diskussionen um das Widerstands- und Rebellionsrecht, zumal der sog. Kant-Gentz-Rehberg-Debatte von 1792 bis 94,[4] zu lesen ist. In Kleists Erzählung, dies haben Frommel und Rückert gezeigt, ist die vor allem durch Schriften von Christian Garve ausgelöste und in der *Berlinischen Monatsschrift* ausgetragene Debatte der preußischen Spätaufklärung stets virulent. Wie aber, so bleibt zu fragen, verhält sich Kleists Erzählung in ihrem Aussagegehalt letztlich zu der zeitgenössischen Diskussion um das Widerstandsrecht? Läßt sich eine womöglich gar klare Position ausmachen? Und zwar nicht nur hinsichtlich der widerstandsartigen Rachefehden des Kohlhaas, sondern bis hin zu der Frage, wie der Schluß der Novelle mit dem Aufessen des Zettels vor der Hinrichtung sich zur Rebellionsthematik verhalte? Bekanntlich waren es gerade marxistische Revolutionsverehrer, die sich über den Schluß, der mit der »Zigeunergeschichte« eingeleitet wird, empört haben, so Franz Mehring: »Zur Hälfte oder zu zwei Dritteln ist sie [die Erzählung] über jedes Lob erhaben, [...] aber dann zerfasert sie sich in eine abgeschmackte Zigeunergeschichte [...].«[5] Auch solche Einwände werden bei der Einschätzung des rebellischen Geistes von Kleists *Kohlhaas* zu bedenken sein.

In ihrem vielbeachteten Buch *Das Textbegehren des Michael Kohlhaas* hat Helga Gallas eine zweite zentrale »Frage« des *Michael Kohlhaas* herausgestellt, die »nach der Identität des Subjekts«.[6] Damit kommt ihr das Verdienst zu, gegenüber älteren, mehr oder minder hilflosen Deutungsversuchen, und zwar nicht nur den von ihr denunzierten marxistischen, mit dem Identitätsproblem einen entscheidenden Weg gewiesen zu haben, der in der Tat zur Lösung der bis dato ungeklärten Fragen und zu einem tiefergreifenden Textverständnis führen kann. Helga Gallas selbst griff ihrerseits auf poststrukturalistische Verfahren zur Textuntersuchung gestützt auf die Psychoanalyse von Jacques Lacan zurück. Der dabei entwickelte Methodensolipsimus führte leider dazu, daß ihr viele Angebote entgingen, die

---

[3]    Vgl. Monika Frommel: Die Paradoxie vertraglicher Sicherung bürgerlicher Rechte. Kampf ums Recht und sinnlose Aktion. In: Kleist-Jahrbuch 1988/89, S. 357 ff. Sowie Joachim Rückert: »... der Welt in der Pflicht verfallen ...« Kleists *Kohlhaas* als moral- und rechtsphilosophische Stellungnahme. In: ebda, S. 375 ff. Diskussionsbericht ebda, S. 432 ff.

[4]    Die einschlägigen Texte hat Dieter Henrich 1967 in einer Sammlung neu herausgegeben: Kant, Gentz, Rehberg: Über Theorie und Praxis. Einleitung von Dieter Henrich. Frankfurt/M. 1967.

[5]    Franz Mehring: Heinrich von Kleist. In: Mehring: Aufsätze zur deutschen Literatur von Klopstock bis Weerth. Berlin 1961, S. 314 ff., Zitat S. 321 f.

[6]    Gallas 1981, S. 80 ff.

Kleists Text gerade auch einem poststrukturalistisch geschulten Auge hätte machen können.[7]

## II. Dialektik von Herrschaft und Knechtschaft

Kleists Erzählung *Michael Kohlhaas* bereitet der Forschung nach wie vor Probleme, die Helga Gallas vor allem an drei Bereichen zu verorten suchte: (1) an Kohlhaas' Tod, (2) an den beiden Kurfürsten und der verdoppelnden Wiederholung des Prozesses gegen Kohlhaas in Brandenburg und (3) an der Zigeunerin und dem Zettel am Schluß.[8] Der Vorschlag, Fragen der Motivgebung (Kapsel mit dem Zettel der Zigeunerin bzw. dem durchgängigen Leitmotiv der Rappen) und der Gestaltung (verdoppelndes Erzählen) mit dem zentralen thematischen Feld der Identität des Menschen in Beziehung zu setzen, erscheint einleuchtend, die Klärung dieser Fragen sollte jedoch nicht durch äußere theoretische Vorgaben überlagert, sondern aus Kleists Text selbst heraus versucht werden.

Kohlhaas persönlich widerfährt in der Erzählung zunächst keine direkte, sondern nur eine indirekte Kränkung: seinen Pferden wird Gewalt angetan, dann seinem Knecht Herse und schließlich am brandenburgischen Hof seiner Frau Lisbeth, danach erst, nach ihrem Tod, übernimmt er, wie es heißt, »das Geschäft der Rache« (II, 31). Während im *Phöbus*-Fragment von 1808 die Geschichte noch einlinig erzählt ist, so daß seine Frau mit der Bittschrift einfach »nach der Hauptstadt« geht, im dortigen Kontext also nach Dresden, ist in der Buchfassung von 1810 die Verdopplung schon an dieser Stelle eingeführt, indem Kleist sie »nach Berlin« gehen läßt.[9] Die Pferde und der Knecht Herse waren zu Objekten der junkerlichen Gewalt und Willkür gemacht worden, Lisbeth wird in der Buchfassung zum Objekt der verdoppelten kurfürstlichen Gewalt, stellvertretend ausgeführt von der Leibwache des brandenburgischen Kurfürsten. Dementsprechend ordnete Kohlhaas auch nicht mehr, wie noch in der *Phöbus*-Fassung, ein »für seinen Stand ungewöhnlich prächtiges, Leichenbegängnis an«,[10] sondern in der Buchfassung präzisiert: »ein Leichenbegängnis, das weniger für sie, als für eine Fürstin, angeordnet schien«.[11] Auch wenn der Erzähler mit der Wendung »schien« seine Ungewißheit zum Ausdruck bringt, wird die verstorbene Lisbeth sprachlich auf eine Ebene mit den beiden Kurfürsten gebracht, wodurch das »Geschäft der Rache« eine erweiterte Stoßrichtung erhält und zugleich gewissermaßen auf eine selbst staatliche Ebene gehoben wird.

---

[7]  Vgl. näher meine Besprechung im Kleist-Jahrbuch 1985, S. 170 ff. Im folgenden greife ich mehrfach auf meine Ausführungen in dieser Rezension zurück.
[8]  Gallas 1981, S. 23 ff., 27 f. und 29 ff.
[9]  Kleist DKV, Bd. 3, S. 54, Z. 32 (*Phöbus*) und S. 55, Z. 32 (Buchfassung im Paralleldruck).
[10]  Ebda, S. 58, Z. 28 f.
[11]  Ebda, S. 59, Z. 37, fortgesetzt S. 61, Z. 1 f.

Bestimmend ist am Anfang der Erzählung also ein Thema, das in vielen Werken Kleists zu finden ist: Subjekte, seien es Pferde, ein Knecht oder die Ehefrau, werden zu Objekten von Gewalt gemacht, mithin geht es um das, was Hegel etwa zur gleichen Zeit in seiner *Phänomenologie des Geistes* als Herr-Knecht-Dialekt untersucht hat, oder, anders formuliert, um die Täter-Opfer-Dialektik. Pferde, Knechte und Ehefrauen sind für bestimmte gesellschaftliche Sichtweisen ohnehin nichts mehr als Objekte. Kohlhaas nimmt sie dagegen als Subjekte wahr, die durch physische Gewalt zu Objekten degradiert werden. Dieser Vorgang wird von Kleist meist auf gesellschaftlich-epochaler Ebene in Beziehung zur Französischen Revolution gebracht, die den Menschen den Subjektstatus versprach, um, dialektisch verschränkt, doch wieder Objekte zu produzieren.[12] Diese epochale Dimension fehlt vordergründig im *Michael Kohlhaas,* wenngleich gerade diese Erzählung so vielfältige Berührungspunkte mit revolutionären Vorgängen aufweist.

Die Identitätsproblematik, die nicht nur in psychoanalytischer sondern ebenso in historischer Hinsicht für die Erzählung zentral ist, findet ihren ersten Ausdruck also in der Aufspaltung von Subjekt und Objekt, in der Dialektik von Herrschaft und Knechtschaft. Kohlhaas muß schmerzlich erfahren, daß der Mensch nicht nur das ist, was er aus sich macht, sondern auch das, was aus ihm gemacht wird. Er definiert sich nicht nur selbst, sondern er wird ebenso definiert. Die Herrschenden, hier also zunächst die Tronkas, später die beiden Kurfürsten, scheinen von solcher Dialektik ausgenommen, sie sind bloß Täter, denen als Opfer die Pferde, der Knecht und die Ehefrau gegenüberstehen. Es steht zu vermuten, daß Kohlhaas mit seinen Rachefeldzügen an diesen Verhältnissen etwas ändern möchte.

Was aber will er genau? Will er den dialektisch zersetzten Subjektstatus rückgängig machen? Die Fremdbestimmung abschütteln? Für beides könnte es psychoanalytische wie historisch-revolutionäre Lösungen geben. Vorher scheint es aber ratsam, den Identitätsproblemen sprachlich noch näher auf die Spur zu kommen.

### III. Namengebungen

Die Identität einer Person wird zuallererst durch den Namen ausgewiesen, hier also durch den von Kleist geformten des Michael Kohlhaas. Der Wechsel vom historischen Hans zum literarischen Michael wurde offenkundig vorgenommen, um ihn mit dem Erzengel Michael in Berührung zu bringen, wie er in einem »Mandat« sich selbst denn auch »›einen Statthalter Michaels, des Erzengels,‹« nannte, »der gekommen sei, [...] mit Schwert und Feuer, die Arglist, in welche die ganze Welt versunken sei, zu bestrafen‹.« (II, 41). Wann immer Kleist derartige biblische oder

---

[12] Vgl. meine Untersuchungen zum *Zerbrochnen Krug* und zur *Penthesilea* (oben S. 34 ff. und unten S. 127 f.), sowie zusammenfassend den Beitrag über Kleist und Napoleon (unten S. 185 ff.).

religiöse Namengebungen vornahm, und sie begegnen seit der Agnes aus der *Familie Schroffenstein* sehr oft in seinen Werken,[13] ist mit subtilen ironischen Brechungen zu rechnen, mit einem Transport des Sakralen in die Prophanität der »gebrechlichen Einrichtung der Welt« (II, 15). Michael Kohlhaas, der selbsternannte Racheengel, erhält so eine mythische Dimension, deren Funktion näher zu klären bleibt.

In dem Michael steckt zugleich der deutsche Michel, der ihn in Verwandtschaft mit nationalen Heroen wie Hermann den Cherusker oder den brandenburgischen Nationalhelden Prinz Friedrich von Homburg bringt. Auch dies wird zu beachten sein.

Der zweite Namenbestandteil »Kohlhaas« ist historisch vorgegeben, sollte insofern unverdächtig sein, doch bei einem Schriftsteller wie Kleist, der seine Namen- und Titelgebungen so außerordentlich durchdacht vorgenommen hat,[14] muß mindestens mit einer Reflexion auch des vorgegebenen Familien- oder Geschlechtsnamens gerechnet werden. Historisch nicht korrekt, so ist den Werkkommentaren zu entnehmen,[15] sei Kleists Herleitung des Ortsnamens Kohlhaasenbrück als »einem Dorfe, das noch von ihm den Namen führt« (II, 9). Hier soll also ein Ort nach einer Person benannt sein, während umgekehrt das Käthchen von Heilbronn wie ihre Vorgängerin, die Jungfrau von Orleans, nach einer Stadt benannt worden waren. Bei Schiller wie bei Kleist läuft dieses Verfahren auf eine Popularisierung der Titelheldin bei gleichzeitiger Identitätsverunsicherung hinaus. Käthchens vermeintlicher Vater Theobald stellt sie einleitend vor: »Ging sie in ihrem bürgerlichen Schmuck über die Straße [...]: so lief es flüsternd von allen Fenstern herab: das ist das Käthchen von Heilbronn; das Käthchen von Heilbronn, ihr Herren, als ob der Himmel von Schwaben sie erzeugt, und von seinem Kuß geschwängert, die Stadt, die unter ihm liegt, sie geboren hätte.« (I, 433).

Käthchen ist ein Kind der Stadt, so daß ihr leiblicher Vater später ausgetauscht werden kann: das soziale rangiert in zivilisatorischen Welten ohnehin vor dem natürlichen Prinzip. Daß Kohlhaas der sprachliche Vater und Namengeber von Kohlhaasenbrück sei, behauptet anfänglich nur der Erzähler, später erklärt »der Erzkanzler, Herr Heinrich von Geusau«: »›daß Kohlhaasenbrück, der Ort *nach welchem* der Roßhändler heiße, im Brandenburgischen liege [...]‹« (II, 78; meine Hervorhebung), wodurch Kohlhaas also doch wieder das Kind einer Ortschaft wird. Wie dem auch sei, gemeinsam ist Käthchen wie Kohlhaas ein Namengebungsprin-

---

[13] Vgl. in diesem Band z.B. auch die Untersuchungen zum *Zerbrochnen Krug* (bes. S. 32 ff.) und zur *Marquise von O.* (bes. S. 80) sowie die entsprechende Forschungsdiskussion. Einschlägig ist z.B. auch die Diskussion um das *Erdbeben in Chili* (etwa Hans Jürgen Schrader im Kleist-Jahrbuch 1991). Zum *Kohlhaas* vgl. die Untersuchung von Henrik Lange.

[14] Vgl. z.B. näher meine Untersuchung zur *Marquise von O...*: Die Zeichen der Marquise. In diesem Band S. 75 ff.

[15] Helmut Sembdner in: II, 896. Müller-Salget: Kleist DKV, Bd. 3, S. 730.

zip auf städtisch-sozialer, nicht auf leiblich-natürlicher Grundlage, was zur später noch näher zu betrachtenden Popularisierung der Figuren führt. Vor diesem Hintergrund ist es um so beachtenswerter, wenn Kleist seinen Kohlhaas »mit einem etwas erzwungenen Scherz« sagen läßt: »Kohlhaasenbrück sei ja nicht die Welt« (II, 25).

Ist die Überlegung abwegig, daß Kleist bei dem Namen »Kohlhaas« zugleich an die Redewendung »Da sitzt der Has' im Kohl« erinnert wurde? Mir scheint es jedenfalls kein Zufall, daß der Junker von Tronka ausgerechnet »von der Hasenhetze kommend« (II, 15) Kohlhaas die Rückgabe instandgesetzter Pferde verweigert. Und eine Hasenhetze steht diesem Krautjunker auch angemessen zu Gesicht, während der Kurfürst von Sachsen später standesgemäß auf »einem großen Hirschjagen« (II, 79) Kohlhaas begegnet, womit ein weiterer Wendepunkt der Novelle eingeleitet wird. Über Jahrhunderte hinweg ist das Jagdprivileg des Adels bekanntlich ein Brennpunkt sozialer Spannungen, ja des Hasses niederer Stände geblieben, diese Dimension des Textes von Kleist ist unzureichend beachtet worden.

Über die Jagdmotive wird im *Michael Kohlhaas* ein zweites Problemfeld von Identität sichtbar, in dem sich das Geschick seiner Pferde mit dem eigenen des Kohlhaas verquickt. Die Pferde erscheinen den Junkern beim ersten Anblick »wie Hirsche« (II, 11), also wie höchste feudale Jagdobjekte, die den Horizont dieser ländlichen Hasenhetzer weit übersteigen sollten. Nach der Beschlagnahmung werden die Pferde von den Junkern in einen »Schweinekoben« gesteckt (II, 18), aus dessen Dach sie »wie Gänse« (II, 19) hervorguckten. Sie waren »das wahre Bild des Elends im Tierreiche« (II, 13) bei den Junkern geworden, und müssen nach Kohlhaas' Überfall auf die Tronkenburg ihre Reise durch das Tierreich fortsetzen. Sie geraten erst in den »Kuhstall eines Schäfers« aus Wilsdruf (II, 57), von dort, was aber nicht mehr sicher auszumachen ist, an den »Schweinehirte[n] von Hainichen« (II, 58) und schließlich an den Abdecker von Döbbeln (II, 58), der sie, als unehrlich geworden, »abludern und häuten« soll (II, 62). Auf der Reise der Pferde durchs Tierreich wird somit eine Signifikantenkette gebildet: von Hirschen zu Schweinen, Gänsen, Kühen, Schafen wieder zurück zu Schweinen – bis zum vorläufigen Ende in der Ehrlosigkeit. Über dem Signifikat (den Pferden) gleiten die Signifikanten (Hirsche usw.), kann in Abwandlung der von Helga Gallas favorisierten Analyse des Gleitens vom Signifikat unter den Signifikanten formuliert werden, die Jacques Lacan entwickelt hatte. Indem die tierischen Signifikanten über den Pferden gleiten, verändert das Signifikat sich substantiell, ändert es seine Identität. Die Pferde bleiben in diesem Prozeß nicht einfach Pferde, sie werden als Hirsche/Pferde zu Objekten der junkerlichen Jagd, sie werden im Schweinekoben zu Schweinen degradiert, so daß sie allenfalls noch wie dumme Gänse dreinschauen können, und am Ende ist ihre leibliche Identität hinfällig bis zum Gehäutetwerden. Kohlhaas betont denn auch nachdrücklich, daß die Pferde ihre Identität verloren haben: »das *sind* nicht meine Pferde«, ruft er: »Das sind die *Pferde* nicht, die dreißig Goldgülden wert waren« (II, 15). Die leibliche Identität ist bei den Pferden also die Voraussetzung für ihre soziale Identität und ihren Wert. Spitzfindig wird im Dresdner Kabinett später festgestellt: die Pferde »*sind* tot: sind in staatsrechtlicher Bedeutung tot, weil sie keinen Wert haben, und werden es physisch sein, bevor man sie, aus der Abdeckerei, in die Ställe der Ritter gebracht hat« (II, 65). Der leibliche Tod erscheint in dieser Argumentation als zweitrangige Nachfolgeerscheinung des sozialen Todes infolge Wertzerfalls.

Am novellistischen Leitmotiv der Rappen hat Kleist also die thematisch zentrale Identitätsproblematik seiner Erzählung verortet – und über einen weiteren Signifikanten aus dem Tierreich in Beziehung zur persönlichen Identitätsproblematik des Michael Kohlhaas gesetzt. Kohlhaas sei es nicht um die Pferde zu tun, heißt es, »er hätte gleichen Schmerz empfunden, wenn es ein Paar Hunde gegolten hätte« (II, 24). Dieselbe Metapher wendet Kohlhaas auf sich selbst an: »Lieber ein Hund sein, wenn ich von Füßen getreten werden soll, als ein Mensch!« (II, 27). Wie bei den Pferden liegt also auch bei Kohlhaas eine Identitätsverschiebung unter dem Signifikanten vor: vom Menschen zum Hund. Wie die Pferde zu Hirschen, Schweinen, Hunden usw. wird Kohlhaas zum Hund gemacht, wenn man ihn mit Füßen tritt. Dagegen rebelliert er.

### IV. Natürliche und soziale Identitäten

Der Zustand seiner Welt ist durch einen Widerstreit von natürlich-leiblichen und sozialen Identitätsbildungen, verquickt mit dem Widerstreit von Selbst- und Fremdbestimmung, von Subjekt- und Objektstatus gekennzeichnet. Bei den Pferden war die Lage noch recht einfach: ihre soziale war auf ihre leibliche Identität gegründet. Bloß durch die leibliche Wiederherstellung, nachdem sie unehrlich geworden waren, wird ihre soziale Identität am Ende noch nicht wieder erlangt, dazu bedarf es eines symbolischen Aktes, sie müssen »durch Schwingung einer Fahne über ihre Häupter, ehrlich gemacht« werden (II, 101). Das Primat des Symbolischen vor dem Natürlichen bleibt also auch hier gewahrt, wobei darauf hingewiesen werden muß, daß fast alle Tiere in Kleists Erzählung als Haus- oder Nutztiere ohnehin bereits im zivilisatorischen Feld angesiedelt sind. Ausgenommen sind eigentlich nur die Hirsche, die der Kurfürst jagt, und der Rehbock, mit dem die Zigeunerin die Richtigkeit ihrer Weissagung beweist, aber der wandert auch in den Kochtopf (II, 91 f.).

Genauso rangiert die soziale vor der natürlichen Identitätsbildung im humanen Bereich, was Kleist sinnigerweise im *Kohlhaas* durch eine kleine Szene polizeilicher Identitätsfeststellung demonstriert. Nach seiner Ankunft in Dresden wird

Kohlhaas, der dabei zudem noch »halb entkleidet an einem Tische« steht, vom Prinzen von Meißen mit einer Wache aufgesucht und gefragt, »ob er Kohlhaas, der Roßhändler wäre? worauf Kohlhaas, indem er eine Brieftasche mit mehreren über sein Verhältnis lautenden Papieren aus seinem Gurt nahm, und ihm ehrerbietig überreichte, antwortete, ja!« (II, 54). Kohlhaas war sich also klar, daß der Prinz von Meißen mit seiner Frage auf Papiere und Signifikanten zielte, nicht auf den halb entkleideten Körper, auf den er dann auch nur einen »flüchtigen Blick« warf (ebda), während er die Papiere gründlich studierte. Derartige Erfahrungen der Moderne hat Kleist schon während seines Parisaufenthalts 1801 machen können, als er einmal einen Brief der Verlobten von der Post holen wollte, aber seinen Paß vergessen hatte, so daß sich der »Postmeister« standhaft weigerte, ihm den Brief auszuhändigen: »Der Mann war unerbittlich. Schwarz auf weiß wollte er sehen, Mienen konnte er nicht lesen [...]« (II, 680).

Das Verhältnis der Signifikanten des Körpers zu den Signifikanten der Schrift und anderer Symbole hat Kleist also schon am Ende seiner vordichterischen Phase 1801 in Paris beschäftigt; im *Michael Kohlhaas* ist es stets virulent und findet am Ende der Novelle einen triumphalen Ausklang.

Ein fehlender »Paßschein« (II, 10) war Kohlhaas schon am Anfang der Erzählung zum Verhängnis geworden, wobei die Frage des Roßhändlers berechtigt war, »was dies für ein Ding des Herrn sei« (ebda), denn eine derart mythologisch besetzte Erfindung sollte man sich in einer Dresdner »Geheimschreiberei« (II, 13) besorgen können, einer Institution, die auch das Grimmsche Wörterbuch nicht kennt, weil das Wort Geheimschreiberei bloß als Spionageschrift bekannt war, die nur Einge-weihte lesen konnten. Eine vermeintliche Amtsstube namens »Geheimschreiberei« gab es zu Kleists Zeit schlichtweg nicht, wohl aber jene Schriftform, deren Ver-ständnis Nichtprivilegierten verschlossen bleiben mußte. So stellte sich in Dresden schnell heraus, »daß die Geschichte von dem Paßschein ein Märchen sei«, worauf sich Kohlhaas »einen schriftlichen Schein über den Ungrund derselben« von den »mißvergnügten Räte[n]« ausstellen ließ (ebda). Kleist läßt Kohlhaas hier noch nicht in den Sinn kommen, welches spezifische Verhältnis die Tronkas zum My-thos hatten, aber von Anfang an gibt er dem Leser kleine versteckte Hinweise auf »Märchen« und »Ding[e] des Herrn«, aus denen sich dann Macht entfaltet.

Kohlhaas wird also vom Beginn der Erzählung an mit dem Begehren nach Signifi-kanten gequält, die er nicht beibringen kann. Am Ende der Erzählung ist er im Besitz eines Zettels mit Signifikanten, den er triumphierend aufißt und seinen Leib auf dem Schafott befriedigt hingibt. Diese Bewegung des Textes will erklärt sein.

## V. Familie und Identität

Im letzten Viertel der Erzählung wird Kohlhaas mehr und mehr zum direkten persönlichen Gegenspieler des Kurfürsten von Sachsen, zwischen beiden entwickelt sich fast ein regelrechter Zweikampf, wenn Kohlhaas z.B. »über die Macht jauchzte, die ihm gegeben war, seines Feindes Ferse, in dem Augenblick, da sie ihn in den Staub trat, tödlich zu verwunden« (II, 97). Man hat nicht verstanden, warum Kleist seiner Erzählung diese Wendung gegeben hat, die von einer verdoppelnden Wiederholung des Prozesses gegen Kohlhaas in Brandenburg begleitet war. Franz Mehring, wie viele vor und viele nach ihm, haben sich den Vorgang so erklärt, daß Kleist das gerechte Brandenburg habe hervorheben wollen, »um in einem bei den Haaren herbeigezogenen Zusammenhang den König von Sachsen als napoleonischen Vasallen mit dem schmählichen Untergang seines Geschlechts zu bedrohen.«[16] Zuletzt hat Paul Michael Lützeler diesen Erklärungsversuch mit guten Gründen als »unhaltbare Legende« zurückgewiesen.[17]

Eröffnet wird der Zweikampf mit der persönlichen Begegnung zwischen dem sächsischen Kurfürsten und Kohlhaas auf dem erwähnten »großen Hirschjagen« (II, 79). Um seine Identität vor Kohlhaas zu verbergen, wird die Amtskette des Kurfürsten, »die ihm vom Halse herabhing [...]«, »in seinen seidenen Brustlatz« versteckt (II, 81). Kurz darauf bemerkt der Kurfürst bei Kohlhaas »eine kleine bleierne Kapsel, die ihm an einem seidenen Faden vom Hals herabhing« (II, 82), und befragt ihn nach der Bedeutung und Bewandtnis der Kapsel, um dann die Geschichte von der Zigeunerin zu hören, die Kohlhaas den Zettel in der Kapsel übergeben hatte. Damit war bereits das Ende des Kurfürsten eingeleitet, der auch gleich »ohnmächtig auf den Boden« niederfiel (II, 83). Die Amtskette des Kurfürsten, das Zeichen seiner Macht und Herrschaft, wird in der Begegnungsszene also motivisch parallelisiert mit der Kapsel, die Kohlhaas vom Hals herabhing, und offensichtlich ebenfalls soviel Macht repräsentierte, daß der Kurfürst ohnmächtig niedersank.

Diese Parallelität der Symbole Amtskette und Kapsel des Kohlhaas, die in Kleists Text hergestellt wird, schließt zugleich die Parallelisierung des Leitmotivs der Rappen mit der Kapsel aus, die Helga Gallas vorgeschlagen hat, um beide, Pferde wie Kapsel, mit der Phallus-Metapher nach Jacques Lacan gleichzusetzen.[18] Die erotischen Konnotationen hat nicht schon Kleist, sondern erst Franz Kafka den Pferden in seiner Erzählung *Ein Landarzt* abgewonnen, bei dem sie nach Kleistschem Vorbild aus einem »seit Jahren unbenützten Schweinestall« hervorkom-

---

16 Mehring, wie in Anm. 5, S. 322.
17 Lützeler 1988, S. 161 f. Von Lützeler wird auch die Rezeptions- und Interpretationsgeschichte ausführlich und gründlich erörtert.
18 Gallas 1981, S. 74 f.

men,[19] der bei Kafka auf psychoanalytische Tiefen verweisen kann, während es bei Kleist um die soziale Degradierung im Schweinekoben geht.

Das kurfürstliche Zeichen der Macht repräsentiert in der Tat eine Kette, nämlich die genealogische Kette des Geschlechts, der sich die jeweilige Herrschaft verdankt. Die gesellschaftliche Identität des Kurfürsten wird also durch seine Zugehörigkeit zur herrschenden Familie, durch seinen Anschluß an deren genealogische Linie hergestellt. Kohlhaas ist mit dem Zettel im Besitz des Wissens um das Ende dieser genealogischen Kette: »dreierlei schreib ich dir auf«, hatte die Zigeunerin dem sächsischen Kurfürsten gesagt, »den Namen des letzten Regenten deines Hauses, die Jahrszahl, da er sein Reich verlieren, und den Namen dessen, der es, durch die Gewalt der Waffen, an sich reißen wird.« (II, 92). Der Leser soll nun gerade nicht wissen, was Klaus Müller-Salget in realistisch-historischer Auslegung der Kleistschen *Kohlhaas*-Fiktion ermittelt hat, daß nämlich »1. der eigene Name des Kurfürsten: Johann Friedrich; 2. das Jahr 1547; 3. der Name seines Vetters Moritz von Sachsen« auf dem Zettel stehen müßte.[20]

Warum kann das Wissen um das Ende der genealogischen Kette des Kurfürsten von Sachsen Kohlhaas eine derartige Macht verleihen? Die beiden Schlußsätze der Novelle spielen offensichtlich den Untergang der Familie des Kurfürsten gegen den Fortbestand und die Dauer der Familie des Kohlhaas aus: »Der Kurfürst von Sachsen kam bald darauf, zerrissen an Leib und Seele, nach Dresden zurück, wo man das Weitere in der Geschichte nachlesen muß. Vom Kohlhaas aber haben noch im vergangenen Jahrhundert, im Mecklenburgischen, einige frohe und rüstige Nachkommen gelebt.« (II, 103). Es geht Kleist offenkundig nicht um die mögliche Ewigkeit, sonst hätten auch zu seiner Zeit noch Kohlhaase fortleben müssen, sondern wohl nur um die Frage der Dauer in der »gebrechlichen Einrichtung« (II, 15) der Geschichte.

Wenn im letzten Satz auf die längere Dauer der Familie des Kohlhaas hingewiesen wird, dann mag die Vermutung gerechtfertigt sein, daß sie für die Person des Michael Kohlhaas eine ähnliche identitätsstiftende Funktion gehabt haben könne, wie das Herrschergeschlecht für den sächsischen Kurfürsten. Zumindest läßt Kleist Parallelen zwischen der bürgerlichen Familie und dem Adelsgeschlecht erkennen, wenn Kohlhaas seine verstorbene Frau wie eine »Fürstin« beerdigt, und wenn die beiden Söhne des Kohlhaas nach dessen Hinrichtung »zu Rittern« geschlagen werden (II, 103). Was mit der Hasenhetze am Anfang begann, endete mit dem Tod von Lisbeth, endete also mit der Verletzung und Auflösung der bürgerlichen Familie

---

[19]   Franz Kafka: Erzählungen und andere ausgewählte Prosa. Hrsg. von Roger Hermes. Frankfurt/M. 1996, S. 253.
[20]   Vgl. Kleist DKV, Bd. 3, S. 764.

des Kohlhaas, so daß er Haus und Hof verkaufte und seine Kinder »über die Grenze« schickte (II, 31), um sich an die Verfolgung der Adelssippschaft der Hinz und Kunz von Tronka zu machen. Der Destruktionsbewegung der Novelle vom Anfang korrespondiert am Ende gewissermaßen eine (dennoch in Kohlhaas' Tod endende) Konsolidierungsbewegung, die bei der Begegnung mit dem sächsischen Kurfürsten auf dem »großen Hirschjagen« eingeleitet wurde. Kohlhaas ist dort erneut vereint »mit seinen fünf Kindern, die man auf seine Bitte aus Findel- und Waisenhäusern wieder zusammengesucht hatte« (II, 79), denen er nun das verlorene mütterliche Prinzip ersetzen mußte, indem er ein »erkranktes Kind mit Semmel und Milch fütterte« (II, 81). Nach dem Willen des Textes soll die Mutter jedoch nur für das Aufpäppeln erkrankter Kinder verloren sein, zugleich soll sie – als Zigeunerin wiedergeboren – Kohlhaas mit dem Amulett die Macht zum Widerstand gegen die fürstliche Herrschaft verliehen haben.

Wem, wie dem realismusvernarrten Franz Mehring, diese Wiedergeburtsgeschichte die Haare zu Berge stehen läßt, der möge sich nur einmal die Struktur der Familie des Kohlhaas näher anschauen, um weitere dreiste Narreteien von Kleist zu entdecken. Die fünf Kinder des Kohlhaas entsprechen denen der Familie des Autors Heinrich von Kleist. Kohlhaas hat zwei Söhne, Heinrich und Leopold mit Namen (II, 67), so wie auch Kleists jüngerer Bruder Leopold hieß, und drei namentlich nicht genannte Töchter, so wie auch Heinrich von Kleist in Friederike, Auguste und Juliane drei Schwestern hatte. Die Halbschwestern Wilhelmine und Ulrike stammten aus der ersten Ehe von Kleists Vater. Die Familiengleichheit bewirkt mithin, daß Michael Kohlhaas der erschriebene Vater Heinrich von Kleists wird. Die oft betonte Nähe zwischen Kleist und seiner Kohlhaas-Figur, die sein Freund Friedrich Christoph Dahlmann wohl als erster hervorgehoben hatte (LS 317), hat hier ihre Wurzeln. In Michael Kohlhaas hat sich Kleist einen literarischen Vater erschrieben.

Die solchermaßen vom Autor nobilitierte Familie des Kohlhaas entwickelt im Text, ausgestattet mit der Macht um das Wissen auf dem Zettel und mit dem Beistand der als Zigeunerin wiedergeborenen Lisbeth, die Kraft einer Gegenspielerin zur Familie des Kurfürsten von Sachsen. Kohlhaas betont ausdrücklich, daß er das ihm übermittelte Wissen auf dem Zettel um seiner Nachkommen willen nicht preisgeben wolle, »daß die Kinder selbst, wenn sie groß wären, ihn, um seines Verfahrens loben würden, und daß er, für sie und ihre Enkel nichts Heilsameres tun könne, als den Zettel behalten.« (II, 98). Die wiedergeborene Elisabeth scheint dem wortlos mit einem Kuß beizupflichten: »›lebt wohl, Kinderchen, lebt wohl!‹«, rief sie abschiednehmend, »küßte das kleine Geschlecht nach der Reihe, und ging ab.« (ebda). Das »kleine Geschlecht nach der Reihe« stellt also die genealogische Kette des Kohlhaas dar, und von ihm sollen mit dem Schlußsatz noch »rüstige Nachkommen gelebt« haben, während der sächsische Kurfürst nicht in den Besitz des Zettels gelangt, der »dem ganzen Geschlecht seiner Nachkommen« so wichtig war (II, 98). Das »kleine Geschlecht« des Kohlhaas steht so dem »ganzen Geschlecht« des Kurfürsten gegenüber. Subjektiv gesehen ist Kohlhaas seine kleine bürgerliche Familie ebenso wichtig wie anderen das ganze Geschlecht, dem sie ihre Herrschaftsmacht und Identität verdanken. Durch das Fürstenbegräbnis seiner Frau bringt er diese subjektive Wertschätzung ja zum Ausdruck. Objektiv geht es in der Erzählung aber nicht darum, daß bürgerliche Familien nun an die Stelle von Adelssippschaften oder Herrscherdynastien treten. So etwas könnte zwar, wenn man so will, ein Ziel der Französischen Revolution gewesen sein, doch deren Resultaten stand Kleist eher skeptisch gegenüber, so daß auch die Zielsetzungen im *Michael Kohlhaas* abschließend in abgewandelter Richtung gesucht werden müssen.

## VI. Mythos, Macht und Masse

Kleist hat sich nicht gescheut, mit der als Zigeunerin wiedergeborenen Frau des Michael Kohlhaas ein märchenhaft-mythisches Element in den Text zu bringen, so wie er die Kohlhaas-Figur selbst durch den Namenswechsel von Hans zu Michael mit dem biblischen Mythos in Verbindung brachte. Warum dies riskante und so oft mißverstandene Manöver aus subversiv-ästhetischen Gründen doch erforderlich war, wird erst sichtbar, wenn diejenige Figur im Text mit in den Blick genommen wird, die gewissermaßen Sachverständigenfunktion in Fragen des christlichen Mythos hatte: Martin Luther. Man kann andere Figuren in der Erzählung wie die beiden Kurfürsten zwar in einer historisch-realistischen Lesart als geschichtliche Personen zu identifizieren versuchen, doch Kleist hat sie in seiner ironisch gebrochenen »alten Chronik«, wie der Untertitel lautet, ebenso fiktionalisiert behandelt wie den abgewandelten Michael Kohlhaas – nur Martin Luther tritt in historischem Gewand in der Erzählung auf.

Als entscheidendes Argument im Gespräch mit Luther führt Kohlhaas den Tod seiner Frau an, von der er zu diesem Zeitpunkt noch nicht wußte, daß sein mächtiger Autor Kleist sie hat auferstehen lassen: »hochwürdiger Herr! es hat mich meine Frau gekostet; Kohlhaas will der Welt zeigen, daß sie in keinem ungerechten Handel umgekommen ist.« (II, 47). Luther will die Argumente nicht gelten lassen, und so provoziert er mit seiner Frage, ob Kohlhaas den ganzen Rachefeldzug nicht hätte unterlassen sollen, dessen vielleicht wichtigste Antwort im Gefüge dieser Novelle: »Kohlhaas antwortete: kann sein! indem er ans Fenster trat: kann sein, auch nicht!« (ebda). Am Ende des Gesprächs verweigert Luther dann die erbetene Absolution: »Der Herr aber, dessen Leib du begehrst, vergab seinem Feind.« (II, 48), was Kohlhaas nicht kann, so daß ihm der begehrte Leib des Herrn nicht zuteil wird. Den hatte in säkularisierter Variante auch seine Frau Lisbeth am brandenburgischen Hof nicht erreichen können, weil dort eine Leibwache des Kurfürsten tätig wurde.

Kleists subversives Erzählen stellt also untergründige Beziehungen her, die einer realistischen Lektüre zwangsläufig verborgen bleiben müssen. Selbst die unverkennbare Ironie, mit der Kleist die Chronistenpflicht heraufbeschwört, um vorgeblich die absurdesten Unwahrscheinlichkeiten in der Geschichte der Zigeunerin zu entschuldigen (»wie denn die Wahrscheinlichkeit nicht immer auf Seiten der Wahrheit ist«, vgl. II, 96), kann den Blick noch nicht in die tieferen Zonen des subversiven Erzählens lenken. Dazu ist es erforderlich, sich vom fesselnden Gang des Erzählten zu lösen und das gesamte ästhetische Konstrukt zu reflektieren.

Luther gebraucht weder in seinem »Plakat« noch in seinem Gespräch mit Kohlhaas wörtlich seinen bekannten Bibelspruch: »Gebt dem Kaiser, was des Kaisers ist«, seine gesamte Argumentation läuft aber auf die Rechtfertigung der installierten Machtverhältnisse als »von Gott gegeben« hinaus, denen sich die Bürger als Untertanen zu fügen hätten. Die kurfürstliche Macht, die sich der genealogischen Kette einer Dynastie verdankte, erhält durch Luther also ihre »offizielle« Legitimation als gottgegeben aus dem christlichen Mythos, wenngleich nicht erst aus dem Zettel der Zigeunerin bekannt war, daß solche Macht »durch die Gewalt der Waffen« (II, 92) erreicht wird. Kohlhaas setzt dem die »ihm angeborene Macht« (II, 31) entgegen, die er als »Statthalter Michaels, des Erzengels« (II, 41) ausüben will. Die wichtigste mythische Legitimierung erhält Kohlhaas dann im letzten Viertel der Erzählung durch den Autor Kleist, der seinem Kampf gegen den sächsischen Kurfürsten die Zigeunerin mit dem Amulett zur Seite stellte. Die Zigeunerin soll Kohlhaas die Kapsel, wie er sagt, »genau am Tage nach dem Begräbnis meiner Frau« (II, 82) in Jüterbock übergeben haben. Dieses ›Amts- und Machtzeichen‹ soll demzufolge den gesamten Kampf des Kohlhaas fortlaufend begleitet haben, was der Leser aber erst nach dem novellistischen Wendepunkt der Verurteilung in Dresden erfährt und rückwirkend rekonstruieren muß. Die große Differenz zwischen Erzählzeit und erzählter Zeit kann auch zu einer Unstimmigkeit im Text geführt haben, denn Kohlhaas hatte nach dem Begräbnis erst noch »drei Tage« in Kohlhaasenbrück warten müssen (II, 31), es kann aber auch sein, daß Kleist mit einer gezielten Unstimmigkeit auf die besondere Bedeutung des Amuletts aufmerksam machen wollte.

Die Zigeunerin ist in Kleists Erzählung also nichts weniger als die Gegenspielerin zu Martin Luther. Mit der Wiedergeburt der verstorbenen Ehefrau in der volksmythologischen Variante einer weissagenden Zigeunerin hat Kleist der Familie des Kohlhaas das mythische Attribut beigegeben, das erforderlich ist, um einer Herrscherfamilie Paroli bieten zu können, deren gottgegebene Macht einen Luther zum Schirmherrn hat.

Martin Luther ist bekanntlich auch ein deutscher Revolutionär gewesen, der – wie es gesehen werden konnte – dem finsteren katholischen Mystizismus des Mittelalters entgegentrat. Aber Kleist hatte an der Geschichte der Französischen Revolution längst die Gegen- und Rückbewegungen studieren können, und so erscheint sein Luther im *Michael Kohlhaas* als Parteigänger und Verteidiger der etablierten Machtstrukturen, soviel Unrecht auch ausgeübt werden mochte. Den Argumenten des Luther kann Kohlhaas nur sein Diktum »kann sein, kann sein auch nicht« entgegenhalten, doch die ganze Schärfe der Kleistschen Luther-Kritik wird innerhalb der subversiv-ästhetischen Logik der Novelle erst sichtbar, wenn man die Zigeunerin als volksmythologische Gegenspielerin ernst nimmt. Auf Volksszenen, auf einem Jahrmarkt in Jüterbock, wo Kohlhaas »hinter allem Volk, am Eingang einer Kirche« (II, 82) stand, verlieh sie ihm das Zeichen seiner Macht. Und später fragte er, warum sie gerade ihn »unter so vielen tausend Menschen« ausgewählt habe (II, 98). Man sollte sich zweifellos hüten, hier irgendwelche Demokratiegedanken anschließen zu wollen. Kohlhaas gewinnt im Laufe der Erzählung an Popularität, die bei den Dresdner Unruhen im Mittelteil der Novelle zu einer »höchst gefährlichen Stimmung im Lande« führten (II, 63). Wenn der zweideutige Erzähler sich auch immer wieder um Distanz zur Kohlhaas-Figur bemüht, läßt der Autor Kleist doch größere Unterstützung und Sympathie erkennen, indem Kohlhaas, der Städtenamen gibt oder empfängt, Popularität erhält und am deutschen Michel teilhaben darf. Obendrein erhält er von Kleist noch volksmythologischen Beistand, der gerade deswegen nicht zu irgendwelchen politischen Spekulationen geeignet ist. Die Erhaltung des Rechtsstaats ist allerdings ebenfalls ein demokratisches Gut, das in der deutschen Geschichte oft und lange nicht recht ernst genommen wurde.

## VII. Ungewißheitsuniversalisierung

Zu beantworten bleibt die Frage, worauf der Zweikampf zwischen Kohlhaas und dem sächsischen Kurfürsten, der in dem Antagonismus beider Familien fundiert ist, hinauslaufen soll. Die Familien wirken prägend auf die Identität der Subjekte ein, durch sie wird zumindest die soziale Identität wesentlich bestimmt, die, wie sich bisher mehrfach zeigte, den Vorrang vor der leiblich-natürlichen Identität hat. Werden die Familien verletzt, ist die soziale Identität einer Person zumindest gefährdet, was Michael Kohlhaas dazu antreibt, das, was ihm widerfahren ist, auch denen anzutun, die direkt oder indirekt für die Verletzungen seiner Familie und seiner Person verantwortlich sind.

Dann hätte er sich zuletzt aber an den Kurfürsten von Brandenburg halten müssen, möchte man einwenden, denn an dessen Hof wurde Lisbeth tödlich verletzt. Kohlhaas kann das aber nicht, weil die wiedergeborene Elisabeth ihm keine Macht über das Haus Brandenburg verliehen hat, sondern über den Kurfürsten von Sachsen. Wer nun fragen will, warum sie das getan hat, ist mit seiner Erklärungsweishe bald am Ende, weil sich die psychologische Motivation von Wiedergeborenen schwerlich ergründen läßt. Eine politische Erklärung, wie sie Franz Mehring versuchte, greift auch zu kurz, es bleibt also eine ästhetische Frage zu klären, warum es Kleist für nötig hielt, uns die Geschichte des Prozesses gegen Kohlhaas verdoppelt zu erzählen. Verdopplungen bedeuten im ästhetischen Bereich die Aufhebung der individuellen Einmaligkeit, an deren Stelle die Beliebigkeit der Vervielfältigung tritt. Hier ist demzufolge die ästhetische Begründung für das Zufallsprinzip in der Kunst zu suchen.

Genau mit diesem Problem der Beliebigkeit und Zufälligkeit in der modernen Welt sieht sich Kohlhaas konfrontiert. »So standen die Sachen für den armen Kohlhaas in Dresden, als der Kurfürst von Brandenburg zu seiner Rettung aus den Händen der Übermacht und Willkür auftrat [...]« (II, 77), heißt es am Wendepunkt der Novelle, mit dem die Prozeßverdopplung eingeleitet wird. Natürlich mag ein Leser geneigt sein, der Suggestion des Erzählers vom bösen sächsischen und guten brandenburgischen Kurfürsten zu folgen. Bei genauerem Lesen merkt man jedoch, daß in Sachsen ein Verwandter der Tronkas, Graf Kallheim, ernannt wurde (ebda), während in Brandenburg gleichzeitig ein anderer Verwandter aus dieser Sippschaft, Graf Siegfried von Kallheim, abgesetzt wurde (ebda). Hier geht es nicht um gut oder böse, sondern um das Prinzip der Beliebigkeit: man kann Glück haben, und an einen ›gerechten‹ Kallheim oder Kurfürsten geraten, man kann aber auch Pech haben und einem korrupten oder ungerechten ausgeliefert werden. Dieses Prinzip repräsentierten auch die beiden Richter im *Zerbrochnen Krug*.[21] Das Beliebigkeitsprinzip, das in solcher staatsübergreifenden Vetternwirtschaft waltet, hat Klaus Müller-Salget im Kommentar der Klassiker-Ausgabe als »hochironisch« analysiert, und auf die Zufälle aufmerksam gemacht, die »die scheinbar so glatte Lösung des Schlusses« durchsetzen und »ironisch gebrochen erschienen lassen.«[22]

Mit diesem Beliebigkeitsprinzip der Moderne sieht sich Michael Kohlhaas konfrontiert, während die Herrschenden ihre Selbstbestimmtheit durch Gewalt und lutherische Legitimation aufrechtzuerhalten hoffen. Dagegen wird nach meiner Auffassung *nicht* »Kohlhaasens Kampf um Selbstbestimmung« gesetzt,[23] weil sich nach Kleists Geschichtsauffassung eine historische Rückwärtsbewegung nicht durchführen läßt, er will vielmehr umgekehrt den Kurfürsten von Sachsen, und damit stellvertretend einen der Herrschenden, unter dasselbe Gesetz der Beliebigkeit zwingen, dem auch er ausgesetzt ist. Kohlhaas wird nicht »wieder zum selbst-

---

[21]  Vgl. oben in diesem Band, S. 50 f.
[22]  Vgl. Kleist DKV, Bd. 3, S. 721.
[23]  Ebda, S. 736.

bestimmten Subjekt«,[24] er will lediglich erreichen, daß der Kurfürst ebenfalls der Beliebigkeit zwischen Selbst- und Fremdbestimmung unterworfen wird.

Die Gewißheit um die Fortdauer der genealogischen Kette seiner Herrschaftsdynastie gab dem Kurfürsten eine soziale Identität in Selbstbestimmtheit. Kohlhaas ist mit dem Zettel im Besitz des Wissens um das Ende dieser Familienherrschaft. Und indem er den Zettel unmittelbar vor der Hinrichtung aufißt, nimmt er die Signifikanten des Wissens in seinen Leib auf, der als nichtssagendes Zeichen enthauptet zurückbleibt, und den Kurfürsten in die Ungewißheit entläßt.

Der paradox strukturierte revolutionäre Kampf des Michael Kohlhaas ist am Ende darauf gerichtet, die Ungewißheit, in der das Grauen der Moderne gipfelt, universal werden zu lassen. Er will die Herrschenden unter dieselben Gesetze zwingen, unter denen er als Bürger zu leiden hatte. Ungewißheitsuniversalisierung ist das Ziel des Michael Kohlhaas, der den Zettel »nicht um die Welt, Mütterchen, nicht um die Welt!« hergeben will (II, 98), und dessen erzwungener Scherz »Kohlhaasenbrück sei ja nicht die Welt« (II, 25) am Ende doch recht ernsthaft klingt.

---

[24]   Ebda, S. 721.

# Die Zeichen der Marquise:
## Das Schweigen, die Sprache und die Schriften
### Drei Annäherungsversuche an eine komplexe Textstruktur

### Erster Annäherungsversuch: Namen, Titel, Zeichen

Kleist, der Schriftsteller, begegnet uns, seinen Lesern, mit Schriftzeichen. Meist stellt er sie zu Worten zusammen, gelegentlich, so schon im Titel der Erzählung *Die Marquise von O...*, stehen sie für sich. Die drei Punkte hinter dem O – in zeitgenössischen Drucken werden dafür oft Asterisken gebraucht – verweisen auf andere, verschwiegene Schriftzeichen. Kleist nennt uns die Buchstaben nicht. Warum? Warum darf der Name nicht genannt werden, warum erscheint die Marquise bloß im Zeichen des O? Über diese Frage ist ein wenig ergiebiger Disput der Forschungsgeschichte geführt worden,[1] und ebenso sind schon die ersten Reaktionen auf den Erstdruck der Erzählung im Februarheft des *Phöbus* 1808 davon bewegt. Varnhagen von Ense war verärgert: »Der große Cervantes würde nimmer sagen: in dem ***Kriege, ein Oberst der ***Truppen, bei der Bestürmung von M***, die Marquise von O***. O über den ekelhaften Kerl, der als Dichter ordentlich an sich halten will und beileibe nicht die ganze Welt enthüllen mag, in der seine Gestalten leben!« (LS 260). Womöglich hat Kleist als Dichter gerade deshalb an sich gehalten, um im Nicht-Nennen etwas über die Welt zu enthüllen, in der seine Gestalten leben? Denn es ist ja nicht nur der Autor, der uns, seinen Lesern, etwas verhüllt, auch seine Gestalten hüllen sich in Schweigen: das Nicht-Nennen, das Nicht-Aussprechen ist offenbar ein thematisch bedeutendes Problem der Erzählung selbst. Die Beschränkung auf das Zeichen des O hat also einen immanenten Grund in der Erzählung selbst, und kann nicht bloß äußerlich entstehungs- und wirkungsästhetisch begründet werden. Gewiß schließt Kleist mit seinen Namenskürzeln an eine lange Erzähl- und Romantradition des 18. Jahrhunderts an, wie de Leeuwe betont,[2] angefangen von Richardson und Gellert, bis hin zu Goethe und Schiller (vor allem im *Geisterseher*), gewiß übernimmt er das Stilmittel »aus den moralischen Erzählungen, Prozeßberichten und Kriminalgeschichten seiner Zeit«, um den Eindruck einer »Schlüsselerzählung« zu fingieren,[3] der angeblich »eine wahre Begebenheit« zugrunde liege, »deren Schauplatz vom Norden nach dem Süden verlegt worden«

---

[1]  Vgl. Steven R. Huff: Kleist and Expectant Virgins: The Meaning of the »O« in *Die Marquise von O...* In: JEGP 81, 1982, S. 367-375; mit der These, das »O« verweise über eine iberische Marienfigur im schwangeren Zustand (»Madonna« oder »Maria de la O«) auf die Gottesmutter; sowie die Zurückweisung von H.H.J. de Leeuwe: Warum heißt Kleists *Marquise von O...* von O...? In: Neophilologus 68, 1984, S. 478-79.

[2]  de Leeuwe, wie Anm. 1.

[3]  Moering 1972, S. 237 f.

sei.[4] Aber all dies sind nur äußerliche taktische Gründe, genau wie die »Taktgründe«, die de Leeuwe bei Kleist vermutet, »indem er rein Privates zur Schau stellt, den Leser durchs Schlüsselloch gucken läßt, aber dabei wie ein anständiger Journalist sich distanziert und seine Gestalten so vor Zudringlichkeiten schützt.«[5] Nein, Kleist läßt seine Gestalten (die Frau von G...) und Leser ja nicht nur durchs Schlüsselloch gucken, um sich anständig zu distanzieren, im Gegenteil, er scheint obendrein geradezu ein höchst unanständiger Schriftsteller zu sein, indem er das Zeichen des O für sich stehen läßt, und so den frivolsten Assoziationen Tür und Tor öffnet. Mindestens scheint er solche in Frankreich ausgelöst zu haben, wie Pierre Bertaux mutmaßte, der den großen Erfolg des *Marquise von O...*-Films von Eric Rohmer auch auf eine Verwechslung mit der *Histoire d'O* beim Publikum zurückführte.[6] Den Buchstaben »O« im Titel dieses pornographischen Romans von »Pauline Reage« (d.i. Anne Leclos) hat Susan Sontag in ihrer Studie *The Pornographic Imagination* folgendermaßen begriffen: »O's quest is neatly summed up in the expressive letter, which serves her for a name. ›O‹ sugguests a cartoon of her sex, not her individual sex, but simply woman; it also stands for a nothing. But what *Story of O* unfolds is a spiritual paradox, that of the full word and the vacuity that is also a plenum.«[7] Das ›O‹ changiert so zwischen Besagen und Nichtssagen, es besagt etwas und besagt zugleich nichts. Weder kann es vollständig in eine Bedeutung aufgelöst werden, etwa gar einen nördlichen oder südlichen Familiennamen (dem ist bisher glücklich auch kein noch so neugieriger Germanist aufgesessen), noch kann man so tun, als wolle Kleist alles verheimlichen, denn er offenbart zugleich Unerhörtes. So steckt im Sagen und Nichtssagen des Schriftzeichens ›O‹ schon das zentrale Problem der gesamten Erzählung von Kleist: wie kann ich meinen Lesern eine Geschichte erzählen, die die beteiligten Gestalten in der Geschichte einander nicht erzählen können und dürfen? Sie dürfen es nicht aus Gründen, die man beim Autor vermutete: aus Taktgründen, und sie können es nicht, weil ihnen die Sprache dazu fehlt. Was für eine Sprache muß also der Schriftsteller Kleist finden, wenn er eine derartige Geschichte erzählen will? Offenbar die Sprache der skandalösen Zeichen.[8]

---

[4]    Dieser Zusatz findet sich nur im Inhaltsverzeichnis des zweiten *Phöbus*-Heftes (Februar 1808; dort S. 48), nicht beim Text des Erstdrucks oder dann in der *Erzählungen* (1810). Als Untertitel ist der Zusatz in den Textabdruck von Helmut Sembdner eingefügt worden.

[5]    de Leeuwe, wie in Anm. 1, S. 478.

[6]    Pierre Bertaux: Die Kleist-Rezeption in Frankreich. In: Die Gegenwärtigkeit Kleists. Reden zum Gedenkjahr 1977 von Helmut Arntzen (u.a.). Berlin 1980, S. 30-42.

[7]    Susan Sontag: Stiles of Radical Will. New York 1969, S. 55 f. Den Hinweis auf diese Passage verdanke ich der schönen Freiburger MA-Abschlußarbeit von Hedwig Appelt: Der Weg der Seele des Tänzers. Einsichten in die Prosa Heinrich von Kleists (1982), (dort: S. 37).

[8]    Das Skandalon der Kleistschen Zeichensetzung ist in einer Anthologie erotischer Texte durch einen fingierten Brief, der vorgeblich von Gottfried Benn stammen soll, hervorgekehrt worden. Zu dem Abdruck

Die *Marquise von O...* war ein Skandalon, sie war es von Anbeginn, seit dem Erstdruck im zweiten *Phöbus*-Heft, und ist es geblieben – mindestens bis in die jüngste Vergangenheit.[9] Die Empörung nach dem ersten Erscheinen ist bekannt: »Nur die Fabel derselben [Geschichte] angeben, heißt schon, sie aus den gesitteten Zirkeln zu verbannen« (LS 235a), schrieb der Kritiker des *Freimüthigen*, und in der Dresdner Damenwelt war zu hören: »Seine Geschichte der Marquisin von O. kann kein Frauenzimmer ohne Erröten lesen.« (LS 261). An die Wiedergabe des zentralen Skandalons der Erzählung, die Beschreibung der inzestuösen Versöhnung von Vater und Tochter schloß der Kritiker des *Freimüthigen* die Frage an: »Darf so etwas in einer Zeitschrift vorkommen, die sich Goethes besondern Schutzes, ankündigungsgemäß, zu erfreuen hat ...?« (LS 235a). Goethe hat den Herausgebern dann »einen Verweis gegeben, daß sie seinen Namen verwenden.« (LS 239c).

Kleist reagierte seinerseits im April/Mai-Heft des *Phöbus* mit sechs bissigen, wunschgemäß eher schon »giftigen« Epigrammen (Nr. 19 bis 24 der ersten Epigrammreihe; I, 22),[10] von denen meist nur das erste (Nr. 19) wahrgenommen wird, das den Titel *Die Marquise von O...* trägt:

> DIESER Roman ist nicht für dich, meine Tochter. In Ohnmacht!
> Schamlose Posse! Sie hielt, weiß ich, die Augen bloß zu.

Erheblich schärfer ging er mit der doppelbödigen Moralität seines weiblichen Lesepublikums in den folgenden Epigrammen ins Gericht. Wenn sich eine »Sensitiva« schon durch seine Texte verletzt fühle, dann, bitte sehr, möge sein »Lied« doch gleich zu dem werden, was die »Sensitiva« daraus mache: »Pest und Gift«:

> *An*\*\*\*
> WENN ich die Brust dir je, o Sensitiva, verletze,
> Nimmermehr dichten will ich: Pest sei und Gift dann mein Lied.

Offenbar liegen solchen Attacken einschlägige Erfahrungen aus der Dresdner Zeit zugrunde, womöglich war Kleist in moralhüterischen Zirkeln der gehobenen Dresdner Damenwelt wegen seiner Frauengestalten in Verruf geraten, denn ähnlich äußerte er sich über seine *Penthesilea*: »Wenn man es recht untersucht, so sind

---

jener Textpassage mit dem vielgerühmten, gewiß einzigartigen Gedankenstrich setzte der Herausgeber Hermann Kinder folgende ›Erläuterung‹: »vgl. hierzu den in den Fellbacher Beiträgen 12/1981 mitgeteilten Brief Gottfried Benns an Susanne Fricker: ›Erinnern Sie sich Kleists ›Marquise von O...‹ (der mit den vier Punkten, und ein O mußte es auch sein), als der russische Offizier nach heftigem Haubitzenspiel, zerplatzter Granate und nach den Scharfschützen mit übergehängten Gewehren und nach einem ins Gesicht gestoßenen Degengriff der Marquise den Arm bot – und dann war sie schwanger. Dieser Gedankenstrich des preußischen de Sade dürfte die gewaltigste der deutschen Literaturgeschichte sein.« (Die klassische Sau. Handbuch der literarischen Hocherotik. Hrsg. von Hermann Kinder. Zürich 1986, S. 262). Ein solcher Brief Gottfried Benns existiert freilich nicht, es handelt sich um eine scherzhafte Erfindung Hermann Kinders.

[9]   Vgl. Gerhard Neumann: Skandalon. In: Neumann 1994, S. 149 ff.

[10]   Sembdner hat beim Abdruck der Epigramme die Numerierung des *Phöbus*-Drucks fortgelassen, es handelt sich bei Nr. 19 bis 24 um die letzten sechs Epigramme auf S. 22.

zuletzt die Frauen an dem ganzen Verfall unsrer Bühne schuld, und sie sollten entweder gar nicht ins Schauspiel gehen, oder es müßten eigne Bühnen für sie, abgesondert von den Männern, errichtet werden. Ihre Anforderungen an Sittlichkeit und Moral vernichten das ganze Wesen des Drama, und niemals hätte sich das Wesen des griechischen Theaters entwickelt, wenn sie nicht ganz davon ausgeschlossen gewesen wären.« (II, 796).

Die heimliche Lust, hinter den Schriftzeichen etwas Anzügliches entdecken zu wollen, was dort nicht ist (wie das Augenzuhalten statt der Ohnmacht), um zugleich im Brustton moralischer Empörung öffentlich zu lamentieren, dies Wechselspiel von heimlicher Lust und öffentlicher Empörung hat Kleist auch im Epigrammpaar *Die Susannen* und *Vergebliche Delikatesse* der ersten *Phöbus*-Reihe parodistisch konterkariert. Die keuschen Susannen, die den delikaten Zeichen nachspüren, suchen vergebens, finden sie doch nur sich selbst: die hebräischen Zeichen des ersten Epigramms stehen für den Namen Susanna (vgl. I, 22).

Dem verspottenden Spiel ist ein ausgeprägtes Bewußtsein von der Materialität wie der Zeichenhaftigkeit von Schriftzeichen, von ihrem Sagen wie ihrem Nichtssagen, eingeschrieben. So wird es gut sein, die von den überzeugenden neueren Werkinterpretationen so erfolgreich praktizierte Maxime, den Text der *Marquise von O...* wörtlich zu lesen (namentlich von Heinz Politzer und Eric Rohmer),[11] zu erweitern in die Maxime, den Text nicht bloß wörtlich, sondern buchstäblich zu nehmen, und überdies neben Buchstaben gelegentlich andere Schriftzeichen zu beachten: hebräische, Asterisken, Gedankenstriche und womit sonst Kleist uns kommen mag. Kehren wir, so gewappnet, noch einmal zu den Worten, Buchstaben und Zeichen der Namen zurück.

Um das Nicht-Nennen der Namen treibt Kleists Erzählung nicht unerheblichen Aufwand. Von keiner Figur erfahren wir den vollständigen Namen. Nur zwei Personen werden mit dem Vornamen genannt, die Marquise (»Julietta«) und ihr Vater (»Lorenzo«) – auf den Jäger »Leopardo« gehe ich später ein. Niemals jedoch gebraucht der Erzähler die Vornamen Julietta oder Lorenzo, stets werden sie in indirekter oder direkter Rede von anderen Erzählfiguren ausgesprochen: »Lorenzo« sagt die Mutter zu ihrem Mann (zweimal: II, 118 u. 132), mit »Julietta« wird die Marquise vom Grafen F. (dreimal: II, 108, 119, 129) und von ihrer Mutter (fünfmal: II, 122, 124, 137, 140, 141) angeredet. Den Erzähler läßt Kleist also auch hier schweigen, und seltsam mutet es an, wenn in Sekundärschriften wie selbstverständlich der Name »Julietta« für die Marquise gebraucht wird,[12] denn außerhalb

---

[11]   Vgl. Politzer 1977, S. 98-128 u. Eric Rohmer in Berthel 1979.

[12]   Vgl. etwa Herta-Elisabeth Renk: Heinrich von Kleist: *Die Marquise von O...* In: Deutsche Novellen von Goethe bis Walser. Interpretationen für den Deutschunterricht. Bd. 1. Königstein 1980, S. 31-52; bes. die

des Sprachnetzes der Erzählfiguren untereinander sind die sonst ungenannten Vornamen deplaciert. Um den Vornamen der Marquise hat Kleist zudem ein schönes einleitendes Versteckspiel inszeniert, indem sie den Ausruf des Grafen »Julietta! Diese Kugel rächt dich!« nicht auf sich, sondern auf eine »Namensschwester« (II, 108) bezieht, und der Leser dann daraus rückschließen muß, daß auch ihr Name Julietta sei. Woher der Graf freilich ihren Namen kannte, bleibt genauso rätselhaft, wie die überraschende Mitteilung: »Sie [die Marquise] wußte schon, daß er der Graf F..., Obristlieutenant vom t...n Jägerkorps, und Ritter eines Verdienst- und mehrerer anderen Orden war.« (II, 106 f.).

Wie der Erzähler können sich die Erzählfiguren weigern, Namen zu nennen. Als der Vater der Marquise dem kommandierenden russischen General von dem »frevelhaften Anschlag« auf seine Tochter berichtete, rief dieser »den Grafen F... beim Namen vor« (hier schweigt der Erzähler gewissermaßen doppelt hartnäckig), »und befahl ihm zu sagen, wer sie [die Täter] seien? Der Graf F... antwortete, in einer verwirrten Rede, daß er nicht im Stande sei, ihre Namen anzugeben [...]« (II, 107). Der Graf weigert sich, mit dem Namen die Identität derjenigen preiszugeben, die die Marquise vergewaltigen wollten, und an deren Stelle er sie vergewaltigte. Ein anderer nennt sie dann, und sie werden, da macht der General kurzen Prozeß, statt seiner hingerichtet. Die doppelbödige Ironie der Geschichte will es, daß sie gerade deshalb verurteilt werden, weil sie stellvertretend gehandelt, weil sie etwas »im Namen« eines anderen gemacht (oder versucht) haben: vor der oben zitierten Aufforderung, die Namen der Täter zu nennen, erklärt der russische General, »daß er die Schandkerle, die den Namen des Kaisers brandmarkten, niederschießen lassen wolle.« (II, 107). In dieser kurzen Textpassage wird also eine Brücke geschlagen vom Namen des Grafen über den Namen des Kaisers, der eigentlich der des Zaren sein müßte, zu den Namen der russischen Soldaten, wobei das Stellvertretungsverhältnis vom Grafen F. zu den Soldaten noch pointiert wird durch den dazwischengeschalteten Namen des Kaisers, in dessen Befehl und Auftrag Offizier wie Soldaten handeln. Wenn der Name die Identität einer Person verbürgt, und das Handeln eines Menschen wiederum aus der Identität seiner Person erfolgt (was mindestens in juristischen Belangen definitorisch gesetzt ist), dann ist genau dieses Verhältnis von Handeln und Identität in Kleists Erzählung dubios, zweideutig. Wer handelt dort eigentlich, wenn einer an der Stelle von anderen etwas macht, die dann gleichwohl den Kopf dafür hinhalten müssen, weil alle in herrschaftlichem Namen handeln? Die fehlenden oder verkürzten Namen in der *Marquise von O...* als Indiz für mangelnde Identitätsausprägung sprechen also weniger für ein Schweigen aus »Anständigkeit«, zu dem der Erzähler durch moralisch verwerfliche Handlungen

---

Titelfragen in Abschnitt 3: »Wieso kann sich Julietta ...«, »Wieso will Julietta ...«, »Wieso läßt Julietta ...«, S. 46 f.

genötigt wird, sondern dafür, daß der Zusammenhang von Handeln, aktivem wie passivem, und Identität keine Eindeutigkeit gewinnt, zweideutig bleibt. Und zweideutig gerade, insoweit er sich in der grundsätzlichen Mehrdeutigkeit sprachlicher Artikulation, seis auch im Un- oder Halbausgesprochenen, manifestiert. Dies betrifft sowohl, im aktiven Handeln, den Grafen F. wie auch, im passiven Erleiden, die Marquise von O.

Das Verschweigen oder Verkürzen von Namen verweist, so der erste – negative – Interpretationsbefund, auf einen Mangel an Identitätsausprägung. Doch sprechen die Rudimente von Namen nicht auch eine positive Sprache? Wenn der Erzähler sich schon so dezidiert zurückhält, sollten wir uns wohl um so mehr an das Wenige halten, das er uns nennt. Müssen die Figuren wenn nicht ihren Namen, so immerhin ihren Namensrudimenten und -fragmenten gehorchen, wie es in der sprachlichen Setzung literarischer Texte so oft geschieht? Kleist kennt und gebraucht dieses Verfahren mehrfach (bei den Schroffensteinern z.B., Licht, Walter, Wetterstrahl u.a.), er greift auch häufig zu den beziehungsreichen Anspielungen von Vornamen, man denke nur an die Agnes der *Familie Schroffenstein*, die Katharina des *Käthchen von Heilbronn*, Adam und Eve aus dem *Zerbrochnen Krug*, den Schutzengel Michael, der an die Stelle des historischen Hans Kohlhase getreten ist, oder das Spiel zwischen Nicolo und Colino im *Findling*. Ähnlich vielsagend scheinen die beiden genannten Vornamen der Marquise und ihres Vaters, Julietta und Lorenzo, hier nicht zu sein. Gewiß werden die beiden dadurch hervorgehoben zu einem »Pärchen«, aber es scheint überzogen, sie über die Silben- und Vokalanalogie von Lorenzo zu Romeo gleich noch zu einem Romeo- und Julia-Pärchen werden zu lassen.[13] Der Name Julietta erinnert, wenn überhaupt, doch eher an Rousseaus Julie aus der *Nouvelle Heloise*, die ja bekanntlich die Vorlage für die inzestuöse Versöhnungsszene zwischen Vater und Tochter gestellt hat.

Wenn beim zweiten »Pärchen«, der Marquise und dem Grafen, wohl ihr Vorname genannt wird, er aber vornamenlos bleibt, so findet sich dazu ein vergleichbarer Vorgang in der *Penthesilea*, der aufschlußreich sein kann. In einer längeren Passage des 15. Auftritts (I, 384 f.) wird ausdrücklich die Bedeutung des Namens Penthesilea für Achill herausgestellt (»Mein Schwan singt noch im Tod: Penthesilea«, I, 385), doch umgekehrt spricht Penthesilea niemals im gesamten Stück Achill mit seinem eigenen Namen an, sondern gebraucht stets die Geschlechtsbezeichnungen: Neridensohn, Göttersohn, Sohn des Peleus, Pelide oder Peleide. Während Achill also Penthesilea namentlich als individuelle Person identifiziert und anspricht, erfaßt sie ihrerseits sprachlich nicht das Individuum, sondern nur das Gattungswesen. Ebenso vermag der Graf nach dem Willen des Textes für die Marquise keine

---

[13]  Lilian Hoverland: Heinrich von Kleist und das Prinzip der Gestaltung. Königstein/Ts. 1978, S. 149.

individuelle Identität zu gewinnen, er bleibt reduziert auf die Initiale seines Familien- oder Geschlechtsnamens.[14]

Daß die Figuren dem Initialzeichen ihres Geschlechtsnamens gehorchen können, zeigte das O der Marquise im wörtlichen und buchstäblichen Sinn. Auch die Parallele zur iberischen »Madonna de la O«, von der Kleist kaum Kenntnis gehabt haben dürfte, rührt aus einer Korrespondenz von Schrift und Körper, zwischen der Buchstaben- und der Leibesform der schwangeren Maria. Die Initiale F. vom Nachnamen des Grafen mag vor allem als Abkürzung für das lateinische »fecit« (»hat es gemacht«) ironisch auf den anspielen, der es gemacht hat. Im Zentrum des Initialenspiels steht die Marquise, weil sie einen Namens- bzw. Initialenwechsel durchläuft. Sie war einstmals das Fräulein von G., wurde dann zur nunmehr verwitweten Marquise von O. und wird am Ende der Erzählung zur Gräfin F.[15] Der Titel hebt ihren derzeitigen Zustand während der erzählten Zeit heraus, der sie im vieldeutigen Zeichen des Nichts, des leeren Raums erscheinen läßt. Mit Bedacht will sie diesen Zustand nicht verändern: »ich mag mein Glück nicht, und nicht so unüberlegt, auf ein zweites Spiel setzen.« (II, 117). Ein anderes Werk der Weltliteratur hebt – unausgesprochen – in seinem Titel das Gewicht von Namenswechseln bei einer Eheschließung hervor: Fontanes *Effi Briest*. Ihr wird die Ehe als Effi von Innstetten zum Verhängnis, doch wird an keiner Stelle des Romans von ihr in diesem Namen gesprochen, um zu indizieren, was Fontane am Schluß auf ihrem Grabstein festhalten läßt, daß ihr eigentliches Geschick in der Herkunft als »Effi Briest« begraben ist. Ein derartiger Namenswechsel zeigt ja weit mehr an als bloß einen Identitätswechsel, weil grundsätzlich der Subjektstatus einer Person nicht prästabiliert gegeben ist, solange ein möglicher Wechsel latent im Raum steht. Wenn man bedenkt, daß gesagt worden ist – von einem Mann, wie sich versteht, »der Eigenname eines Menschen« sei wie »die Haut, ihm über und über angewachsen, an der man nicht schaben und schinden darf, ohne ihn selbst zu verletzen«,[16] dann kann man ermessen, welche Häutungsleistung einer Frau wie der Marquise von O... abgefordert wird. Die Verletzungen erstrecken sich bei Kleist nicht auf die ganze buchstäbliche Namenshaut, sondern bleiben auf die Initialen begrenzt, doch mag der bloße Buchstabenanschluß an den Namen des Vaters und den Namen der Familie schon folgenreich sein.

---

[14] Zu den sprachlichen Dimensionen dieses Vorgangs vgl. unten den Beitrag »Die Sprachen der *Penthesilea*«, S. 136 f.

[15] Übergangs- und kommentarlos vollzieht der Erzähler den Wechsel von der »Marquise«, die »die Ringe wechselte«, zur »Gräfin«, als welche sie »aus der Kirche heraus« trat (II, 142). Was die Namen-Initialen anlangt, wird neben der Familie G., der Marquise von O. und dem Grafen F. ein Onkel des Grafen, General K. (II, 112), erwähnt. Im übrigen mag zu fürchten sein, daß allzu eindringliche Nachforschungen nach dem möglichen Sinn des Initialenspiels mit den Buchstaben F-O-G im Nebel enden.

[16] Goethe HA, Bd. 9, S. 407. Für den Hinweis danke ich Gerhard Meisel, Freiburg.

Im Gegensatz zu den andern hat Kleist einer Figur einen offenbar überaus eindeutig sprechenden Namen gegeben, dem Jäger »Leopardo«. Die gezielte Künstlichkeit der Namenswahl ist deutlich, zumal das Wort als menschlicher Vorname ungebräuchlich ist. Zudem soll er Jäger sein, was ihn mit dem Grafen F. »vom t...n Jägerkorps« (II, 106) verbindet, jemand, der im Naturreiche seine Jagdbeute sucht. Eine exotische Raubkatze ist er also, Politzer hatte die Assoziation »eines sprungbereiten und lendenstarken Raubtiers«.[17] Wer sollte da nicht glauben, daß er seinem tierischen Namen alle Ehre gemacht haben müsse, wie die Mutter es der Marquise vorschwindelt (II, 134)? Und doch war er es nicht. Er, der niedrige Domestik mit dem animalischen Namen, hat doch nicht wie ein Tier gehandelt, nicht wie jene »Hunde« am Anfang, »die nach solchem Raub lüstern waren« (II, 105), woran sie von einem Grafen F. gehindert werden mußten, der – kurz darauf – »die Naturen der Asiaten mit Schaudern« erfüllte (II, 106). Die russischen Soldaten, asiatische Naturen, und der Jäger Leopardo stehen gesellschaftlich auf einer Stufe, die sie kaum dem Naturreich entwachsen läßt; solchen Naturen ist eine Vergewaltigung gewiß zuzutrauen, in dieser Vermutung bestätigt der Erzähler ausdrücklich die Marquise: »Immer noch sträubte sie sich, mit dem Menschen, der sie so hintergangen hatte, in irgend ein Verhältnis zu treten: *indem sie sehr richtig schloß,* daß derselbe doch, ohne alle Rettung, zum Auswurf seiner Gattung gehören müsse, und, auf welchem Platz der Welt man ihn auch denken wolle, nur aus dem zertretensten und unflätigsten Schlamm derselben hervorgegangen sein könne.« (II, 127, Hervorhebung von mir). Die Sorge, daß der Vater des Kindes »von niedrigem Stande« (II, 134) sein könne, teilen vor allem die Mutter und der Vater, der droht: »Aber die Kugel dem, der am Dritten morgens über meine Schwelle tritt! Es müßte denn schicklicher sein, ihn mir durch Bedienten aus dem Haus zu schaffen.« (II, 132). Die Sorgen sind, wie wir wissen, unbegründet. Die scheinbar so deutliche Sprache eines Namens enthüllt doch nicht die Wahrheit, Leopardo ist es nicht gewesen.

Wenn aber bei ihm der Vorname nicht die Wahrheit sagt, dann könnte bei den anderen Figuren vielleicht ebenso dasjenige täuschen, das an die Stelle der fehlenden Vornamen getreten ist: die Titel. Auffällig ist das dezidierte Hervorkehren der Adelsprädikate Graf F. und Marquise von O., wie der militärischen Rangbezeichnungen »Kommandant«, »Obrist« und – ausstrahlend – »Obristin« bei »Herrn« und »Frau von G.«. Ans Kafkaeske grenzen die Berufsbezeichnungen »Forstmeister« (des Bruders), und natürlich jenes »Türstehers« (zuerst II, 126), der in der Erstfassung noch ein »Portier« (II, 901) war. Kleist legt offenkundig besonderen Wert auf die Adelstitel und die Standeszugehörigkeit, demgegenüber ist die perso-

---

17   Politzer 1977, S. 57. Politzer hebt im Rückgriff auf Moering (1972) vor allem die komischen Dimensionen der Leopardo-Episode hervor.

nelle Identität zurückgetreten. Zumal der Titel »Marquise« erhält ausgezeichnetes Gewicht, weil er in den Titel der Erzählung gesetzt ist. In der Regel wählt Kleist die Titel seiner Werke mit großem Bedacht in Hinblick auf zentrale thematische Aspekte, so verweist etwa das beibehaltene Wort »Familie« in den Änderungen von *Die Familie Thierrez* zu *Die Familie Ghonorez* und *Die Familie Schroffenstein* auf das wichtigste Problemfeld des Stücks. Die Bedeutung der Namen- und Titelgebung des *Käthchen von Heilbronn*, um ein weiteres Beispiel zu nennen, wird von ihrem vermeintlichen Vater ausdrücklich hervorgehoben: »so lief es flüsternd von allen Fenstern herab: das ist das Käthchen von Heilbronn; das Käthchen von Heilbronn, ihr Herren, als ob der Himmel von Schwaben sie erzeugt, und von seinem Kuß geschwängert, die Stadt, die unter ihm liegt, sie geboren hätte.« (I, 433). Wie in der *Marquise*, die zur Gräfin wird, muß im *Käthchen* die Vaterschaft des Himmels und die Mutterschaft der Stadt Heilbronn preisgegeben werden, damit sie ihren Wetterstrahl bekommen kann, am Ende steht ein Namenswechsel: »Und Katharina heißt sie jetzt von Schwaben« (I, 525).[18]

Kleist setzt in den Titel die zentrale, die problematische, die verletzte und verletzliche Figur, um die sein Erzählen kreist; und indem er sie im Titel mit dem Titel nennt, nicht mit dem auch sonst vom Erzähler verschwiegenen Namen »Julietta von O...«, wird deutlich, daß die gesellschaftlichen und familialen Zugehörigkeitsformen zu dem problematischen Dasein dieser Frau gehören, es womöglich maßgeblich determinieren. Die skandalöse Geschichte, die Kleist erzählt, wird darüber hinaus durch das soziale Feld der gehobenen Adelsgesellschaft, in der sie spielt, um so mehr zum Skandalon. Er hat die angeblich »wahre Begebenheit« nicht bloß, wie er vorgibt, vom Norden nach dem Süden verlegt, er hat sie vor allem in sozialer Hinsicht von unten nach oben verlegt, wenn man an die Bauerswitwe und den Knecht in der Anekdote aus Montaignes *Essai über die Trunksucht* denkt, die wohl als gesicherte Quelle gelten darf.[19] Kontrastiv gesetzt sind in der Erzählung die hohe »Kultur«stufe der Adelswelt gegen die ans Tierreich grenzende Domestikenwelt. Indes versagen doch in beiden die Namen, die Bezeichnungen. Weder vermag ein Grafentitel moralisch unanstößiges Verhalten zu verbürgen – bekanntlich ist der »Ruf« eines Grafen, wie er selbst weiß, ohnehin »die zweideutigste aller Eigenschaften« (II, 112), noch macht der Name »Leopardo« seinen Träger zum Tier.

Die sozialkritische Dimension des Textes, daß – nennen wir es der Deutlichkeit halber einmal so – ein adliges Schwein eine Vergewaltigung ausführt, woran tieri-

---

[18] Vgl. dazu auch den Beitrag zum *Käthchen* in diesem Band, S. 155 f.

[19] Zu den Quellen vgl. neben den Angaben bei Sembdner (II, 899 f.) vor allem: Lorenzo Bianchi: Studien über H. v. Kleist I. *Die Marquise von O...* Bologna 1921; Alfred Klaar: Heinrich von Kleist. *Die Marquise von O...* Die Dichtung und ihre Quellen. Berlin 1922; Gerhard Dünnhaupt: Kleist's *Marquise von O...* and its Literary Debt to Cervantes. In: Arcadia 10, 1975, S. 147-157; sowie zuletzt Neumann: *Skandalon* in Neumann 1994.

sche Domestiken nur denken mögen, diese sozialkritische könnte von einer zeitkritischen Dimension überlagert sein, von einer möglichen antifranzösischen und antinapoleonischen Tendenz der Erzählung. Dafür spräche womöglich auch der Hinweis, daß der Schauplatz der Begebenheit vom Norden nach dem Süden verlegt worden sei. Davon ist beispielsweise Hartmut Lange in seiner dramatischen Umsetzung der Erzählung in die Komödie *Die Gräfin von Rathenow* ausgegangen, indem er den Schauplatz in den Norden, nach Preußen zurückverlegte. »Ihr seht in diesem Stück den preußischen Staat«, heißt es eröffnend in Anlehnung an Brechts Bearbeitungstechniken im »Prolog«, »Oder was Napoleon 1806 davon übriggelassen hat.«.[20] Dennoch hat Lange mit Recht nicht einfach antinapoleonische Tendenzen hervorgekehrt, er hat die sozialkritische Dimension verstärkt (u.a. in einem fortgesponnenen Verhältnis seiner Gräfin – vormals der Marquise – mit Leopold/Leopardo) und er hat die komödienhaften Elemente, die ja bereits in Kleists prosaischer Version szenische Qualitäten besitzen,[21] zur Komödie gesteigert. Bei Lange heißt es – in Umkehrung der Kleistschen Titel, sein »Marquis de Beville« habe die Gräfin von Rathenow »mit dem barbarischen Recht des Eroberers genotzüchtigt«,[22] was wohl im Kontext seiner Komödie gesagt, aber nicht vereinfachend als mögliche Lesart auf Kleists Erzählung rückbezogen werden kann. Der Graf F. mag ein Barbar sein, aber er kann gewiß nicht einfach auf einen barbarischen Franzosen reduziert werden, der als Fremdherrscher über blonde teutsche Mädels herfällt. Dies nationale ist jedenfalls nicht das vordringliche thematische Problem von Kleists Erzählung, was im Vergleich mit einer thematisch eng verwandten, »echten« antifranzösischen Kampfschrift Kleists aus dem Jahr 1809 schnell deutlich wird. Es handelt sich um den zweiten der *Satirischen Briefe*, den *Brief eines jungen märkischen Landfräuleins an ihren Onkel* (II, 368-371). Wie die Marquise »beim Drang unabänderlicher Umstände« (II, 104) schreibt das Landfräulein »von Verhältnissen ... gedrängt« an ihren Onkel von der Verlobung mit einem Kapitän der französischen Besatzungsmacht, der in ihrem Hause einquartiert war. Auch hier arbeitet Kleist mit Abkürzungen für Ortsnamen: »B.« und »P.«, die sich dem Leser leicht als Berlin und Potsdam aufschließen, und der Name des französischen Besatzungsoffiziers ist ähnlich beredt: »Lefat«, der Geck, der Laffe. Das Landfräulein verteidigt in liebender Zuneigung und humanistischer Gesinnung die moralische Integrität des Besatzers gegenüber dem Onkel. Doch Kleist läßt zwischen den Zeilen nur zu deutlich aufscheinen, daß der Herr Lefat in seiner Heimat bereits verheiratet ist, in Abwesenheit der Verlobten zwischendurch von der Kammerjungfer des Hauses nicht hat lassen können, und es am Ende bloß auf die Erbschaft

---

[20] Es gibt zwei Fassungen der Komödie: Hartmut Lange: *Die Gräfin von Rathenow*. Frankfurt/M. 1969 (Zitat S. 7); zweite Fassung in H. Lange: Theaterstücke 1960-72. Reinbek 1973, S. 191-233.
[21] Vgl. Moering 1972, danach Politzer 1977.
[22] Lange, a.a.O., erste Fassung, S. 83.

des Landfräuleins abgesehen hat. In diesem Text zwingt sich Kleist, gleichsam unter Kriegsbedingungen, zu einem borniert anklagenden Moralismus und zu einem platten Normalitätsbegriff, von dem seine anderen ästhetischen Texte, gerade auch *Die Marquise von O...*, sonst unüberbrückbar entfernt sind. Es ist ein bemerkenswertes Phänomen bei Kleist, daß er in der vehement patriotischen Phase der Jahre 1809/09 in der Lage war, den subtilen Zweifel, der sonst die Modernität seiner Werke auszeichnet, ins extreme Gegenteil einer bornierten Gewißheit umschlagen zu lassen. Und es bedarf eines kräftigen gegen-den-Strich-Lesens, wie es Claus Peymann in seiner Bochumer Inszenierung der *Hermannsschlacht* gelungen ist, um noch darin die früheren ästhetischen Qualitäten (dort des Grotesken) fortwirken zu sehen.[23]

Der Vergleich mit dem *Brief eines Landfräuleins* zeigt, daß der Gehalt der *Marquise von O...* nicht auf eine unmittelbar zeitkritische, bloß antifranzösische Tendenz reduziert werden kann. Dafür spricht auch die Unstimmigkeit oder Verwirrung bei den Adelsprädikaten in der Erzählung. Der Adelsrang der Marquise hätte korrekt der einer italienischen »Marchesa« sein müssen; Politzer hat diese Unstimmigkeit bemerkt und auf die französische Sprache zurückgeführt, in der die Beteiligten untereinander sprechen.[24] Es kann sich um ein echtes Versehen Kleists handeln, denn auch im *Bettelweib von Locarno* bezeichnet er die Frau des »Marchese« (dort also italienisch korrekt) als »Marquise« (II, 197). Wenn man jedoch die weiteren Unstimmigkeiten bei den Adelstiteln – abgesehen von den vielen sachlichen Widersprüchen[25] – hinzunimmt: den »Namen des Kaisers« (II, 107) statt, korrekt, des Zaren, und den deutschen Grafentitel für einen russischen Adligen, dann liegt die Vermutung nahe, daß es Kleist gerade darum ging, die Zweitrangigkeit oder Belanglosigkeit *nationaler* Identität herauszustreichen, und ungeachtet dessen die Bedeutung der standesmäßigen Zugehörigkeit zum Adel zu betonen.

In einer klassen- oder standesspezifischen Kritik erschöpft sich Kleists Erzählung freilich keineswegs. Was Kleist zur Sprache bringt, greift weit über Dinge hinaus, die in einer Rubrik ›Standesprobleme der Feudalgesellschaft‹ zur Verhandlung stünden. Im Zentrum des Textes geht es um Fragen der Identität des Menschen im Spannungsfeld von Sexualität, Gesellschaft – gesellschaftlicher Organisation von Sexualität – und Sprache. Diese Fragen sind, in der subtilen Radikalität, mit der sie in der *Marquise von O...* angesprochen werden, weder schon im Feudalzeitalter ad acta gelegt, noch erst im bürgerlichen Zeitalter aufgeworfen worden, und also

---

[23] Auf die Differenzen zwischen der patriotischen »Wende« Kleists und seinen früheren Werken komme ich am Schluß dieses Bandes im Abschnitt »Ausblick« zurück.
[24] Politzer 1977, S. 66.
[25] Walter Müller-Seidel: Die Struktur des Widerspruchs in Kleists *Marquise von O...* In: DVjS 28, 1954, S. 497-515.

»immer noch aktuell« – sie sind vielmehr auch heute als Problemfeld kaum schon
aussprechbar. Wo Kleists Zeitalter die Sprache fehlt, fehlt sie uns immer noch –
vielleicht mehr als die Worte, die Kleist wenigstens hat finden können.

## Zweiter Annäherungsversuch: Identitäten

Die Pluralform des Worts Identität mag irritieren, weil sie auflöst, was doch zu-
sammengehalten werden soll. In Hinblick auf Kleist und in Hinblick auf seine
*Marquise von O...* ist es allerdings unumgänglich, das Problem mehrfacher Identi-
tätsausprägungen ins Auge zu fassen, wobei freilich der fromme Wunsch und schöne Fiktion von Einheit und Ganzheit menschlicher Persönlichkeit in Mitleiden-
schaft gezogen werden. Im Zentrum der Kleistschen Erzählung stehen
Identitätsverwirrungen: die Marquise von O... muß mit der Schwangerschaft eine
Änderung ihrer Leiblichkeit wahrnehmen, wozu – infolge der unbewußten Empfängnis – ihr Bewußtsein in unauflöslichen Widerspruch gerät. Die Gewißheit
leiblicher Identität gerät ins Wanken und mit ihr droht die psychische zu zerfallen.
Die Marquise »hielt sich für verrückt« (II, 120), sie fürchtet, »wahnsinnig« zu
werden (II, 122), es ist »für ihren Verstand zu fürchten« (II, 123), der schließlich
doch stark genug bleibt: »Ihr Verstand, stark genug, in ihrer sonderbaren Lage
nicht zu reißen, gab sich ganz unter der großen, heiligen und unerklärlichen Einrichtung der Welt gefangen.« (II, 126).

Zu der unerklärlichen Einrichtung der Welt gehört die dritte Form der Identitätssetzung und -bestimmung, die neben die leibliche und die psychische tritt: die soziale. Über die leibliche wachen in unserer Welt die Ärzte, die die Marquise ja auch
zu Rate ziehen muß, um sich ihren Zustand bestätigen zu lassen. Für die psychische sind neuerdings die Therapeuten und Analytiker zuständig, für die soziale
eine ganze Reihe von Instanzen, schlimmstenfalls die Polizei und die Gerichte. In
der *Marquise von O...* sind es wesentlich die Familie und die Öffentlichkeit; so
bleibt nach dem Lossagen von der Familie der Marquise nur »der Gedanke [...]
unerträglich, daß dem jungen Wesen [...] ein Schandfleck in der bürgerlichen Gesellschaft ankleben sollte.« (II, 126 f.). Die soziale Identität wird sprachlich durch
den Namen gesetzt, wobei schon festzustellen war, daß die Marquise selbst nicht
eine, sondern mehrere Identitäten hat, einen Identitätswandel durchläuft von dem
Fräulein von G. über die Marquise von O. zur Gräfin F. Der geheime Skandal dieser sozialen Identitätssetzung ist offenbar die Zugehörigkeit zur Familie, der Skandal ist so groß, daß die Namen der Familien verschwiegen werden müssen:[26] G.

---

[26]    Derselbe Vorgang des Verschweigens, der Unterdrückung eines Familiennamens wird von Robert Musil
in seinem *Mann ohne Eigenschaften* an prominenter Stelle hervorgehoben: »Der Mann ohne Eigenschaften,
von dem hier erzählt wird, hieß Ulrich, und Ulrich – es ist nicht angenehm, jemand immerzu beim Taufna-
men zu nennen, den man erst so flüchtig kennt! Aber sein Familienname soll aus Rücksicht auf seinen Vater

und O. und F.. Über die Adelsprädikate ist die Marquise in aufsteigender Linie einem Stand zugeordnet, so daß hier gesamtgesellschaftliche Faktoren identitätsprägend werden, denen Kleist das ausgesprochen größte Gewicht beimißt – doch mit einer ironischen Wendung, denn auch der Name Leopardo stempelte seinen Träger nicht sogleich zum Tier.

Die Adelsgesellschaft der *Marquise von O...* lebt in zwei Welten: sie ist eine Krieger- und Jägersippschaft (von Kommandant, Obrist, Forstmeister), die das gesellschaftliche Leben in Krieg und Jagd jedoch nicht als Normalität, sondern als Ausnahmezustand zu begreifen sucht, dem die zweite Lebenswelt, das von den Alltagsgeschäften abgesonderte, zurückgezogene Familienleben, als Normalzustand gegenübersteht. Das Prinzip Familie muß ausdrücklich außer Kraft gesetzt werden, wenn die Sprache des Krieges ergriffen werden soll: »Der Obrist erklärte gegen seine Familie, daß er sich nunmehr verhalten werde, als ob sie nicht vorhanden wäre; und antwortete mit Kugeln und Granaten.« (II, 104 f.). Nach der kurzen kriegerischen Unterbrechung heißt es dann: »Alles kehrte nun in die alte Ordnung der Dinge zurück.« (II, 109). Doch der Schein der Trennung von hie Kriegs-, dort Familienleben in einen Ausnahme- und einen Normalzustand trügt. Die Vermittlung zwischen dem einen und dem anderen leistet – fast unmerklich zunächst – die Sprache. Unverdächtig beiläufig wirkt noch der Hinweis auf die Tischgespräche im Hause des Obristen, dort unterhält der Graf F. »den Kommandanten vom Kriege, und den Forstmeister von der Jagd« (II, 116). Deutlicher schon ist die Sprache des Obristen und der übrigen Familienmitglieder, die darin übereinkommen, wie es heißt, daß der Graf »Damenherzen durch Anlauf, wie Festungen, zu erobern gewohnt scheine« (II, 114), daß seine Werbung um die Marquise wie »auf Kurierpferden« eilig sei (II, 115), so daß der Vater schließlich erklärt: »ich muß mich diesem Russen schon zum zweitenmal ergeben!« (II, 118). Die vielleicht schönste Karikatur dieser Art von Militärsprache hat Kleist in dem *Neujahrswunsch eines Feuerwerkers an seinen Hauptmann, aus dem siebenjährigen Kriege* gezeichnet, der zu Neujahr 1811 in den *Berliner Abendblättern* erschien (II, 274 ff.). Ist das alles nur so dahingesagt, weil der Obrist wie der einfältige Feuerwerker keine andere Sprache zu sprechen wissen, oder haben die Erstürmung einer Festung im Krieg und die Eroberung einer Dame in der Festung ihrer Familie doch mehr miteinander zu tun?[27]

---

verschwiegen werden [...].« (R. Musil: Gesammelte Werke. Hrsg. von Adolf Frisé. Reinbek 1978, Bd. 1, S. 18).

[27] Vgl. Erika Swales: The Beleaguered Citadel: A Study of Kleist's *Die Marquise von O ....* In: DVjS 51, 1977, S. 130-147; Politzer 1977, S. 71 f. Festung und Haus verstehe ich dabei allerdings wörtlich, nicht aufgelöst metaphorisch; vgl. dagegen Pfeiffer 1988.

In der definitorischen Setzung des Kriegszustandes ist die Marquise von O... ein Beutestück, sie ist nicht Subjekt, sondern bloß Objekt von Männer- und Kriegsgewalt, zufälliges, zufallendes Objekt einer Vergewaltigung. Dies wird scheinbar durch die »Rettung« des Grafen aufgehoben, indem die gesittete Internationale des Adels sich allen nationalen Zwieträchtigkeiten zum Trotz durchzusetzen scheint. Wir wissen freilich, daß dies nur scheinbar geschah; die schöne – ohnmächtige – Beute mochte sich der Graf denn doch nicht entgehen lassen.

Gewaltfrei geht es – zumindest in Krisenzeiten – auch in der Familie des Obristen nicht zu, wenn der Vater mit einem phallisch besetzten Akt der Gewalt, dem Pistolenschuß in die Decke (II, 125), die Tochter des Hauses verweist. Sie soll damit aus dem Ordnungszusammenhang der Familie, aus ihrer genealogischen Kette ausgeschlossen werden, und auf Befehl des Kommandanten ihre Kinder zurücklassen (ebda). Diese Auseinandersetzung in der Familie gemahnt fast an einen Kriegszustand, zumal die Marquise nach ihrer Weigerung die erretteten Kinder als »ihre liebe Beute« bezeichnet (II, 126).[28] Das phallische Zeichen der Gewalt, das der Vater mit dem Pistolenschuß setzt, korrespondiert mit einem anderen symbolischen Akt des Textes, in dem militärisches Ritual und phallisches Zeichen zusammenfallen, in der Übergabe des Degens als Zeichen der Unterwerfung und des Aufgebens durch den Kommandanten an den siegreichen Grafen (II, 106).[29] Es wäre gewiß als überzogene Spekulation zurückzuweisen, in diesem Vorgang mehr als nur ein militärisches Ritual sehen zu wollen, wenn sich nicht in auffälliger Wiederholung mehrfach in Kleists Werken Vergleichbares finden würde, und zwar stets im Kontext einer Figurenkonstellation von Vater, Tochter und dem Mann, der die Tochter »haben möchte«. So z.B. im *Käthchen von Heilbronn*, wo der Graf vom Strahl in einem Zweikampf mit Theobald den Beweis erbringen will, daß dieser nicht der Vater von Käthchen sei, und dem vermeintlichen Vater denn auch »das Schwert aus der Hand windet« (I, 518). Umgekehrt läßt der Kurfürst dem Prinzen von Homburg den Degen abnehmen (I, 664 ff.), vordergründig gewiß nur, um den jungen Heißsporn wegen seines militärischen Vergehens zurechtzustutzen. Unterschwellig geht es aber auch dort um etwas anderes: Homburg möchte vom ›Vater‹ Kurfürst die ›Tochter‹ Natalie bekommen, die er zeitweise vaterlos wähnte, so daß er um so schmerzlicher die Gewalt des Vaters verspüren mußte. Schließlich ist an den *Findling* zu erinnern, wo der Vater Piachi dem Adoptivsohn Nicolo nach dem Vergewaltigungsversuch an der Mutter zunächst wortlos mit einer »Peitsche« die Tür weist, nach der dreisten Weigerung des Findlings indes nur noch »entwaffnet« die Peitsche weglegen kann (II, 213). Solche Textparallelen können Politzers Beob-

---

[28]   Ähnlich errettet Josephe ihr Kind aus den Wirren des *Erdbebens in Chili* als, wie es heißt, ihre »Beute« (II, 149).
[29]   Politzer (1977, S. 71) hat auf die »tiefenpsychologische Bedeutsamkeit« des Vorgangs aufmerksam gemacht.

achtung unterstützen und verstärken, daß Kleists Erzählung mit »Zweideutig-keiten« durchsetzt sei, die »nicht ohne sexualsymbolischen Tiefsinn« sind, wobei im Text allerdings mehr entsteht, als bloß eine Kommunikation »zwischen dem Bewußtsein des Lesers und dem Unbewußten der Marquise.«[30] Kleist zielt keines-wegs nur auf Subjektives, nur darauf, dem Leser Nachrichten aus dem Unbewußten seiner Hauptfigur zu übermitteln, sondern auf Objektives. Die Zwei- und Mehrdeu-tigkeiten bekunden sowohl einen objektiven Zustand der Sprache, der ästhetischen Sprache Kleists wie der kommunikativen Sprache der Erzählfiguren untereinander, als auch einen objektiven Weltzustand, und zwar hier den lebensweltlichen Zustand einer Familie.

Wenn die Schwiegersöhne in Kleists Werk, um die Tochter heiraten zu können, dem Vater erst den Phallus abnehmen müssen, dann impliziert dies eine Art von phallischem Recht des Vaters auf die Tochter. Kleist bricht also auf unerhört skan-dalöse Weise das Inzesttabu. Während aber im *Käthchen von Heilbronn* und im *Prinzen von Homburg* – wie übrigens in Abwandlung auch im *Findling* – stets ein sozialer Vater an die Stelle des natürlichen getreten ist, soll es in der *Marquise* in der Tat der leibliche, der natürliche Vater sein. Kleist läßt im Blick auf diesen Vater das Unbewußte der Marquise an zwei zentralen Stellen in Ausrufen zur Sprache kommen: »Herr meines Lebens« ruft die Marquise, als der Pistolenschuß des Vaters »schmetternd in die Decke fuhr« (II, 125). Und im Augenblick der ver-meintlichen Aufdeckung des angeblichen Kindesvaters durch die Mutter entfährt es der Marquise: »Gott, mein Vater!« (II, 135). Mit diesen Worten erinnert sie sich eines vergessenen Schläfchens. In der sprachlichen Setzung schlägt der Text ohne-hin stets die Brücke von dem »Vater« des Kindes, nach dem gefahndet wird, und dem »Vater« der Marquise. Die Aufforderung der Mutter, »den Vater [zu] nennen« (II, 124), weist zudem zurück auf den Befehl, die Namen derjenigen zu nennen, die den »Namen des Kaisers« gebrandmarkt hätten (II, 107), so daß es in der sozialen Instanzenkette nur noch ein kleiner Schritt zum Herrn und Gott ist. Die natürlichen Beziehungen in der Familie sind überlagert und durchsetzt von sozialen, so daß Vorgänge wie die Begründung eines phallischen Rechts oder die Übernahme des Phallus als symbolische Akte sozialer Natur zu verstehen sind. Im Werk von Kleist haben sie zudem stets den Charakter von Rechts- oder Vertragshandlungen. Und mit dem Recht, mit den Gesetzen und den Verträgen, hält die Gewalt Einzug in die Familie. Die Errichtung des naturgegründeten und sozial verfaßten Bollwerks der Familie gegen die böse, unkontrollierbare Gewalt des Sozialen draußen ist um einen unbegriffnen Preis erkauft: den der vertraglich und rechtlich begründeten Gewalt in der Familie.

---

[30] Politzer 1977, S. 68.

In der *Marquise von O...* führt Kleist die Bewegung zurück zu einem Naturschauspiel, dem inzestuösen Versöhnungsfest zwischen Vater und Tochter. Die Heimkehr der verlornen Tochter, nunmehr schon die zweite Heimkehr, denn sie war ja bereits nach dem Tod ihres ersten Gatten, des Marquis oder Marchese von O..., ins Vaterhaus zurückgekehrt, inszeniert Kleist als ein grotesk-komisches Kammerspiel, dem wir, die Leser, als Voyeure mit der Mutter »durchs Schlüsselloch« schauend, beiwohnen dürfen um zu beobachten, wie der Vater »eben wieder mit Fingern und Lippen in unsäglicher Lust über den Mund seiner Tochter beschäftigt war« (II, 138). Seit man das Wagnis begonnen hat, über diese Inzest-Szene kritisch zu reflektieren und sich zu äußern,[31] wurde versucht, sie in Beziehung zu setzen zu dem Gedankenstrich am Anfang der Erzählung, hinter dem sich der Vergewaltigungsakt des Grafen F. verbirgt.[32] Politzer ist in seiner Interpretation so weit gegangen, daß die Marquise erst im Inzest als Frau dargestellt sei: »Das Über-Ich der Marquise gewährt ihr in den Armen des Vaters, was es ihr in der Umarmung des Mannes untersagt hatte: Hingabe, Bewußtsein und Genuß. Hier hat Kleist seine Marquise als Frau erkannt und dargestellt.«[33] Diese These klingt fast so, als ob die Marquise erst in der väterlichen Umarmung zu sich selbst, zu ihrer Identität finde. Letzteres wäre jedoch irreführend. Wenn überhaupt, könnte allenfalls das Lossagen von der Familie als ein Akt der Identitätsfindung aufgefaßt werden, insofern die Marquise in der bekannten Wendung Kleists mit »sich selbst« bekannt gemacht wird: »Durch diese schöne Anstrengung mit sich selbst bekannt gemacht ...« (II, 126). Kleist verrät uns freilich nicht näher, womit sie dort bekannt gemacht wurde. Etwa mit der Einsicht, daß sie bisher (wie am Ende wieder und immer noch) in der genealogischen Kette väterlicher Macht nur ein Objekt, nicht ein Subjekt war? Erst G., dann O., dann F. – immerhin in aufsteigender Linie. Die Rückkehr zum Vater, in die Familie, führt die Marquise jedenfalls nicht eindeutig dazu, Liebessubjekt zu werden, sondern vielmehr in einen zweideutigen Zustand – in einen Zustand des Schweigens: »Die Tochter sprach nicht, er [der Vater] sprach nicht [...]« (II, 138), heißt es. Wie Kleist als Autor im Gedankenstrich vielsagend schwieg, schweigen hier seine Erzählfiguren. Vielleicht ist der Inzest in der Tat »unsäglich«, so daß man sich auch hier nicht über den Text hinwegsetzen, sondern Kleist beim Wort nehmen sollte?[34]

---

[31] Den Anfang machte 1976 Hermann F. Weiss, der zunächst nichts mehr tat, als auf die Textpassage aufmerksam zu machen (vgl. Precarious Idylls. The Relationship between Father and Daughter in Heinrich von Kleist's *Die Marquise von O...* In: MLN 91, 1976, S. 538-542). Im gleichen Jahr erschien Thomas Fries: The Impossible Object: The Feminine, the Narrative (Laclos' *Liaisons Dangereuses* and Kleist's *Marquise von O...*), in: MLN 91, 1976, S. 1296-1326.

[32] Nach Fries (Anm. 32, S. 1316) so Erika Swales, a.a.O. (Anm. 27), S. 137 f. und Politzer 1977, S. 74.

[33] Ebda.

[34] Hier weicht Politzer von seiner sonst befolgten Interpretationsmaxime ab (ebda, S. 74), wobei sowohl das Unsägliche wie das hochgradig Stilisierte und komödiantisch Inszenierte des Gesagten vernachlässigt werden.

### Dritter Annäherungsversuch: Schweigen, Sprachen, Schriften

Über die Sprachformen der *Marquise von O...* ist nicht gut schreiben, ohne die Negation von Sprache, die Sprachlosigkeit, das Schweigen als (Nicht)Ausdrucksform mit zu bedenken. Das ist als Phänomen Kleistscher Sprachgebung seit Max Kommerell bekannt, der es als das »Unaussprechliche« zu fassen suchte.[35] In der *Marquise von O...* geht es oft ausgesprochen schweigsam zu, wie wir schon eingangs bemerkten, wenn etwa Autor wie Erzählfiguren sich weigern, Namen zu nennen. Kommerell meinte genau dieses Phänomen: die Zweideutigkeit der Identität lasse den Menschen unaussprechlich werden. Neben der Weigerung zu sprechen findet sich ebenso häufig der Befehl zu schweigen; besonders soll im Hause des Obristen geschwiegen werden: »Der Kommandant [...] forderte die Familie auf, davon weiter nicht in seiner Gegenwart zu sprechen« (II, 115), er »bat immer, auf eine Art, die einem Befehle gleich sah, zu schweigen« (II, 131), oder er bat seine Frau: »tu mir den Gefallen und schweig! und verließ das Zimmer. Es ist mir verhaßt, wenn ich nur davon höre« (II, 132). Diese Art des Schweigens ist ein unterdrücktes Sprechen, es dürfte verwandt sein mit der oft diskutierten Weigerung der Marquise, den Grafen anzuhören: »Ich will nichts wissen« (II, 129) – mit diesen Worten stößt sie den halbgeständigen Grafen zurück. Man hat diese Weigerung unmißverständlich deutlich interpretiert: ihr Bewußtes wolle nicht wissen, was ihr Unbewußtes begehre.[36]

Eine andere Nuancierung des Verhaltens der Marquise ergibt sich, wenn man es in Beziehung setzt zu den übrigen Schweige-, Sprach- und Schriftformen der Kleistschen Erzählung, weil es dann nicht bloß einer isolierenden psychoanalytischen Betrachtung zugänglich, sondern in familial oder sozial gesetzten Schweige- oder Redekontexten situierbar wird. Insbesondere ist zu klären, wie die Weigerung der Marquise zu hören sich verhält zur Un- oder Halbfähigkeit des Grafen zu sprechen.

Ein Schweigen als unterdrücktes Sprechen ist von Kleist intentional, wie man mutmaßen darf, negativ akzentuiert. Das gilt jedoch nicht von vornherein für jedwede Form des Schweigens. Es ist vorschnell, jedes Schweigen schlicht als gewalttätig den Vermittlungsformen der Sprache entgegenzusetzen.[37] Ein solcher Gedanke mag der Diskursethik von Jürgen Habermas verpflichtet sein (oder dem Therapiekonzept der Psychoanalyse), ist jedoch der Komplexität des Kleistschen Textes nicht adäquat. Neben dem verordneten Schweigen gibt es zunächst vielfältige, oft komische Formen der Sprachlosigkeit. So verschlägt es gleich zu Beginn der Marquise die Sprache, die »Auftritte« der Vergewaltiger, heißt es, machen sie

---

[35] Kommerell 1939.
[36] Vgl. zusammenfassend Politzer 1977 (S. 69), der auch frühere Interpretationen erörtert.
[37] Arntzen 1980.

»sprachlos«, was nicht verwunderlich ist, wenn man hört, welche gegensätzlichen Sprachen dort gesprochen werden (II, 105):

> Er [der Graf] stieß noch dem letzten viehischen Mordknecht, der ihren schlanken Leib umfaßt hielt, mit dem Griff des Degens ins Gesicht, daß er, mit aus dem Mund vorquellendem Blut, zurücktaumelte; bot dann der Dame, unter einer verbindlichen, französischen Anrede den Arm, und führte sie, die von allen solchen Auftritten sprachlos war [...].

Wenig später verschlägt es der Familie des Kommandanten die Sprache, als der totgeglaubte Graf zurückkehrt: »und das Erstaunen machte alle sprachlos« (II, 109). Der Obristin vergeht gleich mehrfach die Sprache: als ihre Tochter nach einer Hebamme verlangt (»Und die Sprache ging ihr aus«, II, 122), als sie die Antwortannonce des Grafen in der Zeitung liest (II, 131 f.) und als der Graf am »gefürchteten Dritten« im Hause des Obristen erscheint (II, 140). Am Ende der Geschichte verfallen der Graf und die Marquise ins Schweigen: der Graf »konnte kein Wort hervorbringen« (II, 141), die Marquise »antwortete nichts« (II, 142), sie »stand auf [...] ohne ein Wort zu sprechen« (ebda) und der Graf stammelte etwas, das niemand verstand« (II, 143). Dort kommunizieren die beiden allerdings bereits auf andere Weise miteinander, worauf noch näher einzugehen ist.

Die Belege zeigen, daß Kleist die vielfältigen Formen des Schweigens und der Sprachlosigkeit in seiner Erzählung offensichtlich mit großem Bedacht gesetzt hat. Wobei das Schweigen der Erzählfiguren zum Ausdruck bringt, in welchem Maße das Sprechen über Sexualität gesellschaftlichen Tabus unterworfen ist. Allenfalls flüchtet man zur perfid-jovialen Metaphorik einer Krieger- und Jägersprache, die dann die Formen des Bewußtseins von Sexualität enthüllen mag.

Aber auch der Autor schweigt, auch seine Hauptfiguren mühen sich schmerzlich um ein Miteinandersprechen, auch das erotische Versöhnungsfest von Vater und Tochter wird im Schweigen gefeiert. Hier tut sich im Schweigen ein Feld der Zweideutigkeit auf, das in seiner Zweideutigkeit unauflöslich bleibt.[38] Kleist klagt diesen Zustand offenbar weder bedauernd noch bewußtseinskritisch an, er analysiert ihn bloß. Zweideutig sind in Kleists Geschichte das Schweigen des Menschen, wie sein Handeln und auch sein Sprechen. Dagegen sträubt sich der Wunsch nach Eindeutigkeit, es ›nun wirklich‹ wissen zu wollen – und vor allem in der Liebe wissen zu wollen, woran man ist. Aber Kleists Werk findet nicht zu der ersehnten und gesuchten »Sprache der Liebe«,[39] schon deshalb, weil die ästhetische Sprache Kleists dialektisch konstruiert ist, wogegen gilt: »Der *dis-cursus* der Liebe ist nicht dialektisch«.[40] Wir sind, geschichtlich gesehen, mit Zweideutigkeit geschlagen, der wir

---

[38]  Vgl. aus anderer Perspektive Müller-Salget 1973.
[39]  Neumann 1986.
[40]  Roland Barthes: Fragmente einer Sprache der Liebe. Frankfurt/M. 1984, S. 20. Vgl. dazu unten weiter den Beitrag »Die Sprachen der *Penthesilea*«.

mit dem Wunsch nach Eindeutigkeit, mindestens der Eindeutigkeit einer Liebessprache zu entfliehen suchen. Doch wenn überhaupt, könnte diese eindeutige Liebessprache bei Kleist nur im Feld des Zweideutigen (und zuletzt vielleicht nur im Schweigen) gefunden werden, wo sie ihrer inneren Logik zufolge nicht sein kann: ein unauflöslicher Widerspruch. In seiner *Marquise von O...* hat Kleist einen Kommunikations- und Nichtkommunikationsprozeß zwischen dem Grafen und der Marquise komponiert und analysiert, der dem Begehren nach Eindeutigkeit folgt und konsequent nicht in der Sprache der Liebe, sondern im Heiratskontrakt endet.

Die drei Typen von Ausdrucksformen, mit denen – neben dem Schweigen – solche Kommunikationsprozesse im Werk von Kleist bestritten werden, sind in ihrer Differenzierung von der Forschung erkannt,[41] in ihrer Wertigkeit allerdings noch nicht hinreichend erörtert worden. Neben den Formen der Körpersprache (wie Gestik, Mimik, Tränen, Erröten, Erbleichen usw.) sind es verschiedenartige Formen der Sprache, des Sprechens und der Schrift(en). Die Körpersprache erfreut sich im Zuge der Entdeckung der neuen Körperlichkeit zwar großer Beliebtheit, weil ihre Unmittelbarkeit vermeintlich wahrhaftiger sein könne als die getrübten Vermittlungen von Kultursprachen und -schriften, doch schlägt bei Kleist fast das Gegenteil durch. Die Körpersprache mag gelegentlich innere Vorgänge zum Ausdruck bringen – besonders in Tränen, im Erröten oder Erbleichen, doch ist Kleist ebenso mit Krokodilstränen vertraut wie mit grotesken Übersteigerungen, wenn er etwa seinen Kommandanten sich »ganz krumm« beugen und heulen läßt, »daß die Wände erschallen« (II, 137). Letztlich kann die Körpersprache nicht weniger nichtssagend oder zweideutig sein als die anderen Sprachen und Schriften, so daß Kleist sie in der *Marquise von O...* vor allem als zweideutiges Kontrastivum zu anderen Ausdrucksformen benutzt.

Der Graf F. versucht zunächst, sich der Marquise von O... in der offensten Form des ästhetischen Sprechens, durch die Erzählung des Traums (II, 116), zu entdecken – doch sie sieht keine Veranlassung, sich als Traumdeuterin zu versuchen. Zuvor hatte er, wie er sagt, »mehrere Male die Feder ergriffen, um in einem Briefe, an den Herrn Obristen und die Frau Marquise, seinem Herzen Luft zu machen« (II, 111), doch die Schriftform des Briefes hat er zu diesem Zeitpunkt denn doch noch nicht gewählt. Was solche Schriftformen bewirken können, erfahren wir, bevor der Graf zum zweitenmal Gelegenheit sucht, mit der Marquise zu sprechen. Dazwischen steht die Verweisung der Marquise aus dem Elternhaus, die ihr durch »ein Schreiben von der Mutter« überbracht wurde (II, 124): »Der Brief war inzwischen von Tränen benetzt; und in einem Winkel stand ein verwischtes Wort: diktiert.« (II, 125). Der Vater kommuniziert mit der Tochter dort nicht nur in der Schriftform,

---

[41] Stephens 1984.

sondern in der doppelt vermittelten und distanzierten Form des diktierten Schreibens – auf dem sich in kontrastiver Setzung die körpersprachlichen Zeichen der Tränen niedergeschlagen haben. Nach dem Rückzug der Marquise auf das Landgut dringt der Graf in ihren Garten ein und unternimmt dort den zweiten Versuch, sich ihr im Gespräch zu entdecken. Das, was er ihr zu sagen versucht, ist offenbar so skandalös, daß sie ihn zurückweist:»Ich will nichts wissen« (II, 129). Wenn man an die offene Metaphorik seines ersten Geständnisversuchs in der Traumerzählung denkt, mag man erst recht den Skandal der metaphorischen Rede ermessen, die er dort führt (II, 129):

> Von wo, Herr Graf, ist es möglich, fragte die Marquise – und sah schüchtern vor sich auf die Erde nieder. Der Graf sagte: von M..., und drückte sie ganz leise an sich; durch eine hintere Pforte, die ich offen fand. Ich glaubte auf Ihre Verzeihung rechnen zu dürfen, und trat ein.

Anschließend stößt sie den Grafen zurück, woraufhin er »fühlte, daß der Versuch, sich an ihrem Busen zu erklären, für immer fehlgeschlagen sei, [...] indem er einen Brief überlegte, den er jetzt zu schreiben verdammt war [...]« (II, 129 f.). Wie Verdammung und unabänderlicher Zwang wirkt der Wechsel von der Rede zur fixierten Form der Schrift. Immerhin steht ihm noch die halbästhetische Weise des Briefschreibens offen, doch in dieser Situation wird ihm jene Zeitungsannonce der Marquise zur Kenntnis gebracht, mit der die Erzählung beginnt. »Der Graf durchlief«, formuliert Kleist und setzt wieder Körpersprache und Schrift konstrastiv zueinander, »indem ihm das Blut ins Gesicht schoß, die Schrift.« (II, 130). Die Marquise hatte mit ihrer Anzeige die öffentlichste der fixierten Formen von Schriftsprache gewählt. Diese Anzeige war ohne Kenntnis des Grafen bereits erschienen, als er seinen zweiten Bekenntnisversuch in metaphorischer Rede unternahm. Auch dies müßte im Rahmen des möglichen Motivationsgeflechts für ihre Weigerung zu hören bedacht werden. Der Graf meint jedenfalls, auf die veröffentlichte Schrift ebenso antworten zu müssen. Zunächst seinerseits mit einer Anzeige und dann mit den unzweideutigen Schriftformen bürgerlicher Verträge: dem »Heiratskontrakt« (II, 142), anschließend mit »zwei Papiere[n]«, »deren eines, wie sich nach seiner Entfernung auswies, eine Schenkung von 20 000 Rubel an den Knaben, und das andere ein Testament war, in dem er die Mutter, falls er stürbe, zur Erbin seines ganzen Vermögens einsetzte.« (II, 143). Mit den letzten beiden Schriftstücken wird dem Grafen der Weg ins Haus des Obristen eröffnet und der versöhnliche Schluß eingeleitet. Das erste Dokument, den »Heiratskontrakt«, läßt Kleist in fast überdeutlicher Pointierung die Marquise genau lesen und studieren, damit sie auch recht den Sinn dieser Schrift erfasse (II, 142):

> Der Vater [...] ordnete alles, nach gehöriger schriftlicher Rücksprache mit dem Grafen, zur Vermählung an. Er legte demselben einen Heiratskontrakt vor, in welchem dieser auf alle Rechte eines Gemahls Verzicht tat, dagegen sich zu allen Pflichten, die man von ihm fordern würde, verstehen sollte. Der Graf sandte das Blatt, ganz von Tränen durchfeuchtet, mit seiner Unterschrift zurück. Als der Kommandant am andern Morgen der Marquise dieses Papier überreichte, hatten sich ihre Gei-

ster ein wenig beruhigt. Sie durchlas es, noch im Bette sitzend, mehrere Male, legte es sinnend zusammen, öffnete es, und durchlas es wieder [...].

Nachdem sie so sinnend die Bedeutung der Schrift erfaßt hat, willigt die Marquise in die Heirat. Was ist ihr in den Sinn gekommen? Vielleicht dieses: daß die Eindeutigkeit, die sie in der Erscheinung eines rettenden Engels zu finden glaubte, sich in unserer Gesellschaft verformt hat zu der Perversion von Eindeutigkeit in Vertrags- und Rechtsschriften. Dort sind dann freilich leider keine Engel mehr zuhaus. So kommt es eben offenbar nicht darauf an, die Eindeutigkeit zu suchen, sondern die Dialektik von Engel und Teufel zu ertragen. Oder es kommt, was am Ende der *Marquise* leichter scheint, »um der gebrechlichen Einrichtung der Welt willen« (II, 143), nur darauf an, die Zweideutigkeit auszuhalten, der wir geschichtlich ausgesetzt sind.

Kleists Erzählung ist ihrer Kompositionsform nach an dem Wechsel vom Schweigen zur Rede zur Schrift orientiert. Im axialen Zentrum des Textes, an seinem Wendepunkt steht die Zeitungsannonce, die uns gleich zu Beginn im Eröffnungssatz mitgeteilt wird. Bis zum Erscheinen der Anzeige versucht der Graf, sich der Marquise mündlich zu eröffnen, erst in der Traumerzählung, dann im (halb) unterdrückten Geständnis; danach sieht er sich gezwungen, zu Schriftformen zu greifen: zunächst zum Brief, dann zur Antwortanzeige, schließlich zur harten Form der Verträge und Dokumente. Dieses ästhetische Kompositionsprinzip hat Eric Rohmer in seinem *Marquise von O...*-Film nur einmal, dabei allerdings gravierend durchbrochen, wenn er am Ende des Films von seiner Maxime, Kleists Text wörtlich zu nehmen, abgewichen ist. Die Traumerzählung des Grafen, also die ›ästhetischste‹ Form des zweideutigen Geständnisses, hat Rohmer abweichend vom Text ganz ans Ende seines Films gesetzt, und damit die Komposition wie die analytische Kälte der Kleistschen Erzählung erheblich unterboten. Kleist endet eben nicht, wie Rohmer, bei der Schönheit ästhetischer Zweideutigkeiten, sondern dort, wohin uns der Wunsch nach Eindeutigkeit führt: zu den Vertrags-Schriften.

Kleist läßt keine harmonisierende, beschwichtigende Versöhnung zu, sondern nur eine, die der Dialektik menschlichen Daseins standhält. Bis zuletzt weicht Kleists Text nirgends der Dialektik von Kunst und Leben aus: der Unerträglichkeit des Zweideutigen in Liebe und Leben antwortet die Kunst, die ihre Schönheit eben solcher Zweideutigkeit verdankt. Nie jedoch bietet sie Versöhnung als Fluchtpunkt innerhalb ihrer selbst, wodurch die Dialektik harmonisierend aufgehoben wäre, sondern nur als Ganzes, in der Gesamtheit der Erzählung *Die Marquise von O...*.

# Die Erdbeben in Chili und Lissabon[*]

## I. Zeitgenössische Berichte über Chile und das Erdbeben von Santiago 1647

Aus welcher Quelle Kleists Kenntnisse über Chile und das Erdbeben in Santiago vom 13. Mai 1647 stammen, ist nicht bekannt. Es ist denkbar, daß er einen einschlägigen Artikel in einer der zahlreichen zeitgenössischen Popular-Zeitschriften gefunden hat (jedenfalls hat er derartige Artikel im Falle des *Robert Guiskard* und der *Verlobung in St. Domingo* als Vorlagen benutzt), doch konnte eine entsprechende Darstellung bisher nicht nachgewiesen werden. Es ist aber auch möglich, daß Kleist selbst Quellenstudien angestellt hat, gelegentlich, etwa beim *Michael Kohlhaas* oder beim *Zweikampf*, hat er auf alte und abgelegene Chroniken als Quellen zurückgegriffen. Sofern letzteres Verfahren in Frage kommt, können die Berichte über Chile im allgemeinen und das Erdbeben im besonderen, die Kleist bis 1806 zugänglich sein mochten, mit einiger Sicherheit überblickt werden (wobei, wie gesagt, die mögliche zeitgenössische Zeitschriftenliteratur unberücksichtigt bleibt). Alle Berichte über das Erdbeben selbst, die bis zu Kleists Zeit erschienen, müssen auf den erstmals 1656-57 erschienenen Augenzeugenbericht des Bischofs von Santiago, Gaspar de Villarroel, die »Relaciòn del terremoto que assoló la ciudad de Santiago de Chili«, zurückgehen. Zwar gab es daneben noch einen weiteren Augenzeugenbericht, den 1648 in Madrid gedruckten Brief eines Jesuitenpaters – der im großen und ganzen mit der Darstellung des Bischofs Villarroel übereinstimmt –, dieser Druck aber war im 18. Jahrhundert vermutlich unbekannt. Beide Berichte hat Alfred Owen Aldridge in seinem Artikel »The Background of Kleist's *Das Erdbeben in Chili*« ausgewertet:

> Das Erdbeben begann am 13. Mai 1647 um 10.37 nachts. Alle Gebäude Santiagos brachen augenblicklich zusammen – so daß man den Lärm des Erdbebens nicht von dem der einstürzenden Gebäude unterscheiden konnte. Die Erschütterung dauerte etwa zwölf Minuten;[1] während dieser Zeit war der Himmel fast gänzlich durch Staubwolken verdunkelt, nur gelegentlich drangen schwache Strahlen des Mondscheins hindurch. Der Lärm war so groß, daß man ihn noch 50 Meilen[2] entfernt an den Cordilleren hören konnte, und sogar die aufgeklärtesten Einwohner von Santiago dachten, das Jüngste Gericht sei über sie gekommen.
>
> Die eindrucksvolle Kathedrale, die – was ihren architektonischen Rang betrifft – ohnegleichen in den beiden Amerikas war, stand unerschüttert mit ihrem Mittelschiff und einem Teil der Sakristei,

---

[*] Dieser Beitrag wurde gemeinsam mit Hedwig Appelt verfaßt (vgl. Drucknachweise).

[1] J.M. Gilliss, der einen anderen handschriftlichen Bericht des Bischofs Villarroel ausgewertet hat, spricht von 7 bis 8 Minuten (Gilliss: Chile. Washington 1855, S. 94). Dieser andere Bericht von Villarroel, den A. Perry 1854 als »Documents relatifs aux tremblements de terre au Chili« in der Zeitschrift *Annales des Sciences physiques et naturelles* veröffentlicht hat, wurde von Erich Schmidt für seine Kleist-Ausgabe 1904 berücksichtigt (Bd. 3, S. 436 f.). Da Schmidt das Buch von Villarroel nicht zugänglich war, nahm er an, daß gedruckte Berichte erst nach Kleists Tod erschienen waren, was noch in der Kleist-Ausgabe von Siegfried Streller als gesichertes Faktum vorausgesetzt wurde (Bd. 3, S. 654).

[2] Nach Gilliss (S. 94) in 15 Meilen Entfernung vom Gipfel der Anden, d.h. nur etwa 75 km, statt 250 km entfernt.

doch der Rest wurde zerstört. Die anderen Kirchen und Klöster in der Stadt, einschließlich der Dominikanerkirche, hatten weniger Glück. Alle lagen in Trümmern, mit Ausnahme der Kirche, die dem heiligen Santurnino geweiht war, der seither als Schutzheiliger der Stadt angesehen wurde, weil seine Kirche als einzige verschont blieb.

Nach dem ersten Schock der Katastrophe fingen die Stadtbewohner an, sich durch die beiden einzigen unversperrten Straßen zu der zentralen Plaza durchzuzwängen. Während der ganzen Nacht kam es immer wieder zu Beben und übelriechende Wasser und große Mengen von Sand schossen aus Spalten in der Erde hervor, obwohl Santiago 10 bis 12 Meilen vom Ozean entfernt liegt. Während der Nacht liefen 40 oder 50 Priester in der Menge umher, nahmen die Beichte ab und erteilten die Letzte Ölung. Gegen Morgengrauen feierten der Bischof und der übrige Klerus eine fortdauernde Messe an einem improvisierten Altar auf der Plaza. In der Nacht des 14. Mai wuchsen Angst und Schrecken der Bevölkerung bis zu einem solchen Grad, daß der Bischof anfing, im Friedhof der Kathedrale zu predigen, um die Leute zu beruhigen. Seine Predigt dauerte eineinhalb Stunden. Trotz der Schwachheit seiner Stimme und seines stark angegriffenen Gesundheitszustandes erzählte man später, daß er noch aus der Entfernung von mehreren Blocks deutlich zu hören war.

Viele der Leute verstanden den Bischof dahingehend, ›daß Gott bereits besänftigt sei durch das große Ausmaß der Reue, das die Bevölkerung der Stadt schon an den Tag gelegt hätte; daß er wisse, daß die Strafe im Vergleich zu den Sünden der Menschen zwar recht gering, dabei als solche aber doch streng gewesen sei; und daß Gott bereits erreicht hätte, was er beabsichtigte, nämlich ihre Trauer und Reue‹. In Wirklichkeit aber wiesen die Worte des Bischofs jedwede Vorstellung von Bestrafung oder Besänftigung gänzlich zurück. Er stellte unzweideutig fest, daß das Erdbeben kein verläßlicher Beweis für Gottes Zorn sei. In seinem nachfolgenden Buch widmete er 12 Seiten der Rechtfertigung der theologischen Ansicht, daß große Katastrophen, die massenhaftes Leid hervorrufen, oft dazu bestimmt seien, eher als Prüfung für Gottes Volk denn als Bestrafung zu wirken. [...]

Der Bischof zählte eine Reihe von übernatürlichen und wundersamen Begleiterscheinungen des Bebens auf, von denen seinerzeit berichtet wurde, die er allesamt als Lügen oder Produkte der Einbildungskraft bezeichnete: unmittelbar vor dem Beben gebar eine Indianerin 3 Knaben, von denen einer die Katastrophe vorhersagte; ein Kruzifix sprach streng zu einem Kirchendiener; das Christusbildnis in der St. Augustin-Kirche kehrte sein Gesicht dreimal um; eine Indianerin sah einen Feuerring durch das Rathaus laufen; und in den umliegenden Bergen wurden die Stimmen von Dämonen, Trommeln und Trompeten, Gewehrfeuer und der Zusammenprall zweier Armeen gehört.[3]

Wenn Kleist von dem Bericht des Bischofs Villarroel direkt oder indirekt (d.h. vermittelt durch Darstellungen, die auf Villarroel zurückgehen) Kenntnis gehabt haben soll, so hat er daraus zwar einige Anregungen empfangen können (z.B. das Ausmaß der Zerstörungen, die Erhaltung einer Kirche, die Predigt des Bischofs), doch weicht seine Erzählung in vielen Punkten erheblich von dem faktischen Geschehen ab (angefangen bei der Verlegung des Bebens von der Nacht auf den Tag bis hin zur Verkehrung des aufklärerischen Duktus der Predigt von Villarroel zur demagogischen Strafpredigt des Chorherrn). Kleist ist es insofern gewiß nicht um historische Detailtreue gegangen.

Es ist aber auch möglich, daß Kleist allgemeine Kenntnisse über Chile und Santiago aus zeitgenössischen Reiseberichten oder Landesbeschreibungen gewonnen hat und diese mit Berichten über andere Erdbeben (etwa das von Lissabon 1755) verquickte. Im 18. Jahrhundert waren insbesondere drei Darstellungen über Chile weit

---

[3]  Alfred Owen Aldridge: The Background of Kleist's *Das Erdbeben in Chili*. In: arcadia, Zeitschrift für vergleichende Literaturwissenschaft 3 (1968), S. 175-177. [Übers.: Dirk Grathoff].

verbreitet und in die wichtigsten europäischen Sprachen übersetzt: die von Frezier, Vidaurre und Molina.[4]

Der Reisebericht von Amédée François Frezier, *Relation du voyage de la mer du sud aux cotes du Chily et du Perou, fait pendant les années 1712, 1713 & 1714*, Paris 1716, erschien 1717 in englischer Übersetzung und 1718 in deutscher. In Kapitel 14 »Beschreibung SANTJAGO, der Hauptstadt in Chili, nach ihrem Natürlichen/ Politischen und Militair-Zustande« heißt es:

> Die daselbst öffters sich ereugende Erdbeben haben der Stadt grossen Schaden zugefüget. Unter andern im Jahr 1647 und 1657, deren das Erste so hefftig war, daß es dieselbe fast gantz übern Haufen warff, und in der Lufft solche böse Dünste erweckte, daß alle Menschen bis auff drey- oder vierhundert Persohnen davon gestorben.
>
> Die Seite gegen Abend [des Königlichen Platzes] begreifft die Stiffts-Kirche und der Bischöfl. Pallast: Im Norden steht der neue Pallast des Präsidenten, die Königliche Justiz-Kammer, das Cabildo, und die Gefängnis.
>
> Außer der Stiffts-Kirche sind deren noch drey, als St. Pauli, St. Annae und St. Isidori, so aber nur klein und wenig besucht werden. Die Mönche haben weit ansehnlichere Kirchen-Gebäude. Es befinden sich aber hieselbst VIII Manns-Clöster/nemlich III von Franciscanern/zwey von Jesuiten/eines von Brüdern der Barmhertzigkeit/eines von St. Jean de Dieu, und eines von Dominicanern. Andere Geistliche Orden finden sich in gantz Chili nicht. Der Nonnen-Clöster hats fünfe: Eines mit Carmeliterinnen/eines mit Augustinerinnen/eines der Seeligen/so eine Schwesterschafft gleichfals des heil. Augustini ist, und dann zwey vom Orden St. Clara. Alle die Clöster sind starck besetzt, und es giebt unter ihnen etliche, so über zweyhundert Persohnen unterhalten.
>
> Das Inquisitions-Gericht von Chili hat hier ebenmässig seinen Sitz. Der Oberste davon hat seine Wohnung zu Santjago, seine Bediente aber stecken hier und dar in allen Städten und Dörffern seines geistlichen Gebiets. Ihre meiste Arbeit ist die Untersuchung der Erscheinungen der wahren oder auch nur vermeintlichen Zaubereien, und gewieser vor die Inquisition gehöriger Verbrechen, als der Vielweiberey u.s.f.[5]

1782 erschien in deutscher Übersetzung eine Landesbeschreibung von Chile, die von dem Übersetzer C.J. Jagemann dem Jesuiten Felipe Gomez de Vidaurre zugeschrieben wurde: *Des Herrn Abts Vidaure Kurtz gefaßte geographische, natürliche und bürgerliche Geschichte des Königreichs Chile.*[6] Der 27. Abschnitt handelt über »Santiago oder S. Jacob«:

---

[4]   Wir berücksichtigen nur solche Schriften, die mehrfach übersetzt wurden und in großen deutschen Bibliotheken greifbar waren; unberücksichtigt lassen wir nur auf spanisch erschienene, wie etwa die sonst bekannte Geschichte Chiles von Alonso de Ovalle, *Historica relacion del regno de Chili, y de las missiones, y ministerios que exercita en el la Compañia de Jesus [...]*, Rom 1646. In deutschen Bibliotheken konnten wir die folgende deutsche Übersetzung eines weiteren Buches über Chile von J. Molina nicht nachweisen: *Geschichte der Eroberung von Chili durch die Spanier*, nach dem Italienischen des Herrn Abts J. Ignaz Molina, Leipzig, bei Friedrich Gottlob Jacobaer 1791 (Übers. von: J. Molina, *Saggio sulla storia civile del Cili*, Bologna 1787). Zur Frage, ob auch das Buch von Vidaurre Molina zuzuschreiben sei, vgl. Anm. 6.

[5]   Amédée Francois Frezier: Allerneueste Reise nach der Süd-See/und denen Küsten von Chili, Peru und Brasilien. Aus dem Frantzösischen übersetzet. Hamburg: Thomas von Wierings Erben 1718, S. 130 und 135.

[6]   Wir halten uns an diese Zuschreibung der Übersetzung, wenngleich wahrscheinlich nicht Vidaurre sondern Molina als Verfasser anzusehen ist, weil diese Ursprungsfragen in unserem Zusammenhang unerheblich sind. Der *Manual del librero hispanoamericano*, hrsg. von Antonio Palan y Dulcet, 2. Aufl., Bd. 9, Barcelona 1956, S. 477, nennt für Jagemanns Übersetzung folgendes Original: Juan Ignacio de Molina,

Diese schöne Stadt, welche Santiago, oder S. Jacob genannt wird, liegt [...] in einer weiten und an-
genehmen Ebene, auf dem südlichen Ufer des Mapocho [...]. Ihre Straßen sind wie in allen andern
Städten und Flecken 36 geometrische Fuß breit, grade und rechtwinkelicht durchschnitten. Sie hat
einen viereckigten Marktplatz, von welchem eine jede Seite 450 Schuh lang ist, und in dessen Mitte
ein schöner Springbrunn von Kupfer stehet. Die nördliche Seite desselben ist von den Pallästen des
Präsidenten, der Audienzia, und von dem Rathhause der Bürgerschaft, unter welchem die öffentliche
Gefängnisse sind, eingenommen. Gegenüber stehet der Pallast des Grafen von Sierrabella, auf der
westlichen Seite der Dom und die bischöfliche Wohnung; und auf der östlichen sind drey Häuser,
welche Privat-Einwohner zugehören. Die Ansehnlichsten unter den Gebäuden sind der Dom, die
Kirche der Dominikaner, und jene des ehemaligen größten Kollegiums der Jesuiten. Die privat Häuser sind ziemlich schön, und wegen der öftern Erdbeben nur ein Stockwerk hoch. [...] Dagegen sind
der Klöster desto mehr; denn die Dominikaner haben ihrer zwey, die Franziskaner vier, die Augusti-
ner zwey, die Väter der Erlösung zwey, die barmherzigen Brüder eins mit ihrem Hospital. Die Jesuiten hatten hier drey Collegien mit öffentlichen Schulen, wo auch die höhern Wissenschaften ge-
lehrt wurden, und ein Haus, welches zu den geistlichen Exercitien bestimmt war. Es sind hier auch 7
Nonnenklöster, ein Zuchthaus für Weiber, ein Waisenhaus, ein adeliches Kollegium, welches ehe-
dem unter der Aufsicht der Jesuiten war [...]. In dieser Hauptstadt blühet ein zahlreicher Adel, der
hier mit allen den Titeln und Ordenzeichen prangt, die in Kastilien üblich sind. Es war dieß der Ge-
burtsort Sr. Exellenz Don Ferdinando Andia Irarrazabal, Marquis zu Valparaiso und Grand
d'Espagne, dessen Geschlecht nicht nur hier, sondern auch in Spanien blühet. Weil hier von allen
Provinzen, als zu ihrem Mittelpunkt, die Bedürfnisse eines bequemen Lebens zusammenfließen, so
macht sie der Ueberfluß wohlfeil.[7]

Von Giovanni Ignazio Molina stammen zwei Bücher über Chile: *Saggio sulla storia naturale del Cili*, Bologna 1782 (deutsch 1786), sowie *Saggio sulla storia civile
del Cili*, Bologna 1787 (deutsch 1791: *Geschichte der Eroberung von Chili durch
die Spanier*), die meist zusammen übersetzt wurden (französisch 1789; spanisch
1788-95; englisch 1808). Die deutsche Übersetzung der Naturgeschichte Chiles
dürfte Kleist wahrscheinlich kaum benutzt haben. Erwähnt wird zwar ein vom
Meer wehender Wind (vgl. II, 146), auch das Erdbeben von 1647 (falsch datiert auf
den 13. März; S. 26), insbesondere Molinas Beschreibung der Bauweise von Santiago, die Sicherheit bei Erdbeben bieten soll, weicht aber von Kleists Darstellung
ab:

Die Eingebornen haben, um ihre Person in Sicherheit zu setzen, die Städte so gebauet, daß sie alle
den Zufällen, welche durch ein solches Unglück hervorgebracht werden könnten, angemessen sind.
Die Straßen sind so breit, daß, wenn die Häuser von beyden Seiten zusammenfielen, sie sich doch
nicht berühren würden, sondern in der Mitte einen hinlänglich freyen Platz für diejenigen übrig lassen würden, welche sich dahin flüchteten.[8]

Zusammenfassend können wir festhalten, daß Kleist mit Sicherheit einige rudi-
mentäre geographische Kenntnisse über Chile und Santiago aus zeitgenössischen

---

*Compendio della Storia Geografica, Naturale e Civile del Regno del Cile*, Bologna 1776. Unklar ist, ob es
sich dabei nicht doch um eine italienische Übersetzung eines spanischen Originals (von Vidaurre?) handelt,
zumal Molina sonst mit zwei anderen Büchern über Chile hervorgetreten ist, die meist zusammengefaßt in die
anderen europäischen Sprachen übersetzt wurden.

[7]    Des Herrn Abts Vidaure Kurtz gefaßte geographische, natürliche und bürgerliche Geschichte des Königreichs Chile, aus dem Italienischen ins Deutsche übersetzt von C.J. Jagemann. Hamburg: C.E. Bohn 1782, S.
172-175.

[8]    J. Ignatz Molina: Versuch einer Naturgeschichte von Chili. Aus dem Italienischen übersetzt, von J. D.
Brandis. Leipzig: Friedrich Gotthold Jacobaer 1786, S. 28.

Berichten gewonnen hat, daß er die historischen und geographischen Angaben im Text aber lediglich als äußerliche Orientierungsdaten verwandte. Jedenfalls war er nicht sonderlich um historische Detailtreue bemüht und hat sich auch nicht durch ein spezifisch chilenisches Lokalkolorit anregen lassen: sein Santiago könnte auch eine andere Stadt sein, und das Tal vor Santiago weist alle Züge eines gezielt literarisch stilisierten locus amoenus auf. Wichtig war für ihn vor allem wohl die Verquickung von kirchlichem und staatlichem Rechtsvollzug, wofür die Inquisition in den spanischen und iberoamerikanischen Ländern zum Inbegriff geworden war. Äußerliches Anzeichen für Macht und Einfluß der katholischen Kirche war die große Zahl der Kirchen, Orden und Klöster, wie sie etwa der Reisebeschreibung von Frezier entnommen werden konnte. In dieser Hinsicht mag Santiago für Kleist als ein nach Südamerika verlegtes Würzburg erschienen sein, über das er seiner Verlobten Wilhelmine von Zenge am 11. September 1800 im Duktus aufklärerischen Protestantismus geschrieben hatte (II, 554):

> Das Ganze hat ein echt katholisches Ansehn. Neun und dreißig Türme zeigen an, daß hier ein Bischof wohne, wie ehemals die ägyptischen Pyramiden, daß hier ein König begraben sei. Die ganze Stadt wimmelt von Heiligen, Aposteln und Engeln, und wenn man durch die Straßen geht, so glaubt man, man wandle durch den Himmel der Christen. Aber die Täuschung dauert nicht lang. Denn Heere von Pfaffen und Mönchen, buntscheckig montiert, wie die Reichstruppen, laufen uns unaufhörlich entgegen und erinnern uns an die gemeinste Erde.

## II. Das Erdbeben von Lissabon 1755 und die folgende philosophische Diskussion

Das bedeutendste und meistbeachtete Erdbeben des 18. Jahrhunderts war zweifellos das von Lissabon am 1. November 1755 (Allerheiligen). In allen europäischen Ländern und Sprachen erschienen Berichte über die Ereignisse des Bebens, welches so stark war, daß man seine Ausläufer und Auswirkungen noch in Nordeuropa spürte. Das Erdbeben löste eine nachhaltige, in zahlreichen Schriften ausgetragene theologische und philosophische Debatte aus und bekam durch diese öffentliche Diskussion den Rang eines weltgeschichtlichen Ereignisses für das 18. Jahrhundert, das in seinem Gewicht wohl nur mit der Französischen Revolution von 1789 vergleichbar ist. Kleist konnte gewiß sein, daß die Leser seiner Erdbebengeschichte mit den Grundzügen der Diskussion, die das Erdbeben von Lissabon nach sich zog, vertraut waren.

Als »außerordentliches Weltereignis« bezeichnete Johann Wolfgang von Goethe einige Jahre später (1811) das Erdbeben von Lissabon, auf das er in seinen Lebenserinnerungen *Dichtung und Wahrheit* (1. Teil, 1. Buch) selbstverständlich zu sprechen kam. Was Goethe als Erinnerung eines Sechsjährigen beschreibt, ist freilich mehr eine abgeklärte Zusammenfassung, geschrieben aus der geschichtlichen Di-

stanz und mit Rücksicht auf die nachfolgende öffentliche Diskussion.[9] Für seine
Darstellung hatte Goethe am 1.5.1811 aus der Weimarer Bibliothek einen der vielen Berichte über das Lissaboner Erdbeben ausgeliehen: *Beschreibung des Erdbebens, welches die Hauptstadt Lissabon und viele andere Städte [...] umgeworfen
[...]*, Danzig 1756. Es ist durchaus möglich, daß Kleist einen vergleichbaren Bericht herangezogen hat (so verzeichnet z.B. der alte Sachkatalog der Berliner
Staatsbibliothek neben dem Danziger Buch von 1756 etwa 20 einschlägige Titel),
um dann unter Abwandlung der Details die Ereignisse nach Chile zu verlegen. In
den Berichten über das Erdbeben in Santiago 1647 ist jedenfalls nicht – wie in
Kleists Erzählung (vgl. II, 151) – von Plünderungen die Rede, wohl aber bei Goethe in Hinblick auf Lissabon.

Die theologische und philosophische Debatte kreiste um die Frage, die auch Goethe
rückblickend stellte, ob und wie sich das Erdbeben als Ausdruck des göttlichen
Willens verstehen lasse. Diese Frage hatte schon der aufgeklärte Bischof von Santiago, Gaspar de Villarroel, anläßlich des dortigen Bebens ins Zentrum seiner theologischen Erörterungen gestellt – und sie zurückgewiesen, was zustimmend in der
Diskussion um das Erdbeben von Lissabon zitiert wurde.[10]

Ereignisse wie das Erdbeben von Lissabon waren dazu angetan, die Bemühungen
um eine Theodizee, also den Versuch einer Rechtfertigung Gottes trotz des in der
Welt vorhandenen Übels, ebenso zu provozieren wie zu erschüttern. Von deutscher
Seite aus war vor allem der Philosoph Gottfried Wilhelm Leibniz mit seinen Essays
zur »Theodizee« (1710 zuerst französisch erschienen; der Begriff »Theodizee«
wurde von Leibniz geprägt) an der theoretischen Begründung einer philosophischen Doktrin beteiligt, die die bestehende Welt als die beste aller möglichen Welten erklären will und das vorhandene partikulare Übel im Zusammenhang eines
größeren Ganzen relativiert. Diese philosophische Lehre des ›Optimismus‹, die
insbesondere noch von Alexander Pope in dem Poem »An Essay on Man« (1733-
34) vertreten wurde, geriet im Anschluß an das Erdbeben von Lissabon ins Kreuz-
feuer der Kritik. Unmittelbar voraufgegangen war im Jahre 1755 eine Preisfrage
der Berliner Akademie der Wissenschaften:»Gefordert wird die Untersuchung des
Popeschen Systems, wie es in dem Lehrsatz ›Alles ist gut‹ enthalten ist«, der auch
der französische Philosoph Voltaire Interesse entgegenbrachte – nicht zuletzt wegen seiner erst freund-, dann feindschaftlichen Bekanntschaft mit dem preußischen
König, Friedrich II., und seiner Abneigung gegen den französischen Präsidenten

---

[9]   Vgl. Goethe HA, Bd. 9, S. 29-31.
[10]   Vgl. dazu: T.D. Kendrick: The Lisbon Earthquake, London 1956, S. 67 f. (Villarroel wurde von José
Cevallos zustimmend zitiert.)

der Berliner Akademie, Maupertuis.[11] Voltaire, der sich nicht an der Beantwortung
der Preisfrage beteiligte, hatte früher selbst mit dem radikalen metaphysischen
Optimismus geliebäugelt, wie ihn Alexander Pope vertrat (»All partial Evil, universal Good«; »Whatever is, is right«), geriet unter dem Eindruck des Erdbebens
von Lissabon in grundlegenden Zweifel am Optimismus. Er schrieb ein umfangrei-
ches »Gedicht über die Katastrophe von Lissabon« (»Poème sur le desastre de Lisbonne«), dem er den Untertitel gab: »Untersuchung des Axioms ›Alles ist gut‹«,
womit er also die Preisfrage der Berliner Akademie über den »Lehrsatz ›Alles ist
gut‹« unmittelbar aufgriff. Das Gedicht erschien Anfang 1756 im Druck und erreichte eine außerordentliche Verbreitung in ganz Europa, allein im Jahr 1756
erschienen etwa 20 Ausgaben.[12]

Voltaire zielte mit seinem Gedicht darauf ab, daß das Übel des Erdbebens und das
dadurch verursachte Leid als solches hingenommen werden müsse, und nicht durch
spitzfindige Erklärungen des philosophischen Optimismus harmonistisch verklärt
werden dürfe. Er konfrontierte die verschiedenartigen theologischen und philosophischen Interpretationen und Erklärungen des Erdbebens, allen voran die »Alles
ist gut«-These des Optimismus, mit einer Beschreibung des realen Elends, das
durch das Erdbeben hervorgerufen wurde, um die Haltlosigkeit aller Erklärungs-
versuche vor Augen zu führen. Das Gedicht ist dabei durchweg als pathetische
Rede gehalten, die sich an die irrenden Philosophen des Optimismus richtet:

> Getäuschte Philosophen, die rufen: *alles ist gut.*
> Kommt her, seht die furchtbaren Ruinen,
> Die das Elend bezeugenden Trümmer, Überreste und Aschehaufen,
> Die Frauen, die Kinder, einer über dem anderen liegend,
> Die unter Marmorstücken zerstreuten Glieder:
> Hunderttausend Unglückliche, die die Erde verschlingt,
> Die blutend, zerrissen und noch zuckend
> Unter ihrem Dach begraben, ohne Hilfe
> In den entsetzlichsten Qualen ihre jammervollen Tage beenden.
> Sagt Ihr zu den unartikulierten Schreien ihrer versagenden Stimmen,
> Zu dem schrecklichen Schauspiel ihrer brennenden Überreste,
> Dies sei die Wirkung der ewigen Gesetze,
> Die von einem freien und guten Gott notwendig diese Wahl herausfordern?
> Sagt Ihr beim Anblick dieser vielen Opfer:
> Gott hat sich gerächt, ihr Tod ist der Preis für ihre Verbrechen?
> Welches Verbrechen, welchen Verstoß haben diese Kinder begangen,

---

[11]    Vgl. zu diesen Zusammenhängen näher: Wilhelm Lütgert: Die Erschütterung des Optimismus durch das
Erdbeben von Lissabon 1755. Gütersloh 1901, sowie Weinrich 1971, S. 64-76. Wir folgen hier den Darstellungen von Lütgert und Weinrich. Bourke (1983) hat diese Zusammenhänge nochmals dargestellt und
Ergänzungen zu der grundlegenden älteren Arbeit von Lütgert geleistet. An Lütgert war auch Weinrich
orientiert, den Bourke offenbar übersehen hat. Bourke hat zuerst die Verbindung von Voltaire zu Kleist in
ihrer grundsätzlichen Bedeutung erkannt, die direkte Beziehung dabei doch überzeichnet. Danach hat Hamacher (in Wellbery 1985) Kleists Erzählung im Kontext der philosophischen Debatten des 18. Jahrhunderts
interpretiert und mit Recht als eine »Replik« auf Voltaires *Candide* bezeichnet. Vgl. danach Ledanff 1986.
[12]    Nach: Theodore Bestermann: Voltaire et le Desastre de Lisbonne: ou, La mort de l'optimisme. In:
Studies on Voltaire and the 18th Century, Bd. 2. Genf 1956. S. 7-24, hier S. 20 f.

Die auf dem Schoß ihrer Mutter zerschmettert sind und verbluten?
Gab es in Lissabon, das nicht mehr ist, mehr Laster
Als in London, in Paris, wo man sich ins Vergnügen stürzt?
Lissabon ist versunken und man tanzt in Paris.
[...]
Also leiden alle Teile der Welt an ihr;
Alle sind geboren um zu leiden, einer nach dem anderen gehen sie zugrunde:
Und Ihr wollt in diesem fatalen Chaos
Das Unglück jedes einzelnen ein allgemeines Glück nennen?
Was für ein Glück! oh wie sterblich, schwach und elend es ist!
Ihr ruft mit kläglicher Stimme: *alles ist gut,*
Doch das Weltall straft Euch Lügen und Euer eigenes Herz
Hat sich hundertmal gegen den Irrtum Eures Geistes gewehrt.

Elemente, Tiere und Menschen – alles liegt miteinander im Krieg.
Man muß es bekennen: das Übel ist in der Welt:
Seinen verborgenen Ursprung können wir nicht erforschen.
Sollte das Übel vom Schöpfer alles Guten gekommen sein?
[...]
Die Natur ist stumm, man befragt sie vergeblich.
Man braucht einen Gott, der zu den Menschen spricht.
Es fällt allein ihm zu, seine Schöpfung zu erklären,
Den Schwachen zu trösten, den Weisen aufzuklären.
Der Mensch ist ohne ihn im Zweifel, im Irrtum und verlassen,
Sucht vergeblich den rettenden Strohhalm.
[...]
Unsere Hoffnung ist, daß eines Tages alles gut sein wird;
Daß schon heute alles gut sei, ist Illusion.
Die Weisen haben mich getäuscht, und GOTT allein hat recht.[13]

Mit Voltaires Gedicht ist in geistesgeschichtlicher Hinsicht ein entscheidender
Schritt gegen den im Gottesglauben fundierten Optimismus der Aufklärung getan
und eine Wende zum aufgeklärten Pessimismus oder Skeptizismus eingeleitet. Da
Voltaire im Prinzip aber weiterhin am Gottesglauben festhält, bleibt das Phänomen
des Erdbebens letztendlich unerklärbar. In der Welt, heißt es in der Vorrede zum
Gedicht, gebe es gleichermaßen Gutes wie Schlechtes, und kein Philosoph habe jemals den Ursprung des moralischen Übels (in der Beziehung der Menschen untereinander) oder des physischen (in der Konfrontation von Mensch und Natur) erklären können. Der Stärke Voltaires, die harmonistischen Deutungen zurückzuweisen,
steht die Schwäche gegenüber, keinerlei Deutung mehr geben zu können – auf
Grund des Festhaltens am Gottesglauben. An dieser Schwäche setzte die Kritik von
Jean Jacques Rousseau an.

Rousseau antwortete auf das Gedicht mit einem längeren »Brief an Herrn von Voltaire« vom 18. August 1756, den er direkt an Voltaire schickte und der 1760 zuerst
ohne Rousseaus Wissen publiziert, mit seiner Billigung 1764 in eine Ausgabe seiner Werke aufgenommen wurde. Die erste deutsche Übersetzung erschien 1779.

---

[13]    Voltaire: Poème sur le desastre de Lisbonne en 1755. In: Œuvres complètes de Voltaire. Bd. 12. Gotha:
Ettinger 1785, S. 118-124. [Übers.: Hedwig Appelt].

Gegen Ende seiner Argumentation kommt Rousseau auf den Kern der Sache zu sprechen, die Frage nach dem Dasein Gottes, und hält Voltaire entgegen, daß er sich auf falschem Terrain bewege: was Voltaire erörtere, sei letztlich eine Glaubensfrage, und könne folglich nicht Gegenstand einer philosophischen Erörterung sein:

Wenn ich diese verschiedenen Fragen zu ihrem allgemeinen Grundsatz zurückführe, so scheint es mir sie beziehen sich alle auf die Frage von dem Daseyn Gottes. Wenn ein Gott ist, so ist er vollkommen; wenn er vollkommen ist, so ist er weise, mächtig, und gerecht; wenn er weise, und mächtig ist, so ist alles gut; wenn er gerecht und mächtig ist, so ist meine Seele unsterblich; wenn meine Seele unsterblich ist, so sind dreissig Jahre Leben nichts für mich, und sind vielleicht zu Erhaltung des Weltalls nothwendig. Wenn man mir den ersten Satz zugesteht, so wird man niemals die folgenden erschüttern; wenn man ihn läugnet, so muß man über die Schlußfolgen nicht streiten.

In diesem letztern Falle sind weder Sie, noch ich. [...]

Dieses wäre also eine Wahrheit, die wir beyde annehmen, und unter deren Schutze Sie fühlen wie leicht die Lehre von der besten Welt zu vertheidigen, und die Vorsehung zu rechtfertigen ist, und Sie sind der Mann nicht dem man die abgedroschenen, aber gründlichen Vernunftschlüsse, die so oft über diesen Gegenstand gemacht worden sind, wiederholen muß. Was die Philosophen betrift, die meinen ersten Grundsatz nicht eingestehen, so muß man mit ihnen über solche Gegenstände nicht streiten, weil das was für uns ein aus der Empfindung hergeholter Beweis ist, für sie kein klarer Beweis werden kan, und weil es keine vernünftige Rede ist zu einem Menschen zu sagen: Ihr müßt dieses glauben, weil ich es glaube. Sie von ihrer Seite müssen nicht mit uns über dergleichen Gegenstände streiten, weil sie nur Folgsätze des Hauptsatzes sind, den ein redlicher Gegner ihnen kaum entgegensetzen darf, und weil sie ihrerseits Unrecht hätten zu fordern man soll ihnen den Folgsatz, abgerissen von dem Satze der ihm zum Fundament dient, beweisen. Noch aus einem anderen Grunde sollen sie es nicht. Nemlich weil es eine Unbarmherzigkeit ist friedfertige Seelen zu verwirren, und die Menschen ohne einigen Nutzen zu bekümmern, wenn das so man sie lehren will weder gewiß, noch nützlich ist. Mit einem Wort', ich denke, daß nach ihrem Beyspiel, man den Aberglauben, der die Gesellschaft beunruhiget, nicht zu stark angreiffen, und der Religion, die sie aufrecht erhält, nicht zu grosse Achtung bezeugen könne.[14]

Mit dem Grundproblem, der Frage nach dem Dasein Gottes, hatte Rousseau den eigentlichen, oft unausgesprochenen Kern der Diskussionen über das Erdbeben von Lissabon benannt. Seine weltgeschichtliche Bedeutung erlangte dies Ereignis als Markierungspunkt im geistesgeschichtlichen Prozeß der Abschaffung Gottes. Rousseau will mit Voltaire noch am Gottesglauben festhalten, was aber dazu führt, daß das Erklärungsterrain ausgeschritten ist und unauflösliche Widersprüche zurückbleiben. Kleist, in dessen Erdbeben-Erzählung diese Fragen stets gegenwärtig sind, fügt auf dem Weg zur Verabschiedung Gottes noch eine weitere Nuance hinzu, wenn er sagt: »Es kann kein böser Geist sein, der an der Spitze der Welt steht: es ist ein bloß unbegriffener!« (II, 766 u. 768), womit gewissermaßen das Problem in der Debatte zwischen Rousseau und Voltaire aus anderer Perspektive benannt ist. Kleists unbegreifbarer Gott ist der verborgene, der *deus absconditus*.[15] Übrigens

---

[14] Jean Jacques Rousseau: Kleine Schriften. Aus dem Französischen. Tl. 1. Heidelberg. Gebrüder Pfähler 1779. S. 329-332.
[15] Vgl. dazu die Interpretation von Altenhofer in Wellbery 1985, S. 52.

schrieb Kleist den Satz in zwei Briefen vom August 1806, also zur möglichen Entstehungszeit des *Erdbebens*.

Rousseau drängte gegenüber Voltaire also vor allem auf eine Terraineinhaltung der Philosophie: sie solle sich nicht auf Gebiete der Glaubensfragen begeben, die sie nichts angingen. Auch Voltaires angestrengte Widerlegung des Optimismus sei vergebene Liebesmüh, weil er sich von Leibniz und Pope aufs falsche Gelände habe locken lassen:

Um wieder, mein Herr, zu dem Lehrgebäude, das Sie angreiffen zurück zukehren, so glaub' ich man könn' es nicht anderst schicklich untersuchen, als wenn man sehr sorgfältig das besondere Uebel, dessen Würklichkeit niemals kein Philosoph geläugnet hat, von dem allgemeinen Uebel das der Optimist läugnet, unterscheidet. Es ist nicht davon die Rede, zu wissen, ob jeder von uns leidet, oder nicht; sondern ob die Schöpfung eines Weltalls gut war, und ob in der Anordnung dieses Weltalls unsere Uebel unausweichlich waren. Also würde, wie mir scheint, der Zusatz eines Artikels, den Lehrsatz richtiger bestimmen; und anstatt des Alles ist gut, würd' es vielleicht besser seyn zu sagen, das Ganze ist gut, oder Alles ist gut für das Ganze. Alsdenn ist augenscheinlich, daß kein Mensch weder dafür, noch dawieder bündige Beweise geben könnte; denn diese Beweise hangen von einer vollkommenen Kenntniß der Anordnung der Welt, und des Endzwecks ihres Urhebers ab, und diese Kenntniß übersteigt unstreitig den menschlichen Verstand. Die wahren Grundsätze der Lehre von der besten Welt, können weder von den Eigenschaften der Materie, noch von der Mechanick des Weltalls, sondern nur allein von den Schlußsätzen der Vollkommenheiten Gottes, der alles regieret, abgezogen werden: so daß man nicht durch Popens Lehrgebäude das Daseyn Gottes, sondern Popens Lehrgebäude durch das Daseyn Gottes beweist; und unstreitig ist die Frage von dem Ursprung des Uebels von der Frage der Vorsehung hergeleitet worden. Wenn nun von diesen beyden Fragen die eine so schlecht, als die andere behandelt worden ist, so rührt es daher daß man über die Vorsehung immer so elend geredet hat, daß das ungereimte so man davon gesagt hat, alle Folgerungen die man aus dieser grossen und tröstlichen Lehre hätte ziehen können, sehr in Verwirrung gebracht hat.

Die ersten die die Sache Gottes verdorben haben sind die Priester, und die Andächtler, die nicht leiden daß etwas nach der eingeführten Ordnung geschehe, sondern die immer in bloß natürliche Begebenheiten die göttliche Gerechtigkeit einmischen, und die, um ihrer Sache gewiß zu seyn, je nachdem es sich zuträgt, mit gutem oder mit bösem, ganz gleichgültig entweder die Bösen straffen und züchtigen, oder die Frommen bewähren oder belohnen. Ich meiner seits weiß nicht ob diß eine gute Gottesgelehrtheit ist; allein ich finde es sey eine elende Art zu untersuchen, wenn man die Beweise für die Vorsehung gleichgültig auf das so dafür und auf das so dawider ist, gründet, und ihr ohne Wahl alles, was auch ohne sie gleich geschehen könnte, beymißt.

Die Philosophen ihrer Seits scheinen mir nicht viel vernünftiger, wenn ich sie den Himmel dafür nehmen sehe daß sie noch Leiden unterworfen sind, wenn ich sie ausruffen höre, alles ist verloren, wenn sie Zahnweh haben, oder arm sind, oder wenn man sie bestiehlt, oder wenn ich sie, wie Seneca sagt, Gott die Wache über ihr Felleisen auftragen sehe. Wenn irgend ein tragscher Zufall Cartouchen, oder Cesarn in ihrer Kindheit dahin geraft hätte, wo würde man gesagt haben: Welche Verbrechen hatten sie begangen? Diese beyden Strassenräuber haben gelebt, und wir sagen? Warum sind sie beym Leben geblieben? Hingegen wird ein Frommer im ersten Falle sagen: Gott wollte den Vater straffen indem er ihm sein Kind entriß; und im zweyten: Gott erhielt das Kind dem Volke zur Züchtigung. So hat bey den Frommen, welche Parthey auch die Natur ergriffen haben mag, die Vorsehung immer recht, und bey den Philosphen immer unrecht. Vielleicht hat sie in der Ordnung der Dinge weder Recht, noch Unrecht, weil alles an dem allgemeinen Gesetze hängt, das für niemanden eine Ausnahme macht. Es ist zu vermuthen, daß die besondern Begebenheiten hierunten in den Augen des Beherrschers der Welt nichts sind, daß seine Vorsehung nur überhaupt sorget, daß er sich begnügt die Geschlechter und Gattungen zu erhalten, und alles zu regieren, ohne sich über die Art wie jedes einzelne Wesen dieses kurze Leben zubringt, zu bekümmern.[16]

Voltaires Widerlegung der philosophischen Lehre des Optimismus, so Rousseau, sei philosophisch gesehen irrelevant, sie führe bloß dazu, daß die Linderungen und der Trost genommen würden, die die optimistischen Lehren wenigstens noch spenden könnten. Statt sich mit Glaubensfragen herumzuschlagen, legt Rousseau Voltaire eine andere Betrachtungsweise des Erdbebens nahe, eine, die darauf zielt, Naturphänomene für sich zu belassen, und das Augenmerk statt dessen auf geschichtliche Phänomene zu richten:

> Ohne Ihren Gegenstand von Lissabon zu verlassen, gestehn Sie mir zum Beyspiel, daß nicht die Natur zwanzigtausend Häuser von sechs bis sieben Stockwerken zusammen gebaut hatte, und daß wenn die Einwohner dieser grossen Stadt gleichmässiger zerstreut, und leichter beherbergt gewesen wären, so würde die Verheerung weit geringer, und vielleicht gar nicht begegnet seyn. Bey der ersten Erschütterung würde alles geflohen seyn, und des Morgens darauf hätte man sie auf zwanzig Stunden von da, eben so munter gesehen, als ob nichts begegnet wäre; allein man muß bleiben, man muß um diese Trümmer herum sich verweilen, man muß sich neuen Erschütterungen bloß setzen, weil das so man daselbst zurück läßt kostbarer ist, als das, so man mit sich nehmen kan. Wie viel unglückliche sind nicht bey diesem Unfall umgekommen, weil der eine seine Kleider, der andere seine Papyre, ein anderer sein Geld retten wollte? Weiß man nicht daß die Person jedes Menschen der geringste Theil seines Selbsts geworden ist, und daß es sich bey nahe nicht der Mühe lohnt sie zu retten, wenn man alles übrige verloren hat?
>
> Sie hätten gewünscht, und wer hätt' es nicht mit Ihnen gewünscht? daß dieses Erdbeben eher mitten in einer Wüste als in Lissabon geschehen wäre. Läst sich zweifeln daß es auch in Wüsteneyen Erdbeben gebe? Allein wir reden nicht davon, weil sie den Herren in den Städten nichts schaden, die einigen Menschen, die wir unserer Bemerkung wehrt achten; selber den Thieren und den Wilden, die zerstreut in einsammen Gefilden wohnen, und die weder den Fall der Dächer, noch den Einsturz der Häuser fürchten, schaden sie wenig. Allein das würde ein solches Vorrecht bedeuten? Sollte es sagen wollen, die Ordnung der Welt soll nach unserm Eigensinn sich ändern, die Natur soll unsern Gesetzen unterworfen seyn, und um ihr an irgend einem Orte ein Erdbeben zu verbieten, dürfen wir nur eine Stadt darauf bauen?
>
> Es giebt Begebenheiten die uns oft, je nach den Gesichtspuncten, unter denen wir sie betrachten mehr, oder weniger rühren, und die viel von dem Abscheu, den sie uns beym ersten Anblick einflössen, verlieren, wenn man sie in der Nähe untersuchen will. Aus dem Zadig hab' ich gelernt, und von Tag zu Tage bestätigt mirs die Natur, daß ein plötzlicher Tod nicht immer ein würkliches Uebel ist, und daß er bisweilen für ein verhältnißmässiges Glück angesehen werden kan. Von so viel unter dem Schutte von Lissabon erschlagenen Menschen, sind sonder Zweifel viele, noch grösseren Unglucksfällen entronnen, und ungeachtet dessen, was eine solche Beschreibung rührendes, und für die Dichtkunst fruchtbares haben mag, ists noch ungewiß ob ein einiger dieser unglücklichen mehr gelitten habe, als, wenn er nach dem gewöhnlichen Lauf der Dinge in langen Bangigkeiten den Tod, der ihn itzo überrascht hat, erwartet hätte, kan man sich ein traurigeres Ende denken, als das Ende eines sterbenden den man mit unnützer Pflege überhäuft, den ein Notarius und die Erben nicht mehr zu Athem kommen lassen, den die Aerzte nach ihrem Belieben in seinem Bette ermorden, und dem barbarische Priester den Tod künstlich kosten lassen? Ich meinerseits sehe allenthalben, daß das Elend, dem uns die Natur unterwirft, weit weniger grausam ist, als das so wir selber hinzuthun.[17]

Diese andere Betrachtungsweise läßt Rousseau am Ende seines Briefes in die Aufforderung münden, ein anderes Buch zu schreiben, in dem gesellschaftliche und

---

[16]    Rousseau: Kleine Schriften (wie in Anm. 14), S. 323-327.
[17]    Ebda, S. 306-309.

staatliche Fragen reflektiert werden. Wie er vorher philosophische und Glaubensfragen klar geschieden wissen wollte, sollen durch ein derartiges Buch die Terrains
von Religion und Politik, sollen Staat und Kirche getrennt werden:

> Ich wollte also, daß man in jedem Staate ein sittliches Gesetzbuch, oder eine Art von bürgerlichem
> Glaubensbekenntniß hätte, welche bestimmt die gesellschaftlichen Maximen die jeder verbunden
> wäre, anzunehmen, und verneinend die schwermerischen Maximen, die man genöthigt wäre, zwar
> nicht als gottlos, sondern als aufrührisch zu verwerfen, enthielten. Folglich würde jede Religion, die
> sich mit diesem Gesetzbuche vertragen könnte, gestattet; jede Religion, die sich nicht vertra-
> gen könnte, verbannt seyn: und jeder hätte die Freyheit keine andere als das Gesetzbuch selber zu
> haben. Dieses Werk, sorgfältig ausgearbeitet, würde, wie mir scheint, das nützlichste Buch seyn so
> jemals geschrieben worden ist, und vielleicht das einige den Menschen nothwendige. Hier, mein
> Herr, eine Materie für Sie. Lebhaft würd' ich wünschen, daß Sie dieses Werk unternehmen, und mit
> Ihrer Dichtkunst verschönern möchten, damit es jedermann mit leichter Mühe auswendig lernen
> könnte, und es von Jugend auf in alle Herzen, diese Gesinnungen von Sanftmuth und Menschenlie-
> be, die in allen Ihren Schriften glänzen, und die immer den Andächtigen mangelten, einflössen
> möchte. Ich ermahne Sie diesem Entwurf, der wenigstens Ihrer Seele gefallen muß, nachzudenken.
> Sie haben uns in Ihrem Gedicht über die natürliche Religion den Catechismus des Menschen gege-
> ben: geben Sie uns itzo in dem, so ich Ihnen vorschlage, den Catechismus des Bürgers. Ein Gegen-
> stand ist dieses zu langem Nachdenken, und vielleicht für das letzte Ihrer Werke aufzusparen, damit
> Sie durch eine Wohlthat für das menschliche Geschlecht, die glänzendeste Laufbahn, die jemals ein
> Gelehrter durchloffen hat, vollenden.[18]

Voltaires Antwort geriet scharf, fast schon boshaft; seither gingen er und Rousseau
getrennte Wege, so daß auch in dieser Hinsicht im Gefolge des Erdbebens von
Lissabon ein Wendepunkt der europäischen Aufklärung zu sehen ist. Am 1. September 1756 kündigte Voltaire lediglich brieflich an, daß er auf Rousseaus Brief
eingehen werde, was 1758 in seinem Roman *Candide oder der Optimismus* geschah. Der Roman erschien 1759 anonym – also noch vor der ersten Veröffentlichung von Rousseaus Brief. Der *Candide* ist eine beißende Satire auf die Optimis-
mus-Philosophie. Voltaire überschüttet seinen jungen Helden Candide mit einer
nicht endenden Kette von Unglück und Katastrophen, gegen die der gutherzige und
einfältige Candide, geleitet von seinem Lehrer, dem Optimismus-Philosophen
Pangloss, unverdrossen die Parole von der besten aller Welten aufrecht erhält. Im
Zuge dieser Unglücksketten gelangen Candide und Pangloss, hinter dem unschwer
Leibniz zu erkennen ist, am Ende des 4. Kapitels zu dem »Wiedertäufer Jacques« –
dessen Identität schon im Namen sich verrät. Der Wiedertäufer Jacques ist ein
Geschäftsmann (eine böse Antwort auf Rousseaus Aufforderung, sich mit ge-
schichtlichen, nicht natürlichen Problemen zu befassen), der den arg lädierten
Leibniz-Pangloss pflegt (was diesen »lediglich ein Auge und ein Ohr« kostet), ihn
zu seinem Buchhalter macht und beide schließlich mit auf eine Geschäftsreise nach
Lissabon nimmt:

> Diese letzten Worte gaben Candid einen Gedanken ein: er warf sich sogleich seinem barmherzigen
> Wiedertäufer Jakob zu Füßen und gab ihm eine so rührende Schilderung von seines Freundes Zu-
> stand, daß der biedere Mann ohne Zaudern den Doktor Pangloß zu sich nahm und ihn auf seine Ko-

---

[18] Ebda, S. 336-337.

sten heilen ließ. Pangloß verlor während der Kur nur ein Auge und ein Ohr. Er schrieb gut und verstand vortrefflich zu rechnen. Der Wiedertäufer Jakob machte ihn deshalb zu seinem Buchhalter. Als er nach Verlauf zweier Monate in Handelsgeschäften nach Lissabon reisen mußte, nahm er seine beiden Philosophen zu sich aufs Schiff. Pangloß erklärte ihm, daß alles auf der Welt vortrefflich eingerichtet sei. Jakob war nicht dieser Ansicht. ›Die Menschen‹, sagte er, ›müssen wohl die ursprünglich vollkommene Natur ein wenig verdorben haben; sie sind nicht als Wölfe geboren, sondern sind erst zu Wölfen geworden; Gott hat ihnen weder vierundzwanzigpfündige Kanonen noch Bajonette gegeben: sie haben Bajonette und Kanonen erst erfunden, um sich gegenseitig umzubringen. Auch die Bankrotte könnte ich erwähnen und die Justiz, die sich der Vermögen der Bankrotten bemächtigt, um die Gläubiger darum zu betrügen!‹ – ›All dieses ist unerläßlich‹, entgegnete der einäugige Doktor, ›das Unglück des einzelnen begründet das Wohl der Gesamtheit, so daß es ums allgemeine Wohl desto besser steht, je mehr privates Unglück es gibt.‹ Während er dergestalt philosophierte, verfinsterte der Himmel sich, aus allen vier Ecken der Welt bliesen die Winde, und angesichts des Hafens von Lissabon wurde das Schiff vom fürchterlichsten Unwetter überfallen.[19]

Beim anschließenden Schiffbruch errettet der gutherzige Wiedertäufer Jacques einen Matrosen, der ihn vorher hatte umbringen wollen, um bei seiner Rettungsaktion selbst über Bord zu gehen und zu ertrinken. Candide und Pangloss aber müssen, kaum glücklich dem Schiffbruch entronnen, das Erdbeben von Lissabon über sich ergehen lassen:

> Kaum jedoch haben sie unter Tränen über den Tod ihres Wohltäters die Stadt betreten, als sie fühlten, daß die Erde unter ihren Füßen zu beben beginnt. Brausend erhebt sich das Meer im Hafen und zerschellt die dort vor Anker liegenden Schiffe. Flammen und Aschenwirbel hüllen Straßen und Plätze ein, Häuser stürzen zusammen, Dächer fallen auf die Mauern, die Mauern zerbersten. Dreißigtausend Einwohner jeglichen Alters und Geschlechts werden unter den Trümmern begraben. Pfeifend und fluchend rief der Matrose: ›Hier gibt's was zu verdienen!‹ – ›Welches mag der zureichende Grund für dieses Naturwunder sein?‹ fragte Pangloß. ›Der Jüngste Tag ist gekommen‹, jammerte Candid. [...] Später beteiligten sie sich wie die andern an der Rettung der Einwohner, die dem Tod entgangen waren. Einige Bürger, denen sie beigestanden hatten, gaben ihnen ein so gutes Mittagessen, wie man es nach einem solchen Unglück irgend beschaffen konnte: wahrlich, das Mahl verlief traurig, die Geladenen benetzten das Brot mit Tränen; Pangloß jedoch tröstete sie, indem er versicherte, die Dinge könnten gar nicht anders sein. ›Denn‹, sagte er, ›all dieses ist so gut wie irgend möglich. Wenn es bei Lissabon einen Vulkan gibt, konnte er nicht anderswo sein. Denn unmöglich ist es, daß die Dinge nicht dort sind, wo sie sind. Denn es ist alles gut.‹

> Ein kleiner, schwarzhaariger, dem Inquisitionskollegium angehörender Mann, der neben ihm saß, ergriff höflich das Wort und sagte: ›Augenscheinlich glauben der Herr nicht an die Erbsünde; denn wenn alles gut ist, gibt es weder Sündenfall noch Strafe.‹[20]

Kaum haben sie das Erdbeben überstanden, als sie wegen der »Alles ist gut«-Parole in die Fänge der Inquisition geraten:

> Nach dem Erdbeben, das Dreiviertel von Lissabon zerstört hatte, wußten die Weisen des Landes kein wirksameres Mittel gegen den völligen Untergang der Stadt zu finden, als dem Volke den Anblick eines schönen Autodafé zu gewähren. Die Universität Coimbra hatte das entscheidende Wort gesprochen, daß das Schauspiel einiger feierlichst auf langsamem Feuer verbrannter Menschen ein unfehlbares Mittel sei, die Erde am Beben zu verhindern.

> Man hatte infolgedessen einen Biskayer aufgegriffen, der der Ehe mit einer Gevatterin überführt worden war, und zwei Portugiesen, die beim Verzehren eines Huhnes den Speck fortgeworfen hatten: und nach Tisch fesselte man den Doktor Pangloß und seinen Schüler Candid, den einen, weil er gesprochen, den andern, weil er mit beistimmender Miene zugehört hatte; beide wurden getrennt in

---

[19]    Voltaire: Candide oder Die Beste der Welten. Übers. von Ernst Sander. Stuttgart 1971, S. 13.
[20]    Ebda, S. 15 f.

zwei außerordentlich kühle Gemächer gebracht, in denen einen die Sonne niemals belästigt. Acht Tage später wurden sie beide mit einem Sanbenito bekleidet, ihre Häupter schmückte man mit Papiermitren. Candids Mitra und Sanbenito waren mit umgekehrten Flammen und mit Teufeln ohne Schwanz und Klauen bemalt; Pangloß' Teufel jedoch hatten Klauen und Schwänze, und die Flammen standen aufrecht. So gekleidet schritten sie in einer Prozession einher und mußten eine sehr pathetische Predigt anhören, der eine schöne Trauermusik folgte. Candid wurde während des Gesanges mit Ruten gepeitscht; der Biskayer und jene beiden, die durchaus keinen Speck hatten essen wollen, wurden verbrannt, und Pangloß hängte man, obschon das sonst nicht Brauch war. Selbigen Tages bebte die Erde noch einmal unter fürchterlichem Getöse.

Entsetzt, bestürzt, seiner Sinne nicht mächtig, über und über blutend und zitternd, sagte Candid sich: ›Wenn dies die beste aller möglichen Welten ist, wie müssen dann erst die andern sein?‹[21]

Im *Candide* ist also, freilich in satirischer Verzerrung, eine grobe Grundstruktur von Kleists Erdbeben-Geschichte vorgegeben: auf das Überstehen der Naturkatastrophe folgt der tatsächliche Untergang im gesellschaftlichen Opfer- und Strafritual. Bei Kleist ist jedoch tragisch gewendet, was bei Voltaire als beißende Philosophiesatire erscheint, wenn er Leibniz-Pangloss und vorher dessen vermeintlichen Fürsprecher Jacques beim Erdbeben von Lissabon untergehen läßt.

Seit Leibniz war in der philosophischen Begrifflichkeit die Unterscheidung zwischen einem natürlichen Übel (»mal physique«), zu dem Erdbeben und andere Naturkatastrophen, auch Epidemien, gehören, und einem moralischen Übel (»mal moral«) üblich geworden, wobei Kriege, Tyrannei, Schreckensherrschaft zu letzterem zählen. Kleist war mit dieser Begrifflichkeit vertraut, auch mit dem Katalog von natürlichen und moralischen Übeln, der in einschlägigen philosophischen Schriften aufgereiht wird, wie einem Brief an die Verlobte Wilhelmine von Zenge vom 15. August 1801 zu entnehmen ist (II, 683):

Was heißt das auch, etwas Böses tun, der Wirkung nach? Was ist *böse*? *Absolut böse*? Tausendfältig verknüpft und verschlungen sind die Dinge der Welt, jede Handlung ist die Mutter von Millionen andern, und oft die schlechteste erzeugt die besten – Sage mir, wer auf dieser Erde hat schon etwas *Böses* getan? Etwas, das böse wäre *in alle Ewigkeit fort* –? Und was uns auch die Geschichte von Nero, und Attila, und Cartouche,[22] von den Hunnen, und den Kreuzzügen, und der spanischen Inquisition erzählt, so rollt doch dieser Planet immer noch freundlich durch den Himmelsraum, und die Frühlinge wiederholen sich, und die Menschen leben, genießen, und sterben nach wie vor.

Im *Candide* (wie auch in Kleists *Erdbeben*) folgt auf das Überstehen des natürlichen Übels (des Erdbebens) der Untergang am moralischen Übel (dort der Inquisition). Dieser Bewegung wohnt dialektisch eine Gegenbewegung inne, denn die Inquisition begreift sich selbst freilich nicht als moralisches Übel, sondern als moralische Rechtsinstanz, die in theologischer Interpretation umgekehrt das natürliche Übel des Erdbebens als Folge (durch Gottes Rache) von moralischen Vergehen ansieht. In theologischer Interpretation erscheint das natürliche Übel als Folge des moralischen (was zwecks Verhütung das Opfer durch die Inquisition nach sich zieht), während dieser Vorgang in philosophischer Interpretation als moralisches

---

[21] Ebda, S. 17 f.
[22] Den Räuber Cartouche erwähnte übrigens auch Rousseau in seinem Brief an Voltaire (vgl. obiges Zitat).

Übel infolge des natürlichen erscheint. Diese Dialektik zweier Interpretationen beherrscht auch Kleists Erzählung, wie ihn überhaupt der Zusammenhang von natürlichen (physischen) und moralischen (gesellschaftlichen) Vorgängen nachdrücklich interessiert hat. In dem Aufsatz *Über die allmähliche Verfertigung der Gedanken beim Reden* (auch 1805-06 in Königsberg entstanden) findet sich dazu eine Überlegung, die für das Verständnis der Werke bedeutsam ist: »Dies ist eine merkwürdige Übereinstimmung zwischen den Erscheinungen der physischen und der moralischen Welt, welche sich, wenn man sie verfolgen wollte, auch noch in den Nebenumständen bewähren würde.« (II, 321).

Kleist interessiert sich also für die Entsprechungen zwischen der physischen und der moralischen Welt. »Lächeln Sie nicht, mein Freund« hatte er schon 1799 im *Aufsatz, den sicheren Weg des Glücks zu finden* an Rühle von Lilienstern geschrieben, »es waltet ein gleiches Gesetz über die moralische wie über die physische Welt.« (II, 308). Keineswegs verlagert sich sich sein Interesse vom Natürlichen zum Moralischen, sondern ist auf das Verhältnis beider gerichtet. Weinrich hat Kleists Erzählung vor dem Hintergrund der philosophischen Diskussion im Sinne der Verlagerung zum Moralischen zu interpretieren versucht.[23] Während Weinrich damit die Erzählung gewissermaßen aus dem Diskussionskontext herauslöst, sieht Bourke die Verbindungslinien wiederum zu eng, indem er einen unmittelbaren Einfluß Voltaires auf Kleist annehmen will.[24] Kleist habe bis 1801 Rousseau nahegestanden, sich dann aber »entschieden auf die Seite Voltaires geschlagen«.[25] Dazu ist anzumerken, daß Bourke (wie fast alle Interpreten des Streits zwischen Voltaire und Rousseau) die Bedeutung der Argumentation von Rousseau erheblich unterschätzt, denn Rousseau vertritt keineswegs einfach eine orthodoxe Optimismus-Position, er nagelt Voltaire vielmehr auf das alles entscheidende Problem des Gottesdaseins fest. Darüber hinaus geht es hierbei nicht um die Frage des unmittelbaren Einflusses; als ob Kleist die eine oder die andere Position übernommen oder geteilt hätte. Kleist leistet mit seiner Erzählung gewissermaßen einen eigenständigen Beitrag im vorgegebenen philosophischen Diskussionskontext, wobei er weder Rousseau noch Voltaire unmittelbar folgt, sondern das Problem, das beide miteinander hatten, nun zum Problem seiner Erzählung werden läßt. Aber, dies muß dabei unbedingt berücksichtigt werden, Kleists Erzählung ist kein Stück Philosophie, so daß erst unter Berücksichtigung der ästhetischen Dimension die Beziehung zu Voltaire (wie auch zu Rousseau) ins rechte Licht tritt. Während Voltaire Philosophie mit den Mitteln der Erzählung zu betreiben versucht, ist Kleists Erzählen zwar philosophisch angeregt, doch bietet es keine philosophischen Lösungen an. In

---

[23]   Weinrich 1971, S. 74.
[24]   Bourke 1983, S. 242 f.
[25]   Ebda, S. 242.

die Tradition der »Moralischen Erzählungen«, die als »contes moraux« vor allem der französischen Aufklärungsphilosophie entstammen, reihen sich Kleists Novellen doch nicht ein, deshalb hat er ihnen schließlich zu Recht den einfachen Titel *Erzählungen* gegeben (zum ursprünglichen Titelvorschlag *Moralische Erzählungen* vgl. II, 835).

## »Wenn die Geister des Äschylus, Sophokles und Shakespear sich vereinigten«.

## Antike und Moderne im Werk Heinrich von Kleists

Die »Querelle des anciens et des modernes« gehört bekanntlich zu den wichtigsten und folgenreichsten kunsttheoretischen Debatten der europäischen Aufklärung.[1] Ob der Streit um den Gegensatz zwischen Antike und Moderne für das Werk und Denken Heinrich von Kleists relevant und belegbar geworden sein könne, mag insofern zweifelhaft erscheinen, als im Zuge seiner allgemeinen Enthaltsamkeit oder Zurückhaltung auf dem Gebiet kunsttheoretischer Äußerungen kaum klare einschlägige Stellungnahmen zu erwarten sind. Von zeitgenössischen Theoretikern wie Kant, Schlegel oder Schiller scheinen Kleist Welten zu trennen. Und doch: aus seiner popularphilosophischen Anfangsphase bis 1801 sind intensive Studien der europäischen Aufklärung bezeugt, nicht zuletzt auch von Kant, worüber er die verschollene »Schrift, über die Kantische Philosophie« (II, 514) anlegte, bis er dann in die so apostrophierte Kant-Krise geriet.[2] Dabei handelte es sich jedoch um eine Erkenntniskrise, um tiefgreifende Zweifel am Erkenntnispotential einer rationalistisch orientierten Aufklärungsphilosophie. Ausgesprochene kunst- oder literaturtheoretische Studien sind aus der Zeit bis 1801 noch nicht bekannt geworden.

Im Jahr darauf eröffnete er seinen dramatischen Erstling *Die Familie Schroffenstein* aber sogleich mit einem lange unbemerkten Zitat aus Schillers Schrift *Über naive und sentimentalische Dichtung*, offenkundig mit dem Ziel, einen Streit mit Schiller über dessen Auffassung von der Funktion des Dichters als Zeuge (naiv) oder (sentimentalistisch) als Rächer einer verlorenen Natur vom Zaun zu brechen.[3] Paul de Man hat wohl als erster die kunsttheoretisch tiefgreifenden Differenzen zwischen Kleist und Schiller erfaßt, um dann vordringlich den Aufsatz *Über das Marionettentheater* mit Kant gegen Schiller zu lesen.[4]

Die »Querelle des anciens et des modernes« wurde um 1800 unter anderem von Schlegel und Schiller wieder aufgegriffen, von letzterem vor allem in eben der

---

[1] Vgl. allgemein Jacques le Goff: Geschichte und Gedächtnis. Berlin 1999 (Kapitel II: Antik (alt)/ Modern); sowie den Artikel von Hans Robert Jauß: »Antiqui/moderni«. In: *Historisches Wörterbuch der Philosophie*, Bd. 1, Sp. 410-414.

[2] Zu erinnern ist an Friedrich Christoph Dahlmanns Äußerung über Kleists »ernste Universitätsstudien«, die er an »seinen Collegienhaften« gesehen hatte (LS 317). Zur Kant-Krise vgl. Ernst Cassirer: Heinrich von Kleist und die Kantische Philosophie. Berlin 1919; Ludwig Muth: Kleist und Kant. Köln 1954; Ulrich Gall: Philosophie bei Heinrich von Kleist. Bonn 1977.

[3] Vgl. dazu Grathoff 1993, S. 129 f.

[4] Paul de Man: Ästhetische Formalisierung: Kleists *Über das Marionettentheater*. In: de Man: Allegorien des Lesens. Frankfurt/M. 1988, S. 205-233. (Zuerst englisch in: de Man: The Rhetoric of Romanticism. New York 1984, S. 263 ff.). Vgl. dazu auch Grathoff 1993, S. 82 f.

Abhandlung *Über naive und sentimentalische Dichtung.*[5] Ein unmittelbarer Reflex bei Kleist – sei es auch auf die voraufgegangene Rezeption der Debatte z.B. bei Winckelmann – konnte, wie gesagt, bislang noch nicht ausgemacht werden. Freilich wurde die griechische Antike in Dramen wie *Amphitryon* oder *Penthesilea* behandelt, wozu auch mehrere einschlägige Spezialstudien vorliegen.[6] In zeitgenössischen Urteilen über Kleists Werk wurde der Gegensatz zwischen Alten und Neuen allerdings mehrfach ins Spiel gebracht, so daß die Frage naheliegt, warum Kleists Werk seinerzeit vor der Folie dieses Gegensatzfeldes wahrgenommen wurde. Darüber hinaus muß gefragt werden, ob von Kleists Seite Reaktionen auf solche Urteile bemerkbar sind, denn sie waren ihm, soweit feststellbar, zumindest nicht gleichgültig, handelte es sich doch nicht um beiläufige Marginalien, sondern um gravierende und prominente Urteile.

Christoph Martin Wieland ist von Kleist bekanntlich schon früh verehrt worden, und folgenschwer war zweifellos die erste Begegnung zwischen beiden, als Kleist Ende 1802 mit Wielands Sohn Ludwig aus der Schweiz nach Weimar zurückkehrte. Von dort wurde er, um das elende Weimarer Quartier zu meiden, zu den Wielands auf deren nahegelegenes Gut Oßmannsstedt eingeladen, wo er am *Robert Guiskard* arbeitete und auf Drängen des alten Wieland einige Szenen davon aus dem Gedächtnis deklamierte. Seinen Eindruck des Vortrags faßte Christoph Martin Wieland in einem Brief an Georg Wedekind vom 10. April 1804 zusammen: »Wenn die Geister des Äschylus, Sophokles und Shakespear sich vereinigten eine Tragödie zu schaffen, so würde das sein was Kleists *Tod Guiscards des Normanns* [...].« (LS 89). Es ist nicht bekannt, ob Wedekind Kleist über den Brief und das heute bereits berühmt gewordene Diktum von Wieland informierte. Kleist hielt sich damals zumindest gelegentlich bei Wedekind in Mainz auf, bevor er im Juni 1804 den Rückweg nach Berlin antrat. Auf der Reise besuchte er Wieland wiederum für einige Tage in Weimar (LS 127). So ergaben sich mindestens zwei Gelegenheiten, bei denen Kleist von Wielands Ansicht gehört haben konnte. In seinem Brief an Kleist vom Juli 1803, der nur nach dem Konzept überliefert ist, hatte Wieland geschrieben: »Sie müssen Ihren Guiscard vollenden, und wenn der ganze Kaukasus und Alles [Atlas?] auf Sie drückte.« (II, 734). Kleist war dieser Aufforderungsbrief des alten Nestors der Aufklärungsliteratur außerordentlich wichtig, so daß er ihn nachweislich mehreren Personen zeigte oder sogar zuschickte (II, 981). Aber auch Wielands Ansicht von der Vereinigung des »Äschylus, Sophokles und Shakespear« in der *Guiskard*-Dichtung scheint in Kleists literarischem Umfeld bekannt gewor-

---

[5]  Dazu Hans Robert Jauß: Schlegels und Schillers Replik auf die »Querelle des Anciens et des Modernes«. In: Jauß: Literaturgeschichte als Provokation. Frankfurt/M. 1970, S. 67-106. Breiter angelegt ist die Vorlesung von Peter Szondi: Antike und Moderne in der Ästhetik der Goethezeit. In: Szondi: Poetik und Geschichtsphilosophie I. Hrsg. von Senta Metz u. Hans-Hagen Hildebrandt. Frankfurt/M. 1974.

[6]  Zusammenfassend Frick 1995.

den zu sein. Die Namen Aischylos, Sophokles und Shakespeare stehen dabei ja nicht bloß für je individuelle dramatische Gesamtwerke, sondern paradigmatisch für die Antike und die Moderne. Spätestens seit dem deutschen Sturm und Drang war Shakespeare zum Signum einer Moderne geworden, die gegen den französischen Klassizismus als Vertretung des Alten, Antiken ins Feld geführt wurde.

Seinen Eindruck von Kleists Deklamation aus dem *Robert Guiskard* ließ Wieland im Brief an Georg Wedekind in der Aussage gipfeln: »Von diesem Augenblicke an war bei mir entschieden, Kleist sei dazu geboren, die große Lücke in unserer dermaligen Literatur auszufüllen, die (nach meiner Meinung wenigstens) selbst von Goethe und Schiller noch nicht ausgefüllt worden ist [...].« (LS 89). Der alte Wieland dürfte seine Formulierungen in Hinblick auf den antikisierenden Klassizismus von Goethe und Schiller gewählt haben, wobei ihm gewiß noch die Schmähungen im Ohr waren, die die sturm- und drängerischen Kraftgenies, allen voran der junge Goethe, im Namen Shakespeares gegen ihn, den Wieland der Aufklärung, ausgestoßen hatten. Und in denen geflissentlich über Wielands Verdienste als Shakespeare-Übersetzer hinweggegangen worden war.

1784 hatte Wieland im dritten seiner *Briefe an einen jungen Dichter* aus dem *Teutschen Merkur*, die Kleist übrigens später in titelähnlichen Texten der *Berliner Abendblätter* anklingen ließ,[7] die Vereinigungsleistung von Antike und Moderne noch Goethe zugetraut. Als Dichter könne Goethe »mit Shakespearn oder Sofokles um den Preis ringen«, schrieb Wieland, der »durch die Verbindung der *Natur*, welche die Seele von Shakespears Werken ist, mit der *schönen Einfalt* der Griechen [...] unsrer dramatischen Muse einen eigenthümlichen Karakter und einen Vorzug zu verschaffen, den ihr keine andre Nation so leicht hätte streitig machen können.«[8] Dieses frühere Urteil dürfte Wieland bei der Revision hin zu Kleist gewiß noch im Ohr gehabt haben.

In Kleists Umgebung scheint Wielands Einschätzung bekannt gewesen zu sein. In Formulierungen von Heinrich Zschokke klingt dies mehrfach an, z.B. in einer Ankündigung des *Phöbus* vom Januar 1808, in der er über Kleist schrieb: »Bisher herrschten seine Vorbilder, Shakespeare und Sophokles, noch zu mächtig über ihn. Sein Geist wird sich der Vormundschaft entreißen, und zur Eigentümlichkeit zurückkehren.« (LS 214). Ende 1808 hieß es in Zschokkes *Miszellen für die neueste Weltkunde* über die *Penthesilea*: »Er kommt mir wie ein werdender *Shakespeare* vor, der sich in den tragischen Formen des *Sophokles* bewegen möchte.« (LS 283).

---

[7]     Vgl. *Brief eines Malers an seinen Sohn* (II, 328 f.); *Brief eines jungen Dichters an einen jungen Maler* (II, 336 f.) und *Brief eines Dichters an einen anderen* (II, 347 ff.), in dem sich Kleist am Ende ausdrücklich auf Shakespeare berief.
[8]     C.M. Wielands sämmtliche Werke. Supplemente. 6. Bd. Leipzig 1798, S. 282.

Folgenschwer für die öffentliche Wahrnehmung Kleists war Adam Müllers »Vorrede« zu seiner Ausgabe des *Amphitryon*, die ohne Kleists Kenntnis formuliert wurde, der in Frankreich inhaftiert war. Die Manuskripte des *Zerbrochnen Krugs* und des *Amphitryon* waren damals durch Vermittlung von Kleists Freund Rühle von Lilienstern an Adam Müller gelangt, und es ist denkbar, daß Rühle auch von Wielands Hochschätzung berichtet hatte. In der »Vorrede« zum *Amphitryon* schrieb Müller: »Mir scheint dieser Amphitryon weder in antiker noch moderner Manier gearbeitet: der Autor verlangt auch keine mechanische Verbindung von beiden, sondern strebt nach einer gewissen *poetischen Gegenwart*, in der sich das Antike und Moderne – wie sehr sie auch ihr untergeordnet sein möchten, dereinst wenn getan sein wird, was Goethe entworfen hat – dennoch wohlgefallen werden.« (II, 929). Der mehr als zerquälte Satz besagt schlicht, daß Goethe bisher nur den Entwurf der Vereinigung von Antike und Moderne geliefert habe, die poetische Vollendung sich bei Kleist aber womöglich andeute. Karl August Böttiger hat Müllers gequälte Formulierungen auch prompt mißverstanden, wie ein unlängst wiederentdeckter Brief an Johann Daniel Falk vom 26. Mai 1807 bezeugt: »Was sagen Sie zu des (nach Frankreich abgeführten) v. Kleists Amphitryo? Unser Hr. Adam Müller hat ihm den Stempel der Klassizität aufgedrückt und sein Urtheil gilt unserm ästhetischen Publikum, das wir freilich erst durch Müller erhalten haben, als Orakelspruch.«[9]

Richtig, und entsprechend verärgert hatte Goethe die »Vorrede« von Adam Müller verstanden, woraus sich dann aber ein weitreichendes Mißverständnis ergab, das ich detailliert in dem Beitrag »Goethe und Kleist. Die Geschichte eines Mißverständnisses« analysiert habe.[10] Goethe las Kleist mit Adam Müller oder, altmodisch formuliert, durch die Brille von Müllers »Vorrede«, und reihte ihn kurzerhand in den Kreis der katholisierenden Dresdner Romantiker ein, zu denen Müller gehörte: »Das Stück *Amphitryon* von Kleist«, so Goethe, »enthält nichts Geringeres als eine Deutung der Fabel ins Christliche, in der Überschattung der Maria vom Heiligen Geist.« (LS 182a). Mit Rücksicht auf das von Adam Müller angesprochene Verhältnis von Antike und Moderne legte Goethe zwei Skizzen an, um den Unterschied zwischen seiner Auffassung vom Verhältnis der Antike zur Moderne und dem deutlich werden zu lassen, was bei Kleist geschehe.[11] Schillers Terminologie aufgreifend notierte Goethe unter dem Stichwort »Das Gesuchte«: »antikes. naives. plastisches«, und gegenüberliegend: »modernes. sentimentales. lyrisches«. Die darunterstehende Skizze von »Kleists Amphitryon« birgt einen polemisch-karikaturistischen Kern: sie stellt eine christliche Kathedrale dar.[12] An seinem

---

[9]   Kleist-Jahrbuch 1996, S. 190.
[10]  Vgl. unten S. 199 ff.; bes. S. 203-206.
[11]  Vgl. die Abb. unten S. 204.
[12]  Vgl. unten S. 205.

Geburtstag des Jahres 1807 schrieb Goethe über Kleists *Amphitryon* an Müller: »Nach meiner Ansicht scheiden sich Antikes und Modernes auf diesem Wege mehr als daß sie sich vereinigten. Wenn man die beiden entgegengesetzten Enden eines lebendigen Wesens durch Contorsion zusammenbringt, so gibt das keine neue Art von Organisation; es ist allenfalls nur ein wunderliches Symbol, wie die Schlange sich in den Schwanz beißt.« (LS 185). Ein solches Symbol hätte er in seiner Zeichnung zweifellos auch darstellen können, aber er wählte indes die Kirchen-Karikatur.

In der Tradition der ästhetiktheoretischen Diskussionen des 17. und 18. Jahrhunderts scheint auch Kleist selbst Antike und Moderne als Gegensatzpaar begriffen zu haben. Ein erster Beleg findet sich an unerwarteter Stelle in der *Anekdote aus dem letzten Kriege* von jenem preußischen Tambour, der den Krieg gegen die napoleonische Armee nach der Niederlage bei Jena auf eigene Faust fortsetzte, und daraufhin »von einem Haufen französischer Gendarmen, die ihn aufspürten, ergriffen, nach der Stadt verschleppt, und, wie es ihm zukam, verurteilt ward, erschossen zu werden.« (II, 268). Für Kleist war er, wie es einleitend heißt, »ein Mensch, zu dem [...] weder die griechische noch römische Geschichte ein Gegenstück liefert«, und zwar wegen seiner letzten Bitte. Auf die Frage, »was er wolle? zog er sich die Hosen ab, und sprach: sie möchten ihn in den ... schießen, damit das F... kein L... bekäme.« (ebda). Daran schließt Kleists Kommentar an: »– Wobei man noch die Shakespearesche Eigenschaft bemerken muß, daß der Tambour mit seinem Witz, aus seiner Sphäre als Trommelschläger nicht herausging.« (ebda). Ein Krieger und Künstler in Shakespeares Manier ist dieser Tambour für Kleist mit seinem Witz, der kein »Gegenstück« in der Antike, weder der griechischen noch der römischen Geschichte, findet.

Die moderne Geschichte von Shakespearescher Qualität überbietet also die antike Geschichte, auf die sich der französische Klassizismus erst der Aufklärung, dann der ersten Revolutionsphase wie auch noch der napoleonischen Herrschaftszeit berief. Diese Wendung mit Shakespeare gegen den französischen Klassizismus war als Argumentationsfigur seit dem Sturm und Drang, eigentlich schon seit Lessing, geläufig. Seinerzeit war sie vom jungen Goethe kräftig mit vorbereitet worden, der später zusammen mit Schiller selbst wieder eine Wende zum Klassizismus vollzogen hatte. Nach 1800 findet sich in der Gegenposition von Kleist eine pikante doppelte Stoßrichtung, nämlich eine ästhetische, die sich vorwiegend gegen Schiller richtete, und zugleich eine politische, die gegen das napoleonische Frankreich gerichtet war, unausgesprochen aber zugleich gegen die Napoleonsympathien von Goethe und dessen Ablehnung romantisch-befreiungskriegerischer Bemühungen.

Die Vorbildhaftigkeit der Antike in der zeitgenössischen Rezeption hat Kleist in seinen *Betrachtungen über den Weltlauf* 1810 aufs Korn genommen (II, 326 f.):

Es gibt Leute, die sich die Epochen, in welchen die Bildung einer Nation fortschreitet, in einer gar wunderlichen Ordnung vorstellen. Sie bilden sich ein, daß ein Volk zuerst in tierischer *Roheit* und *Wildheit* daniederläge; daß man nach Verlauf einiger Zeit, das Bedürfnis einer Sittenverbesserung empfinden, und somit die *Wissenschaft von der Tugend* aufstellen müsse; daß man, um den Lehren derselben Eingang zu verschaffen, daran denken würde, sie in schönen Beispielen zu versinnlichen, und daß somit die *Ästhetik* erfunden werden würde: daß man nunmehr, nach den Vorschriften derselben, schöne Versinnlichungen verfertigen, und somit die *Kunst* selbst ihren Ursprung nehmen würde: und daß vermittelst der Kunst endlich das Volk auf die höchste Stufe menschlicher *Kultur* hinaufgeführt werden würde. Diesen Leuten dient zur Nachricht, daß alles, wenigstens bei den Griechen und Römern, in ganz umgekehrter Ordnung erfolgt ist. Diese Völker machten mit der *heroischen* Epoche, welches ohne Zweifel die höchste ist, die erschwungen werden kann, den Anfang; als sie in keiner menschlichen und bürgerlichen Tugend mehr Helden hatten, *dichteten* sie welche; als sie keine mehr dichten konnten, erfanden sie dafür die *Regeln*; als sie sich in den Regeln verwirrten, abstrahierten sie die *Weltweisheit* selbst; und als sie damit fertig waren, wurden sie *schlecht.*

Die Wendung gegen die Erfindung der Regeln hat deutliche Anklänge an die Ästhetik des Sturm und Drang, etwa an die Shakespeare-Aufsätze Herders oder des jungen Goethe. Wobei Kleist mit Herder zudem im geschichtsphilosophisch orientierten Denken zusammentrifft, in der Zurückweisung vermeintlicher geschichtlicher Fortschritte durch kulturelle Progression sich aber deutlich von den aufklärerischen Impulsen absetzt, die im Sturm und Drang wie insbesondere später im Klassizismus Schillers sich fortsetzten.

Eine solche Grundhaltung von Kleist ist nicht erst in der späten Phase der *Berliner Abendblätter* um 1810/11 zu beobachten, sie scheint kontinuierlich im Werk seit den Anfängen entwickelt worden zu sein. Dies läßt bereits das erwähnte versteckte Schiller-Zitat am Anfang der *Familie Schroffenstein* erkennen. Rupert sagt dort nach den eröffnenden Racheschwüren zu seiner Frau Eustache (I, 52):

Ich weiß, Eustache, Männer sind die Rächer –
Ihr seid die Klageweiber der Natur.
Doch nichts mehr von Natur.
Ein hold ergötzend Märchen ists der Kindheit,
Der Menschheit von den Dichtern, ihren Ammen,
Erzählt.

Darin ist ein Zitat aus Schillers Abhandlung *Über naive und sentimentalische Dichtung* verborgen, und zwar ein zentrales, denn Kleist greift Schillers wichtigsten Unterscheidungspunkt zwischen dem naiven und dem sentimentalischen Dichter auf:[13]

Die Dichter sind überall, schon ihrem Begriffe nach, die *Bewahrer* der Natur. Wo sie dieses nicht ganz mehr seyn können, und schon in sich selbst den zerstörenden Einfluß willkürlicher und künstlicher Formen erfahren oder doch mit demselben zu kämpfen gehabt haben, da werden sie als die *Zeugen*, und als die *Rächer* der Natur auftreten. Sie werden entweder Natur *seyn*, oder sie werden die verlorene *suchen*. Daraus entspringen zwey ganz verschiedene Dichtungsweisen [...]. Alle Dichter, die es wirklich sind, werden [...] entweder zu den *naiven* oder zu den *sentimentalischen* gehören.

---

13  Schiller NA, Bd. 20 I, S. 432.

Die sentimentalischen Dichter sind nach Schiller also die »Rächer der Natur«. Dies greift Kleist zitierend am Anfang seiner *Familie Schroffenstein* auf, um dann mit seinem gesamten Drama in ironischer Brechung eine Gegenposition zu Schillers Ästhetik zu entwickeln. Verkürzt gesprochen wendet sich Kleist gegen Schillers Versuch, in seiner Abhandlung *Über naive und sentimentalische Dichtung* Natur und Kunst direkt in Beziehung zueinander zu setzen: weil die böse Gesellschaft sich von der Natur entfremdet habe, müsse die Dichtung eben als Zeuge oder Rächer Reparaturversuche unternehmen. Dabei übersieht Schiller, so wäre der Gehalt der *Familie Schroffenstein* argumentativ zu übersetzen, daß sowohl die Natur als auch die Kunst in der Moderne unter dem Primat eines Dritten stehen: unter dem der Gesellschaft. Dies setzt er in seinem Stück mit dem Erbvertrag der Schroffensteiner in Szene, der ja deutliche Anklänge an den Rousseauschen Gesellschaftsvertrag hat, und der die dramatischen Verwicklungen und Katastrophen in Kleists Werk auslöst. In geschichtlichen Zeiten, in denen die Verträge regieren, so kann Kleists Antwort an Schiller formuliert werden, ist es reichlich naiv, noch einer autonomen, gesellschaftlich unberührten Kunst nachzuhängen, die uns auf direktem Wege der entfremdeten Natur wieder näherbringen könnte.

In der »Querelle des anciens et des modernes« und ihren Rezeptionsstufen über den Sturm und Drang, Winckelmann bis hin zum Klassizismus Schillers ging es stets um Abweichungen oder Gegensätzlichkeiten in den Auffassungen vom Kunst-Natur-Verhältnis. An Schiller kritisiert Kleist schon in der *Familie Schroffenstein* das Ausblenden des Faktors Gesellschaft in dessen Überlegungen zum Kunst-Natur-Verhältnis, was einer Abkehr von dem Weg gleichkommt, der mit der Shakespeare-Rezeption im Sturm und Drang eingeschlagen worden war. Denn die Berufung auf Shakespeares Natur zielte im Kern stets auf eine vergesellschaftete Natur. Hier trafen Natur- wie Gesellschaftsbegriff im Freiheitsbegehren zusammen. Schillers spätere Loslösung des Naturbegriffs von der Gesellschaftsauffassung mündete so in die Rückwendung zum antikisierenden Klassizismus, nicht in die Fortführung einer gewissermaßen sozial befleckten Moderneauffassung. Die Schändungen der Kunst durch die Akzeptanz »realer« Erscheinungen in Natur und Gesellschaft hat Schiller seit seiner Bürger-Rezension hinlänglich gegeißelt.[14] Kleist setzt hingegen den Weg der Shakespeare-Rezeption fort, gelangt in der nachrevolutionären Gegenwart seiner Zeit aber zugleich offensichtlich zu einer schärferen Auffassung von den Ausmaßen der Vergesellschaftung von Natur.

Wahrscheinlich müßte es in dieser Hinsicht enge Berührungspunkte zwischen dem Denken Schillers und dem Kleists geben, bloß will Schiller die Kunst von der unaufhaltsamen Vergesellschaftung freihalten, den schönen Schein als idealischen

---

[14]   Vgl. Schiller, *Über Bürgers Gedichte* (NA, Bd. 22, S. 245 ff.).

Gegenpol erhalten, während für Kleist dem unausweichlichen Prozeß nicht mehr mit der Annahme einer prinzipiellen Differenz von Kunst und Wirklichkeit begegnet werden kann.

Vergesellschaftung der Natur hieß bei Shakespeare und den Stürmern und Drängern zuallererst Popularisierung der Natur, Befreiung von der höfischen Etikette und den Zwängen der Standesgesellschaft. Hieß zugleich aber gewissermaßen Naturalisierung des Sozialwesens, Befreiung des Niederen und Gemeinen für die Kunst. Die Ästhetik des »Kerls« im Sturm und Drang wird bei Kleist fortgeführt zu jenem mit Shakespeareschem Witz begabten preußischen Tambour. Damit drängt diese Art der Vergesellschaftung um vieles stärker ins Politische, als sie im Sturm und Drang bereits angelegt war.

Max Kommerell vermutete eine Wendung vom »Antikischen« zur Moderne schon im *Robert Guiskard*. Insofern Napoleon in der Figur des Guiskard gespiegelt werden sollte, hatte Kleist offenbar das Ziel, eine moderne politische Thematik im historischen Gewand – an der Übergangsgestalt des Guiskard – darzustellen. Nach der »antikischen Exposition«, die auf Napoleons Lage vor Jaffa 1799 anspielte, wäre das Drama, so Kommerell, »in der Durchführung modern geworden«. »Guiskard, sich pestkrank wissend, hätte den Tod in seinen Knochen niederzukämpfen versucht. Dies ist unantik. Guiskard hätte gegen seine Todverfallenheit gelebt. Das ist Kleistisch.«[15]

Wenn die Vereinigung von Antike und Moderne, die Wieland mit dem *Guiskard* von Kleist erhoffte, ihm nicht gelingen wollte, blieb ihm doch ein anderer Weg, Shakespeare zu folgen, den Wieland schon 1773 in seinem Aufsatz *Der Geist Shakespears* aus dem *Teutschen Merkur* vorgezeichnet hatte. »Wann ist jemals unter allen Schriftstellern ein vollkommnerer Mahler gewesen als Shakespear?«, hatte Wieland gefragt. »Und wer muß der Dichter seyn, der, wenn er eine Stunde zugebracht hat, die göttlichen Werke dieses grossen Mannes anzuschauen, nicht in Versuchung kömmt, seine eignen ins Feuer zu werfen? Auf mich jedenfalls hat das Lesen im Shakespear diese Wirkung sehr oft gethan [...].«[16] Es scheint, als könne der hochdramatische Gestus beim Verbrennen des *Guiskard*-Manuskripts verbunden mit Selbstmord- oder Untergangsphantasien[17] durch die zitierte Passage über Shakespeare von Wieland angeregt worden sein.

Über den diametralen Gegensatz zwischen dem klassizistischen Antikebild, wie es z.B. in Goethes *Iphigenie* als Inbegriff des »verteufelt« Humanen zum Ausdruck

---

[15] Kommerell 1939, S. 212.
[16] Zitiert nach: Hans Wolffheim: Die Entdeckung Shakespeares. Hamburg 1959, S. 131 (zuerst Teutscher Merkur 1773 III).
[17] Vgl. den Brief an Ulrike aus St. Omer vom 26.10.1803 (II, S. 735 ff.).

kommt, und dem Kleists, wie es zumal in der *Penthesilea* mit dem Rückfall auf archaische Naturstufen zutage tritt, ist viel gesagt worden.[18] Auch in dieser Hinsicht scheint Schiller wiederum der wichtigere Antipode für Kleist gewesen zu sein.[19] Richtig ist zweifellos, daß Kleist in seinen Werken sich den dunklen, den zerstörerischen Dimensionen der Natur stellt, wie es der junge Goethe etwa in seinem *Natur*-Fragment oder der frühen Sulzer-Rezension oder auch dem *Werther* gefordert und getan hatte. Dem klassizistisch gewandelten älteren Goethe mußte dieses Beharren und Fortführen seiner eigenen früheren Positionen außerordentliches Unbehagen bereiten. »Es gebe ein Unschönes in der Natur, ein Beängstigendes, mit dem sich die Dichtkunst bei noch so kunstreicher Behandlung weder befassen, noch aussöhnen könne.« (LS 384), dies soll Goethe Ende 1810 anläßlich der Lektüre von Kleists *Kohlhaas* zu Johannes Falk gesagt haben. In seinen kunstkritisch und -theoretisch orientierten *Epigrammen* des Kunstjournals *Phöbus* hat Kleist das klassizistische Zensuredikt gegenüber dem Unschönen in der Natur ironisch attackiert, indem er zu erwartende Weimarer Vorbehalte gegenüber der *Penthesilea* und dem *Guiskard* zusammenzog (I, 21):

> NEIN, das nenn ich zu arg! Kaum weicht mit der Tollwut die eine
> Weg vom Gerüst, so erscheint der gar mit Beulen der Pest.

Die Lakonie einer Kleistschen Anekdote wie *Mutterliebe* (II, 277), in der ein »toller Hund« zwei Kinder einer Mutter zerfleischt, die ihn daraufhin erdrosselt, um selbst an der »Tollwut« zu sterben und mit ihren Kindern »ins Grab gelegt« zu werden, kann den unüberwindlichen Kontrast zur klassizistischen Naturauffassung nicht deutlicher zum Ausdruck bringen.

Dies ist aber nur die eine Seite der Differenz in der Auffassung vom Natur-Kunst-Verhältnis. Die andere, weitreichendere Dimension besteht bei Kleist in der Fortführung der modernen Auffassung von der Vergesellschaftung von Natur hin zu einem dediziert sich entfaltenden Begriff des Politischen.

Eine der auffälligsten Wendungen gegen die Antike bei Kleist findet sich in seinem letzten Drama *Prinz Friedrich von Homburg*. Gegen den Rigorismus des Kurfürsten wendet sich der Prinz von Homburg mit den Worten (I, 666):

> Und wenn er mir, in diesem Augenblick,
> Wie die Antike starr entgegenkömmt,
> Tut er mir leid, und ich muß ihn bedauern!
> *Er gibt den Degen an den Offizier und geht ab.*

---

[18]  Vgl. im Detail Frick 1995.

[19]  Vgl. zur Auseinandersetzung mit dem Kulturbegriff in Schillers *Glocke* den Beitrag über »Liebe und Gewalt« in Kleists *Penthesilea*, unten S. 128.

An anderer Stelle habe ich darauf hingewiesen, daß das Bild der »starren Antike« über das *Brutus*-Bildnis von Jacques Louis David vermittelt wurde, das Kleist in dieser Passage des *Homburg* vor Augen hatte,[20] die mit den Zeilen beginnt (I, 666):

> Mein Vetter Friedrich will den Brutus spielen,
> Und sieht, mit Kreid auf Leinewand verzeichnet,
> Sich schon auf dem kurulschen Stuhle sitzen:

Jacques Louis David hat seinerseits während seines römischen Aufenthalts seit 1783 engen Kontakt zu Johann Heinrich Wilhelm Tischbein gehabt, der um oder nach 1783 sein eigenes *Brutus*-Gemälde konzipierte.[21] Der wechselseitige Einfluß beider Maler bei der Konzeption und Ausführung ihrer *Brutus*-Darstellungen ist hinlänglich bezeugt, nicht belegt ist allerdings, ob Kleist das Gemälde von Tischbein, auf das mich Jan Philipp Reemtsma freundlicherweise aufmerksam machte, gekannt haben kann. Bei Tischbein sitzt Brutus jedenfalls in einer sella curulis, dem römischen Richterstuhl, während er das Todesurteil über seine beiden Söhne ausspricht (vgl. die folgende Abb. S. 122). Bei David sitzt Brutus hingegen in einem eleganten Stuhl, für den David Modell-Mobiliar hatte anfertigen lassen.[22] Der Urteilsspruch vom »kurulschen Stuhle« aus findet sich in mehreren zeitgenössischen Darstellungen, so bei Heinrich Friedrich Füger (1799) oder Guillaume Lethière (1788),[23] dessen *Brutus* Kleist aber kaum gekannt haben dürfte.[24]

Der Rückgriff auf den Rigorismus der Antike im französischen Klassizismus der Revolutionszeit und der napoleonischen Herrschaftsphase wird dabei von Kleist keineswegs einfach aus politischen wie aus ästhetischen Gründen verworfen, sondern subversiv unterlaufen.[25] Diese für das Verständnis der Kleistschen Werke so eminent wichtige Grundhaltung des Subversiven hat Heinrich Detering zuletzt in Hinblick auf die verdeckten oder offenen homoerotischen Dimensionen der Kleistschen Texte analysiert.[26] Eher aus pragmatischen Gründen hat Detering in seiner Darstellung das verdeckte Schreiben über Homoerotik isoliert von möglichen anderen Formen des Subversiven in der Literatur betrachtet: »An religiöse, soziale, politische Tabus könnte man etwa denken, an literarische Texte, die in diktatorischen Staaten entstanden sind, und an solche, die sich einem viktorianischen Puritanismus widersetzen. Und so mannigfaltig die Tabus, so vielfältig sind die Formen

---

[20] Vgl. den Beitrag über Kleist und Napoleon, unten S. 190 ff.
[21] Vgl. dazu eingehend: Hermann Mildenberger: Die neue Energie unter David. In: Goethe und die Kunst. Hrsg. von Sabine Schulze. Ausstellungskatalog Schirn Kunsthalle Frankfurt/M. 1994, S. 280-291.
[22] Mildenberger, S. 286 (mit einschlägigen weiteren Literaturhinweisen).
[23] Ebda, S. 284, 288 u. 299.
[24] Vgl. den Beitrag über Kleist und Napoleon, unten S. 185 (Anm. 18 dort).
[25] Vgl. dazu insgesamt die abschließende *Homburg*-Interpretation im Beitrag über Kleist und Napoleon, unten S. 190 ff.
[26] Detering 1994, S. 117-156, Anm. S. 369-378.

Johann Heinrich Wilhelm Tischbein:

Brutus entdeckt die Namen seiner Söhne auf der Liste der Verschwörer und verurteilt sie zum Tode (nach 1783)

und Möglichkeiten ihrer literarischen Verletzung oder Unterwanderung.«[27] Dies sollte bei Kleist um so mehr beachtet werden, denn das subversive Element seiner Texte kann schon aus den Erfahrungen der ausgegrenzten und ausgrenzenden Geheim- und Männerbündelei der Freimaurerei rühren, setzt sich fort im Protest gegen den preußischen Militarismus, so daß In*sub*ordination zum *sub*versiven Thema im *Homburg* werden kann, ebenso in der nicht ungefährlichen Opposition gegen Napoleon, so daß am Ende Politisches und Erotisches in der Subversivität der Kleistschen Texte zusammenkommen können. Für Deterings These vom subversiv verdeckten Schreiben über Homoerotik, das nur Eingeweihte verstehen konnten, wenn sie es verstehen wollten, ist Kleists bekannter Brief an Ernst von Pfuel vom 7. Januar 1805 zum zentralen Beleg geworden, den Detering als offenen Heiratsantrag begriffen hat. Im Kontext der vorliegenden Darstellung wird dieser Brief wichtig, weil darin ein homoerotisch geprägtes Bild der griechischen Antike heraufbeschworen wird (II, 749):

> Damals liebten wir ineinander das Höchste in der Menschheit; denn wir liebten die ganze Ausbildung unsrer Naturen, ach! in ein paar glücklichen Anlagen, die sich eben entwickelten. Wir empfanden, ich wenigstens, den lieblichen Enthusiasmus der Freundschaft! Du stelltest das Zeitalter der Griechen in meinem Herzen wieder her, ich hätte bei Dir schlafen können, Du lieber Junge; so umarmte Dich meine ganze Seele! Ich habe Deinen schönen Leib oft, wenn Du in Thun vor meinen Augen in den See stiegest, mit wahrhaft *mädchenhaften* Gefühlen betrachtet. Er könnte wirklich einem Künstler zur Studie dienen. Du hättest, wenn ich einer gewesen wäre, vielleicht die Idee eines Gottes durch ihn empfangen. Dein kleiner, krauser Kopf, einem feisten Halse aufgesetzt, zwei breite Schultern, ein nerviger Leib, das Ganze ein musterhaftes Bild der Stärke, als ob Du dem schönsten jungen Stier, der jemals dem Zeus geblutet, nachgebildet wärest. Mir ist die ganze Gesetzgebung des Lykurgus, und sein Begriff von der Liebe der Jünglinge, durch die Empfindung, die Du mir geweckt hast, klar geworden. Komm zu mir!

Warum greift Kleist bei diesem Thema zur Distanzierung im Bild der Antike? Gewiß kann dafür nicht allein Winckelmanns Antike-Verständnis argumentativ verantwortlich gemacht werden. Offenbar bewegte Kleist in dieser Phase bereits Anfang 1805 die Auseinandersetzung mit Problemen der Geschlechterdifferenz, die dann in der *Penthesilea* ihre klarste Ausprägung fand. Denn ähnliche Bilder wie im Brief an Pfuel tauchen wieder im Schreiben an Marie von Kleist vom Spätherbst 1807 auf, das er ihr nach der Vollendung der *Penthesilea* schickte (II, 796):

> Für Frauen scheint es [das Stück *Penthesilea*] im Durchschnitt weniger gemacht als für Männer, und auch unter den Männern kann es nur einer Auswahl gefallen. Pfuels kriegerisches Gemüt ist es eigentlich, auf das es durch und durch berechnet ist. Als ich aus meiner Stube mit der Pfeife in der Hand in seine trat, und ihm sagte: jetzt ist sie tot, traten ihm zwei große Tränen in die Augen. Sie kennen seine antike Miene: wenn er die letzten Szenen liest, so sieht man den Tod auf seinem Antlitz. Er ist mir so lieb dadurch geworden, und so Mensch. Ob es, bei den Forderungen, die das Publikum an die Bühne macht, gegeben werden wird, ist eine Frage, die die Zeit entscheiden muß. [...] Wenn man es recht untersucht, so sind zuletzt die Frauen an dem ganzen Verfall unsrer Bühne schuld, und sie sollten entweder gar nicht ins Schauspiel gehen, oder es müßten eigne Bühnen für sie, abgesondert von den Männern, errichtet werden. Ihre Anforderungen an Sittlichkeit und Moral

---

[27] Ebda, S. 10 f.

vernichten das ganze Wesen des Drama, und niemals hätte sich das Wesen des griechischen Theaters entwickelt, wenn sie nicht ganz davon ausgeschlossen gewesen wären.

Das antike Theater als verschworene Männerbundgemeinschaft unter Ausschluß der Frauen, um die Sachwalterinnen von Moral und Sittlichkeit von der Kunst fernzuhalten: das ist zweifelsohne ein mehr als eigenwilliges, sehr Kleistisches Antikebild. Gegen die normative Antike-Rezeption des französischen und deutschen Klassizismus hat Kleist opponiert, dagegen schlug er sich auf die Seite einer Moderne, die sich in der Tradition und der Fortführung Shakespeares begreifen konnte. Hier nun, in diesen Briefen und der *Penthesilea* selbst, läßt er das andersgeartete eigene Bild einer moralbefreiten Antike aufscheinen, das freilich – wie alle Bilder – nur vom eigenen Verständnis geprägt sein kann. Wieder finden wir am Ende Kleist auf dem Weg zu Nietzsche, doch nur erst auf dem Weg dahin.

# Liebe und Gewalt.
## Überlegungen zu Kleists *Penthesilea*

Die *Penthesilea* entstand auf Reisen. Begonnen wurde sie in Königsberg. Von dort hatte sich schon Immanuel Kant in die entferntesten Weltwinkel hinausphantasiert; Kleist trieb es in die weit zurückliegenden Welten der Amazonen und Griechen vor Troja. Im Unterschied zu Kant hatte es ihn aber nur kurzfristig nach Königsberg verschlagen – in Dienst- und Amtsgeschäften der preußischen Administration, die er wohl wenig nur wahrgenommen hat. Nach der Niederlage bei Jena und Auerstedt floh die preußische Verwaltung vor den heranrückenden Truppen Napoleons, Kleist zog ihnen entgegen, wurde bei Berlin als angeblicher Spion verhaftet und für ein halbes Jahr nach Frankreich deportiert. Dort, in der Gefangenschaft, hat er an der *Penthesilea* gearbeitet. Diesmal war es für Kleist ein ungewolltes, erzwungenes Exil, er sah sich verschleppt in die so verhaßte französische Welt der kapitalistischen Moderne, die ihn zwischen 1801 und 1804, während des ersten langen Exils von Preußen, doch immer wieder angezogen hatte. Aber die Gefängnisse von Fort de Joux und dann Châlons-sur-Marne waren nun – im ersten Halbjahr 1807 – nicht das Paris von 1801 oder 1803/04. Man möchte annehmen, daß die Gefangenschaft seine Phantasie mehr noch beflügelte, nach Troja zu enteilen. Beendet wurde die *Penthesilea* anschließend in Dresden, dem zweiten, sächsischen Exil.

Entstanden auf Reisen von Königsberg über Berlin, Châlons nach Dresden, ist Kleists Trauerspiel das Reisen nicht fremd. Penthesilea und Achill, Amazonen und Griechen begegnen einander als kriegerisch Reisende. Troja ist für beide nur Station einer Reise, Kampfplatz, nicht der heimatliche Ort. Der liegt fernab und in weit geschiedenen Regionen: das Themiscyra der Amazonen und die Phtya der Myrmidonen. Das eine strebt Penthesilea an, die andere Achill, kein Ort ist für beide erreichbar. Kein Ort. Nirgends. Troja ist für Amazonen wie für Griechen bloß fremdländischer Kriegsschauplatz, beide sind in kriegerischen Liebeshändeln hergekommen: die Griechen, um rechtmäßige Liebesverhältnisse wiederherzustellen, den frevelhaften Weiberraub der seinerzeit schönsten Frau auf Erden rückgängig zu machen; die Amazonen, um sich unter den zerstrittenen Herren die benötigten Liebespartner zu erstreiten. Da wird ein Krieg um die Liebe geführt, nicht nur von den Amazonen, sondern vorher und länger schon von den Griechen: ein dreißigjähriger Krieg wegen eines Weiberraubs. Der griechische Mythos vom Kampf um Troja lieferte Kleist die einfache Grundkonstellation für das hochgradig, fast mathematisch konstruierte Experimentierfeld seines Trauerspiels: wie in einem naturwissenschaftlichen Experiment läßt Kleist zwei einander diametral entgegengesetzte Kulturen auf dem Schlachtfeld vor Troja aufeinandertreffen, gegeneinander und füreinander unverständlich in einem Krieg um Liebe begriffen. Kriege werden nicht um Liebe geführt, mag ein historisch geschulter Kopf kritisch einwenden, doch zu derart »archäologischen Einwänden« hat Kleist selbst schon Stellung ge-nommen mit dem Hinweis, daß er auch kein historisches Drama geschrieben habe. Die Forderungen eines kruden Naturalismus wurden von ihm ironisch persifliert (I, 21):

> ARCHÄOLOGISCHER EINWAND
> ABER der Leib war Erz des Achill! Der Tochter des Ares
> Geb' ich zum Essen, beim Styx, nichts als die Ferse nur preis.
> RECHTFERTIGUNG
> EIN Variant auf Ehre, vergib! Nur ob sie die Schuhe
> Ausgespuckt, fand ich bestimmt in dem Hephästion nicht.

Wie ist es dann aber um den realistischen Gehalt dieses so hochgradig konstruier-ten ästhetischen Gebildes bestellt, das Kleist sich aus Rudimenten mythologischer Überlieferungen erdacht hat? Kann man überhaupt von einem »realistischen« Ge-halt sprechen? Krieg und Liebe, Gewalt und Zärtlichkeit sind im Normalitätsver-ständnis der bürgerlichen Gesellschaft einander ausschließende, entgegengesetzte Bereiche. Zu Kleists Zeit ebenso wie gegenwärtig und wie gewiß schon in voraufgegangenen Kulturstufen (die uns nur in Witzen überlieferten Techniken des Wei-berfangs der Steinzeit vielleicht ausgenommen). Nicht so jedoch in Kleists Trauer-spiel. Liebe und Gewalt sind hier sprachlich ununterscheidbar ineinander gefügt. Achills Ankündigung, er wolle Penthesilea das antun, was er zuvor mit der Leiche Hektors getan hatte (»Mein Will' ist, ihr zu tun, muß ich dir sagen,/Wie ich dem stolzen Sohn des Priam tat«; I, 374), diese Ankündigung steht ununterscheidbar unvermittelt zu seinem folgenden Liebesbekenntnis: »Sag ihr, daß ich sie liebe« (ebda), so daß Prothoe nur mit ungläubigem Unverstehen reagieren kann: »Wie? – Was war das?« (I, 375). Ebenso hatte Achill vorher verkündet, er wolle Penthesilea zu seiner »Braut« machen, womit gemeint war: »Und sie, die Stirn bekränzt mit Todeswunden,/Kann durch die Straßen häuptlings mit mir schleifen.« (I, 342). Achill differenziert nicht zwischen der Gewalttätigkeit des Krieges und der Zärt-lichkeit der Liebe, das Schlachtfeld wird ihm zum Liebeslager, zum »Bett der Schlacht«, Pfeile, die töten sollen, sind ihm »Brautwerber«, und er will die Geliebte auf »Küssen von Erz« umarmen (I, 342):

> Was *mir* die Göttliche begehrt, das weiß ich;
> Brautwerber schickt sie mir, gefiederte,
> Genug in Lüften zu, die ihre Wünsche
> Mit Todgeflüster in das Ohr mir raunen.
> Im Leben keiner Schönen war ich spröd;
> Seit mir der Bart gekeimt, ihr lieben Freunde,
> Ihr wißts, zu Willen jeder war ich gern:
> Und wenn ich dieser mich gesperrt bis heute,
> Beim Zeus, des Donners Gott, geschahs, weil ich
> Das Plätzchen unter Büschen noch nicht fand,
> Sie ungestört, ganz wie ihr Herz es wünscht.
> Auf Küssen heiß von Erz im Arm zu nehmen.

Man mag einwenden, daß dieses Ineins von Liebe und Gewalt nur sprachlich produziert sei, indem Metaphern aus dem Vorstellungsbereich der Liebe zur Beschreibung von Gewalttaten benutzt werden (bzw. umgekehrt). In dem »nur« (des »nur« sprachlich Produzierten) liegt aber gerade der für Kleist entscheidende Gesichtspunkt. Denn das reale Handeln hat bei ihm keineswegs größeres oder anderes Gewicht als das sprachliche. Sprache ist bei Kleist nie bloß ein System zur Reproduktion von Wirklichkeit, sondern ist selbst eines der Produktion von Wirklichkeit, ist auch eine Form des Handelns. Zumal der Schluß des Schauspiels läßt dies deutlich werden: Penthesilea gibt die realen Waffen, mit denen sie sich hätte umbringen können, weg und formt sich aus Worten einen sprachlichen Dolch, mit dem sie sich tötet. Darin liegt die Gewalt der Sprache, die sie gegen sich selbst kehrt und die sonst meist von Achill gegen andere Personen gerichtet sein kann.

Indem Achill sprachlich nicht zwischen Gewalt und Liebe zu differenzieren vermag, steht er auf der Kulturstufe, die die Amazonen bereits in grauer Vorzeit in einem revolutionären Befreiungsakt überwunden und hinter sich gelassen haben. Vor der Gründung des Amazonenstaates war ihr Volk, wie Penthesilea im 15. Auftritt erzählt, von Äthiopern überfallen worden, die die Männer ermordeten und die Frauen vergewaltigten (I, 388):

> Und voll der Schande Maß uns zuzumessen,
> Ertrotzten sie der Liebe Gruß sich noch:
> Sie rissen von den Gräbern ihrer Männer
> Die Fraun zu ihren schnöden Betten hin.

Gewalttat und Liebe (mit Bedacht sind die Worte »der Liebe Gruß« gewählt) sind dort in der Vergewaltigung ineins gefügt. Und diese ist von den Eroberern zur alltäglichen Praxis, zum gesellschaftlichen Prinzip erhoben worden. Hier ist der Ort, an dem die Frage nach dem »Realismus« von Kleists Trauerspiel gestellt werden muß: ob es realistisch sei, vom Normalitäts*verständnis* der bürgerlichen Gesellschaft mit seiner Trennung von Liebe und Gewalt auszugehen, oder ob es realistisch, vielleicht gar realistischer sei, im patriarchalischen Zeitalter eine gesellschaftliche Alltags*praxis* in Betracht zu ziehen, die das Selbstverständnis der Trennung von Liebe und Gewalt Lügen strafen würde. Diese Frage dürfte von Frauen und von Männern unterschiedlich beantwortet werden, unterschiedlich wohl auch zu Kleists und zu unserer Zeit und anders schließlich in Zeiten des Krieges und in Zeiten des Friedens; dessen ungeachtet aber ist die Frage mit Kleists *Penthesilea* zu stellen. Und sie gestellt zu haben, gehört sicher zu den vorausgreifenden Leistungen des Trauerspiels, zur Modernität des Werks.

Mit ihrem revolutionären Befreiungsakt, indem sie die Vergewaltiger umbrachten und einen Frauenstaat gründeten, vollzogen die Amazonen, was sich nach Kleists Verständnis in der Französischen Revolution vollzogen hatte: eine Negation der Negation, aus der sich nichts Drittes, keine Synthese, keine neue Position entwik-

kelt oder ergeben hatte. Die Frauen, die zuvor in der Vergewaltigung Objekte von
Männergewalt waren, konnten sich das Erringen des Status von Subjektsein nicht
anders vorstellen, als nun ihrerseits die Männer zu Objekten ihrer Frauengewalt zu
machen. Denn das Gesetz des Amazonenstaates schreibt ausdrücklich vor, was
Penthesilea zum unüberwindlichen Hindernis wird, daß die Amazone den ihr zu-
fallenden Mann, bevor sie ihn lieben darf, im Kampf überwinden, sich unterwerfen
muß. Auch dort bleibt die Gewalttat untrennbar mit dem Liebesakt verquickt, nur
der Status von Subjekt- oder Objektsein hat sich verkehrt. Auf diese Weise hat
Kleist die Französische Revolution grundsätzlich begriffen: mit ihr ist ein neues
Zeitalter, eine neue Welt entstanden, aber keine bessere. »Die Zeit scheint eine
neue Ordnung der Dinge herbeiführen zu wollen«, schrieb er Ende November 1805
an Rühle von Lilienstern, »und wir werden davon nichts, als bloß den Umsturz der
alten erleben.« (II, 761). Die Dialektik von Subjekt- und Objekt-Status, die Hegel
etwa gleichzeitig im berühmten Herr-Knecht-Kapitel seiner *Phänomenologie des
Geistes* analysiert hat, ist, bezogen auf die *Penthesilea*, durch die revolutionäre
Befreiung der Amazonen nicht aufgehoben, sondern nur verschoben. Vorher waren
die Männer Subjekte, indem sie die Frauen zu Objekten ihrer Gewalt machten; jetzt
werden die Frauen umgekehrt nur dadurch zu Subjekten, indem sie ihrerseits die
Männer zu Objekten ihrer Gewalt werden lassen. Es wird geschichtlich mindestens
kein Prinzip sichtbar, das alle gleichermaßen zu Subjekten werden ließe, und ebensowenig eines, durch das die Gewalt aufgehoben würde. Die Amazonen repräsen-
tieren auf diese Weise in Kleists Stück eine geschichtlich fortgeschrittene Kulturstufe, eine zwar fortgeschrittene, aber keine bessere. Letztere wäre erst erreicht,
wenn das revolutionäre Versprechen in der Tat eingelöst werden würde und allen
Menschen der Status des Subjektseins zukäme. In der geschichtlichen Wirklichkeit,
von der Kleists Werk handelt, ist dies nirgendwo gegeben, dort setzt sich die Dialektik von Subjekt- und Objektsein ungebrochen fort.[1]

Die *Penthesilea* nimmt noch ein zweites Mal Bezug auf die Französische Revolution: mit dem entsetzlichen Ende, indem Penthesilea den Leib des geliebten Achill
zerreißt, ihn – ihren Hunden beigesellt – in einem kannibalischen Akt aufißt. Diese
Schilderung ist indirekt bezogen auf eine bekannte zeitgenössische Kritik der Französischen Revolution durch Friedrich Schiller, die sich in seinem Gedicht *Das Lied
von der Glocke* findet:[2]

> Freiheit und Gleichheit! hört man schallen,
> Der ruh'ge Bürger greift zur Wehr,
> Die Straßen füllen sich, die Hallen,
> Und Würgerbanden ziehn umher,
> Da werden Weiber zu Hyänen

---

[1]    Vgl. dazu auch zusammenfassend den Beitrag über Kleist und Napoleon, unten S. 185 ff.
[2]    Schiller NA, Bd. 2, S. 237.

Und treiben mit Entsetzen Scherz,
Noch zuckend, mit des Panthers Zähnen,
Zerreissen sie des Feindes Herz.

Schiller begreift die Revolution kritisch als Zustand der Unordnung, als einen Rückfall auf eine barbarische Naturstufe (»Da werden Weiber zu Hyänen«), welcher die geschichtlich erreichten Kulturstufen nur gefährden und destruieren, nicht zu einem weiteren Kulturfortschritt vorantreiben kann. Die Revolution ist für Schiller ein Rückfall in die Naturbarbarei, gegen den es die erreichte Kulturordnung zu bewahren gilt. Wenn Kleist unter Anspielung auf Schiller (Penthesilea wird ständig mit Tiermetaphern, darunter direkt mit »Hyäne« bezeichnet; I, 332), wenn Kleist am Schluß des Trauerspiels die Amazonen-Königin auf die archaische Naturstufe des Kannibalismus zurückfallen läßt, so geschieht dies in deutlicher Abgrenzung von Schillers Revolutionskritik, mehr als das: Kleist wendet sich wiederum kritisch gegen Schiller.

Für Schillers Idealismus ist die zivilisatorische Kultur eine geschichtliche Errungenschaft, durch die das Chaos des Naturwilden gebändigt, im Zaum gehalten wird, eine Ordnung, die es vor der Unordnung undomestizierter Natur zu schützen gilt. Darunter gewiß nicht zuletzt vor dem Naturwilden weiblicher Sexualität. Kultur und Natur stehen so in Opposition zueinander. In dieser Hinsicht unterscheidet sich Kleist deutlich von dem Denken Schillers, ihn interessiert nicht die Opposition, sondern gerade der Zusammenhang von Natur- und Kulturordnung. »Es waltet ein gleiches Gesetz über die moralische wie über die physische Welt« – diese für seine Überlegungen zentrale These hat er mehrfach, erstmals schon 1799, artikuliert.[3] Der Gedanke der Parallelität von natürlicher (physischer) und geschichtlicher (moralischer) Welt dürfte durch französische Naturphilosophen der Aufklärung, auch noch durch Rousseau angeregt sein, aber Kleist zieht daraus keine rousseauistischen Konsequenzen, so als ob die »gute« Natur auf die »gute« gesellschaftliche Kultur auszustrahlen vermöchte. Im Gegenteil: das dialektische Prinzip, das in der Natur Geltung hat, bestimmt genauso die gesellschaftliche Welt. In der Kultur vermag Kleist nicht einfach mehr wie aus der idealistischen Sicht Schillers eine verbürgende Ordnung zu erkennen, weil für ihn eben die Instanz fragwürdig geworden ist, die den Menschen als kulturelles zugleich über das Naturwesen erhebt: die Sprache. Penthesilea versieht sich am Ende des Trauerspiels an der Sprache, sie mißversteht, wie die Worte der Herausforderung von Achill gemeint sein sollen. Und wie sollte sie sie auch verstehen, wo die Worte doch nicht meinten, was sie sagten, sondern bloß vorgetäuscht waren? Die Täuschung durch

---

[3]  So im Glücks-Aufsatz von 1799: II, 308. Danach insbesondere in dem schönen Text Über die allmähliche Verfertigung der Gedanken beim Reden: »Dies ist eine merkwürdige Übereinstimmung zwischen den Erscheinungen der physischen und moralischen Welt [...]« (II, 321). Vgl. dazu auch den Beitrag über Das Erdbeben in Chili, oben S. 110 f.

Sprache ist am Ende der *Penthesilea* ein durch die geschichtlichen Bedingungen (dort: das Gesetz des Amazonenstaates) erzwungener Vorgang, dem konsequent das Mißverstehen und das Versehen folgen. Wahrheit und Lüge, Verstehen und Mißverstehen wie Täuschung und Irrtum sind dialektisch verschränkte Möglichkeiten von Sprache; dieser Dialektik sind die handelnden Figuren in Kleists *Penthesilea* stets ausgesetzt – ohne einen Interpreten oder Schiedsrichter bei sich zu haben, der das Gemeinte übersetzte. Penthesileas Rückfall in die Naturbarbarei ist so die Konsequenz des versagenden Kultursystems Sprache, oder genauer: folgt aus der Dialektik der Sprache. Auch Penthesilea versieht und verspricht sich nur mit ihrer kannibalischen Ausdrucksform, wie sie sich vorher an der Herausforderung von Achill versehen hatte (I, 425 f.):

> So war es ein Versehen. Küsse, Bisse
> Das reimt sich, und wer recht von Herzen liebt,
> Kann schon das eine für das andre greifen.[...]
> Ich habe mich, bei Diana, bloß versprochen,
> Weil ich der raschen Lippe Herr nicht bin;
> Doch jetzt sag ich dir deutlich, wie ich's meinte:
> Dies, du Geliebter, war's, und weiter nichts.
>             *Sie küßt ihn.*[...]
> Wie manche, die am Hals des Freundes hängt,
> Sagt wohl das Wort: sie lieb ihn, o so sehr,
> Daß sie vor Liebe gleich ihn essen könnte;
> Und hinterher, das Wort beprüft, die Närrin!
> Gesättigt sein zum Ekel ist sie schon.
> Nun, du Geliebter, so verfuhr ich nicht.
> Sieh her: als *ich* an deinem Halse hing,
> Hab ichs wahrhaftig Wort für Wort getan;
> Ich war nicht so verrückt, als es wohl schien.

Kleist hat in der *Penthesilea* das düstere Geschichtsbild zweier entgegengesetzter Kulturen entworfen, die gleichermaßen von inhumaner Gewaltpraxis geprägt sind, in denen jeweils ein Teil der Menschheit nur so Subjekt zu werden meint, indem er einen anderen Teil zum Objekt erniedrigt. Daß die Amazonen dabei als geschichtlich fortgeschrittene Kultur zu verstehen sind, lernt im Verlauf des Schauspiels mindestens Achill, wenn er mit Penthesilea nach Themiscyra gehen will und wenn ihm die vermeintlichen kulturellen Errungenschaften der Griechen, die von dem Kriegstechniker Odysseus in höchsten Tönen gepriesen werden, nicht nur gleichgültig, sondern gleichwertig mit der Kulturstufe von »Ottern- oder Ratzenpaaren« werden (I, 408 f.):

> Wenn die Dardanerburg, Laertiade,
> Versänke, du verstehst, so daß ein See,
> Ein bläulicher, an ihre Stelle träte;
> Wenn graue Fischer, bei dem Schein des Monds,
> Den Kahn an ihre Wetterhähne knüpften;
> Wenn im Palast des Priamus ein Hecht
> Regiert', ein Ottern- oder Ratzenpaar
> Im Bette sich der Helena umarmten:
> So wärs für mich gerad so viel, als jetzt.

Schärfer als mit solchen Worten kann der Kontrast zwischen Kleists Auffassung von der Kulturleistung der griechischen Antike und der der deutschen Klassik von Winckelmann bis Hegel wohl kaum benannt werden.

Dem düsteren Geschichtsbild ist freilich ein utopisches Gegen-Bild negativ einge-schrieben. Mit dem Trauerspiel geht die utopische Hoffnung auf einen Gesell-schaftszustand einher, der mit der menschlichen Natur korrespondieren möge.[4] Mit der menschlichen Natur wohlbemerkt, nicht allein mit der weiblichen oder bloß der männlichen, denn die eine versagte im Patriarchat der Griechen wie die andere im Matriarchat der Amazonen. Die menschliche Natur gibt es geschichtlich gesehen aber nur in weiblicher oder männlicher Ausprägung, so daß das postulierte Gegen-Bild in der Tat auf Utopisches, nicht Vorhandenes zielt. Die zivilisatorische Ord-nung, die gelingendes menschliches Dasein und gelingende Liebe gewährleistet, müßte auf eine menschliche Natur gegründet sein, die es geschichtlich noch nicht gibt, die es gesellschaftlich-geschichtlich erst zu schaffen gilt. Diese Natur kann gewiß nicht darin bestehen, sich wie die Amazonen der *Penthesilea* eine Brust auszureißen, um den Körper halb männlich, halb weiblich zu gestalten. Der Mensch als androgynes, halb weibliches, halb männliches Wesen mag vorstellbar sein, schwerlich doch in der grotesken leiblichen Form der Kleistschen Amazonen. Denkbar scheint solche Androgynie eher in der Weise der Entwicklung, die Achil-les in dem Schauspiel durchläuft. Er wandelt sich mit seiner Liebe zu Penthesilea, um sich schließlich von der griechischen Herrschaftskultur zu lösen und einen bedeutsamen symbolischen Akt zu vollziehen: er legt den Phallus ab.[5] Er begegnet Penthesilea unbewaffnet, hat alle phallischen Gewaltinstrumente wie Schwerter, Dolche, Pfeile abgelegt und will sich ihr hingeben. Sein tragisches Versehen be-steht freilich darin zu übersehen, daß symbolische (wie sprachliche) Akte mißver-ständlich sein können – jedenfalls in der geschichtlichen Entwicklungsstufe, in der wir genötigt sind zu leben. Und er hat etwas übersehen, was für ihn um so frappie-render werden mußte: daß Penthesilea durch die geschichtliche Leistung der Ama-zonenrevolution der Phallus gegeben war. So trifft ihn am Ende ihr tödlicher Pfeil, und im tragischen Erkennen kann er nur nochmals die utopische Hoffnung auf das Fest der Liebe wachrufen, dem im geschichtlichen Jetzt kein Ort beschieden ist (I, 413):

Penthesilea! meine Braut! was tust du?
Ist dies das Rosenfest, das du versprachst?

---

[4]  Vgl. insbes. Kaiser 1977.
[5]  Vgl. dazu auch die Hinweise in der Interpretation der *Marquise von O*, oben S. 88 f.

# Die Sprachen der *Penthesilea*

In den poetischen Nischen des Trauerspiels *Penthesilea* sind gelegentlich kleine Perlen verborgen (I, 408):

> ACHILLES *sich zurückhaltend.*　　　　　Ich bitte dich,
> Halt deine Oberlippe fest, Ulyß!

Ein solcher Satz »Halt deine Oberlippe fest« wäre gewiß längst würdig, als stehende Redewendung in Büchmanns Zitatenschatz geflügelter Worte verewigt zu werden, doch wird man ihn dort vergebens suchen, denn er will sich nicht recht zu den faden Allerweltsweisheiten fügen, die sonst aus unseren Klassikern herausgedroschen wurden. So oft uns Odysseus in der Weltliteratur bis hin zu James Joyce begegnen mag, blieb Kleist doch der Einfall vorbehalten, die Größe des griechischen Heroen durch ein unbändig gewaltiges Oberlippenzucken noch zu steigern. Beachtenswert ist schließlich die poetische Kühnheit, in die vorandrängende tragische Zuspitzung am Ende des Schauspiels ein Intermezzo von derart grotesker Komik einzuflechten. Ist dies nur retardierendes Beiwerk? Eine kleine komische Groteske, bevor die große gräßliche ihren kannibalischen Lauf nehmen darf?

Das Oberlippenzucken des Odysseus, dieser Willkürakt des Körpers, ruft dort, im 21. Auftritt der *Penthesilea*, eine weitere körpersprachliche Reaktion bei Achill hervor (I, 407):

> ACHILLES *das Blut schießt ihm ins Gesicht.*
> Tu mir dein Gesicht weg, bitt ich dich!

Vor der großen Begegnung der Körper, deren Schilderung im 23. Auftritt bevorsteht, inszeniert Kleist einen kleinen körpersprachlichen Dialog im Griechenlager: auf das Zucken einer Lippe antwortet ein errötendes Gesicht. Das Intermezzo führt also mitten ins Thema des Trauerspiels: es geht um das Verhältnis von Körper und Sprache, um die Beziehungen zwischen den Zeichen der Sprache und den Zeichen der Körper. Im Grunde genommen ist die *Penthesilea* ein ausgesprochen körperarmes oder -leeres Drama, das seine Handlung kaum durch direktes körperliches Agieren, sondern weitgehend durch sprachliche Vermittlung, durch Erzählungen, Berichte und Schilderungen entstehen läßt. In einer Sprache allerdings, die eine ungeheure Dynamik der Handlung entfaltet, und die im thematischen Zentrum immer wieder um die Körper der Agierenden kreist, so daß Kleist in dialektischer Wendung es sich nicht versagen mochte, umgekehrt auch die Körper selbst auf der Bühne zur Sprache kommen zu lassen. Seine Spielanweisungen gehen dabei gewiß bis an die Grenze des Spielbaren (vergleichbar allenfalls den Dramen des jungen Schiller), wenn ein mimisch-körperliches Zwiegespräch von Lippenzucken und

»schießendem« Erröten vorgeschrieben wird, das schauspielerisch kaum realisiert werden kann (und wirksam ohnehin fast nur in filmischer Großaufnahme).

Der vermeintlichen Beiläufigkeit einer zuckenden Oberlippe hat Kleist übrigens nicht unerhebliches Gewicht beigemessen. In dem Aufsatz *Über die allmähliche Verfertigung der Gedanken beim Reden* hat er die bemerkenswerte Überlegung zu äußern gewagt, daß die Französische Revolution womöglich auf das Zucken einer Oberlippe zurückzuführen sei: »Vielleicht, daß es auf diese Art zuletzt das Zucken einer Oberlippe war, oder ein zweideutiges Spiel an der Manschette, was in Frankreich den Umsturz der Ordnung der Dinge bewirkte.« (II, 321). Der Blick in das Antlitz des königlichen Zeremonienmeisters hätte Mirabeau, so Kleist, im Zuge der allmählichen Verfertigung der Gedanken beim Reden zu »ungeheuren Vorstellungen« geführt, an deren Ende die Formulierung des Gesetzes von der Unverletzlichkeit der französischen Nationalversammlung stand. Man mag von Kleists forcierter These halten, was man will, sie dürfte mit einer materialistischen Geschichtsauffassung nicht leichthin vereinbar sein, auf jeden Fall liegt ihr aber eine ausgesprochen materialistische Sprachauffassung zugrunde. Denn Kleist begreift die Sprache nicht als ein bloßes Transportmittel schon vorgeprägter Ideen und Vorstellungen, im Gegenteil: gerade die größten, die »ungeheuren Vorstellungen« von revolutionären Dimensionen will er aus dem Augenblick einer Sprechsituation erklären. Kleist entwickelt in dem Aufsatz *Über die allmähliche Verfertigung der Gedanken beim Reden* eine Psychologie des Gesprächs, die er in der Sprachgebung und Dialogführung seiner Dramen hat wirksam werden lassen. Entscheidend ist dabei, daß Kleist – erstens – die Augenblickssituation eines Gesprächs mit allen Gegebenheiten des Zufalls materialistisch ernst nimmt. Und daß er – zweitens – in den sprachlichen oder körperlichen Zeichen eines Gesprächs nicht bloß verweisende Signifikanten sieht, sondern die Zeichen auch für sich, als Material, diesseits oder unabhängig von ihrer Verweisungsfähigkeit begreift. In dieser Kleistschen Psychologie des Diskurses, wie mit Rücksicht auf neuere Theorieentwicklungen formuliert werden könnte, haben die (sprachlichen oder körperlichen) Zeichen einen zweifachen Status, sie sind Signifikanten und Signifikate zugleich. So mag das Zucken einer Oberlippe auf einen psychischen Vorgang verweisen (seis Irritation, Wut, Empörung?), doch unbenommen der möglichen Bedeutung entfaltet das mimetische Zeichen zuallererst nur für sich seine Wirkung im Gespräch. Und das ist für Kleist ausschlaggebend. Dasselbe kann für sprachliche Zeichen gelten. Das Spiel um den doppelten Status von Signifikant und Signifikat hat Kleist am schönsten vielleicht in der Eröffnungssequenz des *Zerbrochnen Krugs* entwickelt, wenn er den Dorfrichter Adam vom verräterischen Wort »Straucheln« zu einem »Strauch« stolpern läßt, der dann eilends mit einem »Stein des Anstoßes« vertauscht werden muß, denn in einem Strauch war Adam nun zufällig ja in der Tat gestrauchelt (vgl. I, 177).

Für die Kleistsche Psychologie des Gesprächs gilt also, daß sie nicht ausschließlich, zum mindesten nicht primär, an den Gesetzmäßigkeiten einer Verweisungslogik von Sprache ausgerichtet ist. Hier wird eine andere Gesetzmäßigkeit wirksam: die des Zufalls. In der Logik von Bedeutungen, von Ein-, Zwei-, Mehr- und Vieldeutigkeiten erschöpft sich Kleists Sprachgebung nicht. Hinzutreten kann die Negation von Bedeutung, das Unbedeutende, das Bedeutungslose, das gleichwohl im Spiel des Zufalls nicht unerhebliche Wirkung entfalten kann. Wenn in diesem Spiel bedeutungsmäßig disparate Dinge, wie das Zucken einer Lippe und die Französische Revolution zusammentreten, bleibt ihre Beziehung nur auf der Ebene von ›Bedeutungen‹ absurd. Kleist reizt natürlich das überraschende Moment, der Witz, der sich einstellt, wenn man die einseitig logische Fixierung auf Bedeutungen hinter sich läßt. Und zugleich eröffnet Kleist dem Gespräch damit das reiche Spektrum von Mißverstehen und Aneinandervorbeireden, das über ein bloßes Fehldeuten oder Falschverstehen von Bedeutungen noch erheblich hinausgreift.

Im 21. Auftritt der *Penthesilea* hat Kleist die skizzierten Prinzipien seiner Gesprächspsychologie dialogisch Gestalt werden lassen. Die Erregung über das Zukken der Oberlippe läßt Achill auch hier – wie im Aufsatz *Über die allmähliche Verfertigung der Gedanken beim Reden* – zu »ungeheuren Vorstellungen« gelangen, nämlich dazu, den »Helenenstreit« um Troja, um die »Dardanerburg«, schlicht für bedeutungslos zu erklären. Implizit setzt Achill damit das Bedeutungs- und Wertgefüge der griechischen Kulturstufe, den Sinn eines 30jährigen Krieges, außer Kraft. Auf dem Weg zu solch großen, »ungeheuren« Vorstellungen liegen ganz kleine Schritte, ein dialogisches Mißverstehen und Aneinandervorbeireden, wie es schöner kaum in einem Drama zu finden sein mag (I, 408 ff.):

ACHILLES.  Er spricht von der Dardanerburg.
ODYSSEUS.                                    Was?
ACHILLES.                                                Was?
ODYSSEUS.  Mich dünkt, du sagtest was.
ACHILLES.                              Ich?
ODYSSEUS.                          Du!
ACHILLES.                                Ich sagte:
          Er spricht von der Dardanerburg.
ODYSSEUS.                          Nun, ja!
          Wie ein Beseßner fragt ich, ob der ganze
          Helenenstreit, vor der Dardanerburg,
          Gleich einem Morgentraum, vergessen sei?

ACHILLES *indem er ihm näher tritt.*
          Wenn die Dardanerburg, Laertiade,
          Versänke, du verstehst, so daß ein See,
          Ein bläulicher, an ihre Stelle träte;
          Wenn graue Fischer, bei dem Schein des Monds,
          Den Kahn an ihre Wetterhähne knüpften;
          Wenn im Palast des Priamus ein Hecht

> Regiert', ein Ottern- oder Ratzenpaar
> Im Bette sich der Helena umarmten:
> So wärs für mich gerad so viel, als jetzt.
> ODYSSEUS. Beim Styx! Es ist sein voller Ernst, Tydide!

Neben dem Bedeutenden in der Spannweite zwischen Ein- bis Vieldeutigkeit ist in den Werken Kleists mit der Möglichkeit der Negation von Bedeutung zu rechnen, mit Unbedeutendem, Bedeutungslosem. Dies ist freilich nur eine Möglichkeit im Spektrum von Bedeutungen, so daß daraus nicht vorschnell die modische Folgerung hergeleitet werden kann, die Frage nach Sinn und Bedeutung sei methodologisch grundsätzlich obsolet geworden. Mag es poststrukturalistischen Diskursanalysen darum zu tun sein, den Geisteswissenschaften ein für allemal den Geist auszutreiben,[1] so ist bei Kleist allenfalls ein partiales Schwinden der Sinne zu beobachten, das nicht den erstrebten Kollaps der Hermeneutik nach sich ziehen kann – sondern im Gegenteil erst im hermeneutischen Zugriff situierbar wird.

Der Rückgriff auf eine Gesprächspsychologie, die mit Phänomenen des Aneinandervorbeiredens rechnet, rückt die Sprache der *Penthesilea* in die Nähe von Alltagssprachen. Doch hier gilt es, genau zu differenzieren. Wenn schon die Griechen untereinander sich mißverstehen können, müßten sie, geschichtlich strikt genommen, vor allem Schwierigkeiten haben, sich mit den skytischen Amazonen zu verständigen. Wieso können die Griechen und die Amazonen eigentlich miteinander sprechen? Die einfache Antwort: weil beiden die Kunstsprache Heinrich von Kleists in den Mund gelegt worden ist, bleibt doch erläuterungsbedürftig. Die Sprache, in der Kleist die *Penthesilea* geschrieben hat, ist eine Kunstsprache von hochgradiger ästhetischer Stilisierung und Durchformung. Als solche ist sie den Alltags- oder Umgangssprachen strikt entgegengesetzt, bis hin zur fortwährenden Mißachtung und Brechung ›normaler‹ grammatikalischer Regeln. Dennoch verhält sie sich nicht wie eine Metasprache, wie ein philosophischer oder wissenschaftlicher Diskurs zur Alltagssprache. Anders auch als die Klassiker Schiller und Goethe will Kleist die Poesie der Dramensprache nicht von der Prosa des Alltags fernhalten, im Gegenteil: er läßt sich gerade auf die Probleme des Alltags ein. Kleist vermag insofern nicht unbefangen zu uns sprechen. Sein ästhetischer Diskurs sagt dem Zuschauer nicht einfach etwas in schöner Sprache, er stellt stets zugleich die Frage, wie etwas verständlich gesagt werden könne, ob in Alltagssprachen Verständigung möglich sei. Kleist stellt die Sprache(n) ständig auf die Probe des Mißverstehens. In der *Penthesilea* wird die Sprache selbst zum Thema, zu einem zentralen und problematischen Thema des Stücks. Mithin ist der ästhetische Diskurs der *Penthesilea* dialektisch konstruiert: die Kunstsprache ist unendlich weit von der

---

[1] Vgl. Friedrich A. Kittler (Hrsg.): Austreibung des Geistes aus den Geisteswissenschaften. Paderborn (u.a.) 1980.

Alltagssprache entfernt, ihr strikt entgegengesetzt, und trägt dabei doch die Probleme der Alltagssprache in sich aus.

Als ein dialektisches Konstrukt unterscheidet sich der ästhetische Diskurs der *Penthesilea* deutlich von einer Sprache der Liebe, wie sie etwa Roland Barthes verstanden hat.[2] Man wird vielleicht sagen können, daß Kleist in der *Penthesilea* das vergebliche, das tragisch scheiternde Bemühen zweier Liebender auf die Bühne gebracht hat, zu einer gemeinschaftlichen Sprache der Liebe zu finden.[3] Eine Sprache der Liebe ist, mindestens in der Kulturstufe, in der wir zu leben genötigt sind, auf Eindeutigkeit aus, sie will sagen und wissen, woran sie ist. Das ist so, seit das bürgerliche Zeitalter die Ausschließlichkeit und Einzigartigkeit der romantischen Liebe erfunden hat.[4] Und das Begehren nach Eindeutigkeit wurde ja gerade als Heilmittel gegen die Beliebigkeit und Vieldeutigkeit unserer sonst gegebenen geschichtlichen Existenz erfunden. Diesen unauslöschlichen Widerspruch einer geschichtlichen und einer liebenden Existenz trägt Kleist in der konstruierten Begegnung zweier diametral entgegengesetzter Kulturstufen seines Trauerspiels aus. Das Bemühen, zu einer Sprache der Liebe zu finden, scheitert im Miß-Verstehen und Ver-Sprechen – jedoch aus unterschiedlichen Gründen. Von Seiten Penthesileas, weil sie es nicht fassen kann, daß Achill ihre Mühe um eine Liebessprache vermeintlich mißverstanden hätte. Sie verfällt darauf in eine überdeutliche Sprache und ver-spricht sich. Von Seiten Achills, weil er nicht begreift, daß die liebende Penthesilea sich nicht mehr auf die beliebige Vieldeutigkeit von Alltagssprache einlassen kann. In diesem todernsten Liebesraum sind Liebesspiele nicht mehr möglich – und ebensowenig Todesspiele, wie sie Henriette Vogel und Kleist einige Jahre später selbst inszenierten.[5]

Penthesilea sucht nach Eindeutigkeit, sie sucht nach einer Sprache, in der die universale Vermitteltheit, das Auseinandertreten von Sprache und Körper aufgehoben ist. Die Sprache soll unmittelbar mit dem Bild des Körpers eins werden, soll das Bild des Körpers ohne weitere Vermittlung einfangen. Als Achill sie nach ihrem Namen fragt, zeigt sie ihm die Züge ihres Gesichts, das Bild ihres Antlitzes, das soll der Name sein, in welchem Achill sie denken soll (I, 384):

> ACHILLES.     Wie nenn ich dich, wenn meine eigne Seele
>                   Sich, die entzückte, fragt, wem sie gehört?
> PENTHESILEA.     Wenn sie dich fragt, so nenne diese Züge,
>                   Das sei der Nam, in welchem du mich denkst. –

[2]    Vgl. Roland Barthes: Fragmente einer Sprache der Liebe. Frankfurt/M. 1984, S. 20: »Der *dis-cursus* der Liebe ist nicht dialektisch [...]«. Vgl. dazu auch die Interpretation der *Marquise von O...*, oben S. 92 f.
[3]    Vgl. Neumann 1986.
[4]    Vgl. Niklas Luhmann: Liebe als Passion. Frankfurt/M. 1982.
[5]    Vgl. dazu in diesem Band den Beitrag über Kleists »inszeniertes Sterben«.

Der ausgesprochene Name »Penthesilea« erklingt für Achill sogleich in der einmaligen Schönheit, die nur dem Gesang des sterbenden Schwanes inne ist (»Mein Schwan singt noch im Tod: Penthesilea«, I, 385). Achill spricht sie mit ihrem Namen an, sie ihrerseits im gesamten Stück aber niemals Achill mit dem seinigen, sondern gebraucht statt dessen stets die Geschlechtsbezeichnungen: Neridensohn, Göttersohn, Sohn des Peleus, Pelide oder Peleide. Während Achill also Penthesilea namentlich als individuelle Person identifiziert und anspricht, erfaßt sie ihrerseits sprachlich nicht das Individuum, sondern nur das Gattungswesen.[6] Ein eigentümlicher Widerspruch tut sich hier auf zwischen dem Begehren nach Eindeutigkeit, ein einzigartiges Individuum liebend zu besitzen, und der Fähigkeit, es sprachlich einzufangen. Da mag das Verbot des Amazonengesetzes nachwirken, einem bestimmten Mann im Liebeskrieg nachzustellen (vgl. I, 394: »So nannte sie den Namen dir, Otrere?«), statt dessen soll der Zufall den Amazonen ein beliebiges Gattungswesen zuspielen. Oder es mag Achills Ahnung durchschlagen, daß der geliebte Name in einem Schwanengesang nur ausgehaucht werden könne.

Als Achill ihr schließlich in der doppelt vermittelten Form einer Herolds-Ankündigung zum Schein die Herausforderung zum Zweikampf schickt, um dem Amazonengesetz Genüge zu tun und ihr zu unterliegen, versteht sie das Scheinhafte dieser Sprache dahingehend, daß Achill auch ihre liebende Rede als scheinhaft, als abgelöst von der Sache begriffen haben müsse (I, 403):

> Was ich ihm zugeflüstert, hat sein Ohr
> Mit der Musik der Rede bloß getroffen?

Sie meint, daß ihr Bemühen, die Sprache mit dem Körper eins werden zu lassen, fehlgeschlagen sei, und nun kehrt sie am Ende den Spieß um und folgt jetzt mit ihrem Körper der Sprache. Sie, die »fortan kein Name nennt« (I, 412), wie es heißt, folgt jetzt leibhaftig dem Sprichwort, daß man jemand zum Fressen gern hat (I, 426):

> Wie manche, die am Hals des Freundes hängt,
> Sagt wohl das Wort: sie lieb ihn, o so sehr,
> Daß sie vor Liebe gleich ihn essen könnte;
> Und hinterher, das Wort beprüft, die Närrin!
> Gesättigt sein zum Ekel ist sie schon.
> Nun, du Geliebter, so verfuhr ich nicht.
> Sieh her: als ich an deinem Halse hing,
> Hab ichs wahrhaftig Wort für Wort getan;
> Ich war nicht so verrückt, als es wohl schien.

Freilich ist auch diese reine Körpersprache keine wahrhaftige Liebessprache, wie Penthesilea gestehen muß. Sie hat sich »versprochen«, denn – richtig und deutlich gesagt, wollte sie den Geliebten nur küssen (I, 425):

---

[6] Vgl. dazu auch die Interpretation der *Marquise von O...*, oben S. 81.

So war es ein Versehen. Küsse, Bisse,
Das reimt sich, und wer recht von Herzen liebt,
Kann schon das eine für das andere greifen.

Was bleibt hier am Ende der *Penthesilea*? Vielleicht nicht unbedingt dieses, daß der Wunsch nach Eindeutigkeit preisgegeben werden muß. Jedoch sind wir, geschichtlich gesehen, mit Zweideutigkeit geschlagen, und es gilt, diese Zweideutigkeit auszuhalten. Es bleibt am Ende nur die Kraft und die Gewalt der Sprache, die hinreicht, sich selbst mit Worten zu töten, aber auch, in ihrer gelungenen ästhetischen Formung, ein Kunstwerk von solcher Sprachschönheit wie die *Penthesilea* hervorzubringen. Das ist der »Glanz«, der dennoch nicht von dem »Schmutz meiner Seele« getrennt werden darf, wie es Kleist in seiner so lange verfälschten Bemerkung an die Vertraute Marie einmal formulierte (II, 797).

# Schönheit und Häßlichkeit als ästhetisches Problem im *Käthchen von Heilbronn**

Nach allem, was wir wissen, entstand das *Käthchen von Heilbronn* während Kleists Dresdner Aufenthalt (Ende August 1807 – Ende April 1809). Im Herbst 1807 hat er an dem Schauspiel gearbeitet, es bis Anfang Juni 1808 in einer ersten Fassung abgeschlossen, aus der zwei Fragmente im *Phöbus* veröffentlicht wurden, und das Stück später, bis zur Buchausgabe des Jahres 1810, noch einmal oder mehrfach umgearbeitet.[1] Während jener Dresdner Zeit vollzog sich etwas grundlegend Neuartiges in Kleists dichterischer Entwicklung: er versuchte, sich als freier Schriftsteller zu etablieren. Zusammen mit Rühle von Lilienstern, Adam Müller und Ernst von Pfuel wollte er ein Privileg für eine Buchhandlung erwerben, um seine Werke im Selbstverlag herauszugeben. An seine Schwester Ulrike schrieb er, er wolle »den Gewinn« aus seiner Tätigkeit nicht länger »andern überlassen«, er wolle nunmehr »nach dem Vorbild der Fugger und Medicis« in das Geschäft einsteigen (II, 790). Diese signifikante Berufung auf die spätmittelalterlichen Handelskapitalisten ist sehr aufschlußreich für die Situation und das Selbstverständnis Kleists, der die bürgerlich-kapitalistischen Bedingungen der »freien« Schriftstellerei reflektiert und in ihnen Fuß zu fassen sucht. In diesem Sinn versteht er sich auch als »Geschäftsmann« (II, 798), ebenso, wie er später vom »Geschäft des Dichtens« spricht (II, 829).

Noch bevor das Buchhandlungsprojekt schließlich am Einspruch der Dresdner Buchhändler scheiterte, wurde Ende 1807 die Zeitschrift *Phöbus* gegründet, die auch im Selbstverlag vertrieben wurde. Die beiden Herausgeber, Kleist und Adam Müller, wollten dort ihre Werke auszugsweise vorabdrucken, um dadurch das Interesse der Leser zum Kauf der Gesamtwerke anzureizen, welche dann – wie zunächst die *Penthesilea* – gleichfalls im Selbstverlag erscheinen sollten. Als all diese Unternehmungen nach und nach scheiterten, versuchte Kleist, überspitzt formuliert, als verlagsabhängiger Auftragsschriftsteller ein Auskommen zu finden. An Cotta, der die *Penthesilea* übernommen hatte, schrieb er: »[...] so übergebe ich mich [...] nunmehr, [...] mit allem, was ich schreibe, ganz und gar in Ew. Wohlgeboren Hände.« (II, 814). Er wollte Cotta jährlich ein Stück für ein Taschenbuch liefern und schlug in dem Zusammenhang später sogar vor, wenn das *Käthchen*

---

*   Dieser Beitrag geht zurück auf Abschnitt II der Darstellung »Beerben oder Enterben? Probleme einer gegenwärtigen Aneignung von Kleists *Käthchen von Heilbronn*« (vgl. die bibliographischen Angaben in den Drucknachweisen). Aneignungs- und Rezeptionsfragen wurden mit Quellen dokumentiert und erörtert in Grathoff 1977 und Grathoff 1979, deshalb konnte auf die Wiedergabe der einschlägigen Teile bei diesem Nachdruck verzichtet werden.
[1]   Vgl. Kreutzer 1968, S. 168 ff.

Erfolg haben sollte, jährlich ein Stück »von der romantischen Gattung« zu schreiben (II, 830).

Nicht allein die sozialen Grundlagen von Kleists schriftstellerischer Tätigkeit hatten sich in Dresden verändert, zugleich trat er dort erstmals an die Öffentlichkeit. Zwar war die *Familie Schroffenstein* schon früher anonym erschienen, so daß er an Ulrike schreiben konnte, er würde nunmehr »zum zweitenmale« in der »literarischen Welt« auftreten (II, 794), doch im eigentlichen Sinn begann erst während der Dresdner Zeit sein erster Auftritt in der »literarischen Welt«. Dort sah sich Kleist erstmals mit der literarischen Öffentlichkeit konfrontiert, speziell mit der öffentlichen literarischen Kritik, und zwar auf eine solch bedrohliche Weise, die den soeben begonnenen Versuch, als freier Schriftsteller eine Existenzgrundlage zu finden, gefährden mußte. Stand er bei seiner Ankunft in Dresden noch im Ansehen des ›nationalen Märtyrers‹, der von den Franzosen unschuldig eingekerkert worden war, und galt er zudem als Verfasser des ›deutschen‹ *Amphitryon*, im Gegensatz zum französischen des Molière (LS 169 ff.), verwelkten diese Vorschußlorbeeren schon Anfang des Jahres 1808 binnen weniger Monate. Seine Werke, die nun in den ersten *Phöbus*-Heften erschienen, besonders das *organische Fragment* der *Penthesilea* und die *Marquise von O...* standen in krassem Widerspruch zu den ethisch-moralischen und den ästhetischen Normen, denen sich die zeitgenössische Kritik verpflichtet wußte, so daß für Kleists literarische Produkte sehr bald der Schmähruf: Schwulst, Phébus, nach der französischen Bedeutung des Wortes *Phöbus*, in Umlauf geriet (wohl ausgehend von Goethes Urteil, LS 264b).

Kleists schriftstellerische Tätigkeit, verstanden als ein Prozeß, der sich auf der Grundlage bestimmter sozialer Bedingungen einerseits und im – bewußten oder unbewußten – Rekurs auf die gegebenen öffentlichen Rezeptionsbedingungen andererseits vollzieht, hatte in Dresden eine neue Qualität angenommen. Dieser Befund gibt Anlaß zu der Frage, ob die neuartigen Bedingungen einen Niederschlag in dem Gehalt der in Dresden entstandenen Werke gefunden haben. Ein vorläufiges Indiz für die Berechtigung dieser Frage darf in Kleists bekannter Äußerung über das *Käthchen* gesehen werden: »Das Urteil der Menschen hat mich bisher viel zu sehr beherrscht; besonders das Käthchen von Heilbronn ist voll Spuren davon.« (II, 874).

Während Kleist am *Käthchen* arbeitete und gleichzeitig als Mitherausgeber des *Phöbus* tätig war, geriet er in eine enge Berührung mit der Naturphilosophie und der ästhetischen Theorie der Dresdner Romantik. Die Beziehungen zwischen dem *Käthchen* und der Naturphilosophie Gotthilf Heinrich Schuberts haben in der Forschung große, wenn auch nicht unumstrittene Beachtung gefunden, während Kleists Verhältnis zur ästhetischen Theorie der Dresdner Romantik, wie sie vornehmlich von Adam Müller entwickelt worden ist, bisher noch kaum gründlich untersucht wurde. Müller hatte sich in drei großen Dresdner Vorlesungszyklen mit Problemen der Poetik, der Literaturtheorie und der Ästhetik befaßt.[2] Auszüge aus zwei der Vorlesungen erschienen auch im *Phöbus*, dem *Journal für die Kunst*, zu dessen ausgesprochener Programmatik die Diskussion ästhetischer Theorien gehörte (LS 206a). Kleist wird Müllers Schriften also mit Sicherheit gekannt haben, so daß die Fragen naheliegen, (1.) ob Kleist von dorther Anregungen erhalten hat, und (2.) ob er sich darüber hinaus vielleicht den Grundpositionen der ästhetischen Theorie von Müller angenähert, bzw. solche gar übernommen hat. Die so gestellten Fragen sind früher noch nicht hinlänglich untersucht worden.

Müllers Theorie setzte an bei der Erfahrung der »Teilung des menschlichen Wesens, die in der Absonderung der Arbeiten und Gewerbe des bürgerlichen Lebens wie in der unbegrenzten Zersplitterung der Wissenschaften ganz besonders in Deutschland so sichtbar wurde«.[3] Dieser Prozeß habe sich in einer »großen Hauptdissonanz« seiner Zeit niedergeschlagen, in der Dissonanz »zwischen den ökonomischen« Bedingungen und den poetischen Aussichten unsrer Existenz«.[4] Die »ökonomische und die poetische Existenz« des Menschen seien auseinandergefallen, »Poesie und Ökonomie« – ebenso wie Philosophie und Ökonomie – seien getrennt, sie müßten wieder zusammengebracht werden, indem die Poesie wie die Philosophie wieder »zur Erde herab, unter die Menschen« geführt würden.[5] Als Beispiele für die gelungene »Versöhnung von Poesie und Ökonomie« führte Müller zwei Werke an: Goethes *Wilhelm Meister* und – Novalis' *Ofterdingen*.[6] Ganz im Sinne seiner Theorie der Vermittlung von Gegensätzen ging Müller also über die frühromantische Kritik an Goethes »Evangelium der Ökonomie« hinweg und meinte, dort sei die Versöhnung von Poesie und Ökonomie ebenso gelungen wie in Novalis' »Apotheose der Poesie«. Ebensowenig hielt er sich bei dem Problem auf, ob denn ausgerechnet durch den *Ofterdingen*, der doch als expliziter Gegenentwurf gegen die vermeintliche poetische Kapitulation vor der Alltäglichkeit im *Meister* intendiert war, die von Müller so nachdrücklich geforderte Orientierung der Poesie auf die reale Praxis des gesellschaftlichen Lebens geleistet worden sei. Müller entwickelte eine ausgesprochene Tat-Philosophie, welche im Zentrum ihres Denkens stets an der gesellschaftlichen und politischen Praxis orientiert war, wovon nicht allein seine staats- und gesellschaftstheoretischen, sondern auch seine ästhetischen Schriften durchgängig geprägt waren. In dieser Hinsicht ging er über die Frühro-

---

[2] Dies sind die *Vorlesungen über deutsche Wissenschaft und Literatur* (gehalten Anfang 1806), *Über dramatische Kunst* (gehalten im Winter 1806-07) und *Von der Idee der Schönheit* (gehalten im Winter 1807-08). Zitiert wird nach der folgenden Neuausgabe: Adam Müller: Kritische, ästhetische und philosophische Schriften. Hrsg. v. Walter Schroeder u. Werner Siebert. 2 Bde. Neuwied u. Berlin 1967.
[3] Ebda, Bd. 1, S. 70.
[4] Ebda, Bd. 1, S. 42.
[5] Ebda, Bd. 1, S. 54 ff.
[6] Ebda, Bd. 1, S. 57 ff.

mantik hinaus, mit der er im übrigen die Kritik an der praxisfernen »Spekulations-Philosophie« der Aufklärung teilte. Zugleich war seine Philosophie der Praxis, darauf werden wir noch näher eingehen, erkenntnistheoretisch als eine genuin hermeneutische Theorie angelegt, welche ihrem ideologischen Gehalt nach ganz entschieden auf eine Restitution der Tradition abzielte.

Von solchen, hier vorerst freilich nur unzulänglich knapp umrissenen Grundpositionen des Müllerschen Denkens ist Kleist offenbar nachhaltig beeinflußt worden, als er in der zweiten Hälfte des Jahres 1808 mit der *Hermannsschlacht* die Wendung zum politisch engagierten Schriftsteller vollzog, als er anfing, Werke zu schreiben, »die in die Mitte der Zeit hineinfallen« sollten (II, 820). Dieser patriotischen Entwicklungsphase gehört das *Käthchen* aber augenscheinlich noch nicht an. Doch ist zu bedenken, daß die »Versöhnung von Poesie und Ökonomie« auch auf andere Weise als durch das unmittelbare politische Engagement geleistet werden kann, welches nur ein spezifischer Modus von Praxis ist. Zumindest hat Müller das Werk auch des »vorpatriotischen« Kleist als praxisorientiertes begriffen. In Kleist sah er einen Dichter, der wie Goethe »realischen Kunstansichten« verpflichtet gewesen sei. Der *Phöbus*, schrieb Müller an Friedrich Gentz, sei von seinen Herausgebern nicht gedacht als eine »sonntägliche Retraite oder Ressource«, »wo man das wirkliche Leben und alles politische Kreuz der Zeitumstände eine Weile vergessen sollte«,[7] und gerade in der von Gentz so scharf angegriffenen *Penthesilea*, deren *organisches Fragment* im ersten *Phöbus*-Heft erschienen war, werde das wirkliche Leben »unbefangen« zum Ausdruck gebracht (ebda):

> Bonaparte'sche Ketten drücken und werden auch abgeschüttelt werden; gedenken wir aber der andern und schrecklicheren Bande, in die unser Gemüth geschlagen war, damals als an Bonaparte noch nicht gedacht wurde; denken wir an die unzähligen kleinen Tyrannen, die unser Gemüth mit nichtswürdigen Autoritäten – elenden Pflichts- und Anstandsbegriffen, absoluten Vorschriften für das Handeln, Dichten und Leben zusammenschnürten, so wird es erlaubt seyn, sich auch selbst unter dem neuen Tyrannen frei zu fühlen. Gemüthsfreiheit ist mehr als die bürgerliche; denn sie ist die Ursache, diese die Folge [...] Kleist ist gemüthsfrei [...].

Müller interpretierte den ›vorpatriotischen‹ Kleist also als einen Dichter, dessen Werk gesellschaftspraktisch zwar nicht auf die Abschüttelung »Bonaparte'scher Ketten« ausgerichtet war, doch in der Negation von »nichtswürdigen« ästhetischen und moralischen »Anstandsbegriffen« dem wirklichen Leben zugewandt war.

Ob nun unabhängig oder auch beeinflußt von Müller, hat Kleist seinen Kritikern jedenfalls sehr ähnliche Argumente entgegengehalten. In zwei Epigramm-Reihen des *Phöbus* setzte sich Kleist intensiv mit der Kritik auseinander. Diese Epigramme sind insofern sehr aufschlußreich, als Kleist in ihnen eine bemerkenswerte ironische Distanz zu seinen eigenen Werken an den Tag legte, und sie zudem erkennen

---

[7]   Adam Müllers Lebenszeugnisse. Hrsg. v. Jakob Baxa. 2 Bde. München 1966. Dokument Nr. 292.

lassen, daß er sich während jener Dresdner Zeit verstärkt mit den dichtungstheoretischen und ästhetischen Grundlagen seiner Tätigkeit befaßte. Einige der Epigramme enthalten in nuce die Formulierung dichtungstheoretischer Grundsätze, wie etwa schon in der Epigramm-Folge *Musikalische Einsicht* das Programm zu einer politisch engagierten Dichtung angelegt ist (I, 23).

Besonders das erste *Phöbus*-Heft mit dem *organischen Fragment* der *Penthesilea* stieß auf die Ablehnung der zeitgenössischen Kritik. Sie entzündete sich vor allem an der Darstellung des Grauenerregenden und Ekelhaften in der *Penthesilea*. So hieß es beispielsweise in einer späteren Rezension zur Buchausgabe: »Das Ekelhafte ist niemals Objekt der schönen Kunst« (LS 283). Gegenüber derartigen Einwänden machte Kleist nun Realismus für sich geltend (I, 21):

> SCHELTET, ich bitte, mich nicht! Ich machte, beim delphischen Gotte,
> Nur die Verse; die Welt, nahm ich, ihr wißts, wie sie steht.

In dem folgenden Epigramm fingierte er – in Anlehnung an einen Ausspruch Voltaires – den Einwand, die Nacktheit dürfe nicht dargestellt werden, ihr müsse »klug immer ein Mäntelchen« umgehängt werden, worauf Kleist dem Kritiker erwiderte (ebda):

> Ziehe mir nur dem Apoll Hosen, ersuch ich, nicht an.

Durch die Inanspruchnahme von Realismus[8] verwahrte sich Kleist also gegen die zeitgenössische Forderung nach sittlicher »Bemäntelung« oder Veredelung des Natürlichen. Mit der »unbemäntelten« Darstellung der menschlichen Natur in ihrer Häßlichkeit wie ihrer Schönheit zugleich,[9] indem er den ganzen »Schmutz« und »Glanz« der Seele darstellte, wie seine so lange verfälschte Äußerung über die *Penthesilea* lautete (II, 797), verstieß Kleist nicht allein auf das Schärfste gegen die ästhetischen Normen der zeitgenössischen Kritik. Im Grunde genommen entzog sich das, was er in der *Penthesilea* gestaltete, der Begrifflichkeit klassischer Ästhetik, es war mit den Kriterien des Erhabenen und des Komischen nicht faßbar, sondern wurde es eigentlich erst später mit denen einer Ästhetik des Häßlichen. Insbesondere Goethes Äußerungen über die *Penthesilea* lassen dies deutlich erkennen. Die Tragödie *Penthesilea*, die nicht mehr mit dem Begriff des Erhabenen zusammenfiel, aber noch nicht mit einer Ästhetik des Häßlichen begrifflich faßbar war, mußte nun eben als das Komische erscheinen: »Die Tragödie grenzt in einigen Stellen völlig an das Hochkomische« meinte Goethe, das Stück hätte vielleicht auf »einem neapolitanischen Volkstheater« gespielt werden können (LS 281). Wenn Kleist auch keine Kenntnis von Goethes Äußerungen haben konnte, zudem bezogen sie sich wie die oben zitierte Rezension auf die Buchausgabe und nicht auf das

---

[8] Vgl. zu dieser Frage näher den Beitrag »Liebe und Gewalt«, oben S. 126 f.
[9] Vgl. weiter Neumann 1988/89.

*Phöbus*-Fragment der *Penthesilea*, so ist doch anzunehmen, daß ihm ähnliche Argumente durch das Tagesgespräch zugetragen worden sind. Ein *Phöbus*-Epigramm zeugt nämlich davon, daß er den skizzierten Vorgang zwar nicht unbedingt durchschaut, sich aber zumindest mit ihm befaßt hat, indem er die *Penthesilea* dem Publikum auf einem »Komödienzettel« als »Hundekomödie« ankündigte (I, 20).

Die verstärkte Beschäftigung mit Problemen der Ästhetik während der ersten Monate des Jahres 1808 hat offensichtlich einen Niederschlag im *Käthchen* gefunden, worin Kleist nun die Frage nach der Erkenntnis von Schönheit und Häßlichkeit zu einem handlungstragenden Element des Schauspiels erhob. Allerdings geht es Kleist nicht, wie noch in der *Penthesilea*, um die »unbemäntelte« Gestaltung menschlicher Natur, worin sich Schönheit und Häßlichkeit verbergen. Nachklänge davon finden sich allenfalls noch in jenen Szenen, in denen die psychische Zerrissenheit des Grafen vom Strahl, der Käthchen mit der Peitsche schlagen will, zum Ausdruck gebracht wird (vgl. bes. I, 485 ff.). Im übrigen aber wird die Häßlichkeit direkt in einem allegorischen Bild, in der Gestalt Kunigundes, dargestellt. Kunigunde, diese »mosaische Arbeit, aus allen drei Reichen der Natur zusammengesetzt« (I, 520), dies »wesenlose Bild«, in welchem »kein Gott« wohnt (I, 461), erscheint als das Inbild körperlicher und seelischer Häßlichkeit schlechthin. In konsequenter Steigerung des »Wesenlosen« wird Kunigundes Häßlichkeit schließlich in jener Szene, als Käthchen sie in der Badegrotte entdeckt, mit dem Leblosen, dem Toten gleichgesetzt. Dort fragt Eleonore das entsetzte Käthchen (I, 513):

> Was macht an allen Gliedern dich so zittern?
> Wär dir der Tod, in jenem Haus, erschienen,
> Mit Hipp und Stundenglas, von Schrecken könnte
> Dein Busen grimmiger erfaßt nicht sein!

An einer anderen Stelle, in der später gestrichenen Putz-Szene des *Phöbus*-Fragments, begreift Kunigunde die »Kunst«, ihre Häßlichkeit zu verbergen, auch ausdrücklich als Versuch, das Tote zu beseelen (I, 901):

> Das unsichtbare Ding, das Seele heißt,
> Möcht ich an allem gern erscheinen machen,
> Dem Toten selbst, das mir verbunden ist.

Eine Anregung zu einer derartigen Gleichsetzung des Häßlichen mit dem Toten könnte Kleist von Adam Müller erhalten haben, der sich in seinen Vorlesungen *Von der Idee der Schönheit* ausführlich mit der Frage befaßte, ob »der Gedanke des Todes die Urquelle alles Häßlichen« sein könne, ob das Häßliche mit dem »Begriffe des Totseins, eines Seins, das doch gleich auch wieder nicht sein ist«, gleichgesetzt werden könne.[10] Mehr als eine Anregung dürfte es aber kaum gewesen sein, denn

---

[10]    Müller, Schriften (wie in Anm. 2), Bd. 2, S. 20.

Müller erörterte jene Frage nur hypothetisch. Er wollte vielmehr eine landläufige
Auffassung vom Häßlichen durch eine umfassende »Idee der Schönheit«, derzufol-
ge alles Lebendige – auch das scheinbar Tote – noch als Schönes erscheinen sollte,
»vollständig überwinden« (ebda). Dabei griff Müller auf zentrale Thesen der Naturphilosophie von Gotthilf Heinrich Schubert zurück, der in seiner Frühschrift
*Ahndungen einer allgemeinen Geschichte des Lebens* einen »Urquell des Seyns« in
allen Bereichen der Natur, auch im Anorganischen, zu erkennen glaubte.[11] Durch
solche »Verkündigungen der neueren Naturphilosophie« sei, wie Müller erklärte,
die Auffassung der älteren »Naturforscher« widerlegt worden, daß »eine unzählige
Menge von Naturgegenständen für schlechthin tot« anzusehen seien. Ebenso, wie
die ältere Naturforschung »das Geheimnis des Lebens«, das gerade auch im Anorganischen walte, nicht zu erkennen vermochte, hätten »die Schönheitslehrer des
vorigen Jahrhunderts von einer großen Masse von Gegenständen« behauptet, »daß
sie durchaus, absolut und in jeder Hinsicht häßlich wären«.[12] Angelehnt an eine
umfassende naturphilosophische Idee des Lebens wollte Müller also eine umfassende Idee des lebendigen Schönen in die Ästhetik einführen, so daß es in der Kunst
nichts absolut Häßliches mehr geben könne. Demgegenüber liegt im *Käthchen* eine
genau entgegengesetzte Konzeption vor: das scheinbar Schöne erweist sich dort
schließlich als unverrückbar Häßliches. Wenn in dieser Hinsicht also überhaupt
eine Berührung zwischen dem *Käthchen* und Müllers Ästhetik angenommen werden kann, so unterscheidet sich Kleists Konzeption klar von den Intentionen Müllers. Zudem distanzierte sich Kleist deutlich von solchen naturmythologischen
Bestrebungen, in allen Bereichen der Natur unterschiedslos organisches Leben
sehen zu wollen, und zwar in einem *Phöbus*-Epigramm mit dem Titel »Die lebendigen Pflanzen«, das »An M.... [üller]« gerichtet war (I, 24):

EINE Mütze, gewaltig und groß, über mehrere Häupter
Zerrst du und zeigst dann, sie gehn unter denselbigen Hut.

Eine Anregung zu der Konzeption der Kunigunden-Handlung ist jedoch vielleicht
noch auf andere Weise durch Müller vermittelt worden. In den *Vorlesungen über
deutsche Wissenschaft und Literatur* hat Müller einen Märchen-Begriff von Novalis

---

11  Gotthilf Heinrich Schubert: Ahndungen einer allgemeinen Geschichte des Lebens. Theil 1: Leipzig
1806; Theil 2/1: Leipzig 1807; (Theil 2/2 erschien erst 1821). Über den ersten Teil der *Ahndungen* führte
Müller im Mai 1807 einen längeren Briefwechsel mit Friedrich Gentz (vgl. Adam Müller, Lebenszeugnisse,
wie in Anm. 7, Dokumente Nr. 219 f.). Der Herausgeber Jakob Baxa hat die Briefstellen über Schubert
irrtümlich auf dessen *Ansichten von der Nachtseite der Naturwissenschaft* bezogen (vgl. die Anmerkungen
des Herausgebers), die aber erst im Herbst 1808 erschienen. Auf Müllers Anregung hielt Schubert dann im
Winter 1807/08 jene Vorlesungen über die *Ansichten von der Nachtseite der Naturwissenschaft*. Sie sollten
ein naturphilosophisches Pendant zu den ästhetischen Vorlesungen *Von der Idee der Schönheit* bilden, die
Müller gleichzeitig in Dresden hielt. Vgl. dazu Schuberts Bericht in seiner Selbstbiographie: G.H. Schubert:
Der Erwerb aus einem vergangenen und die Erwartungen von einem zukünftigen Leben. Bd. 2/1. Erlangen
1855, S. 228 f.
12  Müller, Schriften (wie in Anm. 2), Bd. 2, S. 20 f.

referierend zusammengefaßt: »nach Novalis« werde »in dem wahren Märchen vom Ritter gefordert, seine Dame in der ungeheuersten Verzauberung liebzugewinnen«, und »der Zauber« löse sich, »sobald die häßliche Hülle vom Geiste der Liebe durchdrungen ist«.[13] Diese Märchen-Definition hat Müller nicht aus Novalis' Fragmenten, sondern aus dem *Ofterdingen* abgeleitet, wie die folgende Anspielung auf die beiden Teile des *Ofterdingen*, »Erwartung« und »Erfüllung«, zeigt (ebda). Die Nähe jener Definition des Märchens zu der – allerdings – entgegengesetzten Konzeption der Kunigunden-Handlung ist offenkundig: im *Käthchen* wird der Ritter vom Strahl durch den schönen Schein – oder die schöne »Hülle« – seiner Dame Kunigunde geblendet, hinter dem sich wesenhaft das Häßliche verbirgt, das am Ende entlarvt wird. Insofern darf vielleicht gesagt werden, daß das *Käthchen* als Anti-Märchen, als Umkehrung des konventionellen Märchens der Romantik konzipiert war.

Gegen Kunigunde als Inbild der Häßlichkeit ist Käthchen als Repräsentantin der Schönheit gesetzt. Während Kunigunde den schönen Schein bewußt erstrebt, aber doch häßlich ist, ist Käthchen vorbewußt schön. Sie weist alle Eigenschaften jener sich selbst unbewußten Grazie auf, die Kleist im Aufsatz *Über das Marionetten- theater* dargelegt hat. Dieser motivische Zusammenhang kommt in dem Fenster- sturz Käthchens deutlich zum Ausdruck, dessen Funktion in dem Schauspiel sonst kaum zu erklären wäre, denn Käthchen hätte Strahl auch sofort nachlaufen können, ohne sich vorher aus dem Fenster zu stürzen.[14] Offensichtlich sollte der Fenster- sturz andeuten, daß Käthchen durch die Begegnung mit Strahl in einen traumhaf- ten Zustand versetzt wurde, in welchem ihr materielles Sein vergessen ist, in wel- chem die Schwerkraft überwunden scheint. Ebenso heißt es im *Marionettentheater*, die Puppen hätten »den Vorteil, daß sie antigrav sind«: »Von der Trägheit der Materie, dieser dem Tanze entgegenstrebendsten aller Eigenschaften, wissen sie nichts: weil die Kraft, die sie in die Lüfte erhebt, größer ist, als jene, die sie an die Erde fesselt.« (II, 342). Dasselbe Motiv klingt auch im *Phöbus*-Fragment des *Käth- chens* noch einmal an; dort empfindet sich Strahl als eine »Verbindung von Eisen und Fleisch und Blut, die gegen die Erde drückt« (I, 892). Eine solche Konzeption der schwerelosen Grazie läßt eine gewisse Nähe zu Schuberts Ausführungen über Magnetismus und Schwerkraft erkennen. Im ersten Teil der *Ahndungen* befaßte sich Schubert mehrfach mit der »Unvollkommenheit der Schwere« im Gegensatz zur »Leichtigkeit« als einem »Zustand höherer Vollendung«[15]: »Ja das Leben of-

---

[13]   Ebda, Bd. 1, S. 67.
[14]   Der Vergleich mit verwandten Motiven in der *Familie Schroffenstein* und im *Zerbrochnen Krug* läßt zugleich erkennen, daß an dieser Stelle im *Käthchen* das Prinzip der Liebe noch keinen Vorrang vor den Prinzipien der Naturgesetzlichkeit gewonnen hat. Vgl. dazu den Aufsatz »Der Fall des Krugs«, hier S. 38, Anm. 10.
[15]   Schubert, wie in Anm. 11, Th. 1, S. 36 f., 92 ff., 216 ff. u. 378 ff.

fenbart sich immer vollkommener und klarer, je ohnmächtiger das Vermögen der Masse, auf welchem die Dauer des Körperlichen beruht, geworden, je mehr sich das Besondere vom Stoff entkleidete.« (ebda, S. 20). Dennoch ist ein Einfluß von Schubert zwar nicht auszuschließen, aber doch unwahrscheinlich. Eine näher liegende Beziehung zum *Marionettentheater* läßt nämlich der Aufsatz von Christian Gottfried Körner *Über die Bedeutung des Tanzes* aus dem ersten *Phöbus*-Heft erkennen, worin Körner die Schönheit des Tanzes als »Sieg der Form über die Masse in der Bewegung« bezeichnet: »Die Gestalt schwebt im Raume ohne Anstrengung und ohne Widerstand. Sie wird nicht durch Schwere an den Boden gefesselt; sie haftet an ihm aus Neigung.«[16] Ähnlich heißt es im *Marionettentheater*: »Die Puppen brauchen den Boden nur [...], um ihn zu streifen [...]« (II, 342). Kleists Aufsatz weist zurück in die Dresdner Zeit, insofern ist der schon mehrfach angestrengte Versuch, einen Zugang zum *Käthchen* über das *Marionettentheater* zu finden, durchaus gerechtfertigt. Anklänge finden sich darüber hinaus in dem Monolog des Grafen vom Strahl zu Beginn des zweiten Aktes, in dessen erster Fassung Strahl von sich sagt, er sei eine »Verbindung von Eisen und Fleisch und Blut«. In dem Monolog will Strahl seiner Liebe zu Käthchen Ausdruck verleihen, er will seine »Stimme, wie einen schönen Tänzer, durch alle Beugungen hindurch führen, die die Seele bezaubern; und wenn die Bäume nicht in der Tat bewegt werden, und ihren milden Tau, als ob es geregnet hätte, herabträufeln lassen, so sind sie von Holz, und alles, was uns die Dichter von ihnen sagen, ein bloßes liebliches Märchen.« (I, 454). An der Echtheit von Strahls Gefühlen für Käthchen läßt Kleist zwar keinen Zweifel, doch vermag Strahl dies Gefühl nicht – wie Käthchen im vorbewußten, traumhaften Zustand – mit sich selbst in Einklang zu bringen,[17] weil er das Bewußtsein seiner selbst als einer adligen Standesperson nicht abstreifen kann. So unternimmt er in der Monolog-Szene einen Traumversuch, den er gleich zu Beginn auf »eine kurze Viertelstunde« begrenzt, danach, sagt er, würde er immer noch auf sein Schloß zurückkehren können, »ehe die Lichter darin erloschen sind.« (I, 453). Dieser, auf eine Viertelstunde erzwungene Traumversuch, in welchem Strahls Bewußtsein nicht aufgehoben ist, führt zur Zиererei: Strahl produziert verunglückte poetische Bilder, Klischees, indem er sich in den gekünstelten *locus amoenus* des Schäferspiels flüchten will, indem er das Märchen der Dichter von den »lebendigen Pflanzen«, den weinenden Bäumen, für bare Münze nimmt, und Käthchen schließlich mit der ölgesalbten »Braut eines Perserkönigs« vergleicht (I, 454). Dieser Monolog ist schon von ironischer, von parodisierender Distanz zum

---

[16] *Phöbus*, Neudruck hrsg. von Helmut Sembdner. Darmstadt 1961, S. 36.
[17] Diese Interpretation erscheint mir aus späterer Sicht (vgl. bes. den Hinweis in Anm. 14) problematisch.

mittelalterlichen Rittertum gekennzeichnet, man kann ihn nicht als »ernst gemeint« interpretieren.[18]

Was Käthchen vermag, Strahl aber nur vergebens versucht, nämlich das an äuße-
rem Schein orientierte Bewußtsein auszuschalten und im Traum die tiefere, hinter
dem Schein verborgene Realität zu erfassen, läßt die spezifische Bedeutung erkennen, die dem Traum im *Käthchen* zukommt. Der Traum ist konzipiert als ein spezifischer Modus von Wahrheitserkenntnis, er gewinnt seine Bedeutung im Zusammenhang der Erkenntnisproblematik, die, wie so oft in Kleists Werken, auch im
Mittelpunkt der Handlung des *Käthchens* steht. An der Konzeption der Erkenntnisproblematik läßt sich Kleists Nähe und Ferne zur Romantik am deutlichsten
feststellen.

Das wache Bewußtsein hält am äußeren Schein fest: an der schönen »Hülle« Kunigundes, hinter der ihr häßliches Wesen verborgen bleibt. Ebensowenig vermag es
Käthchens wahres Wesen, das vom Schein des »falschen« Standes verdeckt ist, zu
erkennen. Dieser Gestaltung ist die Kritik an gesellschaftlich sanktionierten Wahr-
heitspostulaten implizit, einerseits, wie schon die *Phöbus*-Epigramme zeigten, die
Kritik an solchen ästhetischen Maximen, welche über der Forderung nach schönem
Schein, nach äußerer »Bemäntelung« die tiefere Wahrheit der Kunst vergessen,
und andererseits die Kritik an dem Standesdenken der Feudalgesellschaft. Doch
wird die Kritik an der Scheinhaftigkeit des Standesdenkens von Kleist nicht durch-
gehalten, sie wird schließlich in Käthchens Standeserhebung zurückgenommen.
Bei alledem geht es Kleist offensichtlich um das Problem der Erkenntnis von ab-
soluter, göttlicher Wahrheit. Dies wird im poetischen Bild des Cherubs, der Käthchen beschützt, zum Ausdruck gebracht. Man mag zwar darüber streiten, ob eine
solche Darstellung in ihrer unvermittelten Bildlichkeit gelungen sei, doch sind
damit keinesfalls irgendwelche christlich-mystischen Vorstellungen verbunden.
Kleist behandelt die Thematik mit ironischer Leichtigkeit, wenn er etwa den Kaiser
ängstlich sagen läßt, er wolle »nicht wagen«, daß ihm die göttliche Wahrheit ein
zweitesmal auf den Kopf steige, »daß der Cherub zum zweitenmal zur Erde steige
und das ganze Geheimnis [...] ausbringe!« (I, 520).

---

[18]  Zum Problem der Schein-Idylle vgl. oben »Der Fall des Krugs«, hier S. 49 ff., und zum *Erdbeben in
Chili* Appelt/Grathoff 1986, S. 21 f. (Anm. zu 57, 30 f.).

# Rittergeschichten – mit und ohne Gespenster.
## Kleists *Käthchen von Heilbronn* auf dem
## Papiertheater des 19. Jahrhunderts

Um das *Käthchen von Heilbronn* war es im 20. Jahrhundert still geworden. Kleists Schauspiel ist wahrscheinlich eines der meistgespielten Stücke des 19. Jahrhunderts gewesen, doch um 1900 häuften sich die Abgesänge auf das Ritterschauspiel. Zeittypisch mag das Unbehagen des alten Briest bei Fontane gegenüber der permanenten Unterwürfigkeit von Käthchen sein: »Hoher Herr und immer wieder hoher Herr – was soll das? Das leitet in die Irre, das verschiebt alles.«[1] So verschwand das zuvor beliebte *Käthchen von Heilbronn* weitgehend von den Bühnen dieses Jahrhunderts, bis es vor zwanzig Jahren im Zuge einer allgemeinen Kleist-Renaissance wiederentdeckt wurde. Jürgen Flimm inszenierte das *Käthchen* 1979 am Schauspielhaus Köln als turbulentes Ritterspektakel, in dem blechbewehrte Herren mit gewaltigen Schwertern aufeinander eindroschen. Flimm verdankte den Erfolg vor allem einer kleinen Schauspielerin, die der Sprache Kleists gewachsen war: Katharina Thalbach.[2] Von dem Erfolg angeregt, schepperten die Ritterschwerter hernach landauf, landab über zahlreiche Provinzbühnen, was zumindest den Unterhaltungswert des Theaters zu steigern vermochte.

Im Untertitel hat Kleist sein Stück ein »großes historisches Ritterschauspiel« genannt, wobei zu erinnern ist, daß er sich schon früh über Rittergeschichten geäußert hat (II, 562 f.):

> Nirgends kann man den Grad der Kultur einer Stadt und überhaupt den Geist ihres herrschenden Geschmacks schneller und doch zugleich richtiger kennen lernen, als – in den Lesebibliotheken. Höre was ich darin fand, und ich werde Dir ferner nichts mehr über den Ton von Würzburg zu sagen brauchen.
> »Wir wünschen ein paar gute Bücher zu haben.« – *Hier steht die Sammlung zu Befehl.* – »Etwa von Wieland.« – *Ich zweifle fast.* – »Oder von Schiller, Goethe.« – *Die möchten hier schwerlich zu finden sein.* – »Wie? Sind alle diese Bücher vergriffen? Wird hier so stark gelesen?« – *Das eben nicht.* – »Wer liest denn hier eigentlich am meisten?« – *Juristen, Kaufleute und verheiratete Damen.* – »Und die unverheirateten?« – *Sie dürfen keine fordern.* – »Und die Studenten?« – *Wir haben Befehl ihnen keine zu geben.* – »Aber sagen Sie uns, wenn so wenig gelesen wird, wo in aller Welt sind denn die Schriften Wielands, Goethes, Schillers?« – *Halten zu Gnaden, diese Schriften werden hier gar nicht gelesen.* – »Also Sie haben sie gar nicht in der Bibliothek?« – *Wir dürfen nicht.* – »Was stehn denn also eigentlich für Bücher an diesen Wänden?« – *Rittergeschichten, lauter Rittergeschichten, rechts die Rittergeschichten m i t Gespenstern, links o h n e Gespenster, nach Belieben.* – »So, so.«

Rittergeschichten mit und ohne Gespenster. Im *Käthchen von Heilbronn* kommen solche nicht vor, es ist also eine Rittergeschichte ohne Gespenster, es sei denn, man

[1]  Theodor Fontane: Effi Briest. Ausgabe von W. Keitel u. H. Nürnberger (Hanser). Berlin 1980, S. 26.
[2]  Vgl. Kleist DKV, Bd. 2, S. 939 f.

wolle Käthchens Gegenspielerin Kunigunde von Thurneck als Gespenst bezeichnen.[3] Im dritten Akt tritt nach dem Schloßbrand ein Engel auf die Bühne, aber ein solcher kann ordnungsgemäß schwerlich zur Kategorie der Gespenster gezählt werden. Immerhin wird Käthchen einmal vorgeworfen, sie sähe wohl »Gespenster«, was sie aber heftig bestreitet (I, 488).

Die Handlung des Stücks ist allerliebst und schnell erzählt: ein blutjunges, unschuldiges Bürgersmädchen, das Käthchen von Heilbronn, läuft ihrem geliebten, angebeteten Grafen Friedrich Wetter vom Strahl so anhaltend und penetrant unterwürfig hinterher, bis es ihren Traumprinzen nach allerhand Hindernissen und Widerständen am Ende doch heiraten kann. Eine filmreife Geschichte also, wie sie Siegfried Kracauer später mit Blick auf das Kino der 20er Jahre in seinem bekannten Essay *Die kleinen Ladenmädchen gehen ins Kino* analysiert hat.[4]

Diese Geschichte kam dem Geschmack dem 19. Jahrhundert gewiß entgegen, mehr aber wohl noch Kleists spektakelhafte Ankündigung »ein großes historisches Ritterschauspiel«. Hier durfte ein Szenarium des Mittelalters erwartet werden, der Augenschmaus einer mittelalterlichen Dramenszenerie. Dieses Szenarium interessierte auch das Papiertheater noch am Ende des 19. Jahrhunderts, als der Zenit der *Käthchen*-Popularität längst durchschritten war.

Das Stück beginnt in einer unterirdischen Höhle mit einem mittelalterlichen Femgericht: »Szene: Eine unterirdische Höhle, mit den Insignien des Vehmgerichts, von einer Lampe erleuchtet.« (I, 431).

Vermummte Kapuzenmänner sitzen dort über ein junges Mädchen zu Gericht, das gar nicht angeklagt ist, sondern nur als Zeugin geladen wurde. Angeklagt ist Friedrich Wetter, Graf vom Strahl, wegen der vermeintlichen Verführung einer Minderjährigen, des Käthchen. Und damit jeder Zuhörer auch begreife, worum es Käthchens Vater zu tun ist, stattet Kleist ihn, den Ankläger, mit Worttiraden von Shakespearescher Kraft aus (I, 440):

> Nun denn, so walte, Hekate, Fürstin des Zaubers, moorduftige Königin der Nacht! Sproßt, ihr dämonischen Kräfte, die die menschliche Satzung sonst auszujäten bemüht war, blüht auf, unter dem Atem der Hexen und schoßt zu Wäldern empor, daß die Wipfel sich zerschlagen, und die Pflanze des Himmels, die am Boden keimt, verwese; rinnt, ihr Säfte der Hölle, tröpfelnd aus Stämmen und Stielen gezogen, fallt, wie ein Katarakt, ins Land, daß der erstickende Pestqualm zu den Wolken empordampft; fließt und ergießt euch durch alle Röhren des Lebens, und schwemmt, in allgemeiner Sündflut, Unschuld und Tugend hinweg!

Die konsternierten Richter scheinen weder Shakespeare noch Theobald folgen zu können, wenn sie nach einer ›realistischen‹ Erklärung seiner Worte suchen (ebda):

---

[3]   Diese Frage erörterte Ruth Klüger im Kleist-Jahrbuch 1993, S. 104 ff.
[4]   Siegfried Kracauer: Die kleinen Ladenmädchen gehen ins Kino. (1928). In: Kracauer: Das Ornament der Masse. Frankfurt/M. 1963, S. 279 ff.

GRAF OTTO. Hat er ihr Gift eingeflößt?

WENZEL. Meinst du, daß er ihr verzauberte Tränke gereicht?

HANS. Opiate, die des Menschen Herz, der sie genießt, mit geheimnisvoller Gewalt umstrikken?

THEOBALD. Gift? Opiate? Ihr hohen Herren, was fragt ihr *mich*? Ich habe die Flaschen nicht gepfropft, von welchen er ihr, an der Wand des Felsens, zur Erfrischung reichte; ich stand nicht dabei, als sie in der Herberge, Nacht für Nacht, in seinen Ställen schlief. Wie soll ich wissen, ob er ihr Gift eingeflößt? habt neun Monate Geduld; alsdann sollt ihr sehen, wies ihrem jungen Leibe bekommen ist.

In die Papiertheaterfassungen ist diese Passage natürlich nicht übernommen worden, wie überhaupt die zentrale Thematik von Verführung, Sexualität, Zeugung und Geburt bei Kleist aus den Wohnstuben des 19. Jahrhunderts herausgehalten wurde. Auch einige schöne Kulissen mußten für die Sauberhaltung des Papiertheaters ihr Leben lassen, insbesondere so verdächtige Dinge wie Grotten und Höhlen. Nur die Höhle des Femgerichts am Anfang durfte wegen der juristischen Zweckentfremdung beibehalten werden.

Bei Kleist folgen eine Reihe von romantisch-mittelalterlichen Nebensächlichkeiten, die wegen des schnellen Szenenwechsels in Shakespearescher Manier gewöhnlich nicht realisiert werden konnten: Wald vor der Höhle, Köhlerhütte im Gebirg, Nacht, Donner, Blitz, ein Schloß, eine Burg, Gebirg und Wald, eine Einsiedelei, eine Herberge, später ein Gebirg mit Wasserfällen und einer Brücke. Dann aber: »ein Schloßbrand« – III 17: »Szene: Platz vor dem Schloß. Es ist Nacht. Das Schloß brennt. Sturmgeläute.« (I, 491). E.T.A. Hoffmann hat dafür die Kulissen entworfen, und in einer weitbekannten Zeichnung das Schloß im gotisch-romantisierenden Stil festgehalten.[5] Daraufhin erfreute sich diese Kulisse – auch im Papiertheater – großer Beliebtheit. In Kleists Stück ereignet sich bei dem Schloßbrand nicht sonderlich viel, der Antagonismus zwischen der besitzgierigen Kunigunde und dem unter einem Helfersyndrom leidenden Käthchen tritt klarer zutage, doch die Szenenfolge bietet noch eine hochtheatralische Möglichkeit: den Auftritt des eingangs erwähnten Engels, der Käthchen schützt.

Kurz nach dem Schloßbrand folgt dann die Szene, die das *Käthchen* im 19. Jahrhundert und weit darüber hinaus hat berühmt werden lassen: die Holunderstrauchszene (I, 503):

IV/2, Szene: Schloß Wetterstrahl. Platz, dicht mit Bäumen bewachsen, am äußeren zerfallenen Mauerring die Burg. Vorn ein Holunderstrauch, der eine Art von natürlicher Laube bildet, worunter von Feldsteinen, mit einer Strohmatte bedeckt, ein Sitz. An den Zweigen sieht man ein Hemdchen und ein Paar Strümpfe usw. zum Trocknen aufgehängt.

Käthchen liegt dort – entsprechend leicht bekleidet – ein Hemdchen und ein Paar Strümpfe sind ja zum Trocknen aufgehängt – sie liegt in einem somnambulen Schlaf und erzählt dem Grafen vom Strahl ihren Sylvesternachtstraum, in dem die

---

[5] Vgl. die Abb. in Grathoff 1977, S. 115.

beiden von einem Engel zusammengeführt wurden, und den er genauso geträumt hatte: Traumfrau und Traummann finden zusammen.

Im 19. Jahrhundert wußte man noch, wofür ein Holunderstrauch benötigt wurde. In unserer Zeit industrieller Drogenfertigung ist diese frühere Funktion weitgehend in Vergessenheit geraten: Der Holunderstrauch war der ›joint‹ des Mittelalters. Wer sich darunter für leichtbekleidete Traumerzählungen niederbettete, schwebte ohnehin in benebelten Sphären dahin. Andererseits konnte die Kulisse auch so dezent-unverdächtig eingesetzt werden, daß in den Wohnstuben des Papiertheaters nicht gleich Unanständigkeiten gewittert werden mußten.

Eine der schönsten Kulissen folgt bei Kleist schließlich im 4. Akt mit einer »Grotte, im gotischen Stil« (I, 511) – doch spielte sich dort eine so unerhörte Enthüllung ab, daß man im gesamten 19. Jahrhundert auf diese gotische Grotte verzichtete. Aus ähnlichen Gründen fehlt ein Turnierplatz, auf dem ein Zweikampf zwischen Theobald, Käthchens vermeintlichem Vater, und Graf Wetterstrahl, ihrem Gatten in spe, als mittelalterliches Gottesgericht ausgetragen wird. Nur das Schlußszenarium mit dem Hochzeitsmarsch ist in der Regel wieder in allen Aufführungen zu finden (I, 529):

> Marsch. Ein Aufzug. Ein Herold eröffnet ihn, darauf Trabanten. Ein Baldachin von vier Mohren getragen. In der Mitte des Schloßplatzes stehen der Kaiser, der Graf vom Strahl, Theobald, Graf Otto von der Flühe, der Rheingraf vom Stein, der Burggraf von Freiburg und das übrige Gefolge des Kaisers und empfangen den Baldachin. Unter dem Portal, rechts Fräulein Kunigunde von Thurneck im Brautschmuck, mit ihren Tanten und Vettern, um sich dem Zuge anzuschließen. Im Hintergrund Volk, worunter Flammberg, Gottschalk, Rosalie usw.

Was hat Kleist mit seinem »großen historischen Ritterschauspiel« auf die Bühne gestellt? Er macht etwas, das für sein dramatisches Werk ungewöhnlich, jedenfalls selten zu beobachten ist. Man hat mit tadelnder Absicht Kleists Drama als »unsichtbares Theater« bezeichnet,[6] als eines, bei dem sich auf der Bühne relativ wenig an dramatischer Handlung ereignet. Die oft unerhörte Dramatik ist in die Sprache verlagert worden, so daß sich sinnlich-anschaulich kaum etwas vor unseren Augen abspielt. Den Höhepunkt dieses »unsichtbaren Theaters« bietet ohne Zweifel die *Penthesilea*, das vielleicht ›dramatischste‹ Stück von Kleist überhaupt, in dem sich die Tragödie zwischen Penthesilea und Achill fast durchweg nur in sprachlichen Berichten, in Teichoskopien und dgl. vollzieht. Kleist schafft in der Regel ein Ohren- kein Augentheater, und das macht die Aufführung seiner Stücke so außerordentlich schwierig, weil einerseits Schauspieler gefordert sind, die über eine außerordentliche Sprachkraft verfügen, was bei den knapp bemessenen Probenzeiten unserer Bühnen nur selten umgesetzt werden kann. Andererseits sind in der Regel die Regisseure überfordert, weil sie nicht in sprachlichen Bildern zu denken gewohnt

---

[6]  Vgl. dazu näher den voraufgegangenen Beitrag »Unsichtbares Theater«, oben S. 55 f.

sind, sondern in bildlicher Anschauung, und dadurch leider oft die Sprache Kleists mit Bildern zukleistern, wenn ich mich so ausdrücken darf. Ein solcher Theaterregisseur war es auch, der gegen Kleist den Vorwurf des »unsichtbaren Theaters« erhoben hat: Johann Wolfgang von Goethe.[7] So prallten die diametral entgegengesetzten Theaterkonzeptionen von Kleist und Goethe aufeinander. Der eine wollte ein Ohren-, der andere ein Augentheater.

Im *Käthchen* ist Kleist von seinem sonst überwiegend praktizierten Prinzip abgewichen, hier hat er Sinnentheater für das Auge auf die Bühne bringen wollen. Sein Szenarium, sonst immer sehr karg gehalten wie im *Zerbrochnen Krug, Amphitryon* oder *Penthesilea*, läßt diese veränderte dramatische Konzeption bereits erkennen. Gleichwohl hat das Stück Goethe ebensowenig gefallen. Von der Lektüre der *Penthesilea* noch geschädigt, soll er sich unvorsichtigerweise auf das *Käthchen* eingelassen haben, um das Buch in das »lodernde Feuer des Ofens« zu werfen – mit dem Ausruf: »Das führe ich nicht auf, wenn es auch halb Weimar verlangt.« (LS 384/385). Kleists Mühe, es dem Publikum recht zu machen, war offensichtlich bei Goethe vergebens. Auf längere Sicht aber war Kleists Versuch, viel Handlung in einer hochromantischen Kulissenwelt auf die Bühne zu bringen, doch im gesamten 19. Jahrhundert und schließlich auf dem Papiertheater erfolgreich.

Oder täuschen wir uns? Gebührt dieser postume Theatererfolg wirklich Kleist? Schon in einer der ersten Rezensionen vom Dezember 1810 ist eine gewisse Verwirrung zu erkennen: »Bei Lesung der ersten Blätter dieser Ritter-Tragödie [!?!] glauben wir, eine Parodie auf den romantischen Schnickschnack unsrer Zeit zu finden. Bald aber ward es uns gewiß, daß es dem Hrn. v. Kleist barer, brennender Ernst sei.« (LS 373). Unfreiwillig hat sich in dieser Besprechung die klassische Definition romantischer Ironie eingeschlichen: nämlich Parodie, distanzierte Zitatkunst, und Ernst zugleich zu sein. Ein so ironisch gebrochenes, oszillierendes und schillerndes Stück konnte auf Dauer im späteren 19. Jahrhundert keinen Bestand haben. Um zu überdauern, mußte es gefügig gemacht werden.

Dies sei an zwei Beispielen demonstriert.[8] Zunächst an der Badegrottenszene »im gotischen Stil«. Aus Badegrotten quillt Erfrischung, quillt Leben, und das sucht Käthchen dort auch (I, 512):

Ei, Käthchen! Bist du schon im Bad gewesen?
Schaut, wie das Mädchen funkelt, wie es glänzet!
Dem Schwane gleich, der in die Brust geworfen,
Aus des Kristallsees blauen Fluten steigt!

---

[7] Ebda.
[8] Sämtliche *Käthchen*-Bearbeitungen des 19. Jahrhunderts nehmen die beiden im folgenden erörterten Eingriffe vor, auch das sog. »Detmolder« *Käthchen*, das Helmut Sembdner Kleist selbst zuschreiben wollte. Angesichts der Eingriffe aller Bearbeitungen erscheint diese Zuschreibung jedoch mehr als unwahrscheinlich. Vgl. dazu näher meine Besprechung im Kleist-Jahrbuch 1983, S. 205-214, zusammenfassend S. 207.

– Hast du die jungen Glieder dir erfrischt?

In dunklen Grotten ist aber auch das Abgründige zu Haus, dort kann das Grauen lauern. Und solches scheint Käthchen dort in der Gestalt ihre Widersacherin Kunigunde begegnet zu sein (I, 513):

> Was ist geschehn, mein Kind? Was schilt man dich?
> Was macht an allen Gliedern so dich zittern?
> Wär dir der Tod, in jenem Haus, erschienen,
> Mit Hipp und Stundenglas, von Schrecken könnte
> Dein Busen grimmiger erfaßt nicht sein!

Kunigunde gilt als eine der ersten Schönheiten Schwabens, und doch soll sie, so hat Kleist es sich ausgedacht, nichts mehr als ein häßliches Gerippe sein, das sich mit Hilfe von Prothesen und kosmetischen Kunstgriffen in eine vermeintliche Schönheit verwandelt hat: »Sie ist«, wird von ihr gesagt,

> eine mosaische Arbeit, aus allen drei Reichen der Natur zusammengesetzt. Ihre Zähne gehören einem Mädchen aus München, ihre Haare sind aus Frankreich verschrieben, ihrer Wangen Gesundheit kommt aus den Bergwerken in Ungarn, und den Wuchs, den ihr an ihr bewundert, hat sie einem Hemde zu danken, das ihr der Schmied, aus schwedischem Eisen, verfertigt hat. (I, 520).

Dieser gesamte Handlungsstrang um die Prothesenschönheit der Kunigunde mit den Badegrottenszenen im Zentrum ist in sämtlichen Bühnenbearbeitungen des 19. Jahrhunderts gestrichen worden[9] – und selbstverständlich auch in den Papiertheaterfassungen. Was geschieht dadurch mit Kleists Stück? Wir haben es mit zwei Frauen zu tun, die um den Grafen Wetterstrahl gegeneinander buhlen, das junge Naturkind Käthchen und die vermeintliche Schönheit Kunigunde, die doch nichts mehr als eine Technikprothese ist. Natur versus Technik in Sachen Schönheit, da kann doch nur die Natur obsiegen. Wenn das keine geglückte Männerphantasie ist: ein veritabler Graf in einer Ritterrüstung, die ihm von Käthchens vermeintlichem Vater, dem Schmied Theobald, angepaßt wurde, ausgestattet mit einem gewaltigen Schwert, findet sich zwischen zwei Frauen, von denen ihm am Ende die junge Naturschönheit in den Schoß fällt. Aber bevor wir nun die Bearbeiter des 19. Jahrhunderts bloß loben, daß sie derart verqueren Männerphantasien den Garaus gemacht haben, sollten wir kurz innehalten und auf mögliche ironische Hintertürchen bei Kleist achten.

In seinem berühmten Text *Über das Marionettentheater* findet sich ein Vergleich zwischen der natürlichen Anmut des Menschen und der eines »mechanischen Gliedermanns«, der Marionette. Auf die Frage, ob »in einem mechanischen Gliedermann mehr Anmut enthalten sein könne, als in dem Bau des menschlichen Körpers«, antwortet der Tänzer im Gespräch *Über das Marionettentheater*, »daß es

---

[9]  Vgl. Grathoff 1977, S. 114 ff.

dem Menschen schlechthin unmöglich wäre, den Gliedermann darin auch nur zu erreichen.« (II, 342). »Haben Sie«, fragte der Tänzer zuvor,

> von jenen mechanischen Beinen gehört, welche englische Künstler für Unglückliche verfertigen, die ihre Schenkel verloren haben?
> Ich sagte, nein: dergleichen wäre mir nie vor Augen gekommen.
> Es tut mir leid, erwiderte er; denn wenn ich Ihnen sage, daß diese Unglücklichen damit tanzen, so fürchte ich fast, Sie werden es mir nicht glauben. – Was sag ich, tanzen? Der Kreis ihrer Bewegungen ist zwar beschränkt; doch diejenigen, die ihnen zu Gebote stehen, vollziehen sich mit einer Ruhe, Leichtigkeit und Anmut, die jedes denkende Gemüt in Erstaunen setzen. (II, 341).

Mithin könnte es ratsam sein, Kleists Einstellung gegenüber Prothesenschönheiten vorsichtig zu beurteilen. Wer weiß, vielleicht wollte er das Gerippe Kunigunde doch noch zum Tanzen bringen.

Und wie ist es um ihre Gegenspielerin, die Naturschönheit Käthchen bestellt? Theobald beschreibt sie einleitend den Richtern des Femgerichts (I, 433):

> Ging sie in ihrem bürgerlichen Schmuck über die Straße, den Strohhut auf, von gelbem Lack erglänzend, das schwarzsamtene Leibchen, das ihre Brust umschloß, mit feinen Silberkettlein behängt: so lief es flüsternd von allen Fenstern herab: das ist das Käthchen von Heilbronn; das Käthchen von Heilbronn, ihr Herren, als ob der Himmel von Schwaben sie erzeugt, und von seinem Kuß geschwängert, die Stadt, die unter ihm liegt, sie geboren hätte.

Zwischen mechanischer Technik und Natur, technisch produziertem Schein vermeintlicher Schönheit und Naturschönheit, die durch einen natürlichen Akt, Zeugung und Geburt, hervorgerufen wird, taucht hier ein drittes Prinzip auf, das des Gesellschaftlichen, des Sozialen. Käthchen ist das Kind einer Stadt, mythisch gezeugt von dem Ländle, oder dem Staat, in dem sie aufgewachsen ist: von Schwaben. Sie ist, wie es sehr präzis im Titel heißt, das *Käthchen von Heilbronn*, Kind der Stadt. In dieser Hinsicht ist Kunigunde von Thurneck schlechter dran, denn sie ist gewissermaßen eine europäische Gemeinschaftsproduktion (I, 520):

> Ihre Zähne gehören einem Mädchen aus München, ihre Haare sind aus Frankreich verschrieben, ihrer Wangen Gesundheit kommt aus den Bergwerken in Ungarn, und den Wuchs […] hat sie einem Hemde zu verdanken, das ihr der Schmied, aus schwedischem Eisen, verfertigt hat.

Kunigunde ist also ein technisches Sozialprodukt mit Haaren aus Frankreich, das ist immer schon verdächtig, so etwas machten auch die bösen Römer mit den blonden teutschen Mädels in der *Hermannsschlacht*, und mit Zähnen von einem Mädchen aus München, das dürfte einem echten Preußen kaum schmecken. Käthchen hat demgegenüber mit Schwaben und Heilbronn doch so etwas wie eine nationale Identität, sie ist ein soziales Nationalprodukt. Eine solche Person benötigt eigentlich keinen leiblichen Vater mehr.

Damit der Graf vom Strahl als Adliger das vermeintlich bürgerliche Käthchen heiraten kann, muß ihr eine soziale Aufwertung widerfahren. Was liegt da näher, als sie kurzerhand zur Kaisertochter zu machen? Wetterstrahl stellt dafür Nachforschungen an, die Theobald, ihrem vermeintlichen Vater, an die Nerven und an die

Ehre gehen. Er fordert den Grafen zu einem gerichtlichen Zweikampf, einem Gottesgericht, heraus, um Klarheit zu schaffen. Theobald hat sich mit den erforderlichen Instrumenten der Männlichkeit, einem gewaltigen Schwert, ausgerüstet, während Wetterstrahl, der Name sagt ja schon alles, ihm unbewaffnet gegenübertritt und den Kaiser bittet, ihm den Kampf zu erlassen (I, 516):

> Mein kaiserlicher Herr! Hier ist mein Arm,
> Von Kräften strotzend, markig, stahlgeschient,
> Geschickt im Kampf dem Teufel zu begegnen;
> Treff ich auf jene graue Scheitel dort,
> Flach schmettr' ich sie wie einen Schweizerkäse,
> der gärend auf dem Brett des Sennen liegt.

Doch Theobald will die Behauptung widerlegt wissen, daß Käthchen nicht seine, sondern des Kaisers Tochter sei, so kommt es zum Kampf. Der unbewaffnete Graf vom Strahl »windet ihm« kurzerhand »das Schwert aus der Hand, tritt über ihn und setzt ihm den Fuß auf die Brust« (I, 518). Damit war juristisch hinlänglich bewiesen, daß der Kaiser Käthchens Vater sei, und er erinnert sich auch prompt in einem anschließenden Monolog an ein Schäferstündchen, das er vor fünfzehn, sechzehn Jahren mit Gertrud, Käthchens Mutter, hatte (vgl. I, 519). Der Weg ist juristisch bereitet, Wetterstrahl kann Käthchen heiraten.

Mit diesem Kleistschen Text ist das beliebte *Käthchen* im 19. Jahrhundert bis 1876 doch nie auf die Bühne gekommen, so oft es auch aufgeführt wurde. Daß der wackere Waffenschmied Theobald am Ende vom Kaiser noch zum Hahnrei gemacht werden sollte, paßte nicht ins biedermeierliche Weltbild.

Für die Zusammenarbeit mit der Oldenburger Papiertheater-Ausstellung standen mir zwei Papiertheaterversionen des *Käthchen* zur Verfügung. Eine stammt von Inno Tallavania in der Reihe »Schreibers Kindertheater« mit dem Titel *Das Käthchen von Heilbronn. Ritterspiel in vier Akten*. Ferner ein anonym erschienener Neu-Ruppiner Druck bei Oehmigke & Riemschneider unter dem Titel *Das Käthchen von Heilbronn. Ritterschauspiel in drei Aufzügen, für Kinder-Theater bearbeitet*. Darüber hinaus sind weitere Papiertheaterfassungen nachweisbar, die mir jedoch nicht zugänglich waren.[10] Die beiden genannten Kindertheater-Versionen greifen gleichermaßen, allerdings voneinander erheblich verschieden, auf Franz Ignaz von Holbeins *Käthchen*-Bearbeitung zurück.[11] Inno Tallavania hat nach 1897 zahlreiche Stücke für »Schreibers Kinder-Theater« eingerichtet, darunter Schillers *Jungfrau von Orleans* und Goethes *Götz von Berlichingen*. Sein *Käthchen von*

---

[10] Vgl. Georg Garde: Theatergeschichte im Spiegel des Kindertheaters. Kopenhagen 1971; Annegret Reitzle: Die Texthefte des Papiertheaters. (Diss.). Stuttgart 1990; Dietrich Grünewald: Vom Umgang mit Papiertheater. Berlin 1993; Doris Weiler-Streichsbier (Hrsg.): »Es ist nichts, nur Papier, und doch ist es die ganze Welt« (Peter Høeg). Papiertheater aus der Sammlung Helge Schenstrøm. Katalog Oldenburg 1999.
[11] Vgl. zu Holbein die Dokumentation in Grathoff 1977, S. 114 ff.

*Heilbronn* (1900 erschienen) ist im wesentlichen eine nochmals eingekürzte Fassung von Franz Holbein. Kunigundes Habgier wird am Ende der zweiten Szene des 3. Aktes entlarvt:»Ha! jetzt gehen mir die Augen auf und manches wird mir klar.«, sagt der Graf vom Strahl:»Fräulein, wir sprechen darüber noch.« Die Badegrotten-Szenen fehlen wie schon bei Franz Holbein. Und Käthchen wird am Ende (4. Akt, 3. Szene) zur»Pflegetochter« von Theobald gemacht, so daß der Kaiser hochentzückt ausrufen kann:»Kein Zweifel, es ist mein mir vor sechzehn Jahren geraubtes Töchterlein Katharina. Kaum faß' ich mich vor Freude.«

Das zweite Papiertheater-*Käthchen* aus dem Verlag Oehmigke & Riemschneider (Neu-Ruppin) ist ein eigentümliches Gebilde. Es handelt sich um eine Neudichtung, die sich zwar an die Fabelstruktur der Bearbeitung von Franz Holbein anlehnt, von den Zuschauern aber eigentlich nur verstanden werden konnte, wenn ihnen zumindest das bearbeitete *Käthchen* von Holbein bekannt war. Hier wird nicht nur der große Bekanntheitsgrad des *Käthchen* wieder deutlich, sondern zugleich der wichtigste Grund für die Faszinationskraft des Stückes im 19. Jahrhundert. Das Szenarium des mittelalterlichen»Ritterschauspiels« begeisterte das Publikum, so daß es im Neu-Ruppiner *Käthchen* vor allem um die mittelalterliche Kulissenwelt ging, auf die dann ein neugeschriebener Text z.B. mit Hinweisen auf Ritterturniere und Jagdszenen (zweiter Aufzug:»Waldung. Man hört Jagdhörner aus der Ferne«) abgestimmt wurde. Kleists Holunderstrauch-Szene und den wirkungsvollen Schloßbrand ließ man sich nicht entgehen, doch verzichtete man natürlich vorsichtshalber auf die Badegrotte»im gotischen Stil«. Eine größtenteils von Holbein neugedichtete Wirtshaus-Szene um den Wirt»Pech« kehrt auch hier wieder (3. Aufzug, 1. Szene). Theobald wird mit einer noch lebenden Frau»Rosalie« versehen, der Einfachheit halber wurde also der Name von Kunigundes Zofe beibehalten, und Käthchen wird schon im Personenverzeichnis als»ihre angebliche Tochter« ausgewiesen. In der letzten Szene wird enthüllt, daß»eine reichgekleidete Dame« in Heilbronn»ein etwa ein Jahr altes Kind« abgegeben habe – zusammen mit einem»Beutel voller Goldstücke« für die Erziehung des Kindes. Fast klassisch wirkt die folgende Begeisterung des Kaisers:»Großer Gott! Meine Ahnung traf. O Käthchen, meine Tochter! Komm an das Herz Deines Vaters!«. Eine neue Mutter bekommt sie selbstverständlich auch:»die unglückliche Gräfin Sebaldo«. Für die bei Kleist folgende prunkvolle Hochzeitsszene fehlten dann aber doch die Kulissen.

An anderer Stelle habe ich bereits darauf hingewiesen, daß die Eröffnungsszene vor dem Femgericht im *Käthchen* als eine Parodie auf freimaurerische Rituale gelesen werden kann.[12] Bei der Initiation zum Lehrling in die Loge wird der Aufzu-

---

12   Grathoff 1993, S. 131 ff.

nehmende mit verbundenen Augen vor eine Gruppe von vermummten Freimaurern
geführt. Über seine Aufnahme wird übrigens im Verfahren des Ballotierens mit
schwarzen und weißen Kugeln entschieden, so wie hier im Stück von Kleist später
ein Ballotage-Urteil von den vermummten Richtern herbeigeführt wird. Zwei freimaurerische Rituale kommen also vor, was den Zeitgenossen um 1800 noch deutlicher gewesen sein dürfte als uns heutigen Zuschauern, die nur selten mit der Freimaurerei noch in Berührung kommen. So aber erscheint dort mit der schwarzen
Binde vor den Augen, die zum Zweck der freimaurerischen Lichterteilung abge-
nommen wird, das Käthchen von Heilbronn vor den vermummten Richtern. Eine
Frau, und Frauen waren bekanntlich strikt aus den Logen ausgeschlossen. So enthält diese Eröffnung des Stücks also eine parodistisch-schmunzelnde Verballhor-
nung von Freimaurerritualen. Es gibt im *Käthchen* auch eine Reihe von motivi-
schen Berührungspunkten mit Mozarts *Zauberflöte*, die ohne den ironischen
Umgang mit Freimaurerritualen schlechterdings nicht verstanden werden kann.
Ein solches ironisches Spiel konnte zumindest den konservativen Freimaurern um
1800 nicht gefallen, die sich Reformbemühungen widersetzten und dem hierarchi-
schen Prinzip der sogenannten strikten Observanz nachtrauerten. Zu solchen gehörten damals zwei berühmte Herren und Schauspieldirektoren: Johann Wolfgang
von Goethe, der das *Käthchen*, wie gesagt, ins »lodernde Feuer des Ofens« geworfen haben soll, und August Wilhelm Iffland, der damalige Direktor des Berliner
Nationaltheaters, der sich weigerte, das *Käthchen* in Berlin aufzuführen. Goethe
und Iffland hingen nicht nur freimaurerisch brüderlich zusammen, sie waren sich
auch in einer konservativen Aufführungspolitik einig. Das ganze Durcheinander
um Geburt und Herkunft, das Kleist in seinem Stück anrichtete, mußte einen Freimaurer der alten Schule wie Iffland zudem außerordentlich irritieren, denn mit der
Aufnahme in eine Loge wurde eine soziale Wieder- oder Neugeburt ausgelöst. So
brauchten die Freimaurer keine Frauen, keine Mütter mehr, bei ihnen wurde die
soziale Geburt neu inszeniert. Freilich ganz anders als bei Kleist, wo die Liebe die
Grundlage für die soziale Neuschöpfung ist.

Kleists bekanntes Billet an Iffland, das in letzter Zeit mehrfach diskutiert wurde,[13]
kann durch die parodistischen Bezüge zur Freimaurerei also eine weitere Bedeu-
tungsnuancierung erhalten (II, 836):

> Wohlgeborner Herr,
> Hochzuverehrender Herr Direktor!
>
> Ew. Wohlgeboren haben mir [...] das *Käthchen von Heilbronn*, mit der Äußerung zurückgeben
> lassen: es gefiele Ihnen nicht. Es tut mir leid, die Wahrheit zu sagen, daß es ein Mädchen ist; wenn
> es ein Junge gewesen wäre, so würde es Ew. Wohlgeboren wahrscheinlich besser gefallen haben.

---

[13]   Von Ruth Klüger im Kleist-Jahrbuch 1993 und Detering 1994.

Papiertheaterkulissen zum Käthchen von Heilbronn

# Zur frühen Rezeptionsgeschichte von Kleists Schauspiel
## *Prinz Friedrich von Homburg*

## I. Vorbemerkung

Von wenigen Ausnahmen abgesehen gelangten Kleists Dramen, soweit sie während der ersten Hälfte des 19. Jahrhunderts überhaupt aufgeführt wurden,[1] gewöhnlich nur in bearbeiteten Fassungen, durch erhebliche Eingriffe verändert, auf die Bühnen. Recht glimpflich kam noch der *Zerbrochne Krug* in der Bearbeitung von Friedrich Ludwig Schmidt davon; die *Familie Schroffenstein*, das *Käthchen von Heilbronn* und den *Prinzen von Homburg* verwertete der unermüdliche Bearbeiter Franz von Holbein,[2] der seit den 20er Jahren mehr sich denn Kleist zum Bühnenerfolg verhalf. Ebenso, wenngleich weniger freizügig, beteiligten sich Ludwig Tieck, Karl Immermann oder Heinrich Laube, um nur einige zu nennen, am Geschäft des Bearbeitens, wobei die Eingriffe, welche an Kleists Dramen vorgenommen wurden, gewöhnlich nicht einfach aus aufführungstechnischen Erfordernissen bedingt oder erzwungen waren. Vielmehr artikuliert sich in den Veränderungen der Widerspruch zu den Werken, artikulieren sich Einwände gesellschaftlich-politischer oder ästhetischer Art. Zusammengefaßt laufen die Veränderungen meist darauf hinaus, den Kleistschen Werken die Schroffheiten ihres Gehalts zu nehmen, die unvermittelten Gegensätzlichkeiten zu glätten und deren adäquate ästhetische Form, die Dissonanzen der künstlerischen Gestaltung, ›harmonisierend‹ abzuschwächen.[3] In dem subjektiv sicherlich wohlmeinenden Bemühen, Kleists Dramen für die damalige Zeit vermeintlich bühnenfähig zu machen, wurden die Werke so doch meist zugleich ihres wesentlichen Gehalts beraubt.

Das Schauspiel *Prinz Friedrich von Homburg*, 1821 zuerst in Wien aufgeführt, macht in der Reihe bearbeiteter Dramen keine Ausnahme. In der Forschung haben vor allem Ludwig Tiecks Bemühungen um das Stück und die von ihm vorbereitete Dresdner Aufführung (1821)[4] sowie die Berliner Aufführungsgeschichte mit der

---

[1]   Nur die *Familie Schroffenstein, Der Zerbrochne Krug*, das *Käthchen* und der *Homburg* wurden seit den 20er Jahren wiederholt aufgeführt. Die *Hermannsschlacht* gelangte nach der Erstaufführung in Pyrmont (1839) seit 1860 in der Bearbeitung von Feodor Wehl auf die Bühnen, *Penthesilea* erst 1876, *Amphitryon* gar erst 1899. Vgl. dazu Walter Kühn: Heinrich von Kleist und das deutsche Theater. München und Leipzig 1912; sowie Hans Zigelski: Heinrich von Kleist im Spiegel der Theaterkritik des 19. Jahrhunderts bis zu den Aufführungen der Meininger. Berlin 1934.

[2]   Zu Holbeins ungedruckter Bearbeitung des *Homburg* vgl. Egon Erich Albrecht: Heinrich von Kleists *Prinz von Homburg* auf der deutschen Bühne. Phil. Diss. [masch.] Kiel 1921, S. 28 ff. Holbeins Bearbeitung des *Käthchen* erschien zuerst 1822 (Pesth: Hartleben), die der *Familie Schroffenstein* unter dem Titel *Die Waffenbrüder* 1824 (Wien: Wallishausser). Zur *Käthchen*-Bearbeitung vgl. weiter Grathoff 1977, S. 114 ff.

[3]   Vgl. zu diesem Vorgang auch meine Dokumentation zum *Käthchen*: Grathoff 1977, S. 101 ff., und in diesem Band den Beitrag »Rittergeschichten« über das *Käthchen*.

[4]   Klaus Kanzog (Hrsg.): Ludwig Tieck: Über eine bevorstehende Aufführung des *Prinzen von Homburg* von Heinrich von Kleist auf der Dresdner Bühne. Handschriftliche Fassung. 28. November 1821. Berlin

Inszenierung in der Bearbeitung von Ludwig Robert (1828) Beachtung gefunden. Letzterer hat Eckehard Catholy 1965 eine umfangreiche Darstellung gewidmet, welche, gestützt auf nur spärliche Materialien, zu dem fragwürdigen Schluß gelangte, daß bereits mit der Bearbeitung von Ludwig Robert jene Tradition monarchisch-nationalistischer Vereinnahmung durch die Hohenzollern eingeleitet worden sei, die in den 40er Jahren unter Friedrich Wilhelm IV. in Gang kam und in der Wilhelminischen Ära, als das Schauspiel zum Lieblingsstück Wilhelm II. avancierte, ihren Höhepunkt feiern sollte.[5] Bei dieser Schlußfolgerung war allerdings u.a. übersehen worden, daß die Berliner Aufführung 1828 bereits nach drei Vorstellungen vom preußischen König verboten war.[6] Um zu einer angemessenen Wertung der Bearbeitung von Ludwig Robert im Kontext der zeitgenössischen Rezeptionsgeschichte (vgl. dazu hier Abschnitt III) gelangen zu können, ist es deshalb erforderlich, zunächst die noch erreichbaren Zeugnisse und Dokumente auszuwerten, um das Kräftefeld gesellschaftlicher, politischer und künstlerischer Bedingungen abzustecken, in das die frühe Berliner Aufführungsgeschichte gebettet war (Abschnitt II). Zugleich ist an dieser Stelle Gelegenheit, auf die nachhaltigen Bemühungen von Ludwig Robert um Kleists Werk hinzuweisen. Die in vieler Hinsicht aufschlußreiche Beziehung des Bruders von Rahel Varnhagen zu Kleist ist bisher von der Kleistforschung wenn nicht übersehen, so doch unterschätzt und vernachlässigt worden. Insbesondere sind die langwährenden Nachwirkungen des antisemitisch geprägten Kleistbildes von Reinhold Steig zu revidieren, der bemüht war, freundschaftliche Kontakte Kleists zu jüdischen Mitbürgern zu ignorieren oder zu leugnen.[7]

## II. Frühe Bemühungen um Inszenierungen des *Homburg*

Ludwig Robert hat Kleist nachweislich noch persönlich gekannt, wenn auch nur spärliche Zeugnisse über ihre Beziehung erhalten sind. Vielleicht sind sie einander

---

1974 (Heinrich-von-Kleist-Gesellschaft, Faksimiledrucke 2); sowie von Helmut Sembdner: Kleists *Hinterlassene Schriften* und die Aufführung von *Prinz Friedrich von Homburg* in Dresden. (Eine Zeitschriftendiskussion). In: H. Sembdner: Schütz-Lacrimas. Berlin 1974, S. 223 ff.

[5]  Vgl. Eckehard Catholy: Der preußische Hoftheater-Stil und seine Auswirkungen auf die Bühnen-Rezeption von Kleists Schauspiel *Prinz Friedrich von Homburg*. In: Kleist und die Gesellschaft. Hrsg. von W. Müller-Seidel. Berlin 1965. S. 75-94; bes. S. 86 f.

[6]  Catholy hat sich im wesentlichen nur auf die Arbeiten von Kühn (Anm. 1) und Albrecht (Anm. 2) gestützt, von denen wichtige Teile des Quellenmaterials zur Bearbeitung von Ludwig Robert nicht erfaßt wurden. Einige Dokumente, darunter das Aufführungs-Verbot, wurden zuerst von Heinrich Hubert Houben an abgelegener Stelle publiziert: Kleists *Prinz von Homburg* in Berlin. In: Vierteljahresblätter des Volksverbandes der Bücherfreunde, November 1926, S. 23-26; und danach auszugsweise wieder abgedruckt in: Heinrich von Kleists Lebensspuren. Hrsg. von Helmut Sembdner. [1. Aufl.!]. Bremen 1957, S. 490 (später nicht in LS oder NR übernommen!). Über das Quellenmaterial zur Berliner Aufführung von 1828, die Aufzeichnungen von Ludwig Robert, berichtete Margarete Cohen: Ludwig Robert, Leben und Werke. Phil. Diss. [masch.] Göttingen 1923 (bes. S. 428-438: Roberts Wirken für Kleists *Prinz von Homburg*). Die Unterlagen befinden sich im Varnhagen-Archiv, das der Forschung inzwischen wieder zugänglich ist.

[7]  Vgl. Steig 1901.

bereits 1801 in Berliner Salons begegnet, wie Margarete Cohen annimmt,[8] mit Sicherheit kannten sie sich während Kleists letzter Lebensjahre in Berlin (1810/11). Anfang September 1810 hat Robert einen Brief Kleists an Friedrich de la Motte-Fouqué übermittelt, aus dem die sehr nahe Beziehung beider hervorgeht (vgl. II, 1051 f. u. 1065). Nur durch Robert sind wir von Kleists Plan zu einem Trauerspiel über die »Belagerung und Zerstörung Jerusalems« unterrichtet, von dessen »Grundidee« ihm Kleist erzählt habe (vgl. LS 503a/b). Roberts Vorhaben, das Trauerspiel »als ein ihm zugefallenes Erbe zur Ausführung zu bringen« (LS 503a), wurde ebensowenig vollendet wie Jahre später sein Plan, den *Kohlhaas* zu dramatisieren.[9] Schließlich schrieb er 1828 an seine Schwester Rahel, Kleist selbst habe ihm noch aus dem *Homburg* vorgelesen.[10] Einige Formulierungen in Roberts Briefen aus späterer Zeit deuten auf eine freundschaftliche Beziehung zu Kleist hin.[11] Einander verbunden waren Kleist und Robert in den Jahren 1810/11 wohl vornehmlich auf Grund der gemeinsamen antinapoleonischen Haltung und ihrer Ablehnung von Ifflands Leitung des Berliner Nationaltheaters.[12]

Ein weiteres Indiz für Roberts Nähe zu Kleist darf darin gesehen werden, daß er die *Hermannsschlacht* schon 1816, fünf Jahre vor Tiecks Erstveröffentlichung in den *Hinterlassenen Schriften*, nach einem Manuskript kannte. Dies geht aus einem undatierten Brief von Robert an Ludwig Tieck hervor, worin er Kleists Thuschen aus der *Hermannsschlacht* mit *Käthchen* und *Penthesilea* vergleicht.[13]

Mit der Korrespondenz zwischen Robert und Tieck aus dem Jahre 1816 wurden langjährige Bemühungen um Kleists Werk, insbesondere um eine Aufführung des

---

[8]   Vgl. Cohen, S. 426.

[9]   Einem Brief an Rahel zufolge wollte Robert 1827 den *Kohlhaas* dramatisieren, was Tieck für möglich und wünschenswert gehalten habe, doch sei die Arbeit nicht gelungen (Robert an Rahel, Karlsruhe, 13. April 1827; nach Cohen, a.a.O., S. 438).

[10]   Robert an Rahel, Karlsruhe, 4. Juli 1828 (nach Cohen, a.a.O., S. 429).

[11]   Robert an Tieck, ohne Datum: »Denke ich mir nun aber wieder den lieben Kleist in seiner Eigenthümlichkeit [...]« (vgl. Briefe an Ludwig Tieck, hrsg. von Karl von Holtei, Bd. 3. Breslau 1864, S. 150). Robert an Graf Brühl, 11.2.1827: »Doch muß ich für meinen Freund Kleist um eine günstige Besetzung der kleinen Nebenrollen bitten.« (vgl. Grathoff 1980, S. 300). Vgl. auch Helmut Sembdner: Freundschaft mit Ludwig Robert. In: Sembdner 1984, S. 300-302.

[12]   Roberts antinapoleonische Haltung, vor allem manifestiert in seinem zeitgeschichtlichen Werk *Kämpfe der Zeit* (Stuttgart und Tübingen 1817), wurde besonders von Lothar Kahn hervorgehoben (vgl. L. Kahn: Ludwig Robert: Rahel's Brother. In: Leo Baeck Institute, Year Book, Bd. 18, 1973, S. 185-199). Zum gemeinsamen Kampf gegen Iffland vgl. Cohen, a.a.O., S. 429.

[13]   Vgl. Briefe an Ludwig Tieck (Anm. 11), Bd. 3, S. 145-153, hier S. 149 f. Neben der Reimerschen Ausgabe des *Käthchen* (Berlin 1810) muß Robert also auch die *Penthesilea* in der Dresdner oder Tübinger Ausgabe (1808) gekannt haben. Ob seine Kenntnis des *Hermannsschlacht*-Manuskripts auf Kleist selbst oder auf Vermittlung anderer Kreise, etwa durch Fouqué, zurückgeht, ist nicht auszumachen. Eine Vermittlung durch Tieck ist wohl auszuschließen, weil beide erst 1816 wieder korrespondierend in Verbindung traten (sie hatten sich vorher im Sommer 1813 in Prag kennengelernt). Bei der Datierung des Briefwechsels mit Tieck sind früher eine Reihe von Fehlern unterlaufen, die ich im Anmerkungsapparat von Grathoff 1980 korrigiert habe.

*Homburg* eingeleitet, an denen beide gemeinsam beteiligt waren. Robert hatte engen Kontakt zum Grafen Karl Moritz von Brühl, dem Generalintendanten des Berliner Schauspielhauses, in dessen Auftrag er sich 1816 bemühte, Tieck zur freien Mitarbeit für das Schauspielhaus zu gewinnen. Auf wessen Betreiben dann Ende 1821 versucht wurde, die Intendanz des Berliner Theaters zu einer Aufführung des *Homburg* zu bewegen, ist nicht belegt, doch hatte Tieck schon in der Vorrede zu den *Hinterlassenen Schriften* vorgeschlagen, man möge den *Homburg* anläßlich der Wiedereröffnung des Schauspielhauses im Schinkelschen Neubau inszenieren. Jedenfalls geht aus Heinrich Heines Briefen aus Berlin (Anfang 1822) hervor, daß eine geplante Aufführung am Einspruch der Prinzessin Wilhelm von Preußen, der Kleist den *Homburg* gewidmet hatte, scheiterte (NR 553). Auf diesen Vorgang und auf die Vorfälle bei der Dresdner Aufführung ging Ludwig Robert Anfang 1823 noch einmal in einem längeren Artikel ein, welcher, Berlin und Dresden verknüpfend, »von der Aufführung des *Prinzen von Homburg* auf unserer deutschen Normalbühne« handelte.[14] Darin werden, wie er am 20.1.1823 an Tieck schrieb, die »dummen Ungründe zuschanden gemacht«, die einer Aufführung in Berlin entgegengestellt worden waren,[15] und zwar in Form eines Gesprächs zwischen einem »Kavallerie-Lieutenant« und einem »ältlichen Publicisten«:[16]

Ich kann daher nicht glauben, daß die erlauchten Sprossen des Homburgischen Fürstenhauses, die an dem Berliner Hofe leben, und dort wegen ihres hohen Kunstsinnes mit Recht so sehr gepriesen werden, daß diese jemals von diesem ächt-vaterländischen Stücke unangenehm berührt werden könnten; da es im Gegentheil ihnen gewiß eine hohe Genugthuung ist, ihrer Vorfahren einen so glänzend und von einem so kräftigen Genius verherrlicht zu sehen. – Und doch – begann der Lieutenant etwas weniger sicher als zuvor – doch wird niemals das Stück in Berlin gegeben werden, denn die ... Vergeben Sie mir, fiel hier der Publicist ein, ich muß Sie unterbrechen, in der Besorgniß, daß Sie etwas nacherzählen mögten, welches ich – aus Ehrfurcht vor einem schönen und erhabenen Gemüthe – nie und nimmermehr glauben werde. Auch bin ich überzeugt, daß man sich beeilen wird, dieses Drama in Berlin darzustellen [...].

Es ist anzunehmen, daß sich Robert gemäß seiner oben zitierten ›Überzeugung‹, man werde sich »beeilen«, den *Homburg* auch in Berlin aufzuführen, während seines nächsten Berliner Aufenthalts (1822-24) beim Grafen Brühl für eine Inszenierung einsetzte. Doch scheint Brühl angesichts der Widerstände des Hofes und namentlich der Prinzessin Wilhelm eine Aufführung allenfalls in einer bearbeiteten und abgeänderten Fassung für möglich, d.h. für ›genehmigungsfähig‹ gehalten zu haben. Jedenfalls forderte er Robert auf, eine Bearbeitung des *Homburg* anzufertigen, was dieser bereits im August 1824 zusagte.[17] Die Arbeit scheint Robert jedoch nur zögernd und widerwillig in Angriff genommen zu haben, wie Margarete Cohen

---

[14]  Als Korrespondentenbericht ohne Ortsnennung (»? den 1. Dezember 1822«) anonym in Cottas Morgenblatt vom 29. bis 31. Januar 1823 erschienen; vgl. den Abdruck bei Rahmer 1909, S. 316-326, Zitat S. 316).

[15]  Vgl. Robert an Tieck, Berlin, 20.1.1822 [richtig: 1823]; NR 554a.

[16]  Rahmer 1909, S. 319 f.

[17]  Nach Cohen, a.a.O., S. 433 f. (Robert an Brühl, 6.8.1824).

seinen Briefen an Rahel entnahm.[18] Erst nach wiederholten Mahnungen von Brühl, im Sommer 1826 anläßlich eines Besuches bei Robert in Karlsruhe und nochmals Anfang 1827, begann Robert mit der Fertigstellung seiner Bearbeitung.[19]

Brühls Drängen, Robert solle die versprochene Bearbeitung abliefern, mag durch einen Versuch der Berliner Konkurrenzbühne, den *Homburg* zu inszenieren, veranlaßt worden sein. 1826 sollte das Stück am zweiten Berliner Theater aufgeführt werden, dem Königsstädtischen, das, ursprünglich als Volksbühne konzipiert, 1824 eingerichtet worden war, um der Monopolstellung des Königlichen Schauspielhauses entgegenzuwirken. Da jedoch die Aufführung historischer Dramen dem Hoftheater vorbehalten war, wurde der *Homburg* bei der Ankündigung in der Spielplanübersicht des Königsstädtischen Theaters als »Melodram« ausgegeben. Gleichwohl konnte die fadenscheinige Umbenennung den Einspruch des Königlichen Schauspielhauses nicht verhindern, die Aufführung wurde untersagt.[20]

Anfang 1827 stellte Robert die Einrichtung des *Homburg* innerhalb kurzer Zeit fertig, wie aus seinem Begleitschreiben an Brühl vom 11.2.1827 hervorgeht.[21] Darin begründete und erläuterte er die beiden wichtigsten Eingriffe, die er an den ersten Traumszenen des Stücks (I/1-2) und an der Todesfurchtszene (III/5) vorgenommen hatte, worauf im folgenden näher einzugehen sein wird. Zugleich bat er Brühl, die veränderte Todesfurchtszene am königlichen Hof zur Genehmigung vorzulegen: »[...] dennoch wünschte ich, Herr Graf, daß Ihre Königliche Hoheit die Prinzessin Wilhelm und der kunstverständige Herzog Karl ihr concedo zu dieser großartigerfundenen Scene gäben.«[22] Brühl kam Roberts Wunsch nach und holte das Urteil des Herzogs Karl von Mecklenburg[23] ein, wodurch die Aufführung noch weiter

---

[18]  Vgl. ebda, S. 434.

[19]  Vgl. ebda, S. 433 f.

[20]  Über diesen Vorgang berichtet Karl von Holtei: Beiträge zur Geschichte dramatischer Kunst und Literatur. Bd. 2. Berlin 1828, S. 219 ff. Vgl. dazu auch E.E. Albrecht, a.a.O., S. 28 f.

[21]  Robert an Brühl, Karlsruhe, 11.2.1827. Vgl. den Abdruck des Briefes in Grathoff 1980, S. 299-301.

[22]  Ebda.

[23]  Der Herzog Karl von Mecklenburg (1785-1837), Bruder der Königin Luise, galt gewissermaßen als ›literarischer Sachverständiger‹ am Preußischen Hof. Nach seinem Tod fand Brockhaus' *Conversations-Lexikon der Gegenwart* (1840) Gelegenheit, seine »historische Bedeutung« zu würdigen: in seinem politischen Wirken sei der Herzog ein »entschiedener Absolutist« gewesen, der bemüht war, »die vor 1806 geltenden Principien« wieder einzuführen. Über sein literarisches Wirken am Hofe heißt es weiter: »Auch sonst pflegte er der Anordner größerer Hoffeste, denen eine dichterische Bedeutung zum Grunde gelegt werden sollte, zu sein. Selbst in diese brachte er indessen gern jenes ritterliche Element unbedingter Huldigung gegen das Königthum und die Frauen, welches als die einzige ideale Seite des Absolutismus von dessen Anhängern so gern als das Höchste hingestellt zu werden pflegt [...]. Im Ernst wie im Spiel blieb sich der Herzog also gleich [...]«. (Conversations-Lexikon der Gegenwart in vier Bänden, Bd. 3. Leipzig 1840, S. 21-26). Unbelegt ist eine Angabe von Reinhold Steig, der Herzog habe schon zu Kleists Lebzeiten an der Todesfurchtszene Anstoß genommen; vgl. Steig 1901, S. 179.

verzögert wurde, denn erst am 12.3.1828 teilte der ›kunstverständige‹ Herzog Brühl mit, was er von dem Stück hielt:[24]

> Mein verehrter Graf,
> ich habe das Schauspiel *Der Prinz von Homburg* gelesen. Ich glaube, so wie Sie es jetzt haben ab-ändern lassen, steht der Aufführung desselben kein inneres Hindernis entgegen. Für ein gutes Stück kann ich es aber weder mit noch ohne Abänderung halten. [...] ob der Prinzessin Wilhelm übrigens das Stück angenehm sein müsse, lasse ich dahingestellt sein. Endlich ist auch der Kurfürst trotz der Absicht, ihn groß hinzustellen, doch sehr schwach gehalten und folglich außer seinem Charakter.

Daraufhin nahm Brühl seinerseits weitere Eingriffe an Roberts Bearbeitung vor und schickte seine Änderungen zusammen mit dem Schreiben des Herzogs Karl an Robert, der, durch die Meinung des Herzogs »mit schmerzlicher Wehmut erfüllt«, wenige Tage vor der Aufführung noch einmal Einwände gegen Brühls Verände-rungen vorbrachte.[25] Am 26. Juli 1828 wurde der *Homburg* dann jedoch in der zuletzt von Brühl geänderten Fassung aufgeführt, denn im Regiebuch der Berliner Aufführung fehlen jene Passagen, deren Streichung Robert in seinem Brief an Brühl vom 22.7.1828 moniert hatte. Dieser Sachverhalt ergibt sich aus einem Ver-gleich von Roberts Fassung »Veränderungen des Schauspiels Prinz Friedrich von Homburg von Heinrich von Kleist für das Königliche Theater zu Berlin«[26] mit dem Text des Berliner Regiebuchs, welcher nach Ermittlungen von Albrecht wiederum identisch ist mit einer früher publizierten Fassung, die Ludwig Tieck 1857 für eine Münchner Inszenierung verwendete.[27]

Bevor wir anhand eines Textvergleichs zwischen Kleists Original und den Fassun-gen von Robert und Brühl auf den Gehalt der Änderungen eingehen, sei, um die Faktenerhebung abzuschließen, der weitere Verlauf der Berliner Aufführungsge-schichte berichtet. Brühl hatte offenbar nicht mehr die Zustimmung der Prinzessin Wilhelm eingeholt; zudem fanden die ersten drei Vorstellungen zu einem Zeitpunkt statt, als der Hof nicht in Berlin anwesend war. Nach seiner Rückkehr ließ Fried-rich Wilhelm III. das Stück am 1.8.1828 durch den Kabinettsrat Albrecht verbie-ten:[28]

> Des Königs Majestät haben befohlen, daß das gestern aufgeführte Stück: *Prinz Friedrich von Hom-burg* niemals wieder gegeben werden soll, und ich beeile mich daher, dies Ew. Hochwürden-Hochgeboren ganz ergebenst anzuzeigen.

---

[24]  Herzog Karl von Mecklenburg an Brühl, Berlin, 12.3.1828. Zitiert nach H.H. Houben: Kleists *Prinz von Homburg* in Berlin, a.a.O. (Anm. 7), S. 25.
[25]  Vgl. Grathoff 1980, S. 301.
[26]  Ebda, S. 301 ff.
[27]  Nach Albrecht (a.a.O., S. 58) ist die Todesfurchtszene im Berliner Regiebuch von 1828 identisch mit einer Fassung der Szene in einem Münchner Regiebuch vom Jahre 1857. Diese 1857 von Tieck angefertigte Fassung ist abgedruckt bei Walter Kühn. a.a.O. (Anm. 1), S. 75-77.
[28]  Geh. Kabinettsrat Albrecht an Brühl, Berlin, 1. August 1828; zitiert nach Houben, a.a.O., S. 26.

Dieses Verbot blieb bis zum Tode Friedrich Wilhelm III. in Kraft und erst unter seinem Nachfolger wurde der *Homburg* 1841 wieder in Berlin aufgeführt.[29]

### III. Die Eingriffe von Ludwig Robert

Die Vorbehalte der Prinzessin Wilhelm, das negative Urteil des Herzogs Karl von Mecklenburg und vollends das Verbot der Aufführung durch Friedrich Wilhelm III. lassen deutlich erkennen, daß zumindest das preußische Königshaus Kleists Werk nicht eben als ein »monarchisch-höfisches Repräsentationsstück« angesehen hat, zu dem es, wie Eckehard Catholy folgerte, durch die Bearbeitung von Ludwig Robert gemacht worden sein solle. In der Tat wurde erst später, als sich der Brauch ein-bürgerte, einzelne herausgelöste Szenen aus dem *Homburg*, vorzugsweise die Schlachtszenen, an nationalen Gedenk- und Feiertagen aufzuführen, nicht das Werk selbst, sondern eher seine Fragmente zu monarchisch-höfischen Repräsenta-tionszwecken für die »Paradefestlichkeiten« der Hohenzollern mißbraucht.[30] Ein erster Schritt in diese Richtung wurde beispielsweise mit der Berliner Inszenierung aus dem Revolutionsjahr 1848 vollzogen, in welcher »der Kurfürst als Repräsentant der staatserhaltenden Macht mit letztem Nachdruck zur Hauptfigur des Dramas gemacht« und in aktualisierender Wendung der barrikadenkämpferischen Willkür entgegengestellt wurde.[31]

An der Gestalt des Kurfürsten, nicht an der des Prinzen von Homburg, entzündeten sich die späteren Repräsentationsinteressen der Hohenzollern, hier mußten die Ver-änderungen einer servilen Inszenierungs- und Bearbeitungspraxis ansetzen. Auch Ludwig Robert lenkte, wenn er den »vaterländischen« Gehalt des Stücks betonen wollte, den Blick weg vom Prinzen, hin zum Kurfürsten:[32]

> Denn gesetzt auch, ich gäbe es zu, daß jenes Publikum, welches schon seit langen Jahren mit allen Arten von komödiantischem Heldenmuth bewirthet und großgefüttert wurde, keinen Geschmack an dem menschlichen Helden dieses Dramas finden könnte [...], so muß schon allein das Bild des gro-ßen Kurfürsten, jeden Preußen, jeden Brandenburger zu begeisterter Anerkennung, zu innerem Her-zensjubel entflammen.

Dennoch: die Veränderungen, die Robert mit Rücksicht auf höfische Kreise an der Gestalt des Kurfürsten vornahm, reichten nach Ansicht dieser Kreise offenbar nicht aus. Auch der Kurfürst sei, wie Herzog Karl von Mecklenburg bemerkte, »trotz der Absicht, ihn groß hinzustellen, doch sehr schwach gehalten und folglich außer seinem Charakter«.

---

[29]    Zur Aufführung des Jahres 1841 vgl. eine Besprechung von Ludwig Rellstab, der nochmals darauf hinweist, daß der *Homburg* 1828 von der Bühne verschwunden sei, »weil sich die fürstlichen Nachkommen des Hauses Hessen-Homburg durch die in dem Stück enthaltene Zeichnung des Charakters ihres Vorfahren verletzt fühlten«. (NR 560).
[30]    Vgl. Franz Mehring: Aufsätze zur deutschen Literatur von Klopstock bis Weerth. Berlin 1961, S. 315.
[31]    Vgl. dazu Zigelski, a.a.O. (Anm. 1), S. 83 f.
[32]    Zitiert nach Rahmer 1909, S. 320.

Auf eine veränderte Darbietung der Figur des Kurfürsten zielte vor allem der erste Eingriff an den einleitenden Traumszenen des Dramas, der, wie Robert mehrfach betonte, aus äußeren Rücksichten erzwungen worden sei, »weil die Bretter (nicht das Gedicht) es nicht dulden können, daß der große Regent, der ausgezeichnete Kurfürst, dort zuerst scherzend auftritt und eine Art von mauvaise plaisanterie mit dem mondsüchtigen, schlafenden Prinzen treibt.«.[33] Roberts Fassung beginnt nach Ablauf des Geschehens im ersten Auftritt des Originals: der Prinz von Homburg befindet sich, »halb wachend, halb schlafend«, im Garten des Schlosses von Fehrbellin und hält bereits Nataliens Handschuh in der Hand. Der Handlungsverlauf des Originals wird nun in einem berichtenden Monolog von Hohenzollern, der ins Publikum gesprochen wird, zusammenfassend nacherzählt.[34] Im anschließenden 2. Auftritt der Robertschen Fassung folgt ein Gespräch über Homburgs Zustand zwischen Hohenzollern und einem Offizier (Ramin mit Namen), welches mit Teilen des Originaltextes vom Anfang des ersten Auftritts bestritten wird. Hier ist vor allem jene Passage des Originals nachgetragen, in welcher die Vermutung der Kurfürstin und Nataliens, Homburg sei krankhaft veranlagt (vgl. Vers 32 ff.), die in der Bearbeitung dem Offizier Ramin in den Mund gelegt ist, von Hohenzollern zurückgewiesen wird (vgl. Vers 35: »Er ist gesund ...«). Mit dem dritten Auftritt folgt die Bearbeitung, abgesehen von einigen kleineren sprachlichen Änderungen, dann wieder dem Original.

Das Gewicht dieses Eingriffs liegt nur zum Teil darin, die Unmittelbarkeit der sinnlich-anschaulichen Bühnenhandlung durch die vermittelte Distanz einer berichtenden Erzählung zu ersetzen. Entscheidend sind vielmehr kleinere sprachliche Nuancierungen in dem neugedichteten Monolog von Hohenzollern. Mit Formulierungen wie »Ich Thor« oder »Und ich bin Schuld«[35] wird bereits eine wichtige Weichenstellung für die Entschärfung und Vereindeutigung der Diskussion um die Schuldfrage am Ende des Stücks (in V/5) getroffen. Hohenzollerns spätere Einwendungen (vgl. Vers 1622 ff.), der Kurfürst habe durch sein Spiel die Zerstreutheit Homburgs verursacht, werden hier schon vorweg im Sinne der Erwiderung des Kurfürsten (vgl. Vers 1714 ff.: »Tor, der du bist, Blödsinniger! ...«) entkräftet.

Stärker noch als diese Änderung diente das Auslassen der Verse 1023 bis 1029 in der Todesfurchtszene (III/5) dem Bemühen, das Zwielicht, in welchem die Figur des Kurfürsten in Kleists Schauspiel erscheint, zu tilgen oder zumindest zu reduzieren. Der Prinz, schrieb Robert an Brühl, solle »weder Ehre noch Liebe in die Schanze schlagen« dürfen,[36] also nicht zugunsten der Staatsinteressen auf Natalie

---

[33] Zitiert nach Cohen, a.a.O. (Anm. 6), S. 435.
[34] Vgl. Grathoff 1980, S. 302.
[35] Ebda.
[36] Ebda, S. 300.

verzichten dürfen. Wie Robert hatte übrigens vorher schon Tieck die Verse 1024 bis 1029 für die Dresdner Inszenierung gestrichen,[37] mithin ebenfalls die Begründung für Homburgs Verzicht fortgelassen: »Verschenken kann sie sich, und wenns Karl Gustav,/ Der Schweden König ist, so lob ich sie.« (Vers 1028 f.). Mit dieser Streichung wird ein zentraler Motivationszusammenhang des Kleistschen Schauspiels angetastet. Verändernd wird hier in das grundlegende Problem des Verhältnisses von Privatsphäre und Öffentlichkeit eingegriffen. Im Traum wie im späteren Handeln, das aus dem Traum hervorgeht, verstrickt sich der Prinz von Homburg in eine verhängnisvolle Verquickung von privaten Wünschen (Natalie zu heiraten) und öffentlichen Interessen (die Schlacht zu gewinnen). Die falsche oder fehlerhafte Annahme des Prinzen, beides, privates und öffentliches Interesse, befänden sich im Einklang, hat jedoch eine vermeintlich ›reale‹ Entsprechung im zweideutigen Spiel-Verhalten des Kurfürsten zu Beginn des Stücks. Verstärkt wird dies noch durch die szenische Gestaltung der Befehlsausgabe (I/5), indem dort die Privatsphäre der Fürstenfamilie beim Frühstück (vgl. Szenenanweisung nach Vers 247) mit der öffentlichen der militärischen Befehlsausgabe im szenischen Wechsel miteinander verquickt sind, zwischen denen der Prinz dann hin und her schwankt.[38]

Zur Erkenntnis seines Irrtums wird der Prinz von Homburg erst geführt, als er von Hohenzollern erfährt, daß der schwedische Gesandte, Graf Horn, mit einem »Geschäft«, das »an die Prinzessin von Oranien« gehe, eingetroffen sei (vgl. III/1, Vers 916 ff.). Dadurch erst wird Homburgs Zuversicht erschüttert, der Kurfürst werde ihn begnadigen, weil ihm nun klar wird, auf welche Weise Privates und Öffentliches tatsächlich in der Realität eines absolutistischen Staatswesens verquickt sind: im Heiratsschacher unter Fürstendynastien, betrieben im staatspolitischen Interesse. Die Bedeutung dieser Erkenntnis für Homburgs Verhalten in der Todesfurchtszene wird durch seinen ausdrücklichen Verzicht auf Natalie nochmals hervorgehoben. Mit der Streichung der entsprechenden Passage entfällt deshalb zugleich das wichtige Mittelglied in der dialektischen Bewegung, die Kleists Schauspiel vollzieht: die illusionäre, traumhafte Voraussetzung des Anfangs, private und öffentliche Interessen würden im Dienste des subjektiven Wollens von Homburg übereinstimmen, wird im Mittelteil des Dramas (III/1 und III/5) mit der schlechten Wirklichkeit des absolutistischen Staats konfrontiert und dadurch widerlegt. Die vorgegebenen öffentlichen Interessen dieses Staates lassen eine Entfaltung der privaten gar nicht erst zu. Die schroffe Entgegensetzung von Illusion und schlechter Realität soll am Ende des Stücks dann in einer besseren Idealität aufgehoben werden, indem der

---

[37]    Vgl. Albrecht, a.a.O. (Anm. 2), S. 21.

[38]    In diesem Zusammenhang sei an die verwandte Thematik des *Zerbrochnen Krugs* erinnert, wo, in entsprechender derb-komischer Steigerung, Privates und Öffentliches so sehr miteinander vermengt sind, daß sich »Braunschweiger Wurst« eingewickelt in »Pupillenakten« findet (vgl. *Krug*, Vers 215 ff.).

Kurfürst den Antrag des schwedischen Gesandten zurückweist[39] und die Bewegung des Schauspiels, wie am Anfang, wieder im Traum schließt. Zusammenfassend darf deshalb festgehalten werden, daß ein derartiger Eingriff, wie ihn Robert (und vorher schon Tieck) vornahm, tendenziell darauf gerichtet ist, die Bewegung des Stücks von der falschen Illusion bruchlos zur besseren Idealität zu führen – unter Ausmerzung der notwendigen Zwischenstufe des Originals, des Bildes der schlechten Realität.

Ludwig Robert dürfte sich der Bedeutung seines Eingriffs bewußt gewesen sein, hatte er doch den skizzierten Motivationszusammenhang 1823 in dem Korrespondenzartikel über den *Homburg* ausdrücklich hervorgehoben: »Nur dann, als er [Homburg] erfährt, daß seine Liebe *mit der Politik* in Konflikt gerathen sei, [...] glaubt er an seinen Tod, an seine Hinrichtung!«.[40] Das Bild des Kurfürsten im *Homburg* ist neben anderem dadurch geprägt, daß er nicht allein als Repräsentant des Gesetzes, sondern auch als Repräsentant solcher »Politik« erscheint. Auch die Gestalt des Kurfürsten ist, wie die des Prinzen, einer Wandlung, wenn man so will, einer ›Reinigung‹ unterworfen, indem der Kurfürst nach Homburgs freiwilliger Beugung unters Gesetz seinerseits mit dem Antrag des schwedischen Gesandten zugleich die Grundsätze solcher absolutistischen Herrschaftspolitik verabschiedet. Dieser thematische Aspekt des Schauspiels konnte nicht vollständig getilgt werden, doch war Robert bemüht, ihn zumindest in seiner ›realistischen‹ Schärfe abzuschwächen. In seinen Grundzügen, freilich auf einer abstrakteren Ebene, blieb der thematische Aspekt erhalten: in der Diskussion um mögliche Herrschaftsformen, die als Folie dem Stück unterlegt ist. Das grundlegende Thema des Werks, die Frage nach dem Verhältnis von Freiheit und Notwendigkeit, Willkür und Gesetzlichkeit, wird nicht allein mit Rücksicht auf Homburgs Handlungsweisen, sondern ebenso mit Rücksicht auf die Herrschaftspraxis des Kurfürsten verhandelt, wobei dort die Alternative einer durch despotische Willkür oder durch Fügung unters Gesetz bestimmten Herrschaftsform angesprochen ist. Diese Frage wird zumal in dem Monolog des Kurfürsten für seine Person reflektiert: »Seltsam! – Wenn ich der Dei von Tunis wäre ...« (vgl. Vers 1412 ff.).

Ludwig Robert hob in seiner Vorabbesprechung des *Homburg*[41] hervor, es gäbe »keine vaterländische Hymne, die sich mit dem einfachen und erhabenen Monolog

---

[39] Vgl. dazu weiter die Interpretation von Peter Uwe Hohendahl: Der Paß des Grafen Horn: Ein Aspekt des Politischen in *Prinz Friedrich von Homburg*. In: The German Quarterly 41, 1968, S. 167-176.

[40] Zitiert nach Rahmer 1909, S. 323 (Hervorhebung von mir).

[41] Angeregt durch Tiecks Vorabbesprechung anläßlich der Dresdner Aufführung (vgl. die Edition von K. Kanzog, a.a.O., Anm. 4), wollte sich Robert bemühen, »das Publikum auf den richtigen patriotischen Standpunkt zu stellen« (Robert an Rahel, Karlsruhe, 9. März 1827; zitiert nach Cohen, a.a.O., S. 437). Er bat Brühl darum, eine Vorabbesprechung veröffentlichen zu dürfen (vgl. Grathoff 1980, S. 300), diese erschien dann unter dem Titel »Eine Ansicht des Kleistschen Dramas: Der Prinz von Homburg« am 26. Juli 1828 in der Spenerschen Zeitung (abgedruckt bei Rahmer 1909, S. 326-328).

des großen Churfürsten messen könnte«.[42] Hierin, in dem idealisierten Bild eines liberalen Herrschers, der die Praxis despotischer Willkür (»Dei von Tunis«) von sich weist, wollte Robert den erfüllten Gehalt des ›Vaterländischen‹ sehen,[43] im Unterschied zum hohlen Pathos nationalistisch gestimmter Panegyrik: »Hier ist kein Heil- und Vivat-Rufen, kein stereotypes National-Lob, wie auf den französischen Bühnen tagtäglich, zu hören«.[44] Geradezu programmatisches Gewicht erlangte der Monolog des Kurfürsten, als Heinrich Heine die ersten beiden Verse der Buchausgabe seiner *Briefe aus Berlin* als Motto voranstellte (NR 533). In der Berufung auf die Negation des Despotismus durch liberalbürgerliche Schriftsteller wie Heine und Robert schwingt unausgesprochen die Konsequenz solcher Negation mit: die Fügung auch des Herrschers unters Gesetz, wie sie in Kleists Schauspiel durchgehend thematisch ist. Hierin darf, jedenfalls für die zeitgenössische Rezeption wie auch für die des Vormärz, wohl ein gewichtiger Aspekt der zeit-politischen Dimensionen des *Homburg* gesehen werden, denn hinter dem abstrakten »Gesetz« des Werks mochte für die damalige Rezeption der konkrete, wenngleich unausgesprochene Zaunpfahl der Verfassung winken. Die Verfassungsfrage, relevant schon zur Entstehungszeit des *Homburg*, hatte zumal im Vormärz nach Hardenbergs Verfassungsversprechen an Brisanz gewonnen, und nicht ohne Grund dürfte Robert in seinem Begleitschreiben an Brühl von »unserer magna carta« gesprochen haben, welche im *Homburg* gezeigt werde, um eilig hinzuzufügen: »nicht etwa eine auf Papier, die zerrissen werden kann, sondern die, die der große Churfürst in sein und seiner Völker Herz einschrieb, und die noch dauert und dauern wird«.[45] Wenn sich Robert hier genötigt sah, den *Homburg* als ein Stück anzubiedern, das gegen die zeitgenössischen Verfassungsbestrebungen interpretiert werden könne, so läßt dies nur noch einmal die widersprüchliche Situation des Schriftstellers im Vormärz erkennen, von der Roberts Bearbeitung insgesamt geprägt ist. Um den Ansprüchen höfischer Kreise nachzukommen, war Robert in einer eigentümlichen Form von Selbstzensur bemüht, politisch anstößige Flecken aus dem Bild des Kurfürsten zu tilgen. Gleichzeitig konnte er jedoch, wenn man so will, im Sinne verdeckter Schreibweise, darauf vertrauen, daß das idealisierte Bild eines liberalen Herrschers, der damaligen preußischen Wirklichkeit entgegengehalten, sich nicht einfach dem leeren Pathos monarchischer Repräsentationsinteressen würde fügen lassen.[46]

---

[42] Zitiert nach Rahmer 1909, S. 328.

[43] Ein vergleichbarer Gedankengang kommt beispielsweise in Roberts Gedicht *Vaterland und König* 1827 zum Ausdruck, worin Friedrich Wilhelm III. als Hüter aufgeklärter Vernunft in Preußen stilisiert wird: »Keine Fessel umschließt des Lehrers Freiheit;/Kein gränzhütender Wächter scheucht zurück dich,/Gottgegebene Vernunft! [...]«. Vgl. Ludwig Robert's Schriften. 2 Teile. Mannheim 1838. T. 2, S. 59 ff.

[44] Zitiert nach Rahmer 1909, S. 328.

[45] Vgl. Grathoff 1980, S. 300.

[46] Vgl. dazu weiter meine Interpretation des *Homburg* in dem Beitrag über Kleist und Napoleon, unten S. 190 ff.

Solche Zwiespältigkeit wird klarer noch durch Roberts Streit mit Brühl um die Änderung der Todesfurchtszene erhellt. Bislang war sich die Forschung – auf Grund der Berliner Aufführung auch zu Recht – darin einig, daß Robert die Todesfurcht des Prinzen schlicht zur Furcht vor der Hinrichtung, also vor militärisch entehrender Strafe, abgeändert habe. Die Zeugnisse lassen jedoch erkennen, daß die Änderung in letzter Konsequenz nicht von Robert, sondern von Brühl herbeigeführt wurde. Zwar hat Robert in den neugedichteten Passagen zweimal den Vers »Hinrichten will man mich! Hinrichten, Mutter!«[47] eingefügt, zugleich hatte er aber in seinem Begleitschreiben an Brühl darauf hingewiesen, daß er »nicht etwa die Todesfurcht ganz streichen« durfte.[48] So suchte Robert, das weitergreifende Motiv der Todesfurcht doch noch zu erhalten, wenn auch in einer fragwürdigen Abwandlung, indem er den Prinzen als »dem Wahnsinn nah« darbot und ihm die Verse »So gar nicht Ich! so ganz und gar verwandelt!/So muthberaubt von grauser Todesfurcht!!« in den Mund legte.[49] Diese Passage wurde dann von Brühl gestrichen, so daß für die Aufführung nur das eingeschränkte Motiv der Furcht vor Hinrichtung übrigblieb. Robert bat Brühl zwar noch um die Beibehaltung der zitierten Verse, doch mag es bezeichnend sein, daß er dabei nicht mehr den ursprünglichen Vers »So muthberaubt von grauser Todesfurcht!!« anführte, sondern, offenkundig als weiteres Zugeständnis an Brühl, nunmehr in Abänderung vorschlug: »So kraftberaubt in Furcht vor Hinrichtung!!«[50]

Auf diese Weise wurde die Todesfurchtszene, im weiteren Sinn eigentlich das gesamte Stück, in den Zusammenhang eines bornierten militärischen Ehrenkodexes gerückt, also in einen Zusammenhang, den Robert 1823 nachdrücklich zurückgewiesen hatte: in der »gesellschaftlichen Konvention (um nicht zu sagen Affektation)«, hatte er geschrieben, sei »die Ursache zu finden, weßhalb der männliche Muth zu einem Zerrbilde genannt: point d'honneur [...] wurde«.[51] Willibald Alexis hat das Ergebnis der Eingriffe in seiner Besprechung der Aufführung treffend zusammengefaßt: man habe den Prinzen »zu einem recht wackern, braven Cavalleriehauptmann gemacht«,[52] oder, wie genauer formuliert werden könnte: man hat

47   Grathoff 1980, S. 303.
48   Ebda, S. 300.
49   Ebda, S. 300 u. 303.
50   Ebda, S. 301.
51   Zitiert nach Rahmer 1909, S. 325.
52   Vgl. W. Alexis (anonym in Berliner Conversations-Blatt, 11. Aug. 1828), hier zitiert nach Zigelski, a.a.O., S. 59 f. (Vgl. andere Passagen der Besprechung von Alexis in Nachruhm, Nr. 557). Wie Alexis hat auch Heinrich Gustav Hotho die Bearbeitung als mißlungen beurteilt, zugleich aber auf die äußeren Zwänge hingewiesen, unter denen Robert stand. Robert würde die Eingriffe, schrieb Hotho, »bey seiner Liebe für Kleist und bey seiner Achtung vor jeder Intention eines Autors, die mit Geist und Geschicklichkeit ausgeführt ist, sicher nicht vorgenommen haben, wenn es nicht nöthig gewesen wäre, sich höheren, wenn gleich äußeren Rücksichten zu fügen.« Vgl. Dirk Grathoff und Günter Oesterle: Heinrich Gustav Hotho: Über Kleists Schauspiel »Prinz Friedrich von Homburg« und die erste Berliner Aufführung (1828). In: Text und Kontext.

den Prinzen nie über den Cavalleriehauptmann hinauswachsen lassen, zu dem er am Ende des Stückes wird. Indem der subjektiv-menschliche Stachel gegen die Konventionalität dem Kleistschen Schauspiel ausgebrochen, es, mit Robert zu sprechen, ins Zerrbild gesellschaftlicher Konvention eingefügt wurde, war einer konservativen Interpretation Vorschub geleistet, die zumal seit der Wilhelminischen Ära wirksam geworden ist. Diese Interpretation sucht davon auszugehen, daß der Schluß des Schauspiels einfach ›positiv‹ gemeint, frei von resignativer Distanz sei. Zweifel an einer derartigen Interpretation habe ich andernorts artikuliert,[53] im Sinne einer frühen Äußerung von Kleist aus dem Jahr 1801 (II, 700):

> Ordentlich ist heute die Welt; sagen Sie mir, ist sie noch schön? Die armen lechzenden Herzen! Schönes und Großes möchten sie tun, aber niemand bedarf ihrer, alles geschieht jetzt ohne ihr Zutun. Denn seit man die Ordnung erfunden hat, sind alle großen Tugenden unnötig geworden. [...] Wenn ein Jüngling gegen den Feind, der sein Vaterland bedroht, mutig zu den Waffen greifen will, so belehrt man ihn, daß der König ein Heer besolde, welches für Geld den Staat beschützt. – Wohl dem Arminius, daß er einen großen Augenblick fand. Denn was bliebe ihm heutzutage übrig, als etwa Lieutenant zu werden in einem preußischen Regiment?

---

Quellen und Aufsätze zur Rezeptionsgeschichte der Werke H. v. Kleists. Hrsg. von Klaus Kanzog. Berlin 1979 (Jahresgabe der H. v. Kleist-Gesellschaft 1975/76). S. 45 ff.
[53] Im Beitrag über Kleist und Napoleon, unten S. 195 f.

# BEZIEHUNGEN

# Heinrich von Kleist und Napoleon Bonaparte, der Furor Teutonicus und die ferne Revolution

## I. Anti-Revolutionäres und -Antikes

Wer sich auf das Thema Kleist und die Französische Revolution einläßt, sieht sich schnell von einer verwirrenden Vielzahl von Anti-Haltungen umstellt. Mit Gewißheit kann von einer antinapoleonischen Einstellung Kleists gesprochen werden, sofern solche immer die verborgene Bewunderung für die historische Größe der Person einschließt. Eine antifranzösische kann einem Schriftsteller, dem nachgesagt worden ist, daß er besser Französisch als Deutsch habe sprechen können, wohl nur mit Einschränkungen unterstellt werden. Freilich hat er blutrünstige Befreiungskriegslieder gegen »diese Franken« geschrieben (so: I, 26). Antibourgeoise und antikapitalistische Tendenzen mögen ebenso zu beobachten sein, doch das wirkt bei jemandem von adliger Herkunft in romantischer Nachbarschaft fast schon wieder anrüchig. Ob sich die letztgenannten Tendenzen zu einer antimodernen Grundhaltung vereinen, mag man nicht entscheiden, ohne die geschichtlichen Oppositionen zur Moderne prüfend zu bedenken. Und wie ist es schließlich um die mögliche antirevolutionäre Haltung bestellt? In solcher Allgemeinheit – gegen jedwede Revolution gerichtet – kann davon bei Kleist nicht gesprochen werden, wohl aber hat er sich kritisch gegen die spezifische geschichtliche Verlaufsfigur der Französischen Revolution gewendet, insbesondere gegen die napoleonische Phase nach dem 18. Brumaire. Der gordische Knoten all dieser Anti-Haltungen mag vielleicht dadurch aufgelöst werden können, daß ihnen insgeheim und letztlich eine Anti-Stellung zur Antike zugrunde lag (I, 666):

> Und wenn er mir, in diesem Augenblick,
> Wie die Antike starr entgegenkömmt,
> Tut er mir leid, und ich muß ihn bedauren!

Dies sagt der Prinz von Homburg zu seinem Herrscher, dem Kurfürsten von Brandenburg, in dem »Augenblick«, als dieser ihn verhaften läßt. Mit der Französischen Revolution scheint diese innerpreußische Auseinandersetzung auf den ersten Blick nichts zu tun zu haben, doch bezieht sich der Prinz von Homburg mit dem Vorwurf, der Kurfürst komme starr wie die Antike daher, vermittelt über das Zitat des *Brutus*-Gemäldes von Jacques Louis David (vgl. ebda), auf den unerbittlichen Gesetzesrigorismus der Französischen Revolution, der im Vor-Bild der römischen Antike seinen gefeierten Ausdruck fand. Wie der römische Konsul Brutus in Davids Gemälde, der seine Söhne hinrichten ließ, um die Republik zu erhalten, soll der brandenburgische Kurfürst nun den Prinzen von Homburg opfern wollen. Die Symbiose von Revolution und Antike, in der frühromantischen Phase, etwa in

Friedrich Schlegels *Studium*-Aufsatz, noch bewundert,[1] scheint hier eine andere Wertigkeit erhalten zu haben. Und doch: ein preußischer Herrscher mit dem rigoristischen Gestus des französischen Revolutionärs? Der Kurfürst von Brandenburg als verkappter Robespierre? Oder auch nur als verkappter Mirabeau? Bevor wir uns zum Schluß der Untersuchung an der Lösung des Verwirrspiels versuchen können, das Kleists Text aufgibt, werden wir uns in fünf weiteren Schritten zugleich an den Vorurteilen abmühen müssen, zu denen die verwirrende Vielzahl der Kleistschen Anti-Haltungen in der bisherigen Forschungsgeschichte Anlaß gegeben hat.

## II. Die Revolution und die zuckende Oberlippe

In seiner Schrift *Über die allmähliche Verfertigung der Gedanken beim Reden* hat Kleist eine bemerkenswerte Theorie über die Entstehung der Französischen Revolution formuliert. »Vielleicht«, so faßte er dort seine Beschreibung der Auseinandersetzung zwischen Mirabeau und dem königlichen »Zeremonienmeister«, dem Marquis de Brezé, in der französischen Nationalversammlung am 23. Juni 1789 zusammen, »Vielleicht, daß es auf diese Art zuletzt das Zucken einer Oberlippe war, oder ein zweideutiges Spiel an der Manschette, was in Frankreich den Umsturz der Ordnung der Dinge bewirkte.« (II, 321). Der Anblick des königlichen Zeremonienmeisters habe in Mirabeau, so die These von Kleist, im Zuge der allmählichen Verfertigung der Gedanken beim Reden einen »Quell ungeheurer Vorstellungen« (II, 321) entspringen lassen, an dessen Ende die Unverletzlichkeitserklärung der Nationalversammlung stand, was Kleist als Konstitutionsakt des Parlaments auffaßte. Den Marquis de Brezé visualisierte er dabei als einen Repräsentanten des Ancien Régime nach dem Vorbild des Hofmarschalls von Kalb aus Schillers *Kabale und Liebe*, wenn er schrieb, man könne »sich ihn bei diesem Auftritt nicht anders, als in einem völligen Geistesbankerott vorstellen.« (II, 321).[2] Der Rückbezug zu der karikaturhaften Dramenfigur Schillers signalisiert Kleists literarisierenden Umgang mit dem historischen Geschehen;[3] er läßt Mirabeau im Angesicht einer zuckenden Oberlippe zur Formulierung eines revolutionären politischen

---

[1]  Vgl. dazu die Analyse von Ingrid Oesterle: Der glückliche Anstoß ästhetischer Revolution und die Anstößigkeit der politischen Revolution. Ein Denk- und Belegversuch zum Zusammenhang von politischer Formveränderung und kultureller Revolution im *Studium*-Aufsatz Friedrich Schlegels. In: Literaturwissenschft und Sozialwissenschaften 8: Zur Modernität der Romantik. Hrsg. von Dieter Bänsch. Stuttgart 1977, S. 167-216. Vgl. dazu oben den Beitrag »Antike und Moderne«.

[2]  Ebenso, mit einem »Geistesbankerott« ließ Schiller den Hofmarschall von Kalb einer Szenenanweisung zufolge in der 9. Szene des 4. Akts von *Kabale und Liebe* auf der Bühne stehen.

[3]  Auf Kleists freizügigen Umgang mit der Rede Mirabeaus ist hingewiesen worden, zuerst von Reinhold Steig in: Kleist, E. Schmidt, Bd. 4, S. 248. Zuletzt berührte Gonthier-Louis Fink Probleme der Übersetzung, vgl. *Das Motiv der Rebellion in Kleists Werk im Spannungsfeld der Französischen Revolution und der Napoleonischen Kriege*. In: Kleist-Jahrbuch 1988/89, S. 64-88. Die Quellenfrage ist noch nicht abschließend geklärt; Kleist dürfte mit Sicherheit auch den Bericht von Gerhard Anton von Halem gekannt haben (vgl. unten Anm. 34).

Gedankens gelangen, so wie er Achilles in seiner *Penthesilea* beim Anblick der zuckenden Oberlippe des Odysseus zur Abkehr von den vertrauten Systemgesetzen der Griechenwelt finden läßt (vgl. I, 407 f.).[4]

Welche Witzeslust mag Kleist geritten haben, als er einen so zentralen politischen Vorgang der Französischen Revolution, wie die Konstituierung einer unabhängigen und unverletzlichen Nationalversammlung, ursächlich mit einem Oberlippenzukken in Zusammenhang brachte? Wollte er etwa zu später Stunde der Rhetorik zu erneuerter Geltung verhelfen, indem er an die Bedeutung des Redens in politischen Prozessen erinnerte? Aber es sind ja gerade nicht die rhetorischen Gesetzmäßigkeiten, für die Kleist sich interessiert, ihn beschäftigen demgegenüber geradezu die rhetorischen Ungesetzmäßigkeiten, die kleinen Brüche oder Verquickungen nach Prinzipien des Zufalls. Dies ist kritisch annotiert worden:

> Und es ist nicht weniger bezeichnend, daß Kleist aus dem zufälligen Finden der Worte beim Reden auf den Zufall schließt, der ›den Umsturz der Ordnung der Dinge‹, die Revolution also bewirkte. Das heißt, die ganze Revolution war gleichsam improvisiert, ihr Verlauf hing von den jeweiligen äußeren Umständen ab. Damit übernimmt Kleist den Standpunkt des konservativen Lagers, das ebenfalls jede politische und wirtschaftliche Motivation der Revolution übersah, denn damit wurde zugleich die Notwendigkeit von Reformen geleugnet.[5]

Die Schlußfolgerung, Kleist müsse mit Rücksicht auf seine Argumentation in der Schrift *Über die allmähliche Verfertigung der Gedanken beim Reden* im konservativen, revolutions- wie reformfeindlichen Lager angesiedelt werden, scheint mindestens übereilt. Indem Kleist die Rolle des Zufalls bei der Revolution betont, läßt er sie zunächst einfach als das erscheinen, was sie in der Tat ist, als eine von Menschen gemachte Entrückung eines eingefahrenen Geschichtsverlaufs, eben ein »Umsturz der Ordnung der Dinge« bei dem sich der Zufall – wie in allen Ergebnissen menschlichen Handelns – auswirkt. Bei den Beschleunigungsgraden, die menschliches Handeln in einer Revolution annimmt, muß sich der Anteil des Zufalls allerdings geradezu gesetzmäßig erhöhen.[6] Im Zuge einer Anschauungsweise, die die Französische Revolution mit historisch-logischer Notwendigkeit aus ökonomischen und politischen Ursachen als fast zwangsläufigen Vorgang erklärt, ist das Bewußtsein des historischen Bruchs, das bei den Zeitgenossen virulenter war, heute zurückgedrängt worden. Die Französische Revolution erscheint in dieser Betrachtungsweise oft fast als eher marginale Äußerlichkeit, in der sich die angebliche Notwendigkeit des Geschichtsprozesses durchsetzt, der ohnehin sich vollziehende Epochenumbruch vom feudalen zum bürgerlichen Zeitalter lediglich seinen Ausdruck findet. Wenn Kleist demgegenüber das Neuartige, Bruchhafte am Vorgang der Revolution selbst konstatiert, so übersieht er damit nicht schon zwangs-

---

[4] Vgl. den Beitrag »Die Sprachen der *Penthesilea*«, oben S. 134 ff.
[5] Fink, a.a.O. (Anm. 3), S. 69.
[6] Vgl dazu auch Grathoff 1993, S. 100.

läufig mögliche ökonomische und politische Grundlagen, er faßt den Vorgang der Revolution lediglich aus anderer, zeitgenössisch näherstehender Perspektive ins Auge. Die Französische Revolution erscheint so in der wohlbemerkt literarisierenden Sichtweise der Schrift *Über die allmähliche Verfertigung der Gedanken beim Reden* nicht bloß als Ergebnis eines Kommunikationsprozesses, sondern im umfassenderen Sinn als Resultat gesellschaftlicher Verkehrsprozesse, in denen – unter anderem – menschliches Reden, Empfinden und Handeln zusammenwirken. Ob wir geschichtliche Ereignisse wie die Französische Revolution ausschließlich unter dem Diktat von Ökonomie und Politik stehend zu begreifen haben, oder ob wir Kleists Anregung folgen dürfen, sie, anders besehen, als Ergebnis gesellschaftlicher Verkehrsprozesse zu betrachten, sei hier eröffnend nicht entschieden, sondern als leitende Fragestellung aufgeworfen.

## III. Der Furor Teutonicus

Kleists Verhältnis zur Französischen Revolution ist bisher meist auf Grund seiner vehementen antinapoleonischen Propagandaschriften aus den Jahren 1808/09 beurteilt worden. Mit dem Drama *Die Hermannsschlacht* und den propagandistischen Gedichten und Prosatexten, die für die geplante Zeitschrift *Germania* bestimmt waren, wollte er den Furor Teutonicus bis zum Exzeß entfesseln, um die verhaßten französischen Eindringlinge aus den geliebten teutschen Landen zu vertreiben. Die extremste Steigerung fand dies in den bekannten lyrischen Entgleisungen der *Germania*-Ode (I, 26 f.):

> Alle Plätze, Trift' und Stätten,
> Färbt mit ihren Knochen weiß;
> Welchen Rab und Fuchs verschmähten,
> Gebet ihn den Fischen preis;
> Dämmt den Rhein mit ihren Leichen;
> Laßt, gestäuft von ihrem Bein,
> Schäumend um die Pfalz ihn weichen,
> Und ihn dann die Grenze sein!
>
> CHOR
> Eine Lustjagd, wie wenn Schützen
> Auf die Spur dem Wolfe sitzen!
> Schlagt ihn tot! Das Weltgericht
> Fragt euch nach den Gründen nicht!

Als 1862 erstmals die meisten der bis dato unveröffentlichten Prosatexte des Jahres 1809 in der Ausgabe der *Politischen Schriften* von Rudolf Köpke erschienen, hinterließen sie selbst bei dem nicht gerade unpatriotisch gesonnenen Historiker Heinrich von Treitschke einen »fast unheimlichen Eindruck.« (NR 195). Sie zeigten dabei »deutlich«, so Treitschke, »daß Kleist im Herzen sein Lebtag preußischer Offizier der alten Schule blieb« (ebda). Dieses Urteil Heinrich von Treitschkes aus dem Jahr 1862 ist für die spätere Einschätzung der Haltung Kleists gegenüber der

Französischen Revolution außerordentlich folgenschwer geworden. Es ermöglicht den bruchlosen Rückbezug zu den Äußerungen des 15jährigen Kleist, der als Gefreiterkorporal der preußischen Armee an den Koalitionskriegen gegen das revolutionäre Frankreich teilnahm und in seinem ersten erhaltenen Brief vom März 1793 schrieb: »Die Franzosen oder vielmehr das Räubergesindel wird jetzt allerwärts geklopft« (II, 467). Geflissentlich übergangen wird bei einer derart gradlinigen Konstruktion der Kleistschen Biographie freilich seine spätere Abkehr von der preußischen Armee als dem »lebendige[n] Monument der Tyrannei« (vgl. II, 479), was als Äußerung eines sich bewußt werdenden jungen Mannes größeres Gewicht beanspruchen darf, als das Nachgeplapper von Kriegsparolen eines jugendlichen Soldaten.

Treitschkes Urteil wurde im Gedenkjahr 1911 ausdrücklich von Franz Mehring übernommen,[7] und bestimmte danach auf lange Zeit die Sichtweise der marxistischen Literaturgeschichtsschreibung maßgeblich. Mit Treitschke war Mehring der Ansicht, daß Kleist nicht den bürgerlich-»vorwärtsdrängenden Kräften« auf Seiten der preußischen Opposition gegen die napoleonische Fremdherrschaft zuzurechnen sei, sondern »jener faulen Romantik, die in Napoleon weit mehr den Erben der Revolution haßte als den Zwingherrn der Nation.«[8] Kleist hätte also nicht auf Seiten der preußischen Reformer gestanden, sondern im Umkreis einer »altpreußisch«-reaktionären antinapoleonischen Opposition, so daß sein Haß auf den Franzosenkaiser als Ausdruck seiner Revolutionsfeindlichkeit zu werten sei. Diese Argumentationsfigur begegnete in der älteren marxistischen Literaturgeschichtsschreibung sehr häufig, am klarsten ist sie bei Georg Lukács ausgeprägt, der bei Kleist eine »unzweideutig reaktionäre Verneinung der bürgerlichen Gesellschaft« auszumachen glaubte, und ihn – an Mehring anknüpfend – »einen ›verirrten‹ altpreußischen Junker« nannte, der »Paris, die Französische Revolution, Napoleon, Fichte, Smith, Hardenberg usw. mit Haß« betrachtet habe.[9]

Mit Rücksicht auf die durchgehende zwei- bzw. mehrdeutige Konstruktionsweise des Kleistschen Werks muß ein so forciertes Urteil über das »unzweideutig« Reaktionäre mindestens zweifelhaft bleiben. Erforderlich sind eine Reihe von Differenzierungen, um angemessene Einschätzungen zu ermöglichen. Erstens ist zu unterscheiden zwischen Kleists biographischem Verhältnis zu Frankreich, zur Revolution, zu Napoleon und der Art und Weise, wie diese Themenfelder in seinen literarischen Werken behandelt worden sind. Zweitens ist grundsätzlich zu beden-

---

[7]   In seinem Gedenkartikel *Heinrich von Kleist* berief sich Mehring auf Treitschke; vgl. Franz Mehring, Gesammelte Schriften. Bd. 10. Berlin 1961, S. 314-324.

[8]   Ebda, S. 320.

[9]   Georg Lukács: Die Tragödie Heinrich von Kleists. (1936). In: Ders., Werke. Bd. 7. Neuwied u. Berlin 1964, S. 201-231.

ken, auf welche Phase in der Verlaufsgeschichte der Französischen Revolution sich
Aussagen von Kleist beziehen. Um diese einschätzen zu können, müssen – grob
gesehen – drei Phasen des Revolutionsverlaufs unterschieden werden: die erste
unmittelbare Revolutionsphase, unterteilt in die girondistische und die jakobinische
Terreur-Phase, danach die der napoleonischen Machtergreifung in Frankreich,
schließlich die der napoleonischen Eroberung und Fremdherrschaft in Europa.
Kleist hat diese Phasen, soviel kann vorab gesagt werden, mit Gewißheit anders
beurteilt, als sie in einer hegelianischen Tradition des klassischen Idealismus, in
der z.B. Lukács steht, bewertet worden sind. Schließlich sei drittens nochmals an
die verwirrende Vielzahl der Anti-Haltungen Kleists erinnert, denen mit vor-
schnellen Rückschlüssen schwerlich beizukommen ist. Ob sich hinter seiner antinapoleonischen Einstellung in der Tat eine antirevolutionäre, überdies antikapitalistische, überdies antimoderne verbarg, oder nicht vielmehr umgekehrt vielleicht
sogar eine prorevolutionäre, insofern Kleist in Napoleon einen Verräter an den
ursprünglichen Idealen der Revolution gemutmaßt haben könnte, diese Frage wird
jedenfalls nicht auf Grund seiner Äußerungen über Napoleon allein entschieden
werden können. Dazu muß das gesamte Umfeld seiner Aussagen über die Französische Revolution mit berücksichtigt werden.

## IV. Die Weltseele zu Pferde oder der böse Geist der Welt

Etwa ein Jahr bevor Hegel am 13. Oktober 1806 in Jena »den Kaiser – diese Weltseele – [...] durch die Stadt zum Rekognoszieren hinausreiten« sah, und er die
»wunderbare Empfindung« schilderte, »ein solches Individuum zu sehen, das hier
auf einen Punkt konzentriert, auf einem Pferde sitzend, über die Welt ausgreift und
sie beherrscht«,[10] etwa ein Jahr zuvor also fragte Kleist in einem Brief an Rühle
von Lilienstern:»Warum sich nur nicht einer findet, der diesem bösen Geiste der
Welt die Kugel durch den Kopf jagt. Ich möchte wissen, was so ein Emigrant zu
tun hat.« (II, 761). Schärfer kann der Kontrast zweier Napoleon-Auffassungen
schwerlich ausfallen; sie berühren sich allerdings in der allegorischen Stilisierung
der Figur,[11] wobei wohl Kleist vom Weltgeist spricht, nicht aber Hegel, was in
nachlässigen Zitationen seines Briefes an Niethammer oft verfälscht wird. Anfänglich hatte Kleist noch zu Formen polemisch-satirischer Stilisierung gegriffen, indem er Napoleon in Briefen aus der Schweiz als »Allerwelts-Konsul« bezeichnete
(vgl. II, 718/719), von dem er sich bei dem Bemühen, in der Schweiz einen Zu-
fluchtsort zu finden, bedroht sah:»Mich erschreckt die bloße Möglichkeit, statt

---

[10]    Hegel an Friedrich Immanuel Niethammer, 13. Oktober 1806 (Briefe von und an Hegel. Hrsg. von
Johannes Hoffmeister. Bd. 1. Hamburg 1952, S. 120).
[11]    Es muß dahingestellt bleiben, ob Hegel bei seiner Schilderung eine Erinnerung an das berühmte Napole-
on-Gemälde von Jacques Louis David aus dem Jahre 1801, *Bonaparte franchissant le Grand-Saint-
Bernhard*, vor Augen gehabt haben konnte.

eines Schweizer Bürgers durch einen Taschenspielerkunstgriff ein Franzose zu werden.« (II, 719).

Zu diesem Zeitpunkt hatte er die aufgeklärten Blütenträume des frühen Aufsatzes, *den sicheren Weg des Glücks zu finden*, längst hinter sich gelassen. Die Maximen der Zufallsbeherrschung als Aufgabe und Ziel eines Lebens im Geiste der Aufklärung, die sich ebenso in den frühen Briefen an Braut und Schwester finden, waren durch die Erfahrung von Paris nachhaltig erschüttert worden. Von einer Kritik oder einem Aufbegehren gegen die Macht des Zufalls in der modernen Wirklichkeit kann man dennoch nur eingeschränkt sprechen, weil Kleists Darstellungen mehr konstatierenden, denn kritisierenden Charakter haben. Zugleich sind sie nicht von restaurativen Rückwärtsbewegungen zu vor-aufklärerischen Strukturen der Anciens Régimes begleitet.

Preußen hat er hinter sich gelassen und er wählt nicht, wie andere, den Weg nach Rom, sondern den nach Paris, um sich der Erfahrung der Moderne auszusetzen. In dieser sucht er dann Zufluchtsinseln der Ruhe, wie im Thuner See, »um abzuwarten, wie sich die Dissonanz der Dinge auflösen wird.« (II, 719). Kleist rückt in seiner Wahrnehmung der nachrevolutionären bürgerlichen Wirklichkeit in Frankreich mit dem Zufallsprinzip einen Aspekt der Moderne in den Vordergrund, den die zu Strategen der Macht gereiften Kinder der Aufklärung zurückdrängen müssen. Die Konsequenzen einer solcherart strukturierten Wirklichkeit für die in ihr lebenden Menschen erscheinen grauenhaft: sie enden im Prinzip der Beliebigkeit des Einzelnen, in der Austauschbarkeit der Existenz. Kleist erwartet eben nicht den Glanz der Individuation, den eine »Weltseele« wohl abstrahlen möchte, wie Hegel in seiner Bewunderung für »ein solches Individuum« wähnte, für ihn wird in Paris ein anderes Prinzip wahrnehmbar: »Aber ein Menschenleben ist hier ein Ding, von welchem man 800 000 Exemplare hat [...]« (II, 666).

In den Zeitraum zwischen dem ersten Aufenthalt in Paris vom Jahr 1801[12] und dem zweiten 1803/04 fällt Kleists mühevolles Ringen um die Fertigstellung seines *Robert Guiskard* und schließlich das Scheitern daran. Bis zu welchem Grad der *Guiskard* als ein Napoleon-Drama konzipiert war, kann auf Grund der späteren fragmentarischen Überlieferung schwer nur beurteilt werden. Gesichert ist lediglich, daß Kleist bei der Ausgangssituation seines Dramas an die Lage Napoleons vor Jaffa im März 1799 dachte, als seine welterobernde Armee von der Pest befallen wurde, und er – wie Guiskard – unerschrocken die Kranken aufgesucht haben

---

[12]   Vgl. dazu Ingrid Oesterle: Werther in Paris? Heinrich von Kleists Briefe über Paris. In: Grathoff 1988, S. 97-116.

soll.[13] Wie ein roter Faden zieht sich die Wahrnehmung des weltbeherrschenden
Eroberers durch Kleists Napoleon-Bild seit den spöttisch-polemischen Notizen vom
»Allerwelts-Konsul«, wozu sich auch der Schluß des *Guiskard*-Fragments fügt,
wenn Guiskard von seinem »Volk« zur Rückkehr ins Vaterland gedrängt werden
muß (I, 172 f.):

> Zwar du bist, wie du sagst, noch unberührt,
> Jedoch dein Volk ist, deiner Lenden Mark,
> Vergiftet, keiner Taten fähig mehr
> [...]
> O führ uns fort aus diesem Jammertal!
> [...]
> Versag uns nicht Italiens Himmelsdüfte,
> Führ uns zurück, zurück, ins Vaterland!

Durch die Forschungen von Hilda Brown und Richard Samuel konnte ermittelt
werden, daß Kleist im Winter 1803/04 nicht, wie vorher angenommen worden war,
in Mainz erkrankt bei Georg Wedekind gelegen habe, sondern sich zugleich mehrfach in Paris aufgehalten haben muß. Kleist hat dort vor Ort direkt die entscheidende Phase der napoleonischen Machtergreifung mit der Beendigung des Konsu-
lats beobachten können, und er verkehrte in republikanischen Kreisen ehemaliger
deutscher, dänischer und französischer Girondisten, die der republikanischen Opposition gegen Napoleon um General Moreau nahestanden. Aus dieser Verbindung
zwischen dem ehemaligen Jakobiner Georg Wedekind in Mainz und den republikanischen Kreisen in Paris haben Brown und Samuel die Schlußfolgerung gezogen,
daß Kleist womöglich im Auftrag von Wedekind in Kurierdiensten zur Beobach-
tung der politischen Veränderungen nach Paris geschickt worden sei.[14] Diese Hypothese bedarf zur Festigung gewiß noch eingehender Nachforschungen,[15] doch
muß gegenüber den verzerrenden Behauptungen der älteren Forschung nachdrücklich darauf aufmerksam gemacht werden, daß Kleist stets in liberalen und republikanischen Kreisen verkehrte, in der Schweiz, in Paris, wie später in Berlin – und
mitnichten nur vom ›Sumpf‹ der Reaktion, den Adam Müllers und den von der
Marwitzens, umgeben war. Gleichwohl bleiben aussagekräftige Zeugnisse über ein
unmittelbares tagespolitisches Engagement außerordentlich spärlich, so daß an
seine Selbsteinschätzung der politischen Enthaltsamkeit zu erinnern ist, wenn er
etwa an Ulrike aus der Schweiz schrieb, daß er »gar keine politische Meinung habe« (II, 715), oder sie später aufforderte, als er in Dresden den *Code Napoleon*

---

[13] Das Gemälde von Antoine Jean Gros, das Napoleon im Pestlazarett von Jaffa darstellt, ist nach einem
Hinweis von Richard Samuel erst 1804 in den Louvre gekommen; vgl. Richard Samuel: Heinrich von Kleists
*Robert Guiskard* und seine Wiederbelebung 1807/08. In: Kleist-Jahrbuch 1981/82, S. 315-348.

[14] Vgl. Samuel/ Brown 1981, S. 55 ff. u. bes. 81 ff.

[15] Vgl. dazu Grathoff 1993.

verlegen wollte: »Du wirst nicht voreilig sein, politische Folgerungen aus diesem Schritte zu ziehen [...]« (II, 793).

Immerhin lassen die bislang angeführten Indizien klar erkennen, daß es nicht angängig sein kann, Kleists antinapoleonische Haltung »unzweideutig« als Ausdruck borniert konservativer Restaurationstendenzen zu interpretieren, wie dies von Reinhold Steig, Franz Mehring oder Georg Lukács versucht wurde. Wer sich wie Kleist mit der rechtlichen Verfaßtheit von Gesellschaftsformen auseinandergesetzt hat, dem konnte der relative geschichtliche Fortschritt des bürgerlichen *Code Napoleon* schwerlich verborgen bleiben. Und wer wie Kleist in Königsberg 1806 »das Befreiungsgeschäft der Zünfte« als »Lieblingsgegenstand« (II, 763) zusammen mit den preußischen Reformern betrieb, der dürfte die napoleonische Fremdherrschaft schwerlich wegen der relativen Segnungen der bürgerlichen Reformen abgelehnt haben, die sie teilweise mit sich brachte. Mit solchen geschichtspraktischen Überlegungen bzw. realpolitischen Naseweisheiten, daß man ein Stück Fortschritt (bürgerliche Reformen) nur haben kann, wenn man andere Übel (wie die Fremdherrschaft) billigend in Kauf nimmt, mit derart geschichtspraktischem Denken ist dem Schriftsteller Kleist, ist seinen literarischen Werken dann längst nicht mehr beizukommen. Die Napoleon-Verehrung von Goethe und Hegel mag von solchen Gesichtspunkten noch angetrieben gewesen sein, abgesehen von dem ideologischen Blendwerk, das im Glanz bürgerlicher Individuationsverheißungen vom Kaiser abstrahlte, wohingegen Kleists Napoleon-Haß, so wie er in seinen literarischen Werken sich vorfindet, mit anderen Kriterien als denen geschichtspraktischer Realpolitik beurteilt werden muß. In den hochgradig konstruierten ästhetischen Gebilden seiner literarischen Werke mißt Kleist die Leistung revolutionärer Akte nicht an Maßen relativen geschichtlichen Fortschritts, sondern er konfrontiert sie mit dem Maß elementar und radikal verstandener Humanität. Diese grundsätzliche Differenz zwischen der geschichtlichen Realität und der ästhetischen Realität der literarischen Werke will beachtet sein, um verzerrende Einschätzungen sowohl des Revolutions- wie auch des Napoleon-Bildes in den Werken zu vermeiden.

Was Kleists persönliche Haltung anlangt, kann festgehalten werden, daß mit der Ausschaltung der republikanischen Opposition in Frankreich, mit der Ausweisung Moreaus im Jahr 1804 und der Restauration monarchischer Verhältnisse durch Bonapartes Einführung der erblichen Kaiserwürde ein Punkt erreicht war, an dem für Kleist die ursprünglichen Zielsetzungen der Revolution preisgegeben schienen,[16] so daß nur die irreversiblen geschichtlichen Änderungen noch bemerkbar blieben. In Hinblick auf die Auswirkungen in den anderen europäischen Staaten schrieb er 1805 an Rühle von Lilienstern: »Die Zeit scheint eine neue Ordnung der

---

[16]  Diese Position vertrat nachdrücklich Gustav Graf von Schlabrendorf in seiner Napoleon-Kritik, vgl. dazu näher Grathoff 1993 und den Beitrag über die Würzburger Reise in diesem Band oben S. 11 ff.

Dinge herbeizuführen zu wollen, und wir werden davon nichts, als bloß den Umsturz der alten erleben.« (II, 761). Nach seiner Rückkehr aus der französischen
Gefangenschaft in Fort de Joux und Chalons im Gefolge des preußischen Zusam-
menbruchs nach Jena und Auerstedt konstatierte Kleist zunehmend einen grotesken
Weltzustand: »Was sagen Sie zur Welt, d.h. zur Physiognomie des Augenblicks?«,
fragte er Adolfine von Werdeck, »Ich finde, daß mitten in seiner Verzerrung etwas
Komisches liegt. Es ist, als ob sie im Walzen, gleich einer alten Frau, plötzlich
nachgäbe (sie wäre zu Tode getanzt worden wenn sie festgehalten hätte)« (II, 795).

Später, in der vehementen befreiungskriegerischen Phase von 1808/09, rückte er erneut das Moment der Beliebigkeit in den Blickpunkt, das nach seiner Auffassung
dem geschichtlichen Umbruch inhärent war. Im Gedicht *Das letzte Lied* wird dies
als mutwilliges Kinderspiel dargestellt (I, 31):

> Der alten Staaten graues Prachtgerüste
> Sinkt donnernd ein, von ihm hinweggespült,
> Wie, auf der Heide Grund, ein Wurmgeniste,
> Von einem Knaben scharrend weggewühlt;

Napoleon, »dieser glückgekrönte Abenteurer« (II, 761), »jener Cäsar«, dem »die
Schar der Götter zugefallen« (I, 33) bleibt ihm Inbegriff des Zufallsglücks. Im
*Katechismus der Deutschen*, der heftigsten antinapoleonischen Propagandaschrift,
die Kleist verfaßt hat, wird er wieder »ein böser Geist« genannt (II, 352), und in
einer Wendung, mit der Kleist die katholisierende Tendenz seiner Vorlage, des
spanischen *Bürger-Katechismus*, bricht,[17] ein »der Hölle entstiegene[r], Vatermör-
dergeist, der herumschleicht, in dem Tempel der Natur, und an allen Säulen rüttelt,
auf welchen er gebaut.« (II, 354). Mit dieser Formulierung ist eine Dimension der
Kritik erreicht, die wiederum im Kontext der gesamten ästhetischen Konstruktion
von Kleists antinapoleonischer Befreiungspropaganda verständlich wird.

## V. Alter Wein in neuen Schläuchen: Kleists Revolutionsauffassung

In den größeren literarischen Werken von Kleist, den Dramen und Erzählungen,
finden sich nur zweimal direkte Hinweise oder Anspielungen auf die Französische
Revolution. Sehr versteckt und zudem anachronistisch verstellt wirkt das eingangs
erwähnte Zitat des *Brutus*-Gemäldes von Jacques Louis David im *Prinzen von*

---

[17]    Als Vorlage diente Kleist das 20. Stück der 4. Abteilung der ›Sammlung der Actenstücke über die
spanische Thronveränderung‹. Germanien [Wien] 1809, S. 103-114. An der Übersetzung dieser ›Actenstücke‹ war übrigens Friedrich Schlegel beteiligt. Kleist übernahm den Text passagenweise, eliminierte
jedoch die katholisierend motivierte Kritik, die im österreichischen Verbreitungsraum der ›Sammlung der
Actenstücke‹ womöglich wirken mochte. Die Antwort auf die Frage »Wer sind die Franzosen«: »Ehemalige
Christen und neue Ketzer.« (4. Abt., S. 106), übernahm er ebensowenig wie den Hinweis auf die »Lehren
Christi und des Evangeliums«, denen »die Spanier folgen«, während der Gegner »Denen des Machivell« folgt
(ebda, S. 109). Kleist fundiert seine Kritik demgegenüber in einer selbst aufklärerischen Grundsätzen ange-
lehnten Argumentation.

*Homburg*, so daß es in der Forschungsgeschichte bisher auch fast unbemerkt blieb.[18] Dennoch erhält der *Homburg* durch diese versteckte Anspielung auf die Französische Revolution in seinem thematischen Gehalt eine entscheidende Nuancierung. Integraler Bestandteil der *Verlobung in St. Domingo* ist die Erzählung Gustav von der Rieds vom »Revolutionstribunal« in Straßburg (vgl. II, 173 f.), die an zentraler Stelle des Textes steht und gleichfalls die thematische Struktur entscheidend prägt.

Diese beiden relativ kurzen Textpassagen, die direkt zur Französischen Revolution Bezug haben, sind freilich für sich genommen nicht aussagekräftig genug, um Kleists Revolutionsauffassung in umfassender Breite zu entwickeln. Dazu müssen andere Werke herangezogen werden, in denen revolutionsartige Vorgänge thematisch sind, und zwar vornehmlich die Dramen *Penthesilea* und *Der zerbrochne Krug*. Verzichtet sei an dieser Stelle auf eine Erörterung des *Michael Kohlhaas* vor dem Hintergrund der Debatte zwischen Kant, Gentz, Rehberg und Garve in der *Berlinischen Monatsschrift* von 1793/94 über das Recht zur Rebellion und das Widerstandsrecht. In ihren rechtsphilosophischen und -geschichtlichen Beiträgen zum Kleist-Kolloquium in Berlin 1986 haben Monika Frommelt und Joachim Rückert deutlich werden lassen können, daß in Kleists *Kohlhaas* der philosophische Hintergrund der sog. Kant-Gentz-Rehberg-Debatte durchgängig gegenwärtig ist.[19] In diesem philosophischen Horizont erhält die Frage der Zulässigkeit revolutionären Widerstands eine andere, gewissermaßen innerdeutsche Dimension, die sonst im distanzierten Blick auf die Revolution in einem anderen Land so nicht mitschwingt, weshalb in unserem vorgegebenen thematischen Rahmen auf die Diskussion verzichtet werden darf.

Die Revolutionsauffassung in Kleists *Penthesilea* und im *Zerbrochnen Krug* habe ich in gesonderten Abhandlungen dargelegt,[20] so daß ich mich auf eine knappe Zusammenfassung beschränken kann. In beiden Werken wird analytisch rückblickend von einem revolutionären Befreiungsakt berichtet, der in eine Staatsgründung mündet, in die Begründung eines befreiten und sich frei definierenden neuen

---

[18]   Richard Samuel hat im Materialienteil seiner Edition des *Prinzen von Homburg* darauf aufmerksam gemacht, daß Kleist das Bild von David in Paris gesehen haben könnte; vgl. Samuel 1964, S. 208. Stuart Atkins hat ebenso bemerkt, daß Kleist das Gemälde von David gekannt haben muß, dann aber den Blick auf ein anderes *Brutus*-Gemälde des David-Schülers Guillaume Lethière gelenkt, das schwerlich in Frage kommen dürfte, denn es wurde erst nach Kleists Tod 1812 im Louvre ausgestellt; vgl. Stuart Atkins: Heinrich von Kleist and the Fine Arts – Kleist and Bury, or Kleist and Lethière? In: German Life and Letters 31, 1977/78, S. 166-174. Vgl. zur Erörterung der möglichen Bild-Vorlagen, an die Kleist gedacht haben kann, auch näher den Beitrag über »Antike und Moderne«, oben S. 121.

[19]   Vgl. dazu Kleist-Jahrbuch 1988/89, S. 360 ff. (Monika Frommelt) und S. 375 ff. (Joachim Rückert, passim).

[20]   Vgl. die Beiträge »Der Fall des Krugs«, oben S. 34 ff. und »Liebe und Gewalt«, oben S. 127 f. Zusammenfassend auch die *Kohlhaas*-Studie, oben S. 62.

Staatswesens. Durch diesen analytisch nachgetragenen Hintergrund erhalten die Spielhandlungen der beiden Dramen ihre wesentliche Motivation. In der *Penthesilea* berichtet die Amazonenkönigin im 15. Auftritt von dem vernichtenden »Schicksal«, wie Achilles kommentiert, das ihrem »Frauenstaat das Leben gab«: die Amazonen gehörten ursprünglich zu einem »Stamm der Skythen«, der von »Vexoris«, dem »Äthioper König« überfallen und besiegt wurde. Die »Sieger« töteten alle Männer, »Greis' und Knaben« und »bürgerten, barbarenartig,/In unsre Hütten frech sich ein« (I, 388):

> Und voll der Schande Maß uns zuzumessen,
> Ertrotzten sie der Liebe Gruß sich noch:
> Sie rissen von den Gräbern ihrer Männer
> Die Fraun zu ihren schnöden Betten hin.

Die Frauen, Opfer permanenter Vergewaltigung, töteten schließlich in einem revolutionären Befreiungsakt ihrerseits die männlichen Fremdherrscher und begründeten so ihren Staat (I, 389):

> Ein Staat, ein mündiger, sei aufgestellt,
> Ein Frauenstaat, den fürder keine andre
> Herrschsüchtige Männerstimme mehr durchtrotzt, [...].

Das daraufhin aufgestellte Amazonengesetz verlangte freilich von den Frauen, daß sie künftighin den zur Fortpflanzung benötigten Geliebten selbst erobern und im Kampf besiegen mußten, um ihn lieben zu dürfen. An dieser Gesetzesperversion zerbricht Penthesilea am Ende. Die Frauen, zuerst Objekte von Männergewalt, können sich die Erlangung und Bewahrung des Subjektstatus nicht anders vorstellen, als daß sie nun ihrerseits die Männer zu Objekten ihrer Frauengewalt machen. Genau auf diese Weise: als Verschiebung des Objekt- zum Subjektstatus unter Schaffung eines neuen Objektstatus hat Kleist den geschichtlichen Umbruch in der Französischen Revolution kritisch zu begreifen versucht. Was Hegel 1807, also etwa zu gleicher Zeit, in dem bekannten Abschnitt IV.A der *Phänomenologie des Geistes* als Dialektik von Herrschaft und Knechtschaft analysiert, wendet Kleist historisch in eine Kritik am Ergebnis, am Ausgang der Französischen Revolution. Das ursprüngliche revolutionäre Versprechen, dem Menschen den Subjektstatus zu geben, was bei Kleist elementarer bis in die menschliche Liebesfähigkeit hinein verstanden ist, mithin radikaler noch als in den politischen Maximen Freiheit, Gleichheit, Brüderlichkeit, dies ursprüngliche revolutionäre Versprechen ist preisgegeben, wenn der Subjektstatus nur durch die Erniedrigung anderer zu neuen Objekten erkauft werden kann.

Die Dialektik von Subjekt- und Objektstatus wird im *Zerbrochnen Krug* durch den Titelhelden, den Krug selbst ins Spiel gebracht, durch das geschichtliche Ereignis, das auf ihm dargestellt war, und das geschichtliche Geschick, das ihm zuteil geworden ist. Beides wird in einer langen Erzählung des 7. Auftritts (vgl. I, 200 ff.), vergleichbar dem Verfahren im 15. Auftritt der *Penthesilea*, als analytischer Bericht nachgetragen. Auch hier geht es um eine Staatsgründung und einen revolutionären Befreiungsakt. Auf dem Krug war die Gründung des niederländischen Staates in der zurückliegenden Zeit der spanischen Fremdherrschaft dargestellt. Mit der Befreiung von den Spaniern gelangte dieser ehemals spanische Krug in den Besitz eines holländischen Freiheitskämpfers und wurde fortan im eignen Haus aufgestellt, um zu signalisieren, daß der Staat nun ihr eigner geworden sei, daß die Holländer Subjekte ihres eigenen Staates geworden waren. Doch dieser Wechsel von Objekten der Fremdherrschaft zu Subjekten des eigenen Staates liegt zur Zeit der Spielhandlung des *Zerbrochnen Krugs* bereits in der Vergangenheit. Nunmehr ist der Krug zerbrochen und indiziert damit einen neuen Wechsel: mit dem Zerbrechen des Kruges durch einen niederländischen Staatsdiener, den Dorfrichter Adam, wird angezeigt, daß die Holländer inzwischen wieder zu Objekten geworden sind, zu Objekten ihres »eigenen« Staates.[21]

Kleist wirft in beiden Werken, in der *Penthesilea* wie im *Zerbrochnen Krug*, einen geschichtlich distanzierten Blick auf die zurückliegende revolutionäre Befreiung. Das Ziel der Revolution, die Erlangung des Subjektstatus, erscheint aus solcher geschichtlichen Distanz als preisgegeben oder verwirkt. Kleist befürwortet mithin den ursprünglichen revolutionären Antrieb, er lehnt den revolutionären Umbruch prinzipiell keineswegs ab, klagt allerdings unerbittlich die Einlösung unverbrüchlicher Humanität im Subjektstatus ein. Im Zuge eines logischen (*Penthesilea*) oder eines historischen (*Zerbrochner Krug*) Wechsels sieht er dann den neuerlichen Umbruch zum Objektstatus. Damit ist kein zyklisches Geschichtsbild verbunden, es ist nicht auf ein Zurück zu einem vormaligen, vorrevolutionären Zustand gezielt. Kleist konstatiert sehr wohl die geschichtlichen Veränderungen, das Fortschreiten, aber er vermag keinen qualitativen Fortschritt zu erkennen. Ziel einer Revolution, die ihre Versprechen *liberté, egalité, fraternité* wahrhaft einlösen will, müßte es sein, mit einem geschichtlichen Prinzip zu brechen, das Menschen zu Objekten von Gewalt degradiert. Wird dies nicht erreicht, sondern lediglich eine Verschiebung des Objektstatus, so bleibt als Fazit: Alter Wein in neuen Schläuchen.

Kleist kritisiert nicht die Französische Revolution, sondern ihr Ergebnis, ihre spezifische geschichtliche Verlaufsfigur, die in eine Rücknahme oder die Nichteinlösung des ursprünglichen revolutionären Versprechens mündet. Bei dieser kritischen Disposition nimmt es nicht Wunder, daß Kleist in seiner *Verlobung in St. Domingo* einen historischen Ort aufsuchte, an dem die Rücknahme der Revolutionsprinzipien (*liberté, egalité, fraternité*) für die Zeitgenossen deutlich sichtbar und augenfällig

---

[21] Vgl. näher oben S. 34 ff.

geworden war, indem der Status von Gleichheit und Freiheit den Sklaven in St. Domingo schließlich doch nicht gewährt wurde.[22]

Man hat den konservativ-kritischen Tenor in der Erzählhaltung, der sich gegen die Freiheitsbestrebungen der Schwarzen richtet, etwa in den kritischen Bemerkungen über die »unbesonnenen Schritte des National-Konvents« (II, 160), oder vom »Wahnsinn der Freiheit, der alle diese Pflanzungen ergriffen hat« (II, 170), diesen konservativen Tenor hat man in der älteren Forschung oft als vermeintliche Auffassung des Autors Kleist mißverstanden. Durch neuere Untersuchungen konnte inzwischen der subversive Charakter der Kleistschen Erzählhaltung herausgearbeitet werden,[23] der sich nur einer sehr präzisen, aufmerksamen und reflektierenden Lektüre erschließt, die beispielsweise fragt, was für eine »unendliche Wohltat« es denn sein solle, wenn einem schwarzen Sklaven, »weil er nicht wieder heiraten wollte, an Weibes Statt eine alte Mulattin« von seinem weißen Herrn »beigelegt« wurde (II, 160). Kleist macht das Recht des Menschen auf Wahrung seines Subjektstatus immer wieder an der Freiheit zu lieben fest, so daß dort, wo gerade diese Freiheit gebrochen, wo jemandem gegen seinen Willen ein Partner »beigelegt« wird, der Subjektstatus des Menschen aufs Schärfste verletzt ist. Dasselbe gilt für die Geschichte jener pestinfizierten Sklavin, die er Gustav von der Ried voller Empörung erzählen läßt: sie war von ihrem Herrn, »weil sie sich seinen Wünschen nicht willfährig gezeigt hatte, hart behandelt und nachher [...] verkauft« worden (II, 170), was sie – »an dem gelben Fieber krank« – während des Sklavenaufstandes ihrem ehemaligen Herrn lustvoll durch »eine halbe Stunde unter Liebkosungen und Zärtlichkeiten in ihrem Bette« vergalt (ebda).

Daß Frauenopfer ihren Preis haben, will dem aufrechten Schweizer von der Ried, aus dessen Perspektive Kleist oft erzählt, nicht in den Kopf. So lernt er auch nichts aus der Parallele zwischen seiner ersten Verlobten Mariane Congreve und seiner neuen, Toni, die zur zweiten Verlobten wird, nachdem er ihr vom Opfer der ersten erzählt hat. Mariane Congreve war an seiner Statt im Straßburger Jakobinerterror durch die Guillotine hingerichtet worden – ausdrücklich, indem sie ihn zu kennen ableugnete (vgl. II, 174). Doch Kleist läßt Gustav nicht in den Sinn kommen, was seine Erzählung insgesamt deutlich werden läßt, daß im Sklavenaufstand von St. Domingo lediglich eine negative Verdopplung der Terreur-Phase der Französischen Revolution sich vollzieht. In einem so gearteten Aufbruch zur Moderne wird es, so hat es Kleist offensichtlich gesehen, für den Einzelnen geradezu tödlich, eine un-

---

[22] Kleists verkürzende Zusammenziehung beider Vorgänge: Aufhebung der Sklaverei durch das Dekret vom 04.02.1794 und deren Rücknahme durch das Dekret vom 20.05.1802, ist als Geschichtsfälschung und Ausdruck einer konservativen Grundhaltung kritisiert worden; vgl. Fink, a.a.O. (Anm. 3), S. 78.

[23] Vgl. Bernd Fischer: Ironische Metaphysik. Die Erzählungen Heinrich von Kleists. München 1988, S. 100 ff.

verwechselbare Individualität auszuprägen. Um zu überleben, muß die Identität ge-leugnet werden. Nur im An-die-Stelle-des-Andern-Treten, im stellvertretenden Erleiden des Todes mag ein neuer Heroismus aufblitzen, doch ein gebrochener, ein dialektisch strukturierter Heroismus, denn die Stellvertretung wird erst durchs Prinzip der beliebigen Austauschbarkeit in der Moderne ermöglicht. Dieselbe Struktur wird im Schluß vom *Erdbeben in Chili* erkennbar, wenn man in dem Stellvertretungs-Massaker, das dort von der aufgeputschten Volksmenge vollzogen wird, wiederum eine Parallele zur Terreur-Phase der Französischen Revolution sehen will.[24]

## VI. Zivilisationsbarbarei

Die revolutionären Befreiungsakte, die Kleist in seinen Werken darstellt, und die nach der vorübergehenden Erlangung des Subjektstatus im Umschlag – unter histo-rischen Verschiebungen – wieder in der Restitution des Objektstatus enden, sie sind allesamt – mit Ausnahme des *Michael Kohlhaas* – gegen Formen von Fremdherr-schaft gerichtet. Gegen die der Äthioper in der *Penthesilea*, gegen die der Spanier im *Zerbrochnen Krug*, die der Franzosen in der *Verlobung in St. Domingo* – später die der Römer in der *Hermannsschlacht*; und noch im *Homburg* schwingt das Thema in der Bedrohung durch die Schweden mit. Die Französische Revolution wird so aus der Perspektive nationaler Betroffenheit während ihrer letzten Phase, der napoleonischen Fremdherrschaft in Europa, in den Blick genommen. Diese Sichtweise Kleists im ersten Jahrzehnt des 19. Jahrhunderts ist deutlich unterschie-den von der der 90er Jahre, etwa der deutschen Klassiker und Frühromantiker. Die prinzipielle Möglichkeit einer Revolution ist Kleist – im Vergleich zu den Klassi-kern mindestens – in dem Maße nah geworden, in dem ihm die konkrete Französi-sche Revolution in ihren Ursprüngen fern gerückt ist. Diese, die Französische, ist eine ferne Revolution geworden, von ihren Erben in ihrer Verlaufsgeschichte in die Ferne gerückt.

Was in der *Penthesilea* als tragische Konsequenz geschichtlichen Fortschreitens erscheint, sofern die kulturellen Errungenschaften der Gesetze und der Sprachen, gemessen an einer Elle radikaler Humanität, kein wahrhaft glückliches Leben als gelingendes Liebesleben ermöglichen, sondern im dialektischen Umschlag den Rückfall in die vorzivilisatorische Barbarei erst provozieren,[25] was dort als tragi-

---

[24] Solche Parallelisierung kann schwerlich auf die Naturkatastrophe des Erdbebens mit der Gesellschafts-katastrophe der Revolution ausgedehnt werden. Erdbeben und Revolutionen gehören für Kleists Denken grundverschiedenen Sphären zu, die auch in metaphorischer Überbrückung nicht parallel gesetzt werden. Die »Modellanalysen« von Kleists Erzählung, meist präzis gehalten, geben gelegentlich zu derartigen Mißver-ständnissen Anlaß; vgl.: Positionen der Literaturwissenschaft. Acht Modellanalysen am Beispiel von Kleists *Das Erdbeben in Chili.* Hrsg. von David E. Wellbery. München 1985 (z.B. S. 118 f.).
[25] Vgl. dazu näher den Beitrag »Liebe und Gewalt«, oben S. 128 f.

sche Konsequenz des modernen Weltzustands erscheint, wird von Kleist während der folgenden befreiungskriegerischen Phase der Jahre 1808/09 fast als Willkürakt der Fremdherrscher propagandistisch verzerrt. Die Römer werden in der *Hermannsschlacht* aus der Perspektive der Germanen als Repräsentanten einer überlegenen Zivilisationsstufe dargestellt. Doch gerade in solcher Überlegenheit sollen sie von Hermann als die wahren Barbaren entlarvt werden, die – wie der bösartige Ventidius – Liebesgefühle nur vortäuschen, in Wirklichkeit indessen die arme Thusnelda ihrer germanisch blonden Haare berauben wollen. Nicht das wahrhaft geliebte Individuum zählt in einer so verfaßten Moderne, sondern der Materialwert beliebiger Leiblichkeit. Dergestalt zur tierischen Daseinsform degradiert, wird Thusnelda am Ende zu einer solchen und läßt Ventidius von einer hungrigen Bärin zerfleischen.

Mit diesem Schluß kann und will die *Hermannsschlacht* keinen Anspruch auf einen wie auch immer gearteten ›Realismus‹ erheben, ebensowenig wie die groteske Vision der Landkartenveränderung durch die Umlenkung des Rheins in der *Germania*-Ode, die anfangs zitiert wurde. Von politischen Kalkülen sind solche Schreckensvisionen nirgendwo noch getragen, sie sollen selbst beklemmend schrecken, wie dies etwa Claus Peymann in seiner Inszenierung der *Hermannsschlacht* gelungen ist. Mit den gezielten literarischen Exzessen hat Kleist es darauf angelegt, sich der Erfassung mit realistisch-politischen Maßstäben zu entziehen.[26] Kleist wollte seinen Landsleuten allein unmißverständlich klar machen, daß sie keine andre Wahl hätten, als sich auf das geschichtlich fortgeschrittene Niveau der Fremdherrschaft zu begeben, so abschreckend dies auch wirken mochte, wenn die ›Befreiung‹ gelingen sollte. Die zeitgenössischen Realpolitiker sahen die zwingende Notwendigkeit zu den bürgerlichen preußischen Reformen, wenn die napoleonische Herrschaft gebrochen werden sollte; dies versahen spätere Geschichtsinterpreten mit dem Gloriolenschein des Fortschritts, während in Kleists genauso gelagerter Analyse ein anders interpretierender Blick in die Zukunft der Moderne getan wird: um sich befreien zu können, müssen die Preußen sich den andersgearteten, doch wieder enthumanisierenden Zwängen des fortschreitenden Geschichtsprozesses aussetzen. Die nationale kann nur mit solcher »Freiheit« erkauft werden: eine Dialektik, aus der Kleist kein Entrinnen kannte.

Vom erreichten Punkt der Argumentation aus kann am Ende ein Versuch zur Erhellung der Revolutionsanspielung im *Prinzen von Homburg* über das *Brutus*-Gemälde von Jacques Louis David unternommen werden. Als der Prinz von Homburg nach der gewonnenen Schlacht auf Anordnung des Kurfürsten arretiert wer-

---

[26]  Besonders in dieser Hinsicht sehe ich Differenzen zu der Werkinterpretation von Wolf Kittler: Die Geburt des Partisanen aus dem Geist der Poesie. Heinrich von Kleist und die Strategie der Befreiungskriege. Freiburg/Br. 1987.

den soll, weil er gegen dessen Befehl verstoßen und zu früh in die Schlacht eingegriffen hatte, sagt der Prinz von Homburg bezogen auf den Kurfürsten (I, 666):

> Mein Vetter Friedrich will den Brutus spielen,
> Und sieht, mit Kreid auf Leinewand verzeichnet,
> Sich schon auf dem kurulschen Stuhle sitzen:
> Die schwedschen Fahnen in dem Vordergrund,
> Und auf dem Tisch die märkschen Kriegsartikel.
> Bei Gott, in mir nicht findet er den Sohn,
> Der, unterm Beil des Henkers, ihn bewundre.
> Ein deutsches Herz, von altem Schrot und Korn,
> Bin ich gewohnt an Edelmut und Liebe,
> Und wenn er mir, in diesem Augenblick,
> Wie die Antike starr entgegenkömmt,
> Tut er mir leid, und ich muß ihn bedauren!
> *Er gibt den Degen an den Offizier und geht ab.*

In allen Werkkommentaren findet sich, zurückgehend auf die Behauptungen von
Katharina Mommsen in ihrem Buch *Kleists Kampf mit Goethe*, der Hinweis, daß
die Passage

> Und sieht, mit Kreid auf Leinewand verzeichnet,
> Sich schon auf dem kurulschen Stuhle sitzen:

auf ein Goethe-Bildnis von Friedrich Bury, eine Kreidezeichnung aus dem Jahr
1800, bezogen sei.[27] Goethe sitzt dort gravitätisch in einen togaartigen Umhang
gehüllt auf einem Sessel, mit dem man einen »kurulschen«, einen römischen Richterstuhl assoziieren mag. Nach Katharina Mommsen soll sich im Antagonismus
zwischen dem Kurfürsten und dem Prinzen von Homburg deshalb also der fortwäh-
rende Kampf Kleists mit Goethe wiederholen, den sie in fast allen seinen Werken
glaubte, aufspüren zu können. Unerklärt bleibt dabei der erste Vers

> Mein Vetter Friedrich will den Brutus spielen,

über den sich das korrekte Bildzitat erst erschließen läßt. Denn Kleist spielt mitnichten auf das Goethe-Bildnis Friedrich Burys an, sondern auf das *Brutus*-
Gemälde von Jacques Louis David aus dem Revolutionsjahr 1789. Es handelt sich
bei diesem Brutus nicht um den Caesar-Mörder Marcus, sondern um den weniger
bekannten Lucius Junius Brutus, der 500 Jahre früher lebte.[28] Er beseitigte in Rom

---

[27] Vgl. Katharina Mommsen: Kleists Kampf mit Goethe. Frankfurt/M. 1979 (zuerst 1974), S. 184 ff. Ihr
folgen Kanzog, 1977, S. 181; Fritz Hackert (Hrsg.): Erläuterungen und Dokumente. Heinrich von Kleist.
*Prinz Friedrich von Homburg*. Stuttgart 1979, S. 31 ff.; Hinrich C. Seeba in Kleist DKV, Bd. 2, S. 1274 f.
Nur der neue Werkkommentar in der Reihe »Erläuterungen und Dokumente« zum *Homburg* verweist
nunmehr auf die hier vorgetragene Argumentation und die entsprechenden Quellen (vgl. Hamacher 1999, S.
38-41).
[28] Wolf Kittler hat sein Augenmerk zunächst auf den Cäsar-Mörder Marcus Brutus und dessen Rolle in
Shakespeares *Julius Cäsar*-Drama gerichtet (vgl. Wolf Kittler: Die Revolution der Revolution oder Was gilt
es in dem Kriege, den Kleists *Prinz von Homburg* kämpft. In: Gerhard Neumann (Hrsg.): Heinrich von
Kleist. Kriegsfall – Rechtsfall – Sündenfall. Freiburg/Br. 1994). Der frühere Jucius Junius Brutus spielte eine
wichtige Rolle in einem anderen Drama von Shakespeare, dem *Coriolanus*, wo er als Volkstribun einer der

die Monarchie, gehörte zu den Mitbegründern der ersten römischen Republik, war auch einer ihrer ersten Konsuln, und ließ seine beiden Söhne Titus und Tiberius hinrichten, als bekannt wurde, daß sie in eine royalistische Verschwörung gegen die junge Republik verwickelt waren. Wegen dieser Tat, der Hinrichtung der eigenen Söhne, um die Republik zu erhalten, ist jenem Brutus die geschichtliche Erinnerung zuteil geworden. Daran denkt der Prinz von Homburg, wenn er das kommende Todesurteil durch den Kurfürsten bereits antizipiert:

> Bei, Gott, in mir nicht findet er den Sohn,
> Der, unterm Beil des Henkers, ihn bewundre.

Unter den Brutus-Darstellungen in der bildenden Kunst ist das Gemälde von Jacques Louis David ohne Zweifel die berühmteste und bekannteste. Es heißt *Die Liktoren bringen Brutus die Leichname seiner beiden Söhne*. Brutus sitzt dort im Vordergrund links auf einem Lehnstuhl, der bei Kleist die Assoziation mit einem »kurulschen« Richterstuhl auslöste. Ursprünglich hatte David an eine niedergeschlagen zusammengesunkene Haltung des Brutus gedacht, wie der Wandel seiner Vorstudien zeigt, in der endgültigen Fassung hat er ihn dann in jener antikisch starren, entleert distanzierten Haltung dargestellt.[29] Das Gemälde entstand im Revolutionsjahr 1789, es hatte anfänglich noch keinen Bezug zu revolutionärem Gedankengut.[30] Mit solchem wurde es jedoch sogleich bei der ersten öffentlichen Ausstellung im Pariser Salon am 12. September 1789 vehement versehen.[31] 14 Monate später, am 17. und 19. November 1790, wurde im Pariser Nationaltheater zweimal das *Brutus*-Schauspiel von Voltaire aufgeführt, und in Verbindung mit diesen spektakulären Aufführungen avancierte Davids Gemälde in der öffentlichen Wahrnehmung zum Revolutions-Kunstwerk schlechthin – als Ausdruck der Kunst im Geiste der Revolution. Das Stück von Voltaire, das bereits 1730 entstanden war, hat denselben historischen Stoff zum Gegenstand, und es wurde nun, 1790, natürlich als Inbegriff des revolutionären Rigorismus verstanden, wenn Brutus gegen royalistische Verschwörungen zur Rettung der Republik sogar die eigenen Söhne hinrichten ließ. Die erste Aufführung am 17. November wurde zu einer demonstrativen Kraftprobe zwischen Anhängern der Revolution und Königstreuen.[32] Mirabeau war im Theater erschienen, es war einer seiner bedeutendsten öffentlichen Auftritte außerhalb der Nationalversammlung. Am Ende konnten sich die Revolu-

---

Gegenspieler von Coriolan ist. Die Geschichte von der Hinrichtung seiner Söhne hat Shakespeare dort aber nicht erwähnt.

[29]  Vgl. Antoine Schnapper: J.-L. David und seine Zeit. Würzburg 1981 (zuerst franz. 1980), S. 90-95.

[30]  Vgl. dazu Robert L. Herbert: David, Voltaire, Brutus and the French Revolution: an essay in art and politics. London 1972, S. 51 ff.: »[...] a liberal theme undertaken before the Revolution, then its radical potential enfranchised by the events of the summer of 1789.« (S. 57).

[31]  Es wurde unter anderem mit seither berühmt gewordenen Gemälden über den Sturm der Bastille im Salon gezeigt; vgl. Herbert, S. 63 f.

[32]  Vgl. im Detail Herbert, S. 71 ff.

tionäre gegen die Royalisten durchsetzen und die »Vive le Roi«-Rufe übertönen. Die zweite Aufführung am 19. November wurde noch spektakulärer. David hatte Büsten von Brutus und Voltaire auf der Bühne aufgestellt, und die Aufführung endete in einem lebendem Bild, einem tableau vivant seines *Brutus*-Gemäldes: vier Liktoren trugen den Leichnam des Sohnes Titus über die Bühne, Brutus sank in dem Lehnstuhl nieder und der Vorhang fiel. »From that point forward« so faßte der englische Kunsthistoriker Robert L. Herbert seine 150seitige Studie dieser Vorgänge zusammen,

> David, Voltaire and the figure of Brutus were thoroughly intertwined in the events of the Revolution. David was one of the principal organizers of the national homage to Voltaire in July 1791, during which citations from his *Brutus* were given prominence. The play became the staple of the Revolution, and a contemporary bust of Brutus was placed before the speakers' rostrum in the National Convention.[33]

Einer der genauesten Berichte über die Vorgänge bei den beiden Aufführungen am 17. und 19. November 1790 stammt von einem Deutschen, dem Oldenburger Gerhard Anton von Halem, über dessen Reisebericht Kleists Kenntnisse zumindest zum Teil vermittelt worden sein dürften.[34] Gewiß wird Kleist das Gemälde von David 1801 selbst im Louvre gesehen haben, doch spielt er im *Homburg* ja nicht allein auf das Bild an, sondern ebenso auf das Stück von Voltaire:

> Mein Vetter Friedrich will den Brutus spielen,

dieser Vers ist offenkundig auf Voltaire bezogen. Möglich ist darüber hinaus, daß Kleist an das spielerische Einnehmen einer Brutus-Pose gedacht hat, wie es im tableau vivant vorgeführt wurde. In diesem Zusammenhang wird ein Hinweis von Robert L. Herbert auf ein erst neuerlich wiederentdecktes anonymes Portrait von Mirabeau höchst interessant, denn es zeigt Mirabeau in einer derartigen Pose mit einer Brutus-Büste auf dem Schreibtisch vor sich und einer entwurfartigen Zeichnung des Brutus-Gemäldes von David dahinter an der Wand hängend. Herbert vermutet, daß dieses Gemälde von Mirabeau nach dessen Tod im April 1791 entstanden sei.[35] Es wäre immerhin möglich, daß Kleist es während seines Aufenthaltes in Paris 1801 oder 1803/04 gesehen hat und dadurch zu seiner Parallelisierung

---

[33] Ebda, S. 16.
[34] Die Berichte finden sich im 2. Teil von Gerhard Anton von Halems *Blicke auf einen Teil Deutschlands, der Schweiz und Frankreichs bei einer Reise vom Jahre 1790* (Hamburg 1791), worüber auch die Mirabeau-Anekdote aus dem Aufsatz *Über die allmähliche Verfertigung der Gedanken beim Reden* vermittelt wurde (vgl. Anm. 3). Vgl. im Detail: Gerhard Anton von Halem: Blicke auf einen Theil Deutschlands, der Schweiz und Frankreichs bey einer Reise vom Jahre 1790. Hrsg. von Wolfgang Griep und Cord Sieberts. Bremen 1990, S. 198 f. (Mirabeau) und S. 240 f. (*Brutus*). Sowie: Im Westen geht die Sonne auf. Justizrat Gerhard Anton von Halem auf Reisen nach Paris 1790 und 1811. Katalog Oldenburg 1990, Bd. 1, S. 169 f. Kleist kann natürlich auch zeitgenössische Zeitungsberichte gekannt haben, wie sie Robert L. Herbert aus der *Chronique de Paris, Journal Universel, Affiches, Mercure de France* und *Revolutions de Paris* herangezogen hat – neben Halem, der auch für Herbert ein wichtiger Zeuge war (a.a.O., S. 140).
[35] Herbert, a.a.O. (Anm. 30), S. 73 f.

Jacques Louis David:
Die Liktoren bringen Brutus die Leichname seiner beiden Söhne (1789)

mit dem Herrscher, der die Brutus-Pose annimmt, angeregt wurde. So könnte er bei den im *Homburg* folgenden Zeilen an jene Kreideskizze des Brutus-Gemäldes gedacht haben, die auf dem Portrait von Mirabeau an der Wand hängend dargestellt ist:[36]

Und sieht, mit Kreid auf Leinewand verzeichnet,
Sich schon auf dem kurulschen Stuhle sitzen:

Mit dem zweifachen Text- und Bild-Zitat läßt Kleist den brandenburgischen Kurfürsten – aus der Sichtweise des Prinzen betrachtet – also als Repräsentanten des unerbittlichen Gesetzesrigorismus der Französischen Revolution erscheinen. Diese Gleichsetzung eröffnet eine neuartige Perspektive für die Beurteilung von Kleists letztem Drama. Sein »vaterländisches Schauspiel«, das ach so ›preußischste‹ der Preußenstücke, die vermeintliche Glorifizierung von preußischer Zucht und Ordnung und Fügung unters Gesetzesjoch erscheint nunmehr in einem anderen Licht. Mit dem *Brutus*-Zitat wird der herrschaftliche Diskurs, den Kleist dem Kurfürsten in den Mund gelegt hat, subversiv unterlaufen. Kleist hat es in der Tat darauf angelegt, mit dem *Homburg* ein preußisches National-Schauspiel zu schaffen, was durch das kontrastive Zitat des nationalen französischen, des Revolutions-Kunstwerks noch verstärkend hervorgekehrt wird. Allerdings hat in Kleists Stück am Ende nicht jenes »deutsche« Prinzip Bestand, das der Prinz von Homburg gegen den französisch-antiken Rigorismus des Kurfürsten geltend machen will:

Ein deutsches Herz, von altem Schrot und Korn,
Bin ich gewohnt an Edelmut und Liebe,
Und wenn er mir, in diesem Augenblick,
Wie die Antike starr entgegenkömmt,
Tut er mir leid, und ich muß ihn bedauren!

Der Vorwurf des Prinzen, der Kurfürst verhalte sich wie ein Gesetzesrigorist der Französischen Revolution, läßt deutlich werden, wohin gestellt sich Kleist den preußischen Herrscher wünscht, nämlich dorthin, wo schon Hermann der Cherusker angelangt war: auf dem geschichtlich erreichten Niveau des Gegners. Um die französische Fremdherrschaft brechen zu können, müssen sich die Preußen nach Kleists Auffassung auf das geschichtlich fortgeschrittene Terrain des Gegners einlassen. Notwendig muß dabei ein »deutsches Herz«, auf das sich der Prinz von Homburg noch berufen zu können glaubt, auf der Strecke bleiben. Nicht das Preußisch-Deutsche setzt sich im Verlauf des Stückes durch, im Gegenteil: ein deut-

---

[36] Für Herbert blieb unklar, ob es sich bei der Studie um eine Erfindung des Mirabeau-Portraitisten handelte, oder ob es eine authentische Vorstudie dieser Art von David selbst gegeben habe (ebda, S. 140). Sie findet sich jedenfalls nicht unter den bekannten Kreidezeichnungen Davids als Vorstudien zu seinem Gemälde (vgl. Schnapper, a.a.O., Anm. 28, S. 92 f.). Goethe besaß übrigens auch eine Zeichnung des Gemäldes von David, die »in einzelnen Details Unterschiede« gegenüber dem Original erkennen ließ (vgl. Hermann Mildenberger: Die neue Energie unter David. In: Goethe und die Kunst, Hrsg. von Sabine Schulze. Frankfurt/M. 1994, S. 280-291, Zitat und Abb. der Zeichnung S. 287).

Honoré Gabriel Riqueti de Mirabeau (Anonym)

sches Herz muß gebrochen werden, damit der französisch-antike Rigorismus zum
Zuge kommen kann. Nicht die blauäugige preußisch-deutsche Gesetzestreue hat
Homburg vom Kurfürsten zu lernen, wie eine noch ungebrochene Interpretations-
tradition es gern sehen möchte, sondern jenen inhumanen, individualitätsverach-
tenden Gesetzesrigorismus der Moderne. Der Kurfürst von Brandenburg beugt also
den Filius mit den Mitteln des Gegners unter dessen Gesetz. So darf ein – gewissermaßen französisch geläuterter – Prinz von Homburg am Ende überleben, denn
er liegt ja wörtlich da, wo Kleist ihn liegen läßt: »In Staub mit allen Feinden Bran-
denburgs!«.

# Goethe und Kleist.
## Die Geschichte eines Mißverständnisses

### I. Das Debakel des *Zerbrochnen Krugs*

Ein Stück Wegs von Weimar in Richtung auf Apolda liegt ein kleines Wäldchen. Ob es dieser Wald gewesen wäre? Es ist in der Früh an einem der ersten Märztage des Jahres 1808. Nebelschwaden liegen über der Waldlichtung. Zwei schwarz gekleidete Männer stehen sich gegenüber. Fast gleichzeitig fallen zwei Schüsse. Krähen fliegen auf. Wir kennen diese Situation aus dem Kino. Einer der Männer stürzt. Wer ist es? Heinrich von Kleist oder Johann Wolfgang Goethe, der zu diesem Zeitpunkt schon Johann Wolfgang von Goethe hieß, sonst wäre er nicht satisfaktionsfähig gewesen für den anderen, der einige Jahre lang seine Briefe so deziediert mit Heinrich Kleist unterschrieben hat?

Zu diesem einzigartigen Duell der deutschen Literaturgeschichte ist es nicht gekommen. Und doch hätte es dazu kommen können, wenn wir Goethes Worten, oder genauer, wenn wir Johann Daniel Falks Überlieferung dieser Worte Glauben schenken dürfen. Ende 1810 notierte Falk eine Äußerung Goethes im Rückblick auf den Reinfall der Uraufführung von Kleists *Zerbrochnem Krug* am Weimarer Hoftheater: »Sie wissen,« soll Goethe zu Falk gesagt haben, »welche Mühe und Proben ich es mir kosten ließ seinen ›Wasserkrug‹ aufs hiesige Theater zu bringen. Daß es dennoch nicht glückte, lag einzig an dem Umstande, daß es dem übrigens geistreichen und humoristischen Stoffe an einer rasch durchgeführten Handlung fehlt. Mir aber den Fall desselben zuzuschreiben, ja, mir sogar, wie es im Werke gewesen ist, eine Ausfoderung deswegen nach Weimar schicken zu wollen, deutet, wie Schiller sagt, auf eine schwere Verirrung der Natur, die den Grund ihrer Entschuldigung allein in einer großen Reizbarkeit der Nerven oder in Krankheit finden kann« (LS 252). Von Kleists Seite oder aus seiner Umgebung ist keine Überlieferung bekannt, die auf die Absicht schließen ließe, Goethe zum Duell zu fordern. Lediglich in Weimar scheint ein derartiges Gerücht kursiert zu sein. In Johann Daniel Falks Nachlaß fand sich eine Aufzeichnung mit dem Titel *Wie Göthe sich irren konnte*, in der es heißt: »Kleist war wüthend, als er erfuhr daß das Stück so durchgefallen sey. Er wollte *Göthen* fordern, sich mit ihm zu schießen u.s.w. Man hatte ihm glaublich gemacht, *Göthe* habe absichtlich das Stück zu 3 Akten ausgesponnen, und es dadurch zum Fallen gebracht.« (LS 241). Diese beiden Aufzeichnungen von Falk sind die einzigen Zeugnisse darüber, daß im März 1808 eine Duellforderung von Seiten Kleists im Schwange gewesen sei.

Gehört diese Episode in das Reich der Legendenbildungen, die sich so vielfältig um das Verhältnis von Goethe und Kleist gerankt haben? Man ist zu dieser Annahme geneigt, wenn man bedenkt, daß Kleist für seine Auseinandersetzung mit Goethe doch eher geistige und sprachliche Waffen gewählt zu haben scheint. In dem Text aus Falks Nachlaß findet sich der Hinweis, daß Kleist einen offenbar rechtfertigenden und erklärenden Aufsatz über seinen *Zerbrochnen Krug* nach Weimar an den Freiherrn von Müffling zur Veröffentlichung – und in erster Linie wohl, wie man mutmaßen darf, zur Weiterleitung an Goethe geschickt hatte. Der Aufsatz ist nirgendwo erschienen, das Manuskript verschollen.

Es ist denkbar, daß in der Weimarer Gerüchteküche das Gerede aufgekommen war, Kleist habe Goethe fordern wollen, denn er wurde dort mehrfach als preußischer Offizier nicht nur denunziert, sondern schon mehr als ehrenrührig verunglimpft. Die Familie Kleist stellte der preußischen Armee um 1800 über 50 Offiziere, so daß einem Träger dieses Namens derartige Ehrenhändel fraglos zugetraut werden konnten. In der *Allgemeinen Deutschen Theater-Zeitung* war zu lesen: »Daß der Verfasser [des *Zerbrochnen Krugs*] kein Dramatiker ist, beweist seine Unkunde jeder dramatischen Regel. Ich höre, daß er ein Herr von Kleist sei. Der tapfere Obrist (denn ich denke mir durchaus den Verfasser als Soldaten) zog die Socke an [= gr. soccus, leichter Schuh der Komödie], ließ aber die Sporen nicht ab, und verwickelte sich so in Thaliens Gewand, daß er stundenlang hin- und herziehen mußte, bis er sich, auf Kosten der leichten Bekleidung, endlich heraus zog. Dem Publikum gereicht es zur Ehre, daß es, am Ende des Stückes (was ich nie hier erlebte) wirklich pochte« (LS 247). Aus Hofkreisen ist eine Äußerung der Prinzessin Karoline von Sachsen-Weimar überliefert, die meinte, »daß die Herrens von Kleist gerechte Ansprüche auf den Lazarusorden hätten. Der moralische Aussatz ist doch auch ein böses Übel. Ich glaube, bei diesen Herrens hat sich das Blut, was sie sich im Krieg erhalten haben, alles in Dinte verwandelt« (LS 244). Man wird sich denken können, wie derartige Beschimpfungen auf Kleist wirken mußten, der doch mit so außerordentlicher innerer Kraftanstrengung den Soldatenstand verlassen hatte. Völlig abwegig ist der Gedanke an die Möglichkeit einer Duellforderung bei ihm andererseits nicht. Immerhin ist ein derartiger Fall bezeugt: Anfang 1811 soll er dem preußischen Staatssekretär Friedrich von Raumer eine Herausforderung geschickt haben, als er sich von ihm hintergangen fühlte (vgl. LS 442 ff.). Kleist war ein Aristokrat, dem das Ehrbewußtsein des preußischen Militärs nicht fremd war, wenngleich seine Persönlichkeitsstruktur mit dieser Feststellung auch nicht annähernd hinlänglich erklärt ist.[1]

Das Duell in dem Wäldchen bei Weimar hat nicht stattgefunden. Obwohl Fiktion, ist doch gewiß, daß Goethe annahm, Kleist habe ihn wegen des Debakels der *Krug*-Aufführung zum Duell fordern wollen. Fortan war sein Verhältnis zu Kleist, wie

---

[1] Die Tagung der Kleist-Gesellschaft 1998 war dem Thema »Kleists Duelle« gewidmet, doch die biographischen Dimensionen wurden in den abgedruckten Beiträgen im Kleist-Jahrbuch 1998 erstaunlicherweise nicht angesprochen.

sich denken läßt, nicht eben günstig und wohlwollend gestimmt, um es gelinde auszudrücken.

Welche Fehler bei der Weimarer Erstaufführung des *Zerbrochnen Krugs* begangen wurden, ist heute so sehr Gemeinplatz geworden, daß es sogar der *Bild*-Zeitung geläufig ist. In der Hamburger Ausgabe fand ich vor einiger Zeit die Besprechung einer dortigen Aufführung des *Krugs* in einer plattdeutschen Version, in der wie selbstverständlich darauf hingewiesen wurde, daß man das Stück ohne Unterbrechung spielen müsse und nicht, wie seinerzeit Goethe in Weimar, eine Pause einlegen dürfe. Das Stück war also in drei Akte unterteilt, der Text auch eingekürzt worden, damit hatte Goethe einen Schauspieler beauftragt, dennoch muß die Aufführung wohl zweieinhalb Stunden gedauert haben. Vorher war die Oper *Der Gefangene* gegeben worden, so daß dem Publikum ein Theaterabend von vier Stunden zugemutet wurde, von halb sechs bis halb zehn abends, was dann den Theaterskandal auslöste.[2]

Die ästhetischen Qualitäten des *Zerbrochnen Krugs* hatte Goethe zweifellos erkannt, wie sein erstes Urteil über das Stück bezeugt, das er am 28. August 1807 Adam Müller mitteilte: »*Der zerbrochene Krug* hat außerordentliche Verdienste, und die ganze Darstellung dringt sich mit gewaltsamer Gegenwart auf. Nur schade, daß das Stück wieder dem unsichtbaren Theater angehört. Das Talent des Verfassers, so lebendig er auch darzustellen vermag, neigt sich doch mehr gegen das Dialektische hin; wie er es denn selbst in dieser stationären Prozeßform auf das wunderbarste manifestiert hat. Könnte er mit eben dem Naturell und Geschick eine wirklich dramatische Aufgabe lösen und eine Handlung vor unsern Augen und Sinnen sich entfalten lassen, wie er hier eine vergangene sich nach und nach enthüllen läßt, so würde es für das deutsche Theater ein großes Geschenk sein« (LS 185). Eine stationäre Prozeßform sollte man gewiß nicht in Akte unterteilen und durch eine Pause unterbrechen.[3]

Kleist reagierte unmittelbar mit dem Abdruck eines Auszugs aus dem *Zerbrochnen Krug* im Märzheft des Kunstjournals *Phöbus*, das er im Jahr 1808 zusammen mit Adam Müller in Dresden herausgab. Eine Fußnote erläuterte den Anlaß des fragmentarischen Vorabdrucks: »Wir waren nach dem ersten Plane unsrer Zeitschrift willens, hier das Fragment eines größern Werkes einzurücken (*Robert Guiskard* [...]); doch da dieses kleine, vor mehrern Jahren zusammengesetzte, Lustspiel eben jetzt auf der Bühne von Weimar verunglückt ist: so wird es unsere Leser vielleicht interessieren, einigermaßen prüfen zu können, worin dies seinen Grund habe [...]«

---

[2]    Vgl. Ilse-Marie Barth: Zur Aufführung von Kleists Lustspiel *Der zerbrochne Krug* am Weimarer Hoftheater 1808. In: Goethe-Jahrbuch 100 (1983), S. 219-25.
[3]    Vgl. dazu näher den Beitrag »Unsichtbares Theater«, oben S. 54 ff.

(I, 835). Im darauffolgenden Stück des *Phöbus*, einem Doppelheft für April und Mai 1808, zog Kleist dann direkt gegen Goethe zu Felde. Eine Reihe von Epigrammen, mit denen er den Xenienstreit von 1797 wieder aufleben lassen wollte, eröffnete er folgendermaßen (I, 20):

> HERR VON GOETHE
> SIEHE, das nenn' ich doch würdig, fürwahr, sich im Alter beschäftigen!
> Er zerlegt jetzt den Strahl, den seine Jugend sonst warf.

Auch ohne das Gerücht von der Duellforderung hat diese Attacke hingereicht, um Goethes Verhältnis zu Kleist fortan nachhaltig zu trüben. Übrigens mag Kleist noch einen weiteren Anlaß gehabt haben, gerade Goethes *Farbenlehre* zu verspotten, denn Goethe hatte seinerseits in seinen Xenien die Farbenlehre von Kleists Universitätslehrer Christian Ernst Wünsch angegriffen.[4] Den tiefgreifenden Zusammenhang von Naturforschung und Dichtung bei Goethe hatte Kleist durchaus erkannt; das bezeugt eine späte Äußerung in einem Brief an die Vertraute Marie von Kleist vom Sommer 1811: »[...] ich betrachte diese Kunst [die Musik] als die Wurzel, oder vielmehr, um mich schulgerecht auszudrücken, als die algebraische Formel aller übrigen, und so wie wir schon einen Dichter haben – mit dem ich mich übrigens auf keine Weise zu vergleichen wage – der alle seine Gedanken über die Kunst, die er übt, auf Farben bezogen hat, so habe ich, von meiner frühesten Jugend an, alles Allgemeine, was ich über die Dichtkunst gedacht habe, auf Töne bezogen. Ich glaube, daß im Generalbaß die wichtigsten Aufschlüsse über die Dichtkunst enthalten sind« (II, 875). Zu welch tiefem wechselseitigen Begreifen Goethe und Kleist fähig gewesen wären, zeigt Kleists Bemerkung über die *Farbenlehre* als naturwissenschaftlicher Grundlage der Goetheschen Dichtung, wie umgekehrt Goethes Bemerkung über das Dialektische in Kleists Werk. Sie wären zu solchem Verstehen wohl fähig gewesen, wenn nicht zwangsläufig einige Mißverständnisse aufkommen mußten.

Bei der Drucklegung des *Zerbrochnen Krugs* im Februar 1811 reagierte Kleist ein weiteres Mal auf die Weimarer Erstaufführung vom März 1808. Er kürzte den Text am Ende, im vorletzten (12.) Auftritt, erheblich ein, um dadurch eine rasche Zuendeführung der Handlung zu erreichen, wie sie sowohl von Goethe als auch von der zeitgenössischen Kritik gefordert wurde. Zugleich jedoch druckte er kommentarlos die ursprüngliche längere Fassung des 12. Auftritts unter dem Titel *Variant* ab. Er legte dem Publikum also zwei Fassungen des Werks vor: die ältere, längere, so wie sie in Weimar aufgeführt worden war, und die daraufhin eingekürzte, die dem Publikumsgeschmack gerecht werden sollte. In unserer Zeit beginnt sich in den letzten Jahren die Auffassung durchzusetzen, und zwar sowohl in der Theaterpraxis als auch im wissenschaftlichen Urteil, daß der *Zerbrochne Krug* nur in sei-

---

[4]   Vgl. Goethe HA, Bd. 1, S. 214. Zum Hintergrund s. Grathoff 1993, S. 36 f.

ner ursprünglichen Gestalt, also in der Weimarer *Variant*-Fassung, seinen gesamten Aussagegehalt wie auch seine ästhetischen Qualitäten vollends entfalten kann. In ambitionierten Aufführungen (nicht der Repertoire-Routine, in der der *Krug* zum meistgespielten deutschen Lustspiel geworden ist) wird heute die *Variant*-Fassung gespielt.

Goethe hat den Bezug zwischen Kleists Kürzungen und seiner Weimarer Inszenierung noch zur Kenntnis genommen. Kurz nach Kleists Tod, im Dezember 1811, schickte er ein Exemplar der Buchausgabe an Johanna Schopenhauer: »Sie haben, werte Freundin,« schrieb er ihr, »gestern Abend soviel Teilnahme an dem zerbrochenen Kruge bewiesen, der bei uns vor einiger Zeit ganz in Stücken gegangen, daß ich mich freue Ihren Wünschen entgegenkommen zu können. Hier ist eine Abkürzung desselben, die vielleicht auf das Theater gebracht werden könnte.« Er empfahl ihr, »die beiden Exemplare [des Stücks] zu kollationieren,« also textlich zu vergleichen, »und zu beurteilen ob in dem gegenwärtigen zu viel oder zu wenig getan worden« (LS 253).

## II. Goethes Mißverständnis von Kleist als Romantiker

Mit dem Debakel des *Zerbrochnen Krugs* sind Goethe und Kleist endgültig auseinander geraten, so daß keine weitere Verständigung möglich war. Damit vollendete sich jedoch nur, was ohnehin von Beginn an als Mißverständnis angelegt war und fast zwangsläufig im Mißverstehen enden mußte. Goethe hatte als erstes Werk von Kleist dessen Bearbeitung von Molières *Amphitryon* kennengelernt. Dies war überhaupt die erste Veröffentlichung, die Kleists Namen trug, zuvor war nur *Die Familie Schroffenstein* anonym erschienen. Er nahm in gewissem Sinn also Kleists schriftstellerisches Debüt wahr und dementsprechend waren seine Notizen angelegt. Während Kleist 1807 noch in französischer Gefangenschaft war – er war kurz nach der preußischen Niederlage bei Jena und Auerstedt inhaftiert und als angeblicher Spion nach Fort de Joux verbracht worden – erschien der *Amphitryon* in Dresden, herausgegeben und mit einer Vorrede versehen von Adam Müller. Das hatte Folgen für Goethes Lektüre. Denn Adam Müller gehörte zum Kreis der Dresdner Romantiker, und zwar derjenigen, die die Wende zum Katholizismus vollzogen hatten. Kleist kannte ihn damals noch nicht, er wußte im Gefängnis auch nichts von der Ausgabe und der Vorrede. Müller war wiederum eng mit Friedrich Gentz befreundet, der den Kontakt zu Goethe vermittelt hatte. In seiner Vorrede betonte Müller ausdrücklich die Vorzüge des deutschen *Amphitryon* von Kleist vor dem französischen des Molière, wies auch auf Kleists Gefangenschaft in Frankreich hin, womit also romantisch-patriotische Töne angestimmt wurden, die Goethe stets verdrossen haben.

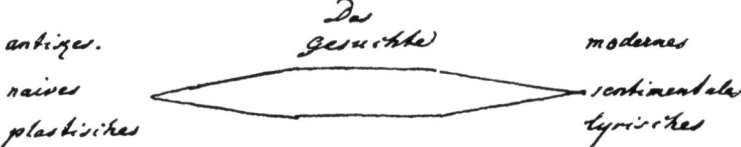

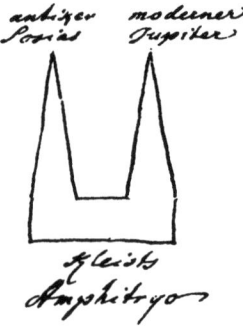

Goethes Karikatur zu Kleists *Amphitryon* (1807)

Man denke nur an das bekannte Xenion *Deutscher Nationalcharakter*: »Zur Nation euch zu bilden, ihr hoffet es, Deutsche vergebens;/Bildet, ihr könnt es, dafür freier zu Menschen euch aus!«.[5]

Sein ästhetisches Urteil zusammenfassend schrieb Müller weiter in der Vorrede: »Mir scheint dieser *Amphitryon* weder in antiker noch moderner Manier gearbeitet: der Autor [...] strebt nach einer gewissen *poetischen Gegenwart*, in der sich Antike und Moderne – wie sehr sie auch ihr untergeordnet sein möchten, dereinst wenn getan sein wird, was Goethe entworfen hat – dennoch wohlgefallen werden« (I, 929). Goethe las das Stück mit der Vorrede von Müller am 13. und 14. Juli 1807 in Karlsbad. Es war heiß in jenen Tagen, mehr als 36° Celsius.[6] In seinem Tagebuch notierte er: »Ich las und verwunderte mich, als über das seltsame Zeichen der Zeit. Abends sehr heftiges Gewitter, aber bald vorübergehend« (LS 182a). Zu Riemer sagte er tags darauf kurzum: »Das Stück *Amphitryon* von Kleist enthält nichts Geringeres, als eine Deutung der Fabel ins Christliche, in der Überschattung der Maria vom Heiligen Geist« (LS 182a). Mit Rücksicht auf das von Adam Müller angesprochene Verhältnis von Antike und Moderne, legte er zwei kleine Skizzen an, um den Unterschied zwischen seiner Auffassung von der Vereinigung von Antike und Moderne und dem deutlich zu machen, was Kleist – so wie er es verstand – leistete. Man hat bisher viel gegrübelt, welche hohen theoretischen Überlegungen sich wohl in Goethes Skizze verbergen mögen, aber den einfachen Kern nicht bemerkt, nämlich die polemische Karikatur dieser Zeichnung: sie stellt eine Kathedrale dar.[7] So hatte sich dort bereits Goethes Mißverständnis verfestigt: er hat Kleist von Beginn an als Romantiker mißverstanden. Und dies schon im Juli, noch bevor ihm im August 1807 *Amphitryon* und der *Zerbrochne Krug* von Adam Müller übersandt wurden und er mit Friedrich Gentz ausführlich darüber diskutierte. Da er Kleist in solcher Gesellschaft vorfand und zuerst kennenlernte, reihte er ihn kurzerhand in den Kreis katholisierender Dresdner Romantiker ein. In seinem Tagebuch notierte er am 20. Oktober 1807: »Kam Herr von Müffling,« der mit Adam Müller in Verbindung stand, »mit demselben über die Dresdner literarischen und philosophischen Verhältnisse: über Gentz, Adam Müller, Schubert, von Kleist etc.« (LS 186a).

Die große literarische Bedeutung des *Amphitryon* hat Goethe trotz seines Mißverständnisses freilich wahrgenommen, das bezeugen seine ausführlichen Eintragungen in den Tag- und Jahresheften. Mit einem »Oberhofprediger« sprach er »über den neuen mystischen *Amphitryon* und dergleichen Zeichen der Zeit,« ähnlich lautete sein bekanntestes Verdikt über das Stück: »*Amphitryon* von Kleist erschien

---

[5]  Goethe HA, Bd. 1, S. 212.

[6]  Vgl. Ilse-Marie Barth (a.a.O., Anm. 2), S. 219.

[7]  Abb. gegenüberliegend nach Mommsen 1974, S. 31 f.

als ein bedeutendes, aber unerfreuliches Meteor eines neuen Literatur-Himmels«
(LS 182a). Die letzte Formulierung rückt Kleist – in Goethes erster Wahrnehmung
– in die Nähe von J.M.R. Lenz. Denn das berühmte und so folgenschwere Fehlur-
teil von Goethe über Lenz im 14. Buch von *Dichtung und Wahrheit* lautet zusammenfassend: »Lenz [...], als ein vorübergehendes Meteor, zog nur augenblicklich
über den Horizont der deutschen Literatur hin und verschwand plötzlich, ohne im
Leben eine Spur zurückzulassen«.[8] Unsere Klassiker Goethe und Schiller haben
bekanntlich zweimal ebenso gründlich wie kräftig mit der eigenen sturm- und
drängerischen Vergangenheit abgerechnet, beidesmal jedoch nicht selbstkritisch
auf sich selbst gerichtet, sondern gegen andere Schriftsteller: Schiller in seiner
Rezension der Gedichte von Gottfried August Bürger, und Goethe in *Dichtung und
Wahrheit* gewendet gegen den früheren Freund Lenz. Lenz litt, schrieb Goethe, an
einer »Zeitgesinnung, welche durch die Schilderung Werthers abgeschlossen« und
wie für ihn selbst damit überwunden sein sollte. »Aus wahrhafter Tiefe, aus uner-
schöpflicher Produktivität ging sein Talent hervor, in welchem Zartheit, Beweg-
lichkeit und Spitzfindigkeit mit einander wetteiferten, das aber, bei aller seiner
Schönheit, durchaus kränkelte [...]. Man konnte in seinen Arbeiten große Züge
nicht verkennen; eine liebliche Zärtlichkeit schleicht sich durch zwischen den al-
bernsten und barockesten Fratzen«.[9] Wir wissen, welches Unbehagen ein schriftstellerisches Talent wie dasjenige von Lenz, der dann in geistige Umnachtung
verfiel und im Elend in Moskau den Tod fand, zumal in der Erinnerung an die
verhaßte »*Werther*-Krankheit« Goethe bereitete. Und wir wissen auch, welches
Unbehagen ihm die engen Verbindungslinien vom Sturm und Drang zur zeitgenössischen Romantik bereiteten. Die Parallelen zu Kleist sind augenscheinlich.

### III. Die Verfestigung des Urteils bei Goethe zum Krankheits-Verdikt

Kleist und Adam Müller bemühten sich im Jahr darauf (1808), Goethe zur Mitarbeit an ihrem Kunstjournal *Phöbus* zu bewegen, und sie waren, wie Kleist selbst
zugestand, so »dreist,« seinen Namen in der Ankündigung des Phöbus zu nennen
(LS 218a):

> Statt der gewöhnlichen Art sich beim Anfang einer solchen Unternehmung auf die fremden Teil-
> nehmer zu berufen, erklären wir nur, daß wir uns der Begünstigung *Goethes* erfreuen. Es wäre un-
> bescheidnes Selbstvertraun, wenn wir verschmähten, ja wenn wir uns nicht darum beworben hätten,
> von *Ihm* empfohlen zu werden. *Die Redaktion des Phöbus.*

Wie eine Tagebuchnotiz bezeugt, hat Goethe daraufhin »den Herausgebern des
*Phöbus* einen Verweis gegeben, daß sie seinen Namen verwenden« (LS 239c).
Kleist schickte das erste *Phöbus*-Heft mit dem sog. »organischen Fragment« seiner

---

[8]   Goethe HA, Bd. 10, S. 12.
[9]   Ebda, S. 8.

*Penthesilea* am 24. Januar 1808 an Goethe. In dem Begleitschreiben findet sich jene berühmtgewordene Formulierung: »Es ist auf den ›Knieen meines Herzens‹ daß ich damit vor Ihnen erscheine [...]« (II, 805). Die Worte »Knieen meines Herzens« sind in Anführungszeichen gesetzt, also als Zitat ausgewiesen – und es handelt sich in der Tat um eine gebräuchliche Wendung aus dem apokryphen Gebet Manasses (V. 11). Ernst Robert Curtius hat den Sprachgebrauch für das europäische Mittelalter ausführlich nachgewiesen.[10] Weniger bekannt bzw. mindestens in diesem Zusammenhang noch unbeachtet ist hingegen, daß sich dieselbe Formulierung bei Goethe findet. Im Mai 1775 schrieb er einen Brief an Herder, in dem er ihm für die Zusendung zweier theologischer Bücher dankte und ein typisch sturm- und drangbewegtes überschwengliches Lob über die beiden Schriften von Herder ergoß: »Deine Art zu fegen – und nicht etwa aus dem Kehrigt Gold zu sieben, sondern den Kehrigt zur lebenden Pflanze umzupalingenesiren, legt mich immer auf die Knie meines Herzens«.[11] 1775: die Schriften des Älteren legen den Jüngeren, den Goethe des Sturm und Drang, auf die Knie seines Herzens. 1808: dreiunddreißig Jahre später überreicht Kleist mit derselben Formulierung dem nun ihm gegenüber Älteren seine *Penthesilea*. Goethes Brief an Herder wurde erst 1856 veröffentlicht, so daß Kleist keine Kenntnis davon gehabt haben kann. Es geht bei der Parallele jedoch nicht um die Frage der unmittelbaren Kenntnisnahme, wiewohl Goethe sich natürlich an seine Formulierung erinnert haben könnte, als er Kleists Brief las, sondern vor allem um eine Strukturverwandtschaft im Gestus. Dadurch entsteht wiederum eine strukturelle Berührung zwischen dem jungen Goethe der Sturm und Drang-Phase und Kleist.

Goethes Zurückweisung Kleists ist bekannt. Wie sehr ihm die Lektüre der *Penthesilea* zugesetzt hatte, erzählte er später Johannes Falk, der ihn aufgefordert hatte, Kleists *Käthchen von Heilbronn* zu lesen. Goethe war so verschreckt, daß er Falk bat, als eine Art von Vorkoster zu wirken, das *Käthchen* zuerst zu lesen und ihm die »Hauptmotive davon wiederzuerzählen.« »Nach diesem erst will ich einmal mit mir zurate gehen, ob ich es auch lesen kann. Beim Lesen seiner ›Penthesilea‹ bin ich neulich gar zu übel weggekommen« (LS 384). In solcher Verfassung hatte er Kleist 1808 geantwortet, daß er sich mit der *Penthesilea* »noch nicht befreunden könne,« um dann deutlich zu werden: »Auch erlauben Sie mir zu sagen (denn wenn man nicht aufrichtig sein sollte, so wäre es besser, man schwiege gar), daß es mich immer betrübt und bekümmert, wenn ich junge Männer von Geist und Talent sehe, die auf ein Theater warten, welches da kommen soll. Ein Jude der auf den Messias, ein Christ der aufs neue Jerusalem, und ein Portugiese der auf den Don Sebastian wartet, machen mir kein größeres Mißbehagen. Vor jedem Bretter-

---

[10] Ernst Robert Curtius: Europäische Literatur und Lateinisches Mittelalter. Bern ⁴1963, S. 147 f.
[11] Goethe WA, IV., Bd. 2, S. 262 (Brief Nr. 329).

gerüste möchte ich dem wahrhaft theatralischen Genie sagen: hic Rhodus, hic salta!« (II, 806 f.). Wieder erhebt Goethe also implizit den Vorwurf der Mythos-Verfallenheit gegen Kleist, indem er ihm messianische Erwartungen unterstellt. Er reagierte damit auf Kleists Bemerkung, daß weder die *Penthesilea* noch der *Zerbrochne Krug* »für die Bühne geschrieben« seien, jedenfalls nicht für die bestehenden Bühnen seiner Zeit, die »weder vor noch hinter dem Vorhang so beschaffen« seien, daß er auf Aufführungen seiner Stücke rechnen dürfe, er müsse in diesem Fall auf die Zukunft hinaussehen« (II, 805 f.). Und damit sollte er Recht behalten, seine *Penthesilea* wurde 1876, sieben Jahrzehnte nach der Entstehung, uraufgeführt – und gelungene oder halbwegs gelingende Inszenierungen gibt es erst seit 1976.

Als Goethe das *Phöbus*-Heft mit dem auf ihn gemünzten Epigramm gesehen hatte, schrieb er empört an Karl Ludwig von Knebel: »Mit den Dresdnern habe ich gleich gebrochen« – wieder wird Kleist in die Romantikergruppe einbezogen. »Denn ob ich gleich,« heißt es weiter, »Adam Müller sehr schätze und von Kleist kein gemeines Talent ist, so merkte ich doch nur allzu geschwind, daß ihr *Phöbus* in eine Art von Phébus [Schwulst] übergehen würde; und es ist ein probates Sprichwort, das man nur nicht oft genug vor Augen hat: der erste Undank ist besser als der letzte« (LS 264b). Die weiteren Urteile von Goethe sind harsch. Nachdem ihm die Lektüre der *Penthesilea* nicht bekommen war, scheint er das *Käthchen* dann doch ohne vorkostende Nacherzählung von Falk gelesen zu haben, denn es ist überliefert, er habe ausgerufen: »Ein wunderbares Gemisch von Sinn und Unsinn! Die verfluchte Unnatur!« und dann habe er das Buch »in das lodernde Feuer des Ofens [geworfen] mit den Worten: ›Das führe ich nicht auf, wenn es auch halb Weimar verlangt‹« (LS 385). An der Entschiedenheit und der Leidenschaftlichkeit solcher Äußerungen bemerkt man die innere Bewegtheit Goethes. Man spürt die Beunruhigung, die Beängstigung, die ebenso das Urteil über das künstlerische Talent von J.M.R. Lenz leitete. Grundsätzlich und ausführlich äußerte er sich 1810 gegenüber Falk (LS 384):

> Goethe tadelte an ihm [Kleist] die nordische Schärfe des Hypochonders [...]. Auch in seinem *Kohlhaas*, artig erzählt und geistreich zusammengestellt, wie er sei, komme doch alles gar zu ungefüg. Es gehöre ein großer Geist des Widerspruches dazu, um einen so einzelnen Fall mit so durchgeführter, gründlicher Hypochondrie im Weltlaufe geltend zu machen. Es gebe ein Unschönes in der Natur, ein Beängstigendes, mit dem sich die Dichtkunst bei noch so kunstreicher Behandlung weder befassen, noch aussöhnen könne. Und wieder kam er zurück auf die Heiterkeit, auf die Anmut, auf die fröhlich bedeutsame Lebensbetrachtung italienischer Novellen, mit denen er sich damals, je trüber die Zeit um ihn aussah, desto angelegentlicher beschäftigte.
> Dabei brachte er in Erinnerung, daß die heitersten jener Erzählungen ebenfalls einem trüben Zeitraume, wo die Pest regierte, ihr Dasein verdankten. »Ich habe ein Recht,« fuhr er nach einer Pause fort, »Kleist zu tadeln, weil ich ihn geliebt und gehoben habe; aber sei es nun, daß seine Ausbildung, wie es jetzt bei vielen der Fall ist, durch die Zeit gestört wurde, oder was sonst für eine Ursache zum Grunde liegt; genug, er hält nicht, was er zugesagt. Sein Hypochonder ist gar zu arg; er richtet ihn als Menschen und Dichter zugrunde.«

Die Äußerung Goethes macht deutlich, wie unvereinbar die grundsätzlichen ästhetischen Positionen von beiden waren. Dichtung ist für Goethe Widerstand, ist Gegenkraft gegen das Elend des Daseins, sie darf sich nicht auf das Unschöne, das Beängstigende der Natur einlassen. Damit korrespondiert beispielsweise seine Qual beim Schreiben der *Iphigenie*: »es ist verflucht,« schrieb er an Frau von Stein, »der König von Tauris soll reden, als wenn kein Strumpfwürker in Apolde hungerte«.[12] Die heiteren italienischen Novellen verdankten ihr Dasein der Pest, handelten aber nicht davon, während bei Kleist die Pest im Text auftaucht, z.B. in seiner Erzählung *Der Findling*, auf die ich später zurückkommen werde. Kleist läßt sich in seinen Werken sehr wohl auf die unschönen Seiten der Natur ein, worin Goethe die Gefahr der Naturverfallenheit argwöhnte und Kleist unterstellte. Darin liegt sein grundsätzliches, übereiltes Mißverständnis, hervorgerufen als eine Art Überreaktion aus Angst vor der eigenen Vergangenheit.

Bei Goethe verfestigte sich die Kritik an Kleist schon 1810 zum Krankheits-Verdikt, einem folgenschweren Urteil, über das Peter Szondi einmal sagte: »Krankheit, Unnatur: das sind Urteile, die übers Ästhetische weit hinausgreifen, und nicht bloß ein Kunstwerk als schlechtes verwerfen, sondern den Weg bahnen zu einem Verdikt, von dem das Lebensrecht des Künstlers selber ereilt wird.«.[13] Im Krankheits-Verdikt treffen Goethes Urteile über Kleist und über die Romantik zusammen. »Das Klassische nenne ich das Gesunde und das Romantische das Kranke,« sagte er zu Eckermann am 2. April 1829.[14] Über Kleist im Jahr 1826: »Mir erregte dieser Dichter, bei dem reinsten Vorsatz einer aufrichtigen Teilnahme, immer Schauder und Abscheu, wie ein von der Natur schön intentionierter Körper, der von einer unheilbaren Krankheit ergriffen wäre« (NR 274). Als 1826 die Ausgabe der Werke Kleists von Ludwig Tieck erschienen war, wobei zu erinnern ist, daß Tieck nicht nur die Kleist-Ausgabe, sondern ebenso eine J.M.R. Lenz-Ausgabe besorgt hat,[15] las Goethe im Jahr darauf Heinrich Gustav Hothos Rezension der Tieckschen Edition, die ihn derart erregte, daß er zur Entspannung zum »Märchen von Turandot« griff, wie er im Tagebuch notierte, »tröstend über den

---

[12] Goethe HA, Bd. 5, S. 403.
[13] Peter Szondi: Poetik und Geschichtsphilosophie. Hrsg. von Senta Metz und Hans-Hagen Hildebrandt. Frankfurt/M. 1974, Bd. l, S. 53.
[14] Johann Peter Eckermann: Gespräche mit Goethe in den letzten Jahren seines Lebens. Berlin und Weimar 1982, S. 286.
[15] Vgl. dazu meine Studie, *J.M.R. Lenz in den Fehden zwischen Klassikern und Romantikern*. In: Monatshefte 87 (1995), S. 19-33.

Kleistischen Unfug, und alles verwandte Unheil. Wie wohltätig ist die Erscheinung einer gesunden Natur nach den Gespenstern dieser Kranken« (NR 278a).[16]

## IV. Der Mythos von Kleists Goethe-Fixierung

Der Antagonismus zwischen Kleist und Goethe hat mehrfach in späteren literaturtheoretischen Kontroversen eine wichtige Rolle gespielt, insbesondere unter marxistischen Literaturtheoretikern. In ihrer Auseinandersetzung mit dem »Dekadenz«-Verdikt, mit dem Georg Lukács gegen wichtige Entwicklungen der literarischen Moderne zu Felde zog, berief sich Anna Seghers auf den Gegensatz zwischen Kleist und Goethe, um mit Kleist Traditionslinien der Moderne zu rechtfertigen. Lukács, der sein Dekadenz- teils von Goethes Krankheits-Verdikt herleitete, sah in Kleist eine »Mischung von Reaktion und Dekadenz: *darum*« habe »Goethe ihn abgelehnt«; worauf Anna Seghers nur entgegnete: »Übrigens hat Goethe sicherlich nicht deshalb den *Zerbrochnen Krug* in zwei Teile zerschnitten [...], weil er in Kleist einen Reaktionär sah.«[17]

Anläßlich von Kleists 200. Geburtstag verweigerte Peter Goldammer 1976 die Aufnahme des *Pamphlet für K.* von Günter Kunert in seine DDR-Anthologie *Schriftsteller über Kleist.* Kunert hatte gegen die Nachwirkungen des Goetheschen Krankheits-Verdikts in der Literaurwissenschaft der DDR polemisiert, um zugleich für unterdrückte literarische Traditionen von K wie Kleist über K wie Kafka bis hin zu K wie Kunert zu plädieren. Goldammer antwortete in der Einleitung zu seiner Sammlung, der er den Titel »Der Mythos um Heinrich von Kleist« gab.[18] In der Ausweitung auf allgemeine Mythenbildungen in der Kleist-Rezeption drohen aber zugleich die Konturen des Kontrastes zu verschwimmen, die im Antagonismus zwischen Kleist und Goethe noch klar zutage traten. Klaus Kanzog meinte inzwischen, einen »Paradigmenwechsel der Kleist-Rezeption« »Vom rechten zum linken Mythos« feststellen zu können.[19] Auffallend ist jedenfalls, daß solche Mythenbildungen der Kleist-Rezeption sich zu einem gewichtigen Teil aus dem Mißverständnis Goethes speisen und herleiten, der bei Kleist Formen romantischer Natur- und Mythos-Verfallenheit argwöhnte. Wie im Sturm und Drang (mithin beim frühen Goethe selbst) die Kritik an dem kruden Rationalismus der Aufklärung mit der Einsicht, oder mindestens der dämmernden Einsicht in die Dialektik der Aufklärung begann, so ist ein ähnlicher Prozeß bei Kleist zu beobachten, der in seiner vordichterischen Phase noch dem Berufsziel eines aufgeklärten Popularphilosophen

---

[16] Eine genauere Analyse für die Hintergründe und Ursachen der Mißverständnisse Goethes – und des klassischen Idealismus im weiteren Sinn – findet sich in Abschnitt 1 von Grathoff 1979. Vgl. ferner den Beitrag »Hegel und Kleist«, unten S. 220 ff.

[17] Georg Lukács: Werke. Neuwied und Berlin 1962 ff., Bd. 4, S. 359 f. u. 367.

[18] Peter Goldammer (Hrsg.): Schriftsteller über Kleist. Berlin u. Weimar 1976.

[19] In Grathoff 1988, S. 312-28.

nachstrebte, um dann in Paris mit der Wende zur Kunst zugleich zur Skepsis an der Aufklärung zu gelangen.[20] Damit einher geht bei ihm aber nicht der Salto mortale in den Katholizismus wie bei manchen Romantikern, sein Umgang mit dem Mythos bleibt durchweg von ironischer Distanz gekennzeichnet.[21]

Statt Schwierigkeiten mit der Geschichtsphilosophie[22] scheint es bei Kleist eher Schwierigkeiten mit dem Mythos zu geben. Jedenfalls hatte Goethe sie – und von dort wurden sie in vielfältig ent-konturierte und ent-differenzierte Rezeptionsmythen ausgefächert. Die vielleicht gravierendste Rezeptionsmythe ist dabei um das Verhältnis zwischen Kleist und Goethe selbst gewoben worden. Kleists Verhältnis zu Schiller, seine anhaltende Auseinandersetzung mit der Dramatik und den ästhetischen Grundpositionen von Schiller ist für das Verständnis von Kleists Werk von unvergleichlich größerer Bedeutung, als es seine Gefechte mit Goethe waren. Dennoch gibt es bis heute keine grundlegende Untersuchung über das Verhältnis Kleists zu Schiller, während das Thema Goethe und Kleist inzwischen über Gebühr und wahrnehmungsverzerrend strapaziert worden ist. Katharina Mommsens Buch *Kleists Kampf mit Goethe* bildete einen Höhepunkt in diesem Prozeß.[23] Eine detaillierte Auseinandersetzung muß ich mir hier versagen, verweise aber stellvertretend nur auf die folgenschwere Fehleinschätzung des *Prinz Friedrich von Homburg*, der durch Katharina Mommsens Identifizierung des Prinzen mit Kleist und des Kurfürsten mit Goethe ausgelöst wurde. Diese wurde mit einer fehlerhaften Zuweisung eines Bildzitats begründet, die ich an anderer Stelle bereits zu korrigieren versuchte.[24]

Grundlage für die Spekulationen über Kleists angebliche Goethe-Fixierung bildet eine fragwürdige Erinnerung des alternden Ernst von Pfuel, mit dem Kleist seit seiner Potsdamer Regimentszeit befreundet war. Als fragwürdig ist die Erinnerung anzusehen, weil Pfuel im Alter mehrfach Fehler und Irrtümer unterlaufen sind. Im Jahr 1863 erzählte er dem Kleist-Biographen Adolf Wilbrandt, Kleist habe oft gesagt, »daß es nur das eine Ziel für ihn gebe, der größte Dichter seiner Nation zu werden; und auch Goethe sollte ihn daran nicht hindern. Keiner hat Goethe leidenschaftlicher bewundert, aber auch keiner ihn so wie Kleist beneidet und sein Glück und seinen Vorrang gehaßt. [...] ›Ich werde ihm den Kranz von der Stirne reißen‹, war der Refrain seiner Selbstbekenntnisse wie seiner Träume [...]« (LS 112). Dieser

---

[20] Vgl. näher Abschnitt 4 von Grathoff 1993, S. 79 ff., und Klüger 1994, S. 163 ff.
[21] Es ist eines der bleibenden Verdienste von Wolfgang Wittkowskis Kleist-Arbeiten, diese Dimension des Kleistschen Werkes immer wieder sichtbar gemacht zu haben. Neuerlich wäre die Auseinandersetzung zu führen mit Klaus Peter: Sehnsucht nach dem Gott. Kleist, der Mythos und eine Tendenz der Forschung. In: Jahrbuch des Freien Deutschen Hochstifts 1993, S. 183-257.
[22] Odo Marquard: Schwierigkeiten mit der Geschichtsphilosophie. Frankfurt/M. 1973.
[23] Mommsen 1974.
[24] Vgl. den Beitrag über Kleist und Napoleon, oben S. 191, dort Anm. 27.

bekannte Satz: »Ich werde ihm den Kranz von der Stirne reißen,« ist gewissermaßen zum Leitmotiv der Darstellung von Katharina Mommsen geworden, die daraufhin seine Werke als Ausdruck eines fortwährenden Kampfes mit Goethe gelesen
hat.

### V. Kleists Mißverständnis von Goethe als Aufklärer

Kleist und Goethe sind einander wahrscheinlich nie persönlich begegnet, wenngleich Kleist zur Zeit seiner schriftstellerischen Anfänge, als *Die Familie Schroffenstein* anonym erschien, Ende 1802 eine kurze Zeit in einem sehr schlechten
Quartier in Weimar verbrachte, bevor er von Christoph Martin Wieland auf dessen
Gut Oßmannsstedt in der Nähe von Weimar eingeladen wurde. Kleist arbeitete dort
intensiv an seinem *Robert Guiskard*. Goethe hielt sich zur gleichen Zeit in Weimar
auf, seine Umgebung klagte Anfang Januar 1803 »über seine Zurückgezogenheit
und üble Stimmung«.[25] Zu einer Begegnung ist es wohl auch im Juni 1804 nicht
gekommen.

Wenn auch nur spärliche Äußerungen von Kleist über Goethe überliefert sind, hat
er dessen Werke doch gut gekannt. Sehr früh bereits, noch in der vordichterischen
Phase der Jahre 1799 bis 1801, als Kleist ungebrochen im Gedankengut der Aufklärung schwelgte, hat er Goethe in seinen Briefen zitiert – und zwar nach Maßga-
be von Spruchweisheiten und Bildungsmaximen. In *Wilhelm Meisters Lehrjahren*
fand er eine Lebensmaxime (Serlo gibt sie dort am Anfang des 5. Buches zum besten), die er im November 1799 seiner Schwester Ulrike übermittelte: »[...] man
müßte wenigstens täglich ein gutes Gedicht lesen, ein schönes Gemälde sehen, ein
sanftes Lied hören – und ein herzliches Wort mit einem Freunde reden, um auch
den schönern, ich möchte sagen den menschlicheren Teil unseres Wesens zu bilden« (II, 494). Serlo hatte empfohlen, »einige vernünftige Worte« zu sprechen,[26]
was Kleist in ein »herzliches Wort« abwandelte, denn er wollte ein Bildungspro-
gramm fürs Herz, für den »schönern, menschlicheren Teil unseres Wesens« aus
dem *Wilhelm Meister* herleiten, das der Ausbildung von Verstand und Vernunft
entgegengesetzt sein sollte.

Mit einem gewissen Recht mag man noch derartige Programme und Maximen aus
dem Bildungsroman entlehnen, aber Kleist las damals die Werke Goethes durchweg auf der Suche nach Gedankengut, das sich in sein aufklärerisches Weltbild
einfügen ließ. Und übrigens nicht nur die Werke Goethes, ebenso die von Wieland,
Lessing, Schiller, von Kant, Rousseau, Voltaire und anderen. Penetrant sind Kleists
Bildungsbemühungen um seine Braut Wilhelmine von Zenge, der er mit

---

[25]    Vgl. Franz Götting: Chronik von Goethes Leben. München 1963, (DTV-Ausgabe) Bd. 45, S. 55.
[26]    Goethe HA, Bd. 7, S. 284.

»Denkübungen« auf die Sprünge zur aufgeklärten Weiblichkeit helfen wollte. »O lege den Gedanken,« schrieb er Wilhelmine im Oktober 1800 aus Würzburg, »wie einen diamantenen Schild um Deine Brust: *ich bin zu einer Mutter geboren!* [...] Was könnte Dir sonst die Erde für ein Ziel bieten [...], wenn es nicht *die Bildung edler Menschen ist*« (II, 577). Diese emphatischen Worte sind zwar von Kleist niedergeschrieben, sie stammen indes von Wieland. Inmitten solcher Entlehnungen taucht das Bildnis von Lotte aus Goethes *Werther* auf: »ich [...] besehe diese Stadt,« schreibt er, »und sehe doch nichts, als ein einziges Bild – Dich, Wilhelmine, und zu Deinen Füßen zwei Kinder, und auf Deinem Schoße ein drittes, und höre wie du den kleinsten sprechen, den mittleren fühlen, den größten denken lehrst, und wie Du den Eigensinn des einen zu Standhaftigkeit, den Trotz des andern zu Freimütigkeit, die Schüchternheit des dritten zu Bescheidenheit, und die Neugierde aller zu Wißbegierde umzubilden weißt [...]« (II, 577). Kleist zitiert hier Werthers Brief vom 29. Junius über Lottes Kinder, die ja ihre Geschwister sind, und deren Ausbildung. Gewiß mag sich die Passage für das gewünschte Zitat eignen, doch ignoriert Kleist implizit, daß der *Werther*-Roman insgesamt eine kritische Haltung gegenüber der Aufklärung einnahm.

Nur scheinbar hat sich Kleist später, im Januar 1811, in die Tradition der Anti-Werther-Schriften der Aufklärer eingereiht, als er in seinen *Berliner Abendblättern* die Anekdote *Der neuere (glücklichere) Werther* veröffentlichte. Wie bei den Aufklärern überlebt Werther dort, durch den Schrecken vom Schuß trifft Lottes Mann der Schlag, so daß beide »glücklich« doch noch heiraten können. Doch welch ein »Glück« ist es, wenn daraus eine Familie von ausgerechnet »13 Kindern« wurde? Das freie Spiel mit der Dialektik von Glück und Unglück trennt Kleist dort – im Jahre 1811 – längst von der Aufklärung, längst auch von seinen Anfängen, als er noch glaubte, *den sichern Weg des Glücks* finden zu können – so der Titel eines Aufsatzes aus dem Jahr 1799.

Ebenso hat sich sein Umgang mit Goethes Werken geändert, wenngleich ein grundlegendes Mißverständnis offenbar mehr oder minder konstant blieb, das in den Briefen aus der Zeit um 1800 schon zu beobachten war: er hat Goethe wie einen Aufklärer behandelt. Um 1800 leitet Kleist positive Maximen und Lebensweisheiten aus Goethes Schriften ab, mehrfach findet sich die Formulierung »wie Goethe sagt« und dann folgt z.B. ein Zitat aus dem *Torquato Tasso* (II, 630, 655). Später, in seinen dichterischen Werken, bekommen solche Zitate eine andere Funktion. Nun benutzt Kleist das Zitat nicht mehr einfach im positiven Sinn, sondern ironisch strukturiert, um einen eignen künstlerischen Gegenentwurf zu entwickeln. Dieses Verfahren sei abschließend an einem Beispiel erläutert, das bisher noch kaum von der Kleist- geschweige denn der Goetheforschung beachtet worden ist.

Es handelt sich um den Bezug von Kleists später Erzählung *Der Findling* zu Goethes *Lehrjahren*. Am Anfang des *Findling* gibt es eine rätselhafte, schwer deutbare Passage: das Findelkind sitzt bei dem Adoptivvater Piachi in einer Kutsche, »holte,« wie es heißt, »eine Handvoll Nüsse aus der Tasche [...] und knackte sie auf« (II, 200 f.). Darin verbirgt sich ein Philine-Zitat aus dem *Wilhelm Meister*.[27] Am Ende des 8. Kapitels vom 4. Buch sitzt Philine »auf ihrem Koffer« und »knackte Nüsse auf, die sie in ihrer Tasche gefunden hatte«.[28] Welche Nuß hat uns Goethe damit zu knacken aufgegeben und welche obendrein erst Kleist, indem er Goethe zitierte? Philine hat an dieser Stelle in Goethes Roman einen Räuberüberfall überstanden, sie hat als einzige von Wilhelms Schauspielertruppe nicht ihr Hab und Gut verloren, sondern – mit welchen Mitteln auch immer – sich ihren Koffer erhalten, auf dem sie nun sitzt, und den andern die Nuß zu knacken gibt, wie sie das wohl geschafft haben möge. Der Findling hat an jener Stelle in Kleists Erzählung die Pest überstanden, an der der leibliche Sohn des alten Piachi gestorben war. Überstanden ist hier also eine Naturkatastrophe, die Pest, während es im *Wilhelm Meister* eine Gesellschaftskatastrophe, ein Raubüberfall, war. Hier wie dort setzt darauf folgend ein Bildungsprozeß ein: bei Goethe ein romanlanger, der vierhundert Seiten später in der Gesellschaft vom Turm endet, bei Kleist ein gedrängt kurzer, der auf nur einer Seite erzählt ist, den Rest der Novelle spart er sich auf, um von den Katastrophen zu berichten, die auf die Bildungsbemühungen der Adoptiveltern folgen.

Kleist erzählt also einen Anti-Bildungsroman, das katastrophale Scheitern eines wohl- und ernstgemeinten Bildungsbemühens an einem Kind des Zufalls – wohingegen der eigentliche Bildungsroman ja gerade auf die Beherrschung der Lebenszufälle durch planmäßige Bildung aus ist. Um diese Dimension seiner Erzählung deutlich werden zu lassen, ihre Wendung gegen den Bildungsroman, braucht Kleist notwendig das *Wilhelm Meister*-Zitat. Nur dadurch kann der Aussagegehalt des *Findling* vollständig entfaltet und das Verständnis des ironischen Bezuges ermöglicht werden. An dem Bild des Zitats hat Kleist gewiß das abgründige Motiv des Nüsseknackens fasziniert, darin lehnt er sich direkt an Goethe an. Und auch noch in einer weiteren Hinsicht, denn schon in den *Lehrjahren* bildet Philine einen gewissen Gegenpol zu Wilhelm, weil an ihr alle Bildungsbemühungen verlorne Liebesmühen sind. Insofern vermag das Zitat schon vorweg eine Projektion auf das Ergebnis der Bildungsversuche am Findling vorauszuwerfen.

Wir haben hier einen Punkt erreicht, wo wir versuchen können, Kleists Verhältnis zu Goethe, oder genauer: das Verhältnis von Kleists Werk zu dem von Goethe neu

---

[27]   Vgl. Kleist, E. Schmidt, Bd. 3, S. 439. Der Hinweis fehlt in Kleist DKV, Bd. 3.
[28]   Goethe HA, Bd. 7, S. 233.

zu bestimmen. Kleists Werk ist eines, das ohne das Werk von Goethe nicht mehr denkbar ist, es braucht aus innerer Notwendigkeit heraus den Bezug zu Goethe. Allerdings nicht nur zu Goethe, sondern genauso zu Wieland und Lessing, zu Shakespeare und vor allem und immer wieder zu Schiller. Kleist schreibt in einer Zeit, in der man nicht mehr voraussetzungslos schreiben kann. Er nimmt den Bezug zu literarischen Traditionsbildungen, die er vorgefunden hat, ironisierend in das Innere der eigenen Werke auf. Ihm gelingt es, aus diesem Verfahren eine neue, eigene Originalität zu gewinnen, was der nachfolgenden Epigonalität im 19. Jahrhundert nicht mehr möglich sein sollte.

Das so verstandene Verhältnis zum Werk von Goethe währte bei Kleist bis in seinen Tod hinein. Die Gefährtin Henriette Vogel begleitete das »inszenierte Sterben« der beiden, wie ich es genannt habe,[29] mit einem Goethe-Zitat, das in sich von ironischer Leichtigkeit beschwingt ist. Im Brief an Adam Müller nahm sie Abschied mit einem Zitat aus dem heiteren Gedicht *Lilis Park* (LS 527):

Doch wie dies alles zugegangen,
Erzähl ich euch zur andren Zeit,
Dazu bin ich zu eilig heut. –

---

[29] Vgl. den Beitrag über Kleists Tod, unten S. 225.

# Hegel und Kleist

Sie sind einander, soweit feststellbar, wohl nie persönlich begegnet. Doch schon die erste wechselseitige Kenntnisnahme der Werke des anderen, die nachweisbar ist, stand unter einem widrigen Vorzeichen. Am 13. März 1808 machte der Jenaer Physiker Johann Thomas Seebeck Hegel auf das soeben erschienene Februarheft des *Phöbus* mit Kleists *Marquise von O...* aufmerksam: »Was sagen Sie denn zu dem Glück unsrer Neukatholiken?«, fragte Seebeck in seinem Schreiben an Hegel, »zur neuen Maria, unbefleckter Empfängnis? Ein Mädchen in Italien wird schwanger und macht bekannt, daß sie es sei, aber von einem Vater dazu nichts wisse; wer da glaube es zu sein, möge sich bei ihr melden. Das soll ein wahres factum sein. Die neuen Gläubigen haben nun nicht ermangelt, es sogleich zu benutzen und recht erbaulich zuzurichten. Vid. *Phöbus*, 2tes St. Was werden wir nicht alles noch erleben!«[1] Auf diese Weise wurde Kleist von Seebeck also in den Kreis der Dresdner Romantiker eingereiht und die *Marquise von O...* Hegel als vermeintlicher Ausdruck von deren ›neukatholischer‹ Gesinnung vorgestellt. Im Jahr zuvor war in Dresden Heinrich von Kleists *Amphitryon* mit einer Vorrede von Adam Müller erschienen, während Kleist als angeblicher preußischer Spion in Frankreich inhaftiert war. Adam Müller war bereits Ende April 1805 in Wien zum Katholizismus konvertiert,[2] so daß ihm in der Öffentlichkeit in besonderem Maße das Odium der mythosverfallenen Romantiker anhaften mußte. Entsprechend fiel etwa auch Goethes erste Reaktion auf den *Amphitryon* aus.[3]

Von Hegel sind aus dieser Zeit keine Äußerungen über Kleist überliefert, doch sind seine späteren Urteile über dessen Werke deutlich aus dem Zusammenhang seiner Romantik-Kritik geprägt. Ob Kleist seinerseits Schriften von Hegel zur Kenntnis genommen hat, ist nicht gesichert oder nachweisbar. Es gibt zwar eine Reihe von interessanten Berührungspunkten in beider Denken, vor allem im Bereich der Dialektik und der Geschichtsphilosophie, doch in den philosophischen Konsequenzen stehen sich beide Denkformen einander schließlich doch diametral entgegen, was seinen Ausdruck u.a. in der fundamentalen Kritik Hegels an Kleists Werken findet. Hegels bekannte Analyse der Dialektik von Herrschaft und Knechtschaft im Abschnitt IV.A der 1807 erschienenen *Phänomenologie des Geistes* berührt sich in vielerlei Hinsicht eng mit Kleists Auffassung von der geschichtlichen Leistung der Französischen Revolution.[4] Wegen der großen zeitlichen Nähe zwischen Hegels

---

[1]  Briefe von und an Hegel. Hrsg. von Johannes Hoffmeister. Bd. 1. Hamburg 1952, S. 222.
[2]  Vgl. Adam Müllers Lebenszeugnisse. 2 Bde. Hrsg. von Jakob Baxa. München, Paderborn, Wien 1966. Bd. 1, S. 175 (Dokument Nr. 106).
[3]  Vgl. den vorausgegangenen Beitrag über Goethe und Kleist, oben S. 205 ff.
[4]  Vgl. dazu zusammenfassend den Beitrag über Kleist und Napoleon, oben S. 186 ff.

*Phänomenologie* und Kleists einschlägigen Werken (v.a. *Krug* und *Penthesilea*) ist man eher geneigt anzunehmen, daß Kleists Denken in geschichtsphilosophischer Hinsicht auf ähnliche Phänomene gerichtet war wie das Hegels, statt einen direkten Einfluß zu vermuten, der aus Kleists möglicher Lektüre der *Phänomenologie des Geistes* herrühren könnte.[5] Ebensowenig ist erkennbar, daß Kleist sich sichtbar von Hegels Geschichtsauffassung habe kritisch absetzen wollen, was er sonst in seinen Werken häufiger durch mehr oder minder versteckte Zitate von Goethe und insbesondere von Schiller dem Publikum signalisierte, so daß die Lektüre der *Phänomenologie des Geistes* von Seiten Kleists zwar nicht ausgeschlossen werden kann, andererseits sind aber auch keine unzweifelhaften Indizien dafür vorhanden. Der entscheidende und grundlegende Differenzpunkt in den Geschichtsauffassungen Kleists und Hegels liegt im Bereich der synthetisierenden Aufhebung der dialektischen Gegensätze, die Kleists Denken fremd bleibt. Bei ihm kann man gewissermaßen von einer abgebrochenen Dialektik sprechen, die keine Aufhebung oder Versöhnung in einer Synthese kennt, sondern nur ein antinomisches Gegenüber von Gegensätzen. Die Geschichte wird für Kleist so zur Qual des Fortschreitens, durch das wir hindurch müssen, ohne irgend das Licht des Fortschritts mit Gewißheit flackern sehen zu können. Eine Geschichtsteleologie wird von Kleist nicht entwickelt. Die unüberbrückbare Differenz beider Geschichtsauffassungen wird vielleicht nirgendwo sonst so deutlich wie in ihren Einschätzungen von der geschichtlichen Größe Napoleons.[6]

Bei den Differenzen nimmt es nicht Wunder, daß Hegel insbesondere die Personen- und Charaktergestaltung in Kleists Dramen zuwider sein mußte. In seiner *Ästhetik*[7] nannte er den *Prinzen von Homburg* als eines der Werke, in denen ein »Mangel an innerer substantieller Gediegenheit des Charakters« auszumachen sei. Dagegen stellte er den Grundsatz »der Einheit und Festigkeit des Charakters«: »Denn zu einem echten Charakter gehört, daß er etwas Wirkliches zu wollen und anzufassen Mut und Kraft in sich trage.«[8] Daran gemessen erscheint ein Prinz von Homburg in der »Zweiheit, Zerrissenheit und inneren Dissonanz des Charakters« als »der erbärmlichste General«: »beim Austeilen der Dispositionen zerstreut, schreibt er die Order schlecht auf, treibt in der Nacht vorher krankhaftes Zeug und am Tage in der Schlacht ungeschickte Dinge.«[9]

---

[5] Adam Müller, dessen *Lehre vom Gegensatz* (Berlin: Reimer 1804) Kleist eher noch in seiner Dresdner Zeit zur Kenntnis genommen haben dürfte, war übrigens im Sommer 1804 mit Hegel in Jena zusammengetroffen. Vgl. Adam Müllers Lebenszeugnisse (a.a.O., Anm. 2), Bd. 1, S. 133 f. (Müller an Karl Gustav Brinckmann, 21. Aug. 1804).

[6] Vgl. oben S. 180 ff.

[7] Die Kleist betreffenden Passagen vgl. bes.: G.W.F. Hegel: Ästhetik. (Red. von Friedrich Bassenge.) 2 Bde, 2. Aufl. Frankfurt/M. 1965, Bd. 1, S. 237-239 u. 552-555.

[8] Ebda, Bd. 1, S. 238 f.

[9] Ebda, Bd. 1, S. 554.

Der Somnambulismus des *Prinzen von Homburg* – wie auch des *Käthchen von Heilbronn* – waren für Hegel die untrüglichsten Indizien, daß Kleist der romantischen Schule zuzurechnen sei. Nicht von ungefähr zog er einen Vergleich zu E.T.A. Hoffmann, der sich in den grundsätzlichen Dimensionen der Kritik wie eine negative Vorwegnahme der Psychoanalyse liest:

> Hierher gehört das Magische, Magnetische, Dämonische, die vornehme Gespenstigkeit des Hellsehens, die Krankheit des Schlafwanderns usf. Das lebendig seinsollende Individuum wird in rücksicht auf diese dunklen Mächte in Verhältnis zu etwas gesetzt, das einerseits in ihm selber, andererseits seinem Inneren ein fremdartiges Jenseits ist, von welchem es bestimmt und regiert wird. In diesen unbekannten Gewalten soll eine unentzifferbare Wahrheit des Schauerlichen liegen, das sich nicht greifen und fassen lasse. Aus dem Bereiche der Kunst aber sind die dunklen Mächte grade zu verbannen, denn in ihr ist nichts dunkel, sondern alles klar und durchsichtig, und mit jenen Übersichtigkeiten ist nichts als der Krankheit des Geistes das Wort geredet und die Poesie in das Nebulose, Eitle und Leere hinübergespielt, wovon Hoffmann und Heinrich von Kleist in seinem *Prinzen von Homburg* Beispiele liefern. Der wahrhaft ideale Charakter hat nichts Jenseitiges und Gespensterhaftes, sondern wirkliche Interessen, in welchen er bei sich selbst ist, zu seinem Gehalte und Pathos.[10]

Auch wenn es natürlich nicht zulässig ist, jenes »etwas«, das – wie Hegel an Kleist und E.T.A. Hoffmann diagnostiziert – einerseits im Individuum »selber, andererseits seinem Innern ein fremdartiges Jenseits ist, von welchem es bestimmt und regiert wird«, mit Freuds Analyse des Unbewußten gleichzusetzen, vielleicht auch nur zu vergleichen, so ist es für Hegels historische Position doch beachtenswert, daß er nur mit einer abwehrenden Pathologisierung solcher Literaturformen und einem Bannspruch gegen die »dunklen Mächte« in der Kunst reagieren konnte. Und solche Pathologisierung steigerte sich gegen Ende der 20er Jahre des vorigen Jahrhunderts im Zuge der Publikationen in den *Jahrbüchern für wissenschaftliche Kritik*. Hatte zu Kleists Dresdner Zeit am Anfang des Jahrhunderts die Vermittlung seiner Werke durch den Romantiker Adam Müller noch vorurteilsfördernd gewirkt, so war es in den späten 20er Jahren die Vermittlung durch einen anderen Romantiker: durch Ludwig Tieck. 1826 war Tiecks dreibändige Ausgabe der *Gesammelten Schriften* von Kleist bei Reimer in Berlin erschienen, die Hegel nicht selbst in den *Jahrbüchern* rezensierte; die Besprechung stammt von seinem Schüler Heinrich Gustav Hotho.[11] Im gleichen Jahr hatte Tieck zusammen mit dem Historiker Friedrich von Raumer die *nachgelassenen Schriften und Briefwechsel* von K.W.F. Solger in zwei Bänden bei Brockhaus in Leipzig herausgegeben, die Hegel im März 1828 in den *Jahrbüchern* besprach.[12] Aber auch weitere Publikationen von Ludwig Tieck aus den späten 20er Jahren sind in diesem Zusammenhang der Romantik-

---

[10] Ebda, Bd. 1, S. 238 f.

[11] Sie ist wieder nachgedruckt in: Text und Kontext. Quellen und Aufsätze zur Rezeptionsgeschichte der Werke Heinrich von Kleists. Hrsg. von Klaus Kanzog. Berlin 1979, S. 13-44 (Jahrbücher für wissenschaftliche Kritik, Jg. 1827, Nr. 85-92, Sp. 685-724).

[12] Nachgedruckt in: Hegel, Sämtliche Werke. Hrsg. von H. Glockner. Bd. XX. 3. Aufl. Stuttgart 1958, S. 132 ff.

Kritik des klassischen Idealismus beachtenswert. Anläßlich von Tiecks 1826 er-
schienenen *Dramaturgischen Blättern* notierte Goethe sein bekanntes Verdikt über
Kleist: »Mir erregte dieser Dichter, bei dem reinsten Vorsatz einer aufrichtigen
Teilnahme, immer Schauder und Abscheu, wie ein von der Natur schön intentio-
nierter Körper, der von einer unheilbaren Krankheit ergriffen wäre.« (NR 234).
Noch bevor 1828 Tiecks dreibändige Ausgabe der *Gesammelten Schriften* von
J.M.R. Lenz bei Reimer in Berlin erschienen war, machte Hegel bereits am 29. Juli
1827 Goethe auf dieses Unternehmen aufmerksam und bat ihn um eine Bespre-
chung für die *Jahrbücher*,[13] worauf Goethe nicht reagierte. Schmerzlich mußte
Goethe durch das Schicksal von J.M.R. Lenz an die eigene Sturm und Drang-
Vergangenheit der *Werther*-Periode erinnert werden, wie ja auch Hegel seine Romantik-Kritik in der *Ästhetik* mit dem Hinweis auf die »innere Schwäche der
Empfindsamkeit« einleitete, »welche lange genug in Deutschland regiert« habe,
und für die der *Werther*, »ein durchweg krankhafter Charakter«, als »berühmtes
Beispiel« angeführt wurde.[14] Es sind offensichtlich zeitlich weit ausgreifende Er-
fahrungs- oder Erinnerungsspannen, die für Goethe wie Hegel von der Empfindsamkeit des Sturm und Drang über die Romantik hin zu den späten 20er Jahren
reichen, wo sie sich an den Editionen Ludwig Tiecks erneut verdichtet kristalli-
sierten.

Mit dem Erscheinen von Tiecks und Raumers Solger-Ausgabe verschärfte Hegel
1826 in der *Ästhetik*-Vorlesung seine Kritik an der romantischen Ironie und zumal
an Tieck gegenüber der Fassung von 1823, die in der Mitschrift von Heinrich Gustav Hotho überliefert ist:

> Ludwig Tieck, dieser Dichter, berühmter Kritiker, hat auch den Standpunkt der Ironie. Tieck's Bil-
> dung ist auch aus jener Periode, deren Mittelpunkt in Jena gewesen ist, wo noch viele obscure ver-
> kommene und verkrüppelte Subjecte zusammen waren.[15]

Diese harsche Polemik, auch wenn das Diktum von den »obscure(n) verkomme-
ne(n) und verkrüppelte(n) Subjecte(n)« von einem selbstironischen Duktus durch-
woben sein mag, findet sich noch nicht in Hothos Mitschrift der *Ästhetik*, dort ist
lediglich von »vornehmen Leuten« aus Jena die Rede.[16] Die Bemerkungen über
Kleists *Prinzen von Homburg* decken sich mit denen in Hothos Mitschrift, der
Prinz ist hier lediglich »als miserabelste General von der Welt«,[17] statt der »erbärmlichste«.[18] Und im Rahmen der Überlegungen zur romantischen Liebe ist ein

---

[13]  Hegel, Briefe (a.a.O., Anm. 1), Bd. 3, S. 168.
[14]  *Ästhetik* (a.a.O., Anm. 7), Bd. 1, S. 237.
[15]  I.C. Löwe: Aesthetik nach Hegel (Nachschrift SS 1826). Staatsbibliothek Berlin. Germ 8° 763. Acc.
mss. 1938.28. (Ms. S. 21 f., Transkription S. 11). Die Transkription wurde mir freundlicherweise von Heinrich Clairmont zur Verfügung gestellt.
[16]  Vgl. *Ästhetik* (a.a.O., Anm. 7), Bd. 1, S. 77.
[17]  Löwe (Anm. 15) Ms. S. 207, Ts. S. 114. 15).
[18]  *Ästhetik* (Anm. 7), Bd. 1, S. 554.

ergänzender Hinweis auf das *Käthchen von Heilbronn* eingeflochten: »Im *Käth-chen von Heilbronn* ist auch diese romantische Liebe, die bis zu dieser Nieder-trächtigkeit fortgeht, sich mißhandeln zu lassen, wo alles Edle aufgeopfert wird.«[19]

Veröffentlicht wurden Hegels schärfer begründete Urteile über Kleist erst 1828 im Rahmen seiner Solger-Rezension in den *Jahrbüchern*, in der er zustimmend auf Hothos Besprechung der Tieckschen Kleist-Ausgabe vom Vorjahr zurückverwies: »Der Charakter der kleistischen Werke ist ebenso gründlich als geistreich in diesen Jahrbüchern früher auseinandergesetzt und nachgewiesen worden.« (NR 279). Hotho nannte Tieck und Novalis als Vertreter jener romantischen »Gesinnung, aus welcher jene *Kleist*'schen Werke entsprungen« seien.[20] Kennzeichen solcher Ge-sinnung sei »die allgemeine Erschütterung der ganzen erscheinenden Welt«, das »allgemeine Auflösen des Rechts alles Sachlichen«, wogegen die »Herrschaft des Gemüthes« propagiert werde: »Dadurch hält sich dann dieß Gemüth für das allein Wahrhaftige, doch weil es nur Kraft zum zerstörenden genialen Spiele mit dem bis-her Gültigen hat, fällt die Gestaltung der neuen Wahrheit nur der Willkür und dem Zufall einer mystischen Begeisterung anheim.«[21] Zwar kann bei Kleist im passiven Sinn von der »Erschütterung« der erscheinenden Welt gesprochen werden, nicht aber im aktiven Sinn, wie Hotho es durch seine Verknüpfung mit der Romantik suggerieren will. Den romantischen Schritt zur willkürlichen Auflösung des »Rechts alles Sachlichen«, zum »zerstörenden Spiele« des Subjekts vollzieht Kleist eben nicht. Das Sachliche behält bei ihm unerschütterlich sein Recht, nur ist es nicht mehr eindeutig erkennbar und führt zur Verwirrung des Subjekts.

Was in Kleists Werk als ein objektives Erkenntnisproblem, breiter gefaßt: als ein problematisch gewordenes Beziehungsverhältnis von Subjekt und Wirklichkeit ge-staltet ist, und was damit zugleich die Modernität dieses Werkes mit auszeichnet, wird in Hothos Interpretation durch die Eingemeindung in die Romantik auf eine vermeintlich subjektiv willkürliche, letztendlich krankhafte Dimension verkürzt.[22] Lediglich den *Prinzen von Homburg* wollte Hotho 1827 aus seiner Gesamtkritik ausgenommen wissen, weil es Kleist hier gelungen sei, »dem wachen Bewußtseyn wiederum Gültigkeit zu erstreiten, und die wirklich vorhandene Welt überhaupt mit der nur in seiner Brust lebenden in Übereinstimmung zu bringen.«[23] Als Hegel dann im Jahr drauf gegen Solgers Wertschätzung des *Homburg* die Darstellung von »einem somnambulen Kranken« ins Feld führte, »wodurch«, wie er schrieb, »das Prinzip des Charakters, wie der ganzen Situation und Verwicklung, etwas Abge-

---

[19]  Löwe (Anm. 15), Ms. S. 205, Ts. S. 112.
[20]  Hotho (a.a.O., Anm. 11), S. 13.
[21]  Ebda.
[22]  Vgl. dazu näher Abschnitt 1 von Grathoff 1979, S. 121-125.
[23]  Hotho (a.a.O., Anm. 11), S. 33.

schmacktes, wenn man will, gespenstig-Abgeschmacktes wird« (NR 279), schwenkte auch Hotho um und verschärfte sein Urteil erheblich. Am 26. Juli 1828 wurde Kleists *Prinz von Homburg* erstmals in Berlin aufgeführt – in einer Texteinrichtung von Ludwig Robert.[24] Über diese Aufführung berichtete Hotho ausführlich im Rahmen seiner Korrespondenten-Berichte für Cottas *Morgenblatt für gebildete Stände* im Oktober 1828,[25] und schloß sich nun Hegels Kritik an. Es sei Kleist am Schluß darauf angekommen, schrieb er, »das verdammte Hellsehen und Nachtwandeln nicht nur zu retten, sondern dieser Krankheit des Geistes eine höhere Weisheit anzudichten.«[26]

In seiner Solger-Rezension hatte Hegel zunächst die bekannte Argumentation gegen den vermeintlichen romantischen Subjektivismus Kleists vorgetragen. Zu beobachten sei »das *absichtliche* Streben, über das *Gegebene* und *Wirkliche* hinweg zu gehen«. »Kleist leidet an der gemeinsamen, unglücklichen Unfähigkeit, in Natur und Wahrheit das Haupt-Interesse zu legen, und an dem Triebe, es in Verzerrungen zu suchen«. »Der *willkürliche Mystizismus*«, hier griff Hegel die Worte Solgers auf, »verdrängt die Wahrheit des menschlichen Gemüts durch Wunder des Gemüts [...]« (NR 279). In der Steigerung zum Krankheits-Verdikt wird dann von Hegel – wie ähnlich von Goethe – gegen die Romantik – und mit ihr gegen Kleist – der Verdacht der Mythosverfallenheit zu dem der Naturverfallenheit weitergeführt. Im Zuge seines Feldzuges gegen die romantische Ironie,[27] der schon in der *Ästhetik*-Vorlesung von 1826 schärfere Konturen annahm, fand Hegel zu einem zusammenfassenden Gesamturteil auch über Kleists Werk, das so richtig wie falsch zugleich ist, und so vor allem über seine historische Begrenzung Aufschluß gewährt: »Die in der Entzweiung bleibende Reflexion der kleistischen Produktionen ist oben berührt worden;« schrieb er abschließend in der Solger-Rezension, »bei aller Lebendigkeit der Gestaltungen, der Charaktere und Situationen, mangelt es an dem substantiellen Gehalt, der in letzter Instanz entscheidet, und die Lebendigkeit wird eine Energie der Zerrissenheit und zwar einer absichtlich sich hervorbringenden, der das Leben zerstörenden und zerstören wollenden Ironie« (NR 279). Daß die Kleistsche Ironie wie die romantische eine absichtlich produzierte Form der Entzweiung ist, mag zugestanden sein, wenn man auch der Hegelschen Pathologisierung des Vorgangs nicht folgen will. Doch anders als die romantische ist die

---

[24]  Vgl. dazu den Beitrag über die Rezeption des *Homburg*, oben S. 166 ff.
[25]  Vgl. Christoph Jamme: *Der Prinz von Homburg* auf dem Hoftheater. In: Hegel in Berlin. Ausstellung der Staatsbibliothek Preußischer Kulturbesitz Berlin (u.a.) (Katalog). Berlin 1981, S. 72-78.
[26]  Heinrich Gustav Hotho: Über Kleists Schauspiel *Prinz Friedrich von Homburg* und die erste Berliner Aufführung 1828. Mit einem Kommentar von Dirk Grathoff und Günter Oesterle. In: Text und Kontext (a.a.O., Anm. 11), S. 45-62, Zitat: S. 53.
[27]  Vgl. Otto Pöggeler: Kritik der Romantik. In: Hegel in Berlin (a.a.O., Anm. 25), S. 113-121. Grundlegend zuvor: Emanuel Hirsch: Die Beisetzung der Romantiker in Hegels *Phänomenologie*. In: DVjS 2 (1924), H. 3, S. 510 ff. Vgl. auch Karl Heinz Bohrer: Die Kritik der Romantik. Frankfurt/M. 1989, S. 138 ff.

Kleistsche Ironie auf ein Anderes angelegt: auf die Kraft, das Leben auszuhalten, was – so gewendet – für Hegel nichts weniger als dessen Zerstörung gleichgekommen sein mag.

**DAS ENDE**

# Kleists Tod – ein inszeniertes Sterben

Es gibt einen Text von Kleist, den er nicht mit der Feder, sondern mit seinem Körper geschrieben hat (LS 534):

> [...] Denatus hatte schwarzes Haar, blaue Augen, und eine Grösse von [5 Fuß und] 6 Zoll, nach unser Dafürhalten 40 Jahr alt, am ganzen Körper war nicht die geringste Verletzung wahrzunehmen, auf den Rücken und Lenden fanden wir häufige braunrothe Flecke, welche am stärksten bey Erstikten und am Schlage Verstorbenen bemerket werden.
> Nach dieser genauen vorausgegangenen Besichtigung eröffneten wir
> ad I, die Brusthöhle, sie war geräumig, daß die Lunge sich ganz ungehindert darin ausdehnen konte, wir sahen
> ad a, die *pleura* im gesunden Zustande
> ad b, der rechte Lungenflügel war gewaltsam vom Bluth ausgedehnt [...]
> ad II. Bey Eröffnung der Bauchhöhle, sahen wir das *Peritonaeum*, die beiden *Omenta* des *Pancreas*, den ganzen *Tractum intestinorum*, die Milz und die Nieren im Normalzustande.
>
> Die Leber war widernatürlich groß, der *Lobus minor* ging über den Magen herüber, die Substanz derselben war widernatürlich fest, und ließ sich nur mit Mühe zerschneiden, wobey viel schwarzes dickes Bluth herausfloß.
> Vorzüglich groß war auch die Gallenblase, sie enthielt viel verdikte Galle. [...]
> ad III. Nach abgesägter *Galea capitis* sahen wir den ganzen Hirnschädel, aus- und inwendig unverletzt. [...] Das Gehirn aber, war gleichsam wie mit Bluth beschweret, und das ganze Gehirn hatte das Ansehen, als wenn es mit Bluth inyiciert wäre, auch auf dem *Corpore Calloso* lagen blutige Streifen, der *Plexus Choroideus*, war wie bey Erstikten mit Bluth ausgedehnt. Was die Substanz des Gehirns anbetrifft, so fanden wir solche viel fester wie gewöhnlich, doch ohne Verhärtungen, beim Zerschneiden des Gehirns, welches nur Schichtweise geschah, fanden wir am *globo dextro* des Gehirns ohngefähr 4 Linien tief in der *Substantia medulari*, ein unförmliches Stückchen Bley ¼ Loth an Gewicht; die Substanz des Gehirns war in dieser Gegend zerstöhrt [...]
>
> Aus der mit Vorsicht angestellten Obduction und Besichtigung als auch aus denen eruierten Nebenumständen ergiebt sich ganz evident:
> daß der Denatus von Kleist die geladene Pistole im Munde angesetzt, und sich selbst damit getödtet habe, von der zu schwachen Ladung ist das ¼ Loth wiegende Stückchen Bley im Gehirn stecken geblieben. [...]
>
> Nach diesen Anzeigen finden wir uns veranlaßt, gestützt auf *Physyologischen Principia* zu folgern, daß Denatus dem Temperamente nach ein *Sanguino cholericus* in *Summo gradu* gewesen, und gewiß harte hypochondrische Anfälle oft habe dulden müssen, wie einige Herrn Dienst-Cameraden mir den Physicus selbst, solches versichert haben. Wenn sich nun zu diesem excentrischen Gemüthszustand eine gemeinschaftliche Religionsschwärmery gesellte, so läßt sich hieraus auf einen kranken Gemüthszustand des Denati von Kleist mit Recht schließen.

Welche Gestalt dieser ›nachgelassene Text‹ bekommen würde, konnte Kleist weder bestimmen, noch genau vorhersehen, geschweige denn kontrollieren. Er konnte aber gewiß sein, daß ein Obduktionsbericht angefertigt werden würde. Und durch die Art des Tötens dürfte er versucht haben, Einfluß auf den zu erwartenden Bericht zu nehmen, bloß läßt sich nicht mehr klären, ob der Ablauf der Vorgänge seinen Absichten entsprach. Mitnichten hat Kleist so gehandelt, wie es als freierfundene Spekulation gleich zu Anfang der Kleist-Monographie einer literaturwissenschaftlichen Standardreihe zu lesen ist: »Sobald er nun aber, im Verlauf etwa einer Minute, die Pistole erneut geladen hatte, setzte er sich die Mündung derselben in den Mund, feuerte ab und jagte sich die Kugel durchs Hirn.«[1] Ein derartiger Dilletantismus des Nachladens kann wohl nur in einem sachfernen Germanistenhirn erdacht werden. Kleist hat, um im Ablauf des Geschehens sicherzugehen, drei geladene Pistolen bei sich gehabt, eine große »Lazarius Comminazzo« und zwei kleine »Terzerols« (LS 535b). Henriette Vogel hat er durchs Herz geschossen, danach sich selbst durch den geöffneten Mund in den Kopf, doch »von der zu schwachen Ladung ist das ¼ Loth wiegende Stückchen Bley im Gehirn stecken geblieben.« (LS 534). War es Absicht, daß er für diesen Schuß offensichtlich die kleine Terzerole mit der zu schwachen Ladung benutzte? Dann hätte er die Entsprechung zu der literarischen Vorlage dieser Tötungen in seiner Erzählung *Die Verlobung in St. Domingo* doch nicht erreichen wollen. Dort hat Kleist die Tode des Verlobtenpaars Toni und Gustav folgendermaßen dargestellt (II, 193 f.):

> »Ach«, rief Toni, und dies waren ihre letzten Worte: »du hättest mir nicht mißtrauen sollen!« Und damit hauchte sie ihre schöne Seele aus. Gustav raufte sich die Haare. [...] Herr Strömli drückte jammernd den Latz, der des Mädchens Brust umschloß, nieder. Er ermunterte den Diener, der mit einigen unvollkommenen Rettungswerkzeugen neben ihm stand, die Kugel, die, wie er meinte, in dem Brustknochen stecken müsse, auszuziehen; aber alle Bemühung, wie gesagt, war vergebens, sie war von dem Blei ganz durchbohrt, und ihre Seele schon zu besseren Sternen entflohn. – Inzwischen war Gustav ans Fenster getreten; und während Herr Strömli und seine Söhne unter stillen Tränen beratschlagten, was mit der Leiche anzufangen sei, [...] jagte Gustav sich die Kugel, womit das andere Pistol geladen war, durchs Hirn. Diese neue Schreckenstat raubte den Verwandten völlig alle Besinnung. Die Hülfe wandte sich jetzt auf ihn; aber des Ärmsten Schädel war ganz zerschmettert, und hing, da er sich das Pistol in den Mund gesetzt hatte, zum Teil an den Wänden umher.

Ob Kleist eine solche Drastik durch die Benutzung der kleinen Pistole am Ende doch vermeiden wollte, kann nicht mehr geklärt werden. Im Bericht des Tagelöhners Riebisch, der die Leichen fand, klingt es fast, als hätte er ein *tableau vivant* vorgefunden, ein lebendes Bild mit zwei Toten (LS 532):

> Ich [...] sah die beiden Fremden in der dort befindlichen Grube sitzen, die Dame hinten über, auf den Rücken liegend, den Mannsperson aber mit dem Unterkörper etwas eingesunken, und mit dem Kopf neben der rechten Lende der Dame auf dem Wall der Grube. Seine Hände lagen auf seinen Knien, und ein kleines Pistol zu seinen Füßen, in der Grube. Ein großes Pistol lag auf dem Rand der Grube, zu seiner linken Hand, und ein drittes kleines Pistol auf dem Tisch [...]

Kleists Selbsttötung war eine gezielte, absichtsvolle Tat, es war keine Kurzschlußhandlung, auch kein Handeln, das sich lediglich dem Unbewußten verdankte, wenngleich sein Unbewußtes Anteil daran haben mochte. Die Kraft der Freiwilligkeit zielt ja gerade auf die Überwindung des bloß Triebhaften im Sieg über die Todesfurcht. Psychoanalytisch gesehen kann hier der Hinweis auf den wenig untersuchten Thanatos geltend gemacht werden, doch läßt die gesamte Inszenierung dieses zweifachen Suizids am Wannsee, ursprünglich war dafür eine Reise nach Cottbus vorgesehen, wie Henriette Vogel ihrem Mann schrieb (LS 528), wiederum auf planvolles Handeln schließen. Freilich konnten die Bilder und Texte, die da-

---

[1]    Thomas Wichmann: Heinrich von Kleist. Stuttgart: Metzler 1988, S. 1.

durch evoziert wurden, nicht mehr beherrscht werden. So konnte Kleist nicht verhindern, daß er in dem Obduktionsbericht, dem »Visum repertum« des Kreisphysikus Sternemann und des Chirurgus forensis Greif (LS 534) verrückt gemacht werden sollte. Aber das Zeugnis des »kranken Gemüthszustands« bestätigte ohnehin nur Goethes frühere und spätere Ansichten über Kleist.[2] Immerhin konnte er den obduzierenden Ärzten und der Nachwelt noch beweisen, daß er einen harten Schädel gehabt hat, denn im Obduktionsbericht von Henriette Vogel heißt es: »Wegen der, am denato v. Kleist zerbrochenen Kopf-Säge konnten wir das *Cavum cranii* hier nicht besichtigen [...]« (LS 534). Was aber auch nicht erforderlich gewesen sei, denn »eine fehlerhafte Organisation im Gehirn ließ sich darum nicht supponiren, weil Denata überall viel Geistes-Cultur verrieth.« (ebda). Was die Ärzte von Kleist wohl nicht sagen konnten.

Die Parallelität zwischen den Toden am Wannsee und denen, die am Ende der *Verlobung in St. Domingo* geschildert sind, ist früh vermerkt worden. So schrieb Achim von Arnim am 6. Dezember 1811 an die Brüder Grimm: »Im letzten Bande seiner Erzählungen soll eine ähnliche Geschichte stehen wie sein Tod, es ist ein Tod wie Wolfdietrich, als ihn die Gerippe aller derer totschlagen, die er einst umgebracht hatte.« (NR 72a).

Es handelte sich aber keineswegs nur um eine der Dichtung gewissermaßen nachgestellte oder nachgeahmte Tat. Das inszenatorische Element dieses Suizids geht viel tiefer. Der ohnehin schwierige Zusammenhang von Dichtung und Leben erfährt hier bei Kleist eine zweifache Steigerung, weil es nun um den Zusammenhang von Dichtung und Tod geht, und darüber hinaus in der Zielgerichtetheit und Geplantheit dieses literarisierten Sterbens etwas zum Vorschein kommt, was dem gängigen Schlagwort vom »Tod des Autors« zuwiderläuft.[3] Die mögliche Intentionalität von literarischem Handeln wurde zwar nicht geleugnet, aber sie ist in der zurückliegenden Zeit zunehmend aus dem Blickfeld literaturtheoretischer Bemühungen und Interessen geraten. Die Rede vom »Tod des Autors« faßt ein Literaturverständnis zusammen, das nicht mehr wissen will, welche Intentionalität Texte auszeichnet, welche bewußte Arbeit ein Schriftsteller leistet, sondern welche unbewußten, struktural oder sozial anonymisierten Prozesse sich in der Literatur artikulieren. Bei Kleist bekommen wir es indes mit dem realen Tod des Autors zu tun, der sein Sterben gezielt und bewußt wie eine literarische Handlung inszeniert hat. Insofern vermag dieser Suizid aus dem Jahr 1811 auch für die gegenwärtige Theoriebildung noch provozierend zu wirken. Auch dies ist ein Produkt des paradoxal

---

[2]  vgl. oben S. 206 ff.
[3]  Nachhaltige Wirkung haben die Arbeiten von Roland Barthes (»La mort de l'auteur«, 1968) und Michel Foucault (»Qu'est-ce qu'un auteur?«, 1969) gehabt, auf die das Schlagwort meist zurückgeht, obwohl direkte Anregungen wohl von Paul Valéry und Jorge Luis Borges ausgingen.

und dialektisch strukturierten Denken Kleists, insofern mit dem realen Tod des Autors die Rede davon in Frage gestellt werden kann.

Der Zusammenhang von Tod und Dichtung ist seit den frühen Bemerkungen von Achim von Arnim häufiger an Kleists Selbsttötung beobachtet worden. Eher in Form bloßer Metaphorik hat Günter Blöcker davon gesprochen, der Suizid sei Kleists »letzte Dichtung« gewesen.[4] Karl-Heinz Bohrer hat in seiner Bielefelder Antrittsvorlesung über »Kleists Selbstmord« dessen Erzählungen als »Literatur zur Vorbereitung des Selbstmords« gelesen.[5] Unlängst hat Hannelore Schlaffer Kleists Leben als eines bezeichnet, »das Literatur und Wirklichkeit zugleich sein sollte. Der letzte Laut in Kleists Briefen ist der Schuss am Wannsee«.[6] Im Kleist-Jahrbuch 1998 wurden die Wunden der Körper in der Erzählung *Der Zweikampf* in Beziehung zum Obduktionsbericht gesetzt.[7]

Für das tiefere Verständnis der literarischen, der inszenatorischen Dimensionen von Kleists Suizid mag zunächst die Betrachtung einer der erdichteten Selbsttötungen in Kleists Werken aufschlußreich sein: der Tod der Penthesilea. »Können Worte töten?«, mit dieser Frage eröffnete zuletzt Birgit Hansen ihre Untersuchung der tödlichen »Sprechakte« in Kleists *Penthesilea*.[8] Einerseits wird die gegen andere gerichtete Gewalt der Sprache in der *Penthesilea* analysiert,[9] wodurch ältere Thesen von der vermeintlichen Gewaltlosigkeit der Sprache bei Kleist widerlegt werden können.[10] Andererseits wird »Penthesileas durch einen Sprechakt vollzogener Selbstmord am Schluß des Dramas« betrachtet,[11] und folgende Konsequenz ins Auge gefaßt (ebda):

> Damit aber stünde in Kleists Text nichts Geringeres auf dem Spiel als die aufklärerisch-idealistische Vorstellung von der gewaltüberwindenden Macht der Sprache, wie sie am exemplarischsten wohl in Goethes *Iphigenie auf Tauris* postuliert wird. Wenn der Sprechakt nicht mehr als Agent der Verständigung, der Versöhnung oder der Vereinigung verstanden werden kann, dann wird die kommunikative, die befriedende oder die heilende Kraft des Wortes, die in einer langen, christologischen Tradition der Literatur vor allem mit der Vorstellung von der synthetisierenden und totalisierenden Fähigkeit der Metapher einhergeht, von Kleists Drama performativ umgekehrt und als aporetisch entlarvt.

Sich mit Worten zu töten: darauf läuft das Ende der *Penthesilea* gezielt hinaus. »Ich sage vom Gesetz der Fraun mich los«, erklärt Penthesilea angesichts der von ihr im kannibalistischen Wahn entstellten Leiche Achills, »Und folge diesem Jüngling hier.« (I, 426). Auf diese Ankündigung der Selbsttötung hin nehmen die

---

[4]   Günter Blöcker: Heinrich von Kleist oder das absolute Ich. Frankfurt/M. 1977, S. 100.
[5]   Karl-Heinz Bohrer: Plötzlichkeit. Frankfurt/M. 1981, S. 161 ff. (Zitat S. 166).
[6]   Hannelore Schlaffer in der FAZ vom 1. Sept. 1999, S. 48.
[7]   Irmela Marei Krüger-Fürhoff: Den verwundeten Körper lesen. In: Kleist-Jahrbuch 1998, S. 21-36.
[8]   Hansen 1998, S. 109.
[9]   Vgl. dazu auf meine frühere Untersuchung über »Liebe und Gewalt« in der *Penthesilea*, oben S. 126 ff.
[10]  Arntzen 1980.
[11]  Hansen 1998, S. 110.

Amazonen ihr ängstlich die Waffen ab. Sie gibt den Dolch und die Pfeile auch willig fort: »Da! Nimm sie hin!«, sagt sie zu Prothoe, »Nimm alle die Geschosse zu dir hin!« (I, 427), denn sie verfügt über einen Dolch aus Worten (ebda):

> Denn jetzt steig ich in meinen Busen nieder,
> Gleich einem Schacht, und grabe, kalt wie Erz,
> Mir ein vernichtendes Gefühl hervor.
> Dies Erz, dies läutr' ich in der Glut des Jammers
> Hart mir zu Stahl; tränk es mit Gift sodann,
> Heißätzendem, der Reue, durch und durch;
> Trag es der Hoffnung ewgem Amboß zu,
> Und schärf und spitz es mir zu einem Dolch;
> Und diesem Dolch jetzt reich ich meine Brust;
> So! So! So! So! Und wieder! – Nun ists gut.
> *Sie fällt und stirbt.*

Wie ist diese Selbsttötung mit Worten zu verstehen? Ist sie bloß metaphorisch gemeint, nicht wörtlich zu begreifen, sondern als Ausdruck für innere Gefühle? Kleists Sprachauffassung, wie sie vor allem im Aufsatz *Über die allmähliche Verfertigung der Gedanken beim Reden* artikuliert ist, gibt hier weiteren Aufschluß. Die Differenz von Sprache und Wirklichkeit, die in allen rhetorischen und hermeneutischen Theorien vorausgesetzt ist, und in verschiedenen Varianten doch stets auf eine Abbild- oder Transportfunktion von Sprache hinausläuft, liegt in solcher Deutlichkeit bei Kleist nicht mehr vor. Sprache ist Teil des Lebens, ihre Zeichen sind nicht bloß Signifikanten, sondern können Signifikate zugleich sein.[12] Insofern können Worte natürlich auch töten. Wie umgekehrt ein Suizid literarisches Zeichen, eine Real-Inszenierung werden kann. Letztere braucht, um in der Überlieferung Bestand haben zu können, freilich andere Zeichen: die Beschreibung des Tagelöhners Johann Friedrich Riebisch, der das *tableau vivant* mit den beiden Toten als erster sah, und den *visum repertum* der Ärzte Sternemann und Greif. Mehr aber noch die Briefe von Heinrich von Kleist selbst, die zu den eindruckvollsten und ästhetisch bedeutendsten ihrer Art in der Weltliteratur gehören.

Kleist ist mehrfach in Arbeits- und Existenzkrisen geraten, die stets zu Untergangs- und Suizidphantasien führten. So, als er mit dem *Robert Guiskard* scheiterte, und das Manuskript verbrannte. Seine Briefe an die Schwester Ulrike vom 5. und 26. Oktober 1803 legen Zeugnis ab vom Ausmaß seiner Größenphantasien, seiner Anstrengungen, wie seiner Schmerzen über das Scheitern. Aber auch hier ist der inszenatorische Duktus unüberhörbar: »[...] unser aller Verderben lauert über den Meeren, ich frohlocke bei der Aussicht auf das unendlich-prächtige Grab.« (II, 737). Als die überzogenen Erwartungen an das *Phöbus*-Projekt enttäuscht wurden, äußerte er ähnliche Untergangsvisionen in Briefen an Ulrike vom 3. Mai und 17. Juli 1809. Ob er dabei stets schon Sterbepartner gesucht hat, ist nicht zweifelsfrei

---

[12] Vgl. dazu auch den Beitrag »Die Sprachen der *Penthesilea*«, oben bes. S. 133 ff.

auszumachen. 1811 fand er in der krebskranken Henriette Vogel jedenfalls die Partnerin, die es ihm ermöglichte, den Tod als kommunikative und soziale Handlung zu gestalten.

Seine wichtigste Briefpartnerin war zu diesem Zeitpunkt Marie von Kleist geworden. Der erste erhaltene Brief an sie vom 20. Juli 1805, der vor einigen Jahren wieder aufgefunden wurde, und schon von einer länger andauernden Korrespondenz Zeugnis ablegt (II, 1047), behandelt das Thema des Todes. Marie muß Kleist mitgeteilt haben, daß ihr ältester Bruder, Pierre Gualtieri, verstorben war, worauf Kleist nachfragte: »Sie aber hätten mir wohl etwas mehr von ihm sagen können. Ich erfahre nichts über die Art seines Todes, nicht *wann*, nicht einmal *wo* er sein Grab gefunden hat.« (ebda), um sich dann an seine Gespräche mit Gualtieri zu erinnern: »Ich hätte oft weinen mögen auf unsern Spaziergängen. Unser ewiges, und immer wieder durchblättertes Gespräch war, wie in den Youngschen Nachtgedanken, wo er auf jeder Seite steht, der Tod.« (II, 1047 f.).

Sein eigenes Sterben hat er dann vor allem in den Abschiedsbriefen an Marie von Kleist zu verewigen gesucht. Dabei geriet er zu allererst in die Schwierigkeit, Marie erklären zu müssen, warum er den Tod nicht mit ihr, sondern nun mit Henriette Vogel suchte (II, 888):

> Der Entschluß, der in ihrer Seele aufging, mit mir zu sterben, zog mich, ich kann Dir nicht sagen, mit welcher unaussprechlichen und unwiderstehlichen Gewalt, an ihre Brust; erinnerst Du Dich wohl, daß ich Dich mehrmals gefragt habe, ob Du mit mir sterben willst? – Aber Du sagtest immer nein – Ein Strudel von nie empfundener Seligkeit hat mich ergriffen, und ich kann Dir nicht leugnen, daß mir ihr Grab lieber ist als die Betten aller Kaiserinnen der Welt.

Vorher hatte er ihr den Wechsel der Sterbepartnerin ausführlicher erklärt (II, 884 f.):

> Meine liebe Marie, mitten in dem Triumphgesang, den meine Seele in diesem Augenblick des Todes anstimmt, muß ich noch einmal Deiner gedenken und mich Dir, so gut wie ich kann, offenbaren: [...] Ja, es ist wahr, ich habe Dich hintergangen, oder vielmehr ich habe mich selbst hintergangen; wie ich Dir aber tausendmal gesagt habe, daß ich dies nicht überleben würde, so gebe ich Dir jetzt, indem ich von Dir Abschied nehme, davon den Beweis. Ich habe Dich während Deiner Anwesenheit in Berlin gegen eine andere Freundin vertauscht; aber wenn Dich das trösten kann, nicht gegen eine, die mir mein leben, sondern, die mir ebenso wenig treu sein würde, wie Dir, mit mir sterben will. Mehr Dir zu sagen, läßt mein Verhältnis zu dieser Frau nicht zu. Nur so viel wisse, daß meine Seele, durch die Berührung mit der ihrigen, zum Tode ganz reif geworden ist; daß ich die ganze Herrlichkeit des menschlichen Gemüts an dem ihrigen ermessen habe, und daß ich sterbe, weil mir auf Erden nichts mehr zu lernen und zu erwerben übrig bleibt. [...] Rechne hinzu, daß ich eine Freundin gefunden habe, deren Seele wie ein junger Adler fliegt, wie ich noch in meinem Leben nichts Ähnliches gefunden habe; die meine Traurigkeit als eine höhere, festgewurzelte und unheilbare begreift, und deshalb, obschon sie Mittel genug in Händen hätte mich hier zu beglücken, mit mir sterben will; [...] die einen Vater, der sie anbetet, einen Mann, der großmütig genug war sie mir abtreten zu wollen, ein Kind, so schön und schöner als die Morgensonne, um meinetwillen verläßt: und Du wirst begreifen, daß meine ganze jauchzende Sorge nur sein kann, einen Abgrund tief genug zu finden, um mit ihr hinab zu stürzen. – Adieu noch einmal!«

Die Gestalt und Datierung dieser Briefe ist umstritten. Sie waren nur in Abschriften von Marie von Kleists Hand überliefert, die wohl seit 1917 verschollen sind. In Abweichung von den Angaben auf den Abschriften wurde eine Umdatierung auf den 19. und 21. November 1811 und eine neue Textanordnung von Helmut Sembdner vorgenommen. Gestützt auf Überlegungen von Klaus Müller-Salget,[13] folgt die Ausgabe des Klassiker-Verlags jetzt wieder der ursprünglichen Datierung der Abschriften auf den 9., 10. und 12. November 1811, wobei auch die Textanordnung anders gestaltet ist.[14] Vieles spricht für die Richtigkeit der Überlegungen von Klaus Müller-Salget, zumal sich beide Ausgaben zwar nicht in der Textkonstitution, doch in der Datierung eines Briefes dieser Reihe an Marie auf den 10. November 1811 einig sind (Sembdner Nr. 222, DKV Nr. 251 – Text hier: II, 883):

> Deine Briefe haben mir das Herz zerspalten, meine teuerste Marie, und wenn es in meiner Macht gewesen wäre, so versichre ich Dich, ich würde den Entschluß zu sterben, den ich gefaßt habe, wieder aufgegeben haben. Aber ich schwöre Dir, es ist mir ganz unmöglich länger zu leben; meine Seele ist so wund, daß mir, ich möchte fast sagen, wenn ich die Nase aus dem Fenster stecke, das Tageslicht wehe tut, das mir darauf schimmert. Das wird mancher für Krankheit und überspannt halten; nicht aber Du, die fähig ist, die Welt auch aus andern Standpunkten zu betrachten als aus dem Deinigen. Dadurch daß ich mit Schönheit und Sitte, seit meiner frühsten Jugend an, in meinen Gedanken und Schrebereien, unaufhörlichen Umgang gepflogen, bin ich so empfindlich geworden, daß mich die kleinsten Angriffe, denen das Gefühl jedes Menschen nach dem Lauf der Dinge hienieden ausgesetzt ist, doppelt und dreifach schmerzen.

In diesem Brief hat Kleist die ausführlichste Begründung für seine Motivation dargelegt: die schmerzende Verweigerung der Anerkennung seiner schriftstellerischen Leistungen durch die Familie in Frankfurt an der Oder, und seine Einschätzung von der politischen Situation in Preußen, die ihm keine Gelegenheit zur erhofften Entfaltung antinapoleonischer, befreiungskriegerischer Aktivitäten ließ. Wenn die Datierung der Briefe auf den 9., 10. und 12. November zutrifft, dann zeigt dies wieder um so mehr die Zielgerichtetheit und Geplantheit des zweifachen Suizids an, waren sie dann doch schon mehr als eine Woche vor der Ausführung der Tat geschrieben worden. Am 20. November 1811 berichtete Henriette Vogel ihrem Mann Louis davon, daß sie ursprünglich vorhatten, nach Cottbus zu reisen, um ihren Plan auszuführen, doch durch die »unvorhergesehene Ankunft« des Freundes Hoffmeister, den sie als Überbringer der Abschiedsbriefe wählen wollten, sei der Plan vereitelt worden (LS 528). Mit Rücksicht auf Kleists Begründung im Abschiedsbrief vom 10. November ist es möglich, eine gewisse Symbolik für die Wahl der Orte anzunehmen, denn Cottbus deutet über die Familiensitze Guhrow (Rittergut des Vaters bis 1797) und Gulben (Gut der Familie Pannwitz) dort in der Nähe auf die Familie Kleist, der kleine Wannsee bei Potsdam auf den Sitz des preußischen Herrscherhauses. Auf jeden Fall läßt der Ortswechsel eine längere Planungsphase erkennen.

---

[13] Müller-Salget 1994.
[14] Kleist DKV, Bd. 4, S. 507-510 (Kommentar S. 1071-1085), Briefe Nr. 250, 251 und 252.

Marie von Kleist war nicht nur durch Kleists Tod erschüttert, sondern mindestens ebenso sehr über die ausgewechselte Sterbepartnerin verbittert. Henriette Vogel hätte nur eine »Célébrität« erlangen wollen, schrieb sie an den preußischen König (LS 523b), ebenso an ihren Sohn Adolf, Heinrich sei »wie ein Lafontainischer Romanenheld« geendet, mit »einer ganz gemeinen Frau«, in die »er nicht einmal verliebt war, die häßlich, alt, eitel und ruhmsüchtig« gewesen sei (NR 90). Diese Gedanken bewegten sie bis in späte Aufzeichnungen vom Februar 1830 hinein, und sollten fatale Folgen für Kleists literarisiertes Sterben haben (NR 95a):

> Hätte er diese Frau geliebt, so war es nichts. Daß er aber mit der selben glühenden Leidenschaft für mich zu den Füßen einer andern sich erschoß, davon hat die Menschheit noch kein Beispiel. Daß seine letzten Worte, seine letzten Gedanken nur mir waren, mit der selbigen Glut, wie in der ersten Zeit seiner Liebe, das geht über allen menschlichen Begriff, diese Glut, die *er* nur fühlen und ausdrücken konnte. Was ist alle Liebe der Sterblichen hier auf Erden, was sind alle Romane, alle Gedichte in Vergleich mit seiner Liebe und seinen Briefen. Solch ein Feuer konnte nur in seiner Seele, in seinem Herzen, in seinem Busen lodern. Aber eben daher mußte ich sie verbrennen. Solche Briefe können nur für *einen* Gegenstand geschrieben sein, die sind das Heiligste im Menschen. So spricht er sich nicht zweimal im Leben aus [...]

Im Wissen um die Austauschbarkeit der menschlichen Existenz und der doch nur vermeintlichen Einmaligkeit der höchsten Güter wie der Liebe und der Kunst war Kleist nicht nur seiner Zeit voraus, das sollte ihm hier zum Verhängnis werden: »Aber eben daher mußte ich sie verbrennen«, schrieb Marie über seine Abschiedsbriefe. Wieviele es waren, läßt sich nicht mehr rekonstruieren. Weil er in Marie von Kleist die einzige Vertraute in seinen ästhetischen Auffassungen wähnte, könnte er es jedenfalls gewagt haben, die Inszenierung seines Todes gerade vor ihr in weiteren Briefen literarisch Gestalt werden zu lassen. Durch die überlieferten Abschriften, zu denen bekanntlich auch der frühere »Schmerz«- oder »Schmutz«-Brief über die *Penthesilea* gehört, ist dann jenes Chaos der Inbesitznahme Kleists ausgelöst worden, das fast kein Ende nehmen will.

Es ist schwer zu beurteilen, ob die wehmütige Heiterkeit, in der Kleist und Henriette Vogel gestorben sind, wie ihre Briefe und die Äußerungen anderer Personen belegen, lediglich vorgetäuscht und gespielt war. Aber diese Heiterkeit gehört untrennbar zum Wesen des Spiels, zur ironischen Inszenierung, also ist es auch müßig, nach Vortäuschung zu fragen und zu suchen. Der inzwischen berühmteste Abschiedsbrief an die Schwester Ulrike, geschrieben »am Morgen meines Todes«, zeugt von dieser Heiterkeit (II, 887):

> Ich kann nicht sterben, ohne mich, zufrieden und heiter, wie ich bin, mit der ganzen Welt, und somit auch, vor allen anderen, meine teuerste Ulrike, mit Dir versöhnt zu haben [...]
> Du hast an mir getan, ich sage nicht, was in Kräften einer Schwester, sondern in Kräften eines Menschen stand, um mich zu retten: die Wahrheit ist, daß mir auf Erden nicht zu helfen war. Und nun lebe wohl; möge Dir der Himmel einen Tod schenken, nur halb an Freude und unaussprechlicher Heiterkeit, dem meinigen gleich: das ist der herzlichste und innigste Wunsch, den ich für Dich aufzubringen weiß.
>
> *Stimmings bei Potsdam*                                             Dein
> d. – am Morgen meines Todes                              Heinrich

Madame de Staëls Studie »Betrachtungen über den Selbstmord«, die durch die Suizide am Wannsee ausgelöst wurde, gibt mißbilligend Bericht über ein ähnliches Verhalten von Seiten Henriette Vogels (LS 529):

> Den Abend vorher, ehe sie sich das Leben nehmen will, schickte die Mutter ihre Tochter in das Schauspiel, als wenn der Tod einer Mutter von ihrem Kinde als ein Fest betrachtet werden müßte, und man schon in das junge Herz die falschesten Ideen einer verirrten Einbildungskraft pflanzen müsse; sie selbst aber schmückt sich mit neuem Putz, wie ein heiliges Opfer. In dem Brief an ihre Familie beschäftigt sie sich mit den kleinsten Umständen der Wirtschaft, um Sorglosigkeit über die Tat anzuzeigen, die sie begehen wird–

Ihren spielerischen Umgang mit dem Tod haben Henriette Vogel und Heinrich von Kleist wechselseitig in zwei literarischen Texten Gestalt werden lassen. Das Pendant zu Kleists Text (I, 46) von Henriette Vogel hat folgende Gestalt (I, 917 f. – ebenso LS 525):

> Mein Heinrich, mein Süßtönender, mein Hyazinthenbeet, mein Wonnemeer, mein Morgen- und Abendrot, meine Äolsharfe, mein Tau, mein Friedensbogen, mein Schoßkindchen, mein liebstes Herz, meine Freude im Leid, meine Wiedergeburt, meine Freiheit, meine Fessel, mein Sabbath, mein Goldkelch, meine Luft, meine Wärme, mein Gedanke, mein teurer Sünder, mein Gewünschtes hier und jenseits, meine Augentrost, meine süßeste Sorge, meine schönste Tugend, mein Stolz, mein Beschützer, mein Gewissen, mein Wald, meine Herrlichkeit, mein Schwert und Helm, meine Großmut, meine rechte Hand, mein Paradies, meine Träne, meine Himmelsleiter, mein Johannes, mein Tasso, mein Ritter, mein Graf Wetter, mein zarter Page, mein Erzdichter, mein Kristall, mein Lebensquell, meine Rast, meine Trauerweide, mein Herr Schutz und Schirm, mein Hoffen und Harren, meine Träume, mein liebstes Sternbild, mein Schmeichelkätzchen, meine sichre Burg, mein Glück, mein Tod, mein Herzensnärrchen, meine Einsamkeit, mein Schiff, mein schönes Tal, meine Belohnung, mein Werther, meine Lethe, meine Wiege, mein Weihrauch und Myrrhen, meine Stimme, mein Richter, mein Heiliger, mein lieblicher Träumer, meine Sehnsucht, meine Seele, meine Nerven, mein goldner Spiegel, mein Rubin, meine Syringsflöte, meine Dornenkrone, meine tausend Wunderwerke, mein Lehrer und mein Schüler, wie über alles Gedachte und zu Erdenkende lieb ich Dich. Meine Seele sollst Du haben.                                                                 Henriette.
> Mein Schatten am Mittag, mein Quell in der Wüste, meine geliebte Mutter, mein Religion, meine innre Musik, mein armer kranker Heinrich, mein zartes weißes Lämmchen, meine Himmelspforte. H.

Dieser Text von Henriette Vogel zeugt zugleich von ihrem unumstößlichen Vertrauen in Kleist. Denn sie mußte sich zweifelsfrei gewiß sein, daß Kleist, nachdem er sie getötet hatte, die Pistole auch gegen sich selbst richten würde. Bekannt sind wohl manchmal zeitgleich erfolgende Selbsttötungen. Bei nacheinander folgenden bleiben oft doch Zweifel hinsichtlich der gemeinsamen Intentionalität. In diesem Fall ist die gemeinsame Intention auch in der Ausführung gegeben. Es scheint, als hätten Kleist und Henriette Vogel in ihrem untrügbaren wechselseitigen Vertrauen das irrtümliche Mißtrauen zwischen den Verlobten in St. Domingo widerlegen oder übertrumpfen wollen. Insofern mag dieser zweifache Suizid dann doch eine literarische Handlung einmaliger Art gewesen sein – konsequent widerlegt durch Marie von Kleists spätere Vernichtung der Briefe Heinrichs, in denen das Glück der Gemeinsamkeit womöglich noch intensiver festgehalten worden ist.

An Werthers Tod mit dem Schuß in den Kopf ist im Zusammenhang mit Kleists Suizid mehrfach erinnert worden, doch am Wannsee gab es kein Pult, auf dem Lessings *Emilia Galotti* aufgeschlagen hätte liegen können. Diese beiden hatten nach dem Zeugnis von Ernst Friedrich Peguilhen »keine Bücher bei sich [...], als die Tieksche Übersetzung von Don Quixote, und Klopstocks Oden« (NR 39). Heiterkeit, Ironie und empfindsame Wehmut also auch in diesen Texten.

An den *Werther* hatte Kleist einige Monate zuvor in den *Berliner Abendblättern* auf andere Weise mit seinem Prosastück *Der neuere (glücklichere) Werther* erinnert (II, 276 f.). Wie in den Parodien der Aufklärer ließ er Werther überleben, um zu einem glücklichen Leben zu finden: nach der Heirat mit Lotte in einer Familie mit 13 Kindern. Dieses Glück im Unglück hatte freilich keiner der Aufklärer dem armen Werther beschert.

In den *Berliner Abendblättern* findet sich am Ende eine der schönsten Anekdoten von Kleist, es ist eine, die nicht vom Sterben, sondern vom Überleben eines Künstlers erzählt (II, 268):

> Bach, als seine Frau starb, sollte zum Begräbnis Anstalten machen. Der arme Mann war aber gewohnt, alles durch seine Frau besorgen zu lassen; dergestalt, daß da ein alter Bedienter kam, und ihm für Trauerflor, den er einkaufen wollte, Geld abforderte, er unter stillen Tränen, den Kopf auf einen Tisch gestützt, antwortete: »sagts meiner Frau.« –

# Ausblick

Geschichte, Politik, Sprache: neben diese zentralen Themen des Werks von Heinrich von Kleist treten weitere: Liebe und Gewalt, Natur und Gesellschaft, Kunst und Wahrheit, Dichtung und Leben, und immer wieder die Frage nach der Identität des Menschen, nach der Unbestimmtheit der Existenz zwischen Zeugung, Geburt und Tod. Diese beständig in den Werken Kleists wiederkehrende Frage nach der Identität des Menschen läßt sich nicht allein aus psychologischer oder psychoanalytischer Sicht klären, weil es Kleist nicht nur um die subjektiven, die innerpsychischen Dimensionen des Themas geht, sondern ebensosehr um die objektiven, äußeren Faktoren.

Kleists Werk registriert und analysiert die Dissoziation in natürlich-leibliche, psychische, sozial-geschichtliche und kulturell-sprachliche Identitäten. Mit *Michael Kohlhaas* zu sprechen: Der Mensch ist das, was er aus sich macht, aber auch das, was aus ihm gemacht wird.

Was Kleists politische Auffassungen anbelangt, habe ich früher der These zugeneigt, daß mit der antinapoleonischen »Wende« um 1808 in der Tat ein neues Stadium bei Kleist eingetreten sei. Die Kontinuität seines Denkens in dieser Hinsicht scheint jedoch tiefer zu wurzeln. Erhebliche Wirkung dürfte hier schon der erste Aufenthalt in Paris 1801 gehabt haben, der wie der zweite 1803/04 bislang nur unzulänglich erforscht ist. Kleists Bemühungen um Kontakte zur Freimaurerei, seine Beziehung zu Gustav von Schlabrendorf müssen noch gründlich untersucht werden – was infolge der Geheimhaltung und des Dokumentenverlustes (Nachlaß Schlabrendorfs z.B.) allerdings außerordentlich schwierig werden dürfte.

Kleists »Abkehr von der Aufklärung« ist inzwischen – nicht zuletzt durch die einschlägigen Arbeiten von Ruth Klüger – als geistiger Prozeß erkannt, bleibt in seinen Beziehungen zu zahlreichen Schriftstellern, Philosophen und anderen Künstlern der europäischen Aufklärung und vor allem der Postaufklärung jedoch klärungsbedürftig. Nach wie vor fehlt eine profunde Studie über Kleists Beziehungen zu Friedrich Schiller, um nur eines der wichtigsten Forschungsdesiderate zu nennen. Die gravierende Differenz zum postaufklärerischen Klassizismus seiner Zeitgenossenschaft liegt bei Kleist im prinzipiellen Zweifel an der Wahrheitsgesichertheit, die für ihn auch durch die Kunst nicht mehr gewährleistet werden konnte. In dieser Hinsicht hat sich mein Verständnis der Werke Kleists gegenüber älteren Arbeiten (z.B. zum *Käthchen*) verändert.

Mit seiner Sprach- und Kunstauffassung, die über rhetorische und hermeneutische Begriffe der prinzipiellen Differenz zwischen Text und Leben bereits hinausgeht, greift Kleist auch über die Moderne hinaus. Aber was sagt das? Wo liegen die Anfänge solcher Moderne, bei Shakespeare oder erst bei Baudelaire, und wo beginnt

die Postmoderne? Die große Leistung von Kleists Werk in der Überwindung von
rhetorischen und hermeneutischen Grundpositionen bleibt jenseits solcher Rubri-
zierungsfragen jedoch gewiß.

Das »Rätsel Kleist« dürfte der germanistischen Forschung also noch weiterhin
erhalten bleiben, weil sich das Leben, die dichterische Gestaltungsweise und die
Werke dieses Schriftstellers so sperrig und widerständlerisch gegen weitverbreitete
Normalitätsbegriffe verhalten, daß sie sich zwangsläufig einem Verstehen unter
Normalitätsgeboten entziehen müssen. Goethe hatte diese Schwierigkeiten, die er
mit seinem *Werther* zu überwinden hoffte, und danach zu verdrängen suchte. Das
ironische Spiel gegen die Normalität, das Kleist in seinem Leben, seinem Sterben
und seinen Werken kontinuierlich inszeniert hat, wird auch seine fortdauernde
Negation aushalten müssen.

# ANHANG

# Nachweise

Heinrich von Kleists Würzburger Reise. Eine erweiterte Rekonstruktion. In: Kleist-Jahrbuch 1997, S. 38-56.

Der Fall des Krugs. Zum geschichtlichen Gehalt von Kleists Lustspiel. In: Kleist-Jahrbuch 1981/82, S. 290-313.

Unsichtbares Theater. Zu einer Bremer Inszenierung des *Zerbrochnen Krugs*. In: Programmheft des Bremer Theaters zur Aufführung am 22.9.1990.

*Michael Kohlhaas*. In: Kleists Erzählungen. Hrsg. von Walter Hinderer. Stuttgart: Reclam 1998, S. 43-66.

Die Zeichen der Marquise: Das Schweigen, die Sprache und die Schriften. Drei Annäherungsversuche an eine komplexe Textstruktur. In: Heinrich von Kleist. Studien zu Werk und Wirkung. Hrsg. von Dirk Grathoff. Opladen: Westdeutscher Verlag 1988 ($^2$1990), S. 204–229. Und in: Interpretationen. Erzählungen und Novellen des 19.Jahrhunderts. Bd.1. Stuttgart: Reclam 1988, S. 97-131.

Die Erdbeben in Chili und Lissabon. Aus: Hedwig Appelt und Dirk Grathoff: Erläuterungen und Dokumente. Heinrich von Kleist: Das *Erdbeben in Chili*. Stuttgart: Reclam 1986 ($^3$1997), S. 37-73.

»Wenn die Geister des Äschylus, Sophokles und Shakespear sich vereinigten«. Antike und Moderne im Werk Heinrich von Kleists. Unveröffentlicht.

Liebe und Gewalt. Überlegungen zu Kleists *Penthesilea*. In: Rosenfest. Katalog des DAAD. Hrsg. von René Block. Berlin 1985, S. 99-105. Ital. Fassung: Amore e violenza. Riflessioni sulla *Penthesilea* di Kleist. In: Carlo Quartucci: Verso Temiscira. Viaggio intorno alla *Penthesilea* di Heinrich von Kleist. Milano: Ubulibri 1988, S. 74-79.

Die Sprachen der *Penthesilea*. Ital. Fassung: I linguaggi della *Penthesilea*. In: Carlo Quartucci: Verso Temiscira. Viaggio intorno della *Penthesilea* di Heinrich von Kleist. Milano: Ubulibri 1988, S. 153-154.

Schönheit und Häßlichkeit als ästhetisches Problem im *Käthchen von Heilbronn*. Geht zurück auf Abschnitt II. von: »Beerben oder Enterben? Probleme einer gegenwärtigen Aneignung von Kleists *Käthchen von Heilbronn*.« In: Lesen 2. Der alte Kanon neu. Hrsg. von Walter Raitz und Erhard Schütz. Opladen: Westdeutscher Verlag 1976, S. 136-175 (Abschnitt II: S. 145-161).

Rittergeschichten – mit und ohne Gespenster. Kleists *Käthchen von Heilbronn* auf dem Papiertheater des 19. Jahrhunderts. Kürzere Fassung in: »Es ist nichts, nur Papier, und doch ist es die ganze Welt« (Peter Høeg). Papiertheater aus der Sammlung Helge Schenstrøm. Hrsg. von Doris Weiler-Streichsbier. Oldenburg 1998, S. 123-128.

Zur frühen Rezeptionsgeschichte von Kleists Schauspiel *Prinz Friedrich von Homburg*. In: Germanisch-Romanische Monatsschrift 61 (N.F. 30), 1980, S. 289-311.

Heinrich von Kleist und Napoleon Bonaparte, der Furor Teutonicus und die ferne Revolution. In: Heinrich von Kleist. Kriegsfall – Rechtsfall – Sündenfall. Hrsg. von Gerhard Neumann. Freiburg/Br.: Rombach 1994, S. 31-59. Zuvor verkürzt in: Schreckensmythen – Hoffnungsbilder. Die Französische Revolution in der deutschen Literatur. Hrsg. von Harro Zimmermann. Frankfurt/M.: Athenäum 1989, S. 81-105.

Goethe und Kleist. Die Geschichte eines Mißverständnisses. In: Ethik und Ästhetik. Werke und Werte in der Literatur des 18.–20. Jahrhunderts. Festschrift für Wolfgang Wittkowski. Bern, Frankfurt/M.: Lang 1995, S. 385-402.

Hegel und Kleist. In: Die *Jahrbücher für wissenschaftliche Kritik* – Hegels Berliner Gegenakademie. Hrsg. von Christoph Jamme. Stuttgart: Frommann-Holzboog 1994, S. 435-445.

Kleists Tod – ein inszeniertes Sterben. Unveröffentlicht.

# Literaturverzeichnis

Zur Zitierweise:

Kleists Werke und Briefe werden im laufenden Text unter Angabe von Band- und Seitenzahlen (z.B.: II, 253) nach der Ausgabe von Helmut Sembdner zitiert: Heinrich von Kleist: Sämtliche Werke und Briefe. Hrsg. von Helmut Sembdner. 2 Bde. 9. Aufl. München: Hanser 1993. Andere Kleist-Ausgaben werden in den Fußnoten zitiert. Helmut Sembdners Sammlungen der *Lebensspuren* und des *Nachruhms* werden ebenfalls im laufenden Text mit den Abkürzungen LS und NR unter Angabe der Dokumentennummern (z.B.: LS 112, NR 465) zitiert: Heinrich von Kleists Lebensspuren. Hrsg. von Helmut Sembdner. Neuausgabe. München: Hanser 1996. – Heinrich von Kleists Nachruhm. Hrsg. von Helmut Sembdner. Neuausgabe. München: Hanser 1996.

Um den Anmerkungsapparat zu entlasten, wird mehrfach zitierte Sekundärliteratur unter Verfasser- und Jahresangaben genannt (z.B.: Neumann 1986); die vollständigen Angaben sind im folgenden Literaturverzeichnis zu finden. Sporadisch zitierte Literatur wird in den Fußnoten insgesamt ausgewiesen, weiterführende Schriften sind in das Literaturverzeichnis einbezogen worden.

Aldridge, Alfred Owen: The Background of Kleist's *Das Erdbeben in Chili*. In: arcadia 3, 1968, S. 173-180.

Apel, Friedmar (Hrsg.): Kleists Kohlhaas. Ein deutscher Traum vom Recht auf Mordbrennerei. Berlin 1987.

Appelt/Grathoff 1986: Hedwig Appelt und Dirk Grathoff: Erläuterungen und Dokumente. Heinrich von Kleist: *Das Erdbeben in Chili*. Stuttgart 1986. [3]1997.

Appelt/Nutz 1992: Hedwig Appelt und Maximilian Nutz: Erläuterungen und Dokumente. Heinrich von Kleist: *Penthesilea*. Stuttgart 1992.

Arnold 1993: Heinz Ludwig Arnold (Hrsg.): Heinrich von Kleist. München 1993. (Text & Kritik).

Arntzen 1968: Helmut Arntzen: Die ernste Komödie. Das deutsche Lustspiel von Lessing bis Kleist. München 1968, S. 178-200.

Arntzen 1980: Helmut Arntzen: Heinrich von Kleist: Gewalt und Sprache. In: Die Gegenwärtigkeit Kleists. Berlin 1980, S. 62-78.

Atkins, Stuart: Heinrich von Kleist and the Fine Arts – Kleist and Bury, or Kleist and Lethière? In: GLL 31, 1977/78, S. 166-174.

Barth, Ilse-Marie: Zur Aufführung von Kleists Lustspiel *Der zerbrochne Krug* am Weimarer Hoftheater 1808. In: Goethe-Jahrbuch 100, 1983, S. 219-225.

Beckmann, Beat: Kleists Bewußtseinskritik. Bern, Frankfurt/M. 1978.

Berthel 1979: Heinrich von Kleist: *Die Marquise von O...* . Hrsg. von Werner Berthel. Frankfurt/M. 1979.

Blöcker, Günter: Heinrich von Kleist oder das absolute Ich. Frankfurt/M. 1977. (zuerst 1960).

Bogdal 1981: Klaus-Michael Bogdal: Heinrich von Kleist: *Michael Kohlhaas*. München 1981.

Bohrer, Karl Heinz: Augenblicksemphase und Selbstmord. Zum Plötzlichkeitsmotiv Heinrich v. Kleists. In: Bohrer: Plötzlichkeit. Zum Augenblick des ästhetischen Scheins. Frankfurt/M. 1981, S. 161-179.

Bourke 1983: Thomas E. Bourke: Vorsehung und Katastrophe. Voltaires *Poème sur le désastre de Lisbonne* und Kleists *Erdbeben in Chili*. In: Klassik und Moderne. Walter Müller-Seidel zum 65. Geburtstag. Hrsg. von Karl Richter und Jörg Schönert. Stuttgart 1983, S. 228-253.

Brüggemann, Diethelm: Drei Mystifikationen Heinrich von Kleists. Bern, New York 1985.

Cassirer, Ernst: Heinrich von Kleist und die Kantische Philosophie. Berlin 1919.

Catholy, Eckehard: Der preußische Hoftheater-Stil und seine Auswirkungen auf die Bühnen-Rezeption von Kleists Schauspiel *Prinz Friedrich von Homburg*. In: Kleist und die Gesellschaft. Hrsg. von Walter Müller-Seidel. Berlin 1965, S. 75-94.

Cohn, Dorrit: Kleist's *Marquise von O...* : The Problem of Knowledge. In: Monatshefte 67, 1975, S. 129-144.

Corssen, Meta: Kleist und Shakespeare. Weimar 1930 (Nachdruck Hildesheim 1978).

Cullens, Chris u. Dorothea von Mücke: Love in Kleist's *Penthesilea* and *Käthchen von Heilbronn*. In: DVjS 63, 1989, S. 461-493.

Delbrück, Hansgerd: Zur dramentypologischen Funktion von Sündenfall und Rechtfertigung in Kleists *Zerbrochnem Krug*. In: DVjS 45, 1971, S. 706-756.

Delbrück, Hansgerd: Kleists Weg zur Komödie. Tübingen 1974.

Detering 1994: Heinrich Detering: Das offene Geheimnis. Zur literarischen Produktivität eines Tabus von Winckelmann bis zu Thomas Mann. Göttingen 1994.

Disselhorst, Malte: Hans Kohlhase/Michael Kohlhaas. In: Kleist-Jahrbuch 1988/89, S. 334-356.

Durzak, Manfred: Zur utopischen Funktion des Kindesbildes in Kleists Erzählungen. In: Colloquia Germanica 3, 1969, S. 111-129.

Fink, Gonthier-Louis: Das Motiv der Rebellion in Kleists Werk im Spannungsfeld der Französischen Revolution und der Napoleonischen Kriege. In: Kleist-Jahrbuch 1988/89, S. 64-88.

Fischer, Bernd: Ironische Metaphysik. Die Erzählungen Heinrich von Kleists. München 1988.

Frick 1995: Werner Frick: »Ein echter Verfechter für die Nachwelt«. Kleists agonale Modernität – im Spiegel der Antike. In: Kleist-Jahrbuch 1995, S. 44-96.

Fricke 1929: Gerhard Fricke: Gefühl und Schicksal bei Heinrich von Kleist. Berlin 1929.

Fries, Thomas: The Impossible Object: The Feminie, the Narrative (Laclos' *Liaisions Dangereuses* and Kleist's *Die Marquise von O...*). In: MLN 91, 1976, S. 1296-1326.

Frommel, Monika: Die Paradoxie vertraglicher Sicherung bürgerlicher Rechte. Kampf ums Recht und sinnlose Aktion. In: Kleist-Jahrbuch 1988/89, S. 357-374.

Gall, Ulrich: Philosophie bei Heinrich von Kleist. Bonn 1977.

Gallas 1981: Helga Gallas: Das Textbegehren des *Michael Kohlhaas*. Reinbek 1981.

Gönner, Gerhard: Von »zerspaltenen Herzen« und der »gebrechlichen Einrichtung der Welt«. Versuch einer Phänomenologie der Gewalt bei Kleist. Stuttgart 1989.

Goethe HA: Goethe: Werke (Hamburger Ausgabe in 14 Bdn.). Hrsg. von Erich Trunz. Hamburg 1948 ff. u.ö.

Goethe WA: Goethe:Werke. Hrsg. im Auftrag der Großherzogin Sophie von Sachsen. Weimar 1887-1919.

Graham, Ilse: *Der zerbrochene Krug* – Titelheld von Kleists Komödie. In: Heinrich von Kleist. Aufsätze und Essays. Hrsg. von Walter Müller-Seidel. Darmstadt 1967 (Wege der Forschung 147), S. 272-295. (Zuerst englisch 1955).

Grathoff 1972: Dirk Grathoff: Die Zensurkonflikte der *Berliner Abendblätter*. Zur Beziehung von Journalismus und Öffentlichkeit bei Heinrich von Kleist. In: Klaus Peter, Dirk Grathoff (u.a.): Ideologiekritische Studien zur Literatur. Frankfurt/M. 1972, S. 35-168.

Grathoff 1976: Dirk Grathoff: Beerben oder Enterben? Probleme einer gegenwärtigen Aneignung von Kleists *Käthchen von Heilbronn*. In: Lesen 2: Der alte Kanon neu. Hrsg. von Walter Raitz und Erhard Schütz. Opladen 1976, S. 136-175.

Grathoff 1977: Dirk Grathoff: Erläuterungen und Dokumente. Heinrich von Kleist: *Das Käthchen von Heilbronn*. Stuttgart 1977. [4]1998.

Grathoff 1979: Dirk Grathoff: Materialistische Kleist-Interpretation. Ihre Vorgeschichte und ihre Entwicklung bis 1945. (Mit einem bibliographischen Anhang zur materialistischen Kleist-Rezeption seit 1945). In: Text und Kontext. Quellen und Aufsätze zur Rezeptionsgeschichte der Werke Heinrich von Kleists. Hrsg. von Klaus Kanzog. Berlin 1979, S. 117-192.

Grathoff 1980: Dirk Grathoff: Zur frühen Rezeptionsgeschichte von Kleists Schauspiel *Prinz Friedrich von Homburg*. Mit unbekannten Zeugnissen zur ersten Berliner Aufführung 1828. In: GRM 61 (N.F. 30), 1980, S. 289-311.

Grathoff 1981/82: Dirk Grathoff: Der Fall des Krugs. Zum geschichtlichen Gehalt von Kleists Lustspiel. In: Kleist-Jahrbuch 1981/82, S. 290-313.

Grathoff 1983: Dirk Grathoff: Rezension von Helmut Sembdner: Das Detmolder *Käthchen von Heilbronn*. In: Kleist-Jahrbuch 1983, S. 205-214.

Grathoff 1985: Dirk Grathoff: Liebe und Gewalt. Überlegungen zu Kleists *Penthesilea*. In: Rosenfest. Berlin 1984. Hrsg. von René Block. Berlin 1985, S. 99-105.

Grathoff 1988a: Dirk Grathoff (Hrsg.): Heinrich von Kleist. Studien zu Werk und Wirkung. Opladen 1988. [2]1990.

Grathoff 1988b: Dirk Grathoff: Die Zeichen der Marquise: Das Schweigen, die Sprache und die Schriften. Drei Annäherungsversuche an eine komplexe Textstruktur. In: Grathoff 1988a, S. 204-229. Und in: Interpretationen. Erzählungen und Novellen des 19.Jahrhunderts. Bd.1. Stuttgart 1988, S. 97-131.

Grathoff 1993: Dirk Grathoff: Kleists Geheimnisse. Unbekannte Seiten einer Biographie. Opladen 1993.

Grathoff 1994a: Dirk Grathoff: Heinrich von Kleist und Napoleon Bonaparte, der Furor Teutonicus und die ferne Revolution. In: Neumann 1994, S. 31-59. (Zuerst gekürzt 1989).

Grathoff 1994b: Dirk Grathoff: Hegel und Kleist. In: Die »Jahrbücher für wissenschaftliche Kritik« – Hegels Berliner Gegenakademie. Hrsg. von Christoph Jamme. Stuttgart 1994, S. 435-445.

Grathoff 1995: Dirk Grathoff: Goethe und Kleist – die Geschichte eines Mißverständnisses. In: Ethik und Ästhetik: Werke und Werte in der Literatur des 18. – 20. Jahrhunderts. Festschrift für Wolfgang Wittkowski. Bern, Frankfurt/M. 1995, S. 385-402.

Grathoff 1997: Dirk Grathoff: Heinrich von Kleists Würzburger Reise – eine erweiterte Rekonstruktion. In: Kleist-Jahrbuch 1997, S. 38-56.

Grathoff 1998: Dirk Grathoff: *Michael Kohlhaas*. In: Hinderer 1998, S.43-66.

Grathoff/Oesterle 1979: Heinrich Gustav Hotho: Über Kleists Schauspiel *Prinz Friedrich von Homburg* und die erste Berliner Aufführung 1828. Hrsg. von Dirk Grathoff und Günter Oesterle. In: Text und Kontext. Quellen und Aufsätze zur Rezeptionsgeschichte der Werke Heinrich von Kleists. Hrsg. von Klaus Kanzog. Berlin 1979, S. 45-54.

Häker, Horst: Heinrich von Kleist. *Prinz Friedrich von Homburg* und *Die Verlobung in St.Domingo*. Studien, Beobachtungen, Bemerkungen. Frankfurt/M., Bern 1987.

Hamacher 1999: Bernd Hamacher: Erläuterungen und Dokumente. Heinrich von Kleist. *Prinz Friedrich von Homburg*. Stuttgart 1999.

Hansen 1998: Birgit Hansen: Gewaltige Performanz. Tödliche Sprechakte in Kleists *Penthesilea*. In: Kleist-Jahrbuch 1998, S. 109-126.

Harms, Ingeborg: Zwei Spiele Kleists um Trauer und Lust. München 1990.

Hermann, Hans Peter: Zufall und Ich. Zum Begriff der Situation in den Novellen Heinrich von Kleists. In: GRM, N.F. 11, 1961, S. 69-99.

Hinderer 1981: Walter Hinderer (Hrsg.): Kleists Dramen. Neue Interpretationen. Stuttgart 1981.

Hinderer 1997: Walter Hinderer (Hrsg.): Interpretationen. Kleists Dramen. Stuttgart 1997.

Hinderer 1998: Walter Hinderer (Hrsg.): Interpretationen. Kleists Erzählungen. Stuttgart 1998.

Hoffmann, Paul: Kleist in Paris. Berlin 1924.

Hohendahl, Peter Uwe: Der Paß des Grafen Horn: Ein Aspekt des Politischen in *Prinz Friedrich von Homburg*. In: GQ 41, 1968, S. 167-176.

Hoverland, Lilian: Heinrich von Kleist und das Prinzip der Gestaltung. Königstein/Ts. 1978.

Huff, Steven R.: Kleist and Expectant Virgins: The Meaning of the »O« in *Die Marquise von O...* . In: JEPG 81, 1982, S. 367-375.

Jamme, Christoph: *Der Prinz von Homburg* auf dem Hoftheater. In: Hegel in Berlin. Berlin 1981, S. 72-78.

Kaiser 1977: Gerhard Kaiser: Mythos und Person in Kleists *Penthesilea*. In: Kaiser: Wanderer und Idylle. Göttingen 1977, S. 209-239.

Kanzog 1977: Klaus Kanzog: Heinrich von Kleist. *Prinz Friedrich von Homburg*. Text, Kontexte, Kommentar. München 1977.

Kanzog 1979: Klaus Kanzog: Edition und Engagement. 150 Jahre Editionsgeschichte der Werke und Briefe Heinrich von Kleists. 2 Bde. Berlin, New York 1979.

Kayser 1958: Wolfgang Kayser: Kleist als Erzähler. In: Kayser: Die Vortragsreise. Bern 1958, S. 169-183. (Zuerst 1954).

Kittler 1987: Wolf Kittler: Die Geburt des Partisanen aus dem Geist der Poesie. Freiburg/Br. 1987.

Kittler, Wolf: Die Revolution der Revolution oder Was gilt es in dem Kriege, den Kleists *Prinz von Homburg* kämpft. In: Neumann 1994, S. 61-83.

Kleist BKA: Heinrich von Kleist: Sämtliche Werke. Berliner/Brandenburger Ausgabe. Hrsg. von Roland Reuß und Peter Staengle. Basel, Frankfurt/M. 1988 ff.

Kleist DKV: Heinrich von Kleist: Sämtliche Werke und Briefe in vier Bänden. Hrsg. von Ilse Marie Barth, Klaus Müller-Salget, Stefan Ormanns u. Hinrich C. Seeba. Frankfurt/M.: Deutscher Klassiker Verlag 1991-97.

Kleist, E. Schmidt: H.v.Kleists Werke. Hrsg. von Erich Schmidt. 5 Bde. Leipzig, Wien [1904-05].

Kleist, S. Streller: Heinrich von Kleist: Werke und Briefe. Hrsg. von Siegfried Streller. 4 Bde. Berlin, Weimar 1978.

Klüger 1994: Ruth Klüger: Katastrophen. Über deutsche Literatur. Göttingen 1994.

Klüger, Ruth: Die andere Hündin – Käthchen. In: Kleist-Jahrbuch 1993, S. 103-115.

Kommerell 1939: Max Kommerell: Die Sprache und das Unaussprechliche. Eine Betrachtung über Heinrich von Kleist. In: Kommerell: Geist und Buchstabe der Dichtung. Frankfurt/M. 1939, S. 200-274.

Kreutzer 1968: Hans Joachim Kreutzer: Die dichterische Entwicklung Heinrich von Kleist. Berlin 1968.

Krüger-Fürhoff, Irmela Marei: Den verwundeten Körper lesen. In: Kleist-Jahrbuch 1998, S. 21-36.

Kühn, Walter: Heinrich von Kleist und das deutsche Theater. München und Leipzig 1912.

Labhardt 1976: Robert Labhardt: Metapher und Geschichte. Kronberg/Ts. 1976.

Lange, Henrik: Säkularisierte Bibelreminiszenzen in Kleists *Michael Kohlhaas*. In: Kopenhagener Germanistische Studien 1, 1969, S. 213-226.

Ledanff 1986: Susanne Ledanff: Kleist und die »beste aller Welten«. *Das Erdbeben in Chili* – gesehen im Spiegel der philosophischen und literarischen Stellungnahmen zur Theodizee im 18. Jahrhundert. In: Kleist-Jahrbuch 1986, S. 125-155.

Leeuwe, H.H.J.de: Warum heißt Kleists *Marquise von O...* von O...? In: Neophilologus 68, 1984, S. 478 f.

Leistner, Bernd: Spielraum des Poetischen. Goethe, Schiller, Kleist, Heine. Berlin, Weimar 1985.

Leistner, Bernd: Kleists politischer Furor und sein *Letztes Lied*. In: Kleist-Jahrbuch 1991, S. 155-168.

Liebrand, Claudia: Das suspendierte Bewußtsein. Dissoziation und Amnesie in Kleists *Erdbeben in Chili*. In: Jahrbuch der Deutschen Schillergesellschaft 36, 1992, S. 95-114.

Lubkoll 1995: Christine Lubkoll: Mythos Musik. Poetische Entwürfe des Musikalischen in der Literatur um 1800. Freiburg/Br. 1995.

Lützeler 1988: Paul Michael Lützeler: *Michael Kohlhaas*. In: Interpretationen. Erzählungen und Novellen des 19. Jahrhunderts. Bd.1. Stuttgart 1988, S. 133-180.

de Man, Paul: Ästhetische Formalisierung: Kleists *Über das Marionettentheater*. In: de Man: Allegorien des Lesens. Frankfurt/M. 1988, S. 205-233. (Zuerst englisch in: de Man: The Rhetoric of Romanticism. New York 1984, S. 263 ff.).

Martini, Fritz: Kleists *Der zerbrochene Krug*. In: Jahrbuch der Deutschen Schillergesellschaft 9, 1965, S.373-419.

Marx, Stephanie: Beispiele des Beispiellosen. Heinrich von Kleists Erzählungen ohne Moral. Würzburg 1994.

Mehigan, Timothy J.: Text as contract. The nature and function of narrative discourse in the *Erzählungen* of Heinrich von Kleist. Frankfurt/M., Bern 1988.

Michelsen 1977: Peter Michelsen: Die Lügen Adams und Evas Fall. Heinrich von Kleists *Der zerbrochne Krug*. In: Geist und Zeichen. Festschrift für Arthur Henkel. Hrsg. von H. Anton, B. Gajek, P. Pfaff. Heidelberg 1977, S. 268-304.

Minde-Pouet, Georg: Kleists letzte Stunden. T. 1: Das Aktenmaterial. Berlin 1925.

Moering 1972: Michael Moering: Witz und Ironie in der Prosa Heinrich von Kleists. München 1972.

Mommsen 1974: Katharina Mommsen: Kleists Kampf mit Goethe. Heidelberg 1974. (Taschenbuch 1979).

Moser, Christian: Verfehlte Gefühle. Wissen, Begehren, Darstellen bei Kleist und Rousseau. Würzburg 1993.

Müller 1995: Gernot Müller: »Man müßte auf dem Gemälde selbst stehen«. Kleist und die bildende Kunst. Tübingen, Basel 1995.

Müller-Salget 1973: Klaus Müller-Salget: Das Prinzip der Doppeldeutigkeit in Kleists Erzählungen. In: ZfdPh 92, 1973, S. 185-211.

Müller-Salget 1994: Klaus Müller-Salget: Heinrich, Marie und Ulrike von Kleist. Zur Datierung und Deutung der Briefe vom Herbst 1811. In: ZfdPh 113, 1994, S. 543-553.

Müller-Seidel, Walter: Die Struktur des Widerspruchs in Kleists *Marquise von O...* . In: DVjS 28, 1954, S. 497-515.

Müller-Seidel 1961: Walter Müller-Seidel: Versehen und Erkennen. Köln und Graz 1961.

Muth, Ludwig: Kleist und Kant. Köln 1954.

Neumann 1986: Gerhard Neumann: Hexenküche und Abendmahl. Die Sprache der Liebe im Werk Heinrich von Kleists. In: Freiburger Universitätsblätter 25, 1986, S. 9-31.

Neumann 1988/89: Gerhard Neumann: »...Der Mensch ohne Hülle ist eigentlich der Mensch«. Goethe und Heinrich von Kleist in der Geschichte des physiognomischen Blicks. In: Kleist-Jahrbuch 1988/89, S. 259-279.

Neumann 1994: Gerhard Neumann (Hrsg.): Heinrich von Kleist. Kriegsfall - Rechtsfall - Sündenfall. Freiburg/Br. 1994.

Peter, Klaus: Sehnsucht nach dem Gott. Kleist, der Mythos und eine Tendenz der Forschung. In: Jahrbuch des Freien Deutschen Hochstifts 1993, S. 183-257.

Pfeiffer, Joachim: Die zerbrochenen Bilder. Gestörte Ordnungen im Werk Heinrich von Kleists. Würzburg 1989.

Pfeiffer 1988: Joachim Pfeiffer: Die wiedergefundene Ordnung. Literaturpsychologische Anmerkungen zu Kleists *Marquise von O...* . In: Grathoff 1988a, S. 230-247.

Pfotenhauer, Helmut: Kleists Rede über Bilder und in Bildern. Briefe, Bildkommentare, erste literarische Werke. In: Kleist-Jahrbuch 1997, S. 126-148.

Politzer 1977: Heinz Politzer: Der Fall der Frau Marquise. In: DVjS 51, 1977, S. 98-128.

Rahmer 1909: S. Rahmer: Heinrich von Kleist als Mensch und Dichter. Berlin 1909.

Rückert, Joachim: »...der Welt in der Pflicht verfallen....« Kleists *Kohlhaas* als moral- und rechtsphilosophische Stellungnahme. In: Kleist-Jahrbuch 1988/89, S. 375-403.

Samuel, Richard: Heinrich von Kleists *Robert Guiskard* und seine Wiederbelebung 1807/08. In: Kleist-Jahrbuch 1981/82, S. 315-348.

Samuel 1964: Richard Samuel (Hrsg.): Heinrich von Kleist. *Prinz Friedrich von Homburg*. Nach der Heidelberger Handschrift. Berlin 1964.

Samuel 1995: Richard Samuel: Heinrich von Kleists Teilnahme an den politischen Bewegungen der Jahre 1805 – 1809. (Engl. Diss. 1938, Deutsch von Wolfgang Barthel). Frankfurt/O. 1995.

Samuel/ Brown 1981: Richard Samuel u. Hilda Brown: Kleist's Lost Year and the Quest for *Robert Guiskard*. Leamington Spa 1981.

Schiller NA: Schillers Werke. Nationalausgabe. Weimar 1943 ff.

Schlabrendorf, Gustav von: Anti-Napoleon [Hrsg. von Hans Magnus Enzensberger]. Frankfurt/M. 1991.

Schmidt 1974: Jochen Schmidt: Heinrich von Kleist. Studien zu seiner poetischen Verfahrensweise. Tübingen 1974.

Schrader, Hans Jürgen: Spuren Gottes in den Trümmern der Welt. Zur Bedeutung biblischer Bilder in Kleists *Erdbeben*. In: Kleist-Jahrbuch 1991, S. 34-52.

Schulte, Bettina: Unmittelbarkeit und Vermittlung im Werk Heinrich von Kleists. Göttingen, Zürich 1988.

Sembdner, Helmut: Erläuterungen und Dokumente. Heinrich von Kleist: *Der zerbrochne Krug*. Stuttgart 1973.

Sembdner 1984: Helmut Sembdner: In Sachen Kleist. 2. Aufl. München 1984.

Skrotzki, Dietmar: Kleists *Der zerbrochne Krug* im Spannungsfeld zwischen »Dramatischem Warnbild« und »Satirischem Gaukelspiel der Autorität«. In: Heilbronner Kleist-Blätter 2, 1997, S. 27-55.

Steig 1901: Reinhold Steig: Heinrich von Kleist's Berliner Kämpfe. Berlin u. Stuttgart 1901.

Stephens, Anthony: Heinrich von Kleist. The Dramas and Stories. Oxford, Providence 1994.

Stephens 1984: Anthony Stephens: »Eine Träne auf den Brief«. Zum Status der Ausdrucksformen in Kleists Erzählungen. In: Jahrbuch der Deutschen Schillergesellschaft 28, 1984, S. 315-384.

Stephens 1985: Anthony Stephens: »Was hilfts, daß ich jetzt schuldlos mich erzähle?«. Zur Bedeutung der Erzählvorgänge in Kleists Dramen. In: Jahrbuch der Deutschen Schillergesellschaft 29, 1985, S. 301-323.

Streller, Siegfried: Das dramatische Werk Heinrich von Kleists. Berlin 1966.

Swales, Erika: The Beleaguered Citadel: A Study of Kleist's *Die Marquise von O...* .In: DVjS 51, 1977, S. 130-147.

Vohland, Ulrich: Bürgerliche Emanzipation in Heinrich von Kleists Dramen und theoretischen Schriften. Bern 1976.

Voß, E. Theodor: Kleists *Zerbrochner Krug* im Lichte alter und neuer Quellen. In: Wissen aus Erfahrung. Festschrift für Herman Meyer. Hrsg. v. A. v. Bormann. Tübingen 1976, S. 338-370.

Weinrich 1971: Harald Weinrich: Literaturgeschichte eines Weltereignisses. Das Erdbeben von Lissabon. In: Weinrich: Literatur für Leser. Stuttgart 1971, S. 64-76.

Weiss 1984: Hermann F. Weiss: Funde und Studien zu Heinrich von Kleist. Tübingen 1984.

Weißenfels, Richard: Über französische und antike Elemente im Stil Heinrich von Kleists. In: Archiv für das Studium der neueren Sprachen und Litteraturen 8, 1888, S. 265-312, 369-416.

Wellbery 1985: David E. Wellbery (Hrsg.): Positionen der Literaturwissenschaft. Acht Modellanalysen am Beispiel von Kleists *Das Erdbeben in Chili*. München 1985.

Wichmann, Thomas: Heinrich von Kleist. Stuttgart 1988.

Wittkowski, Wolfgang: *Der zerbrochne Krug*: Gaukelspiel der Autorität, oder Kleists Kunst, Autoritätskritik durch Komödie zu verschleiern. In: Sprachkunst 12, 1981, S. 110-130.

Zenke, Jürgen: Kleist, *Der zerbrochne Krug*. In: Die deutsche Komödie vom Mittelalter bis zur Gegenwart. Hrsg. von W. Hinck. Düsseldorf 1977, S. 89-109.

Zick, Gisela: Der zerbrochene Krug als Bildmotiv des 18. Jahrhunderts. In: Wallraf-Richartz-Jahrbuch 31, 1969, S. 149-204.

Zigelski, Hans: Heinrich von Kleist im Spiegel der Theaterkritik des 19. Jahrhunderts bis zu den Aufführungen der Meininger. Berlin 1934.

# Verzeichnis der Schriften und Werke Kleists

# Personenregister

# Studienbücher
# zur Literaturwissenschaft

Klaus-Michael Bogdal (Hrsg.)
**Neue Literaturtheorien**
Eine Einführung
2., neubearb. Aufl. Auflage 1997. 287 S.
wv studium Bd. 156. Br. DM 34,00
ISBN 3-531-22156-6
Die Einführung in die neuen Literaturtheorien erfreut sich seit ihrem Erscheinen 1990 großen
Zuspruchs von Lehrenden und Studierenden literaturwissenschaftlicher Fächer. Sie hat sich im
Studienalltag als Hinführung zu den komplexen
Theorieentwicklungen der letzten 20 Jahre be-
währt, darüber hinaus auch als Kompendium für
das Verfassen wissenschaftlicher Arbeiten und als
Prüfungsrepetitorium. Für die 2. Auflage wurden
sämtliche Beiträge aktualisiert und überarbeitet
oder völlig neu geschrieben.

Klaus-Michael Bogdal (Hrsg.)
**Neue Literaturtheorien
in der Praxis**
Textanalysen von Kafkas 'Vor dem Gesetz'
1993. 210 S. wv studium, Bd. 169.
Br. DM 32,00
ISBN 3-531-22169-8
Der Fortsetzungsband der 1990 erstmals erschienenen, seither bewährten Einführung „Neue Literaturtheorien" zeigt die Erprobung der theoretischen Ansätze an jeweils einem konkreten literarischen Modell. Beispieltext ist Franz Kafkas Pa-
rabel „Vor dem Gesetz", die seit jeher eine Herausforderung jeder methodisch-reflektierten Literaturwissenschaft darstellt. Das Spektrum der Beiträge reicht in Analogie zur „Einführung" von der
Historischen Diskursanalyse über die Systemtheo-
rie bis zum Dekonstruktivismus.

Klaus-Michael Bogdal
**Historische Diskursanalyse
der Literatur**
Theorie, Arbeitsfelder, Analysen, Vermittlung
1999. 256 S. Historische Diskursanalyse
der Literatur. Br. DM 59,80
ISBN 3-531-13316-0
Im Spektrum der neuen Literaturtheorien hat sich -
auch international – die Historische Diskursanalyse als eine Forschungsrichtung etabliert, die pro-
grammatisch detaillierte Textanalyse mit historischer Darstellung verbindet. In diesem Band werden die theoretischen Grundlagen zur Diskussion
gestellt und mit den Themen Männerbilder, Iden-
tität-Alterität, Gegenwartsliteratur und Technik- und
Körperphantasien exemplarisch vier Forschungs-
felder abgesteckt.

Änderungen vorbehalten. Stand: Oktober 1999.

WESTDEUTSCHER VERLAG
Abraham-Lincoln-Str. 46 · D - 65189 Wiesbaden
Fax (06 11) 78 78 - 400 · www.westdeutschervlg.de

MIX
Papier aus verantwortungsvollen Quellen
Paper from responsible sources
FSC® C105338

If you have any concerns about our products,
you can contact us on
**ProductSafety@springernature.com**

In case Publisher is established outside the EU,
the EU authorized representative is:
**Springer Nature Customer Service Center GmbH
Europaplatz 3, 69115 Heidelberg, Germany**

Printed by Libri Plureos GmbH
in Hamburg, Germany